Klaus Hummel, Michail Logvinov (Hg.)

Gefährliche Nähe

Salafismus und Dschihadismus in Deutschland

Klaus Hummel, Michail Logvinov (Hg.)

GEFÄHRLICHE NÄHE

Salafismus und Dschihadismus in Deutschland

ibidem-Verlag
Stuttgart

Bibliografische Information der Deutschen Nationalbibliothek
Die Deutsche Nationalbibliothek verzeichnet diese Publikation in der Deutschen Nationalbibliografie; detaillierte bibliografische Daten sind im Internet über http://dnb.d-nb.de abrufbar.

Bibliographic information published by the Deutsche Nationalbibliothek
Die Deutsche Nationalbibliothek lists this publication in the Deutsche Nationalbibliografie; detailed bibliographic data are available in the Internet at http://dnb.d-nb.de.

∞

Gedruckt auf alterungsbeständigem, säurefreien Papier
Printed on acid-free paper

ISBN-13: 978-3-8382-0569-4

© *ibidem*-Verlag
Stuttgart 2014

Alle Rechte vorbehalten

Das Werk einschließlich aller seiner Teile ist urheberrechtlich geschützt. Jede Verwertung außerhalb der engen Grenzen des Urheberrechtsgesetzes ist ohne Zustimmung des Verlages unzulässig und strafbar. Dies gilt insbesondere für Vervielfältigungen, Übersetzungen, Mikroverfilmungen und elektronische Speicherformen sowie die Einspeicherung und Verarbeitung in elektronischen Systemen.

All rights reserved. No part of this publication may be reproduced, stored in or introduced into a retrieval system, or transmitted, in any form, or by any means (electronical, mechanical, photocopying, recording or otherwise) without the prior written permission of the publisher. Any person who does any unauthorized act in relation to this publication may be liable to criminal prosecution and civil claims for damages.

Printed in Germany

Inhaltsverzeichnis

Klaus Hummel & Michail Logvinov
Gefährliche Nähe zwischen Salafismus und Dschihadismus
als sozialer Fakt und sicherheitspolitisches Artefakt — 7

Michail Logvinov
Der deutsche Dschihad – Revisited — 31

Klaus Hummel
Salafismus in Deutschland – Eine Gefahrenperspektive — 61

Michail Logvinov
Islamische Dschihad-Union als Auftraggeberin der „Sauerlandzelle" — 91

Michail Logvinov
Radikalisierungsprozesse in islamistischen Milieus:
Erkenntnisse und weiße Flecken der Radikalisierungsforschung — 113

Alexander Heerlein
„Salafistische" Moscheen – Ort des Gebets oder eine Brutstätte
für dschihadistische Muslime? — 155

Daniela Pisoiu & Klaus Hummel
Das Konzept der „Co-Radikalisierung" am Beispiel des Salafismus
in Deutschland — 183

Frank Horst
Unwahre Begriffe vom „Wahren Weg": Von akteursbezogener
zu attitüdenbasierter Untersuchung salafistischer Netzwerke — 199

Klaus Hummel
Das informelle islamische Milieu:
Blackbox der Radikalisierungsforschung — 219

Matthias Garbert
Allahs fehlgeleitete Söhne – Untersuchung radikalisierungsfördernder
Argumentationsstrukturen auf salafistischen Internetseiten   261

Klaus Hummel
Die Tele-Da'wa von Zakir Naik – Erfolgsmodell
des islamischen Populismus   279

Gefährliche Nähe zwischen Salafismus und Dschihadismus als sozialer Fakt und sicherheitspolitisches Artefakt

Wie bereits frühere Fälle der Regimetransformation zeigen auch die Umwälzungen in der arabischen Staatenwelt, wie wenig die modernen Sozialwissenschaften befähigt sind, zuverlässige Prognosen über Umstürze oder grundlegende Veränderungen und ihre Folgen zu liefern. Das gilt nicht nur für den gefeierten „Arabischen Frühling", der längst winterliche Züge trägt, sondern vor allem für die politische Landschaft im postrevolutionären Ägypten, in Tunesien oder in Syrien. Nur wenige Beobachter hatten dort eine politische Kraft auf der Rechnung, die von Ränke schmiedenden Autokraten und allgegenwärtigen Geheimdiensten lange als apolitisches Gegengewicht zum (militanten) Islamismus gefördert wurde: Die Salafisten, für deren verstorbene Galionsfigur Nasir al-Din al-Albani „die beste Politik" noch darin bestand, sie sein zu lassen.[1] Dennoch wurde gut ein Jahrzehnt nach seinem Ableben die salafistische „Partei des Lichts" *(Hizb al-Nur)* ins ägyptische Parlament gewählt. In Nordafrika sollten die Dschihad propagierenden „Unterstützer der Scharia" *(Ansar al-Scharia)* aufkommen, während sich in Syrien eine heterogene Front dschihadistischer Akteure mit ganz unterschiedlichem Tiefgang auf ideologische Bausteine salafistischer Lesart beruft.[2] Selbst in Deutschland laufen inzwischen bärtige junge Männer mit knöchelfreiem Beinkleid und – immer häufiger – deutschen Namen Sturm gegen die Schmähung ihres Propheten Muhammad, wenn rechtspopulistische Gruppierungen mit Provokationen auf sich aufmerksam machen wollen – eine Entwicklung, die die Politik zum Anlass nahm, eine erst kürzlich identifizierte religiöse Gemeinschaft von Salafisten als besonders gefährlich zu etikettieren.

---

[1] Vgl. Stéphane Lacroix: Between Revolution and Apoliticism: Muhammad Nasir al-Din al-Albani's Influence on the Shaping of Contemporary Salafism, in: Roel Meijer (Hg.): Global Salafism: Islam's New Religious Movement, London/New York 2009, S. 69.
[2] Vgl. International Crisis Group (Hg.): Tentative Jihad: Syria's Fundamentalist Opposition, Middle East Report Nr. 131, unter: http://www.crisisgroup.org/en/regions/middle-east-north-africa/egypt-syria-lebanon/syria/131-tentative-jihad-syrias-fundamentalist-opposition.aspx (12. Oktober 2012).

Der unter Wissenschaftlern uneinheitlich verstandene und von denen, die sich auf dem Weg der „frommen Vorfahren" *(al-salaf al-salih)* wähnen, abgelehnte Salafismusbegriff ist als Aufhänger für ideologisierte Debatten bestens geeignet. Bislang dominiert auf der diagnostischen Ebene eine Tendenz, sich der Komplexität des Phänomens durch Generalisierung zu entziehen. Die Problemanalyse geht auf der „therapeutischen" Ebene mit einem Lösungsansatz einher, der den Gefahren des Dschihadismus und Terrorismus durch eine „klare Kante" gegen „salafistische Bestrebungen" begegnen will.3 Kaum Beachtung findet demgegenüber eine konflikttheoretische Perspektive, die die Existenz salafistischer und islam(ist)ischer Bewegungen in Deutschland als Herausforderung sieht, sich als pluralistische, von Diversität geprägte Gesellschaft in Anbetracht weltpolitischer Umbrüche und sozialen Wandels über gemeinsame Werte und Normen auszutauschen und zu verständigen.4 Der Perspektivenwechsel soll nicht geschehen, um vorhandene Probleme kleinzureden, sondern um diese nicht noch größer als bisher werden zu lassen und damit dem nachzukommen, was moderne Gesellschaften auszeichnet: eine Fähigkeit zur Konfliktregulierung und -transformation, die sie bei neuen sozialen Phänomenen auch neu unter Beweis zu stellen hat.

Bedrohung Salafismus?

Dass im Titel des Sammelbandes eine religiöse Strömung mit Radikalisierung bzw. „Dschihadisierung" in Verbindung gebracht wird, hätte noch vor wenigen Jahren kritische Fragen darüber gerechtfertigt, ob hier nicht eine Kategorie konstruiert und vorschnell mit der Frage politischer Gewalt korreliert wird. Heute aber ist die Situation längst eine andere: In verschiedenen und viel zitierten Varianten kursiert eine Formel, nach der zwar nicht jeder Salafist ein (islamistischer) Terrorist sei, aber alle (islamistischen) Terroristen Kontakt zu Salafisten hätten oder Salafisten

---

3   Vgl. das Interview mit dem Präsidenten des Bundesamtes für Verfassungsschutz Hans-Georg Maaßen: „Wenn der Staat gegenüber salafistischen Bestrebungen nicht klare Kante zeigt, besteht die Gefahr, dass diese Gruppen weiter wachsen", unter: http://www.verfassungsschutz.de/de/oeffentlichkeitsarbeit/interviews/int-2013-03-11-focus (11. März 2013).

4   Diese Perspektive wurde bereits in Anbetracht der Verbotsverfügungen gegen den *Kalifatsstaat* des Metin Kaplan und die *Hizb ut-Tahrir* aus den Jahren 2001 bzw. 2002 eingebracht. Vgl. Werner Schiffauer: Das Schweigen am Rande, unter: http://www.taz.de/1/archiv/archiv/?dig=2003/01/30/a0113 (30. April 2003).

seien. Angereichert wird diese Wendung zumeist mit sicherheitsbehördlichen Erkenntnissen, die in Form von Verfassungsschutzberichten, durchgesickerten oder frei zugänglichen Einschätzungen der Öffentlichkeit zur Verfügung stehen. Auch zivilgesellschaftliche Akteure verschreiben sich dem Thema, warnen vor Salafisten und ihrer Gefahr für die Demokratie oder für das friedliche Zusammenleben. Medien greifen die Problematik dann oft anlassbezogen auf und verweisen auf das Treiben salafistischer „Hassprediger". Die öffentliche und akademische Diskussion ist somit von der Gefahrenperspektive auf ein Phänomen geprägt, das zumeist ohne fundierte empirische Grundlage als „Nährboden der Radikalisierung" oder „Einstiegsdroge" in den islamistischen Terrorismus verstanden wird.

Die steile Karriere des Salafismusbegriffes macht nur wenige Beobachter der Szene skeptisch. Einer von ihnen ist der Islamismusexperte Yassin Musharbash. In seiner auch öffentlich geäußerten Zurückhaltung, sich in alarmistischer Weise über Salafismus auszulassen,[5] ist eine wissenschaftlich gebotene Grundhaltung zu erkennen, welche sich eher fragend als allwissend gibt und sich in einer Frage widerspiegelt, die unlängst in Buchform gegossen wurde: „Salafisten: Bedrohung für Deutschland?"[6] Aus Sicht der Herausgeber ist die vorschnell versicherheitlichte Frage mit „Ja" zu beantworten. Denn je mehr „der" Salafismus mit dem islamistischen Terrorismus in Verbindung gebracht wird, desto mehr rückt das Phänomen in den Vordergrund der sicherheitspolitischen Kontroversen, was zusätzliche, über die eigentliche Gefahrendimension hinausgehende, unbedachte Risiken mit sich bringt. Einerseits wird damit die vereinfachte Vorstellung von einem salafistischen Kollektivakteur transportiert, die der Komplexität des zugrunde liegenden Phänomens nicht gerecht wird (s. u.). Andererseits erscheint die Unterscheidung von Gewalt befürwortenden und moderateren bzw. Gewalt ablehnenden Salafisten angesichts des beschworenen salafistischen Bedrohungsszenarios nachrangig. Die vermutete Nähe von Salafismus und

---

[5] Der Kurzbeitrag von Yassin Musharbash bei dem Berliner Symposium „Inspire, YouTube & Co." vom 27. März 2012 im Rahmen der Initiative Sicherheitspartnerschaft brachte genau diese Skepsis zum Ausdruck. Vgl. auch: Yassin Musharbash: Salafisten-Phänomen verwirrt Sicherheitsexperten, unter: http://www.spiegel.de/politik/deutschland/verfassungsschutzbericht-salafisten-phaenomen-verwirrt-sicherheitsexperten-a-771825.html (1. Juli 2011).

[6] Vgl. Ulrich Kraetzer: Salafisten: Bedrohung für Deutschland? Gütersloh/München 2014.

Dschihadismus wird somit auch zur sich selbst erfüllenden Prophezeiung.[7]

Gefährliche Nähe

Auf den ersten Blick ist die politische, mediale und zunehmend auch akademische Konjunktur des Salafismusthemas im Kontext des Dschihadismus bzw. Terrorismus verständlich, denn das öffentliche Interesse, Antworten auf brennende Frage zu erhalten, wird immer größer. Warum gibt es so viele junge Deutsche mit unterschiedlichen biografischen Hintergründen, die in steigender Zahl mit islamistischen Gewaltgruppen kokettieren oder sich für den Dschihad engagieren, wobei sie andere zu Tode bringen, selbst zu Tode kommen oder nach ihrer Rückkehr eine schwer einschätzbare Gefahr darstellen? Tatsächlich zeigt sich, dass die Übergänge zwischen dem geforderten „Praktizieren" des Islam und der Auswanderung in die Gebiete des Dschihad fließend geworden sind. Unbestreitbar ist auch die Nähe dschihadistischer Gewaltakteure aus Deutschland zu einem salafistisch geprägten Umfeld, dem sie entstammen und/oder dessen Sprache sie sprechen, wobei sich der zeitgenössische Dschihad in vielen Fällen des Zungenschlages des Salafismus bedient – Grund genug also, von einer gegebenen Nähe auszugehen?

Mit dem versicherheitlichten Paradigma der Salafismusanalyse ist die Annahme verbunden, dass Einstellungen (wenn auch nicht notwendigerweise) zu politisch motiviertem Gewalthandeln führen. Dabei sagt die Popularität salafistischer Ideologiefragmente in einem anscheinend rasch expandierenden einheimischen Milieu mit zahlreichen Predigern, Moscheen oder Hilfsorganisationen noch nicht viel über die ideologischen Ausrichtungen und die Strategien verschiedener Akteure oder ihre Gewohnheiten des Medienkonsums aus, die doch in Anbetracht von Online-Radikalisierung und Cyber-Dschihad so wichtig erscheinen. Zugleich erhält man kaum Aufschluss darüber, ob nicht umgekehrt „der" Salafismus die anvisierte Zielgruppe der dschihadistischen Einflussnahme darstellt. Die Annahme, dass das Milieu von Neu- und Wiederbekehrten den zentralen Schauplatz dschihadistischer Bemühungen um Diskurshoheit und Mobilisierung darstellt, ist jedoch mehr als plausibel.

---

[7] Vgl. Alex P. Schmid: Al-Qaeda's "Single Narrative" and Attempts to Develop Counter-Narrative: The State of Knowledge, ICCT 2014, S. 7, unter: http://www.icct.nl/download/file/AP-Schmid-Al-Qaedas-Single-Narrative-January-2014.pdf (20. Februar 2014).

Daher scheint die Versicherheitlichung des Phänomens ohne fundierte empirische Forschungen auf eine falsche Fährte zu führen. Es suggeriert nämlich auf der einen Seite, dass politisch motivierte Gewalt nur aus einer Ideologie oder einer religiösen Gemeinschaft heraus erklärt werden kann, marginalisiert aber auf der anderen Seite die Bedeutung sozialer Radikalisierungsprozesse. Zudem bleibt die in anderen Phänomenbereichen längst erwiesene Tatsache ausgeblendet, dass Gewalt und Einstellungen auf verschiedene Art und Weise korrespondieren, weswegen Radikalisierungsprozesse unterschiedlich konturiert sein können.[8] In der Folge entsteht eine konstruierte Nähe zwischen sozial-religiösen Deutungs- wie Verhaltensmustern und einer militanten Aktionsform, deren Bedrohung im politischen Diskurs nach dem 11. September 2001 praktisch allgegenwärtig ist. Die *gefährliche Nähe* zwischen Salafismus und Dschihadismus/Terrorismus erscheint in dieser Perspektive nicht mehr als empirisch belegter Fakt, sondern als sicherheitspolitisches Artefakt, als sozial gemachte Größe, die eine vermeintliche So-Sein-Relation zwischen der sozialen Konstruktion der Wirklichkeit und dem zu untersuchenden Objekt herstellt.

Nicht das erste Mal in der Geschichte deutscher Terrorismusdebatten zeigt sich die Tendenz zur Politisierung und Dramatisierung sozialer Phänomene. Längst beschrieben ist der Effekt einer sogenannten Bedrohungs- und Bedeutungsspirale, die einerseits von unten nach oben wirkt, indem sie die Bereitschaft zur Regel-, System- und Normverletzung unterstellt, um in den Vorwurf der Gewaltbefürwortung oder der (ideellen) Unterstützung des Terrorismus zu münden. Das vermeintliche Ähnlichkeitsverhältnis wird zudem von oben nach unten durch die verkehrte Kausalität produziert, die den Salafismus zum „geistigen Nährboden des Terrorismus" macht.[9] Auf diese Weise wird ein Alltagsmythos vom

---

[8] Möglich sind folgende Verlaufsmuster: 1) Gewalt vor Einstellung (Ideologie spielt lediglich insofern eine Rolle, als sie Gewaltpotenziale kanalisiert und in eine den Feindbildern entsprechende Richtung steuert), 2) Gleichlauf (miteinander verbundene Entwicklung von Gewalt und Einstellung überwiegend nach Kontakt mit einschlägigen Tätern/Gruppen), 3) unabhängiges Nebeneinander und 4) Einstellung vor Gewalt (feinbildzentrierte Ideologie schafft Gewaltpotenziale). Vgl. ausführlich dazu: Christine Krüger: Zusammenhänge und Wechselwirkungen zwischen allgemeiner Gewaltbereitschaft und rechtsextremen Einstellungen. Eine kriminologische Studie zum Phänomen jugendlicher rechter Gewaltstraftäter, Mönchengladbach 2008, S. 78 ff.

[9] Vgl. dazu: Hubert Treiber: Die gesellschaftliche Auseinandersetzung mit dem Terrorismus. Die Inszenierung ‚symbolischer Kreuzzüge' zur Darstellung von Bedrohungen der normativen Ordnung von Gesellschaft und Staat, in: Analysen zum Terrorismus, Bd. 4/2: Protest und Reaktion, Opladen 1984, S. 320–365, hier 347.

scheinbaren Nexus zwischen Salafismus und Terrorismus begründet, der beide Phänomene als zwei Seiten einer Medaille erscheinen lässt.

Es ist die undifferenzierte Gleichsetzung bzw. das scheinbar alles erklärende Zueinander-in-Beziehung-Setzen, welches die Herausgeber mit der Wendung der gefährlichen Nähe im oben beschriebenen Sinne adressieren. Da eine theologisch unterlegte und auf unterschiedliche Akteure anwendbare Kategorie zum zentralen Erklärungsfaktor für Terrorismus avanciert, handelt es sich einerseits um eine konstruierte Nähe. Zugleich handelt es sich um eine Nähe, die von populistischen und dschihadistischen Akteuren angesteuert und für eigene Zwecke instrumentalisiert wird. Auf einer weiteren Ebene wird gefährliche Nähe besonders durch das Internet scheinbar evident. Der Dschihad sei nur einen Mausklick entfernt und E-Mails oder Facebook-Einträge, die Attentäter wie Arid Uka oder Anders Breivik verschicken bzw. machen, bevor sie zur Tat schreiten, bringen virtuelle „Freunde" schnell in Misskredit und in Erklärungsnot. Bei beiden Einzeltätern waren es Internetbezüge, die im Falle Ukas den Salafismus und im Falle Breiviks die „English Defense League" (EDL) als vermeintliche Netzwerke hinter den Tätern in die Schlagzeilen brachten. Somit wird die konstruierte Nähe auch gefährlich, wenn angebliche Sympathisantenszenen identifiziert werden, die als solche möglicherweise gar keinen Beitrag leisten bzw. dergestalt nicht existieren. Die Gefahr geht also nicht nur von der tatsächlichen Radikalisierung aus, sondern auch von der vorschnellen Etikettierung größerer Gemeinschaften.

Kategorien als Teil des Problems

Im Hinblick auf die Begriffe „Radikalisierung" und „Terrorismus" gebe es ein wissenschaftliches Konsensdefizit.[10] Diese Einschätzung von Alex P. Schmid, einem Doyen der Radikalisierungsforschung, trifft auch auf

---

[10] Vgl. Alex P. Schmid: Radicalisation, De-Radicalisation, Counter-Radicalisation: A Conceptual Discussion and Literature Review, unter: http://www.icct.nl/download/file/ICCT-Schmid-Radicalisation-De-Radicalisation-Counter-Radicalisation-March-2013.pdf (29. März 2013).

den Terminus „Salafismus" und seine Aufteilung in verschiedene Subkategorien zu.[11] So findet er weder unter Muslimen allgemeine Zustimmung und Anerkennung, noch gibt es unter Wissenschaftlern Einigkeit darüber, nach welchen Kriterien dessen Definitionsbereich zu erfassen ist. Obendrein, so der Islamkenner Bernhard Haykel, lässt eine übermäßige Fokussierung auf die Differenzen zwischen den verschiedenen salafistischen Flügeln zugleich übersehen, warum das salafistische Heilsmodell für viele „attraktiv, ja sogar unwiderstehlich" ist.[12] Dergestalt erscheint die überstrapazierte Salafismuskategorie eher als Teil des Problems – vor allem dann, wenn in das Salafismusphänomen sicherheitspolitisches Allerlei hineinprojiziert wird. Entstand der Begriff ursprünglich zum Zweck der Identifizierung einer bestimmten Strömung im sunnitischen Islam, mutierte er mittlerweile zu einer Projektionsfläche für Bedrohungsängste und vermeintliche oder tatsächliche sozial-kulturelle Spannungen. Der Begriff bleibt zwar nach wie vor nützlich, um den partikularen Charakter bestimmter Islamvorstellungen hervorzuheben und den Versuchen der Salafisten zu begegnen, sich als „die" Muslime in Szene zu setzen, jedoch ist die Salafismuskategorie als Reservoir für die oben beschriebenen dramatisierten und politisierten Stigmata eher kontraproduktiv.

Besonders deutlich wird das bei der hybriden Wortfindung „dschihadistischer Salafismus" *(al-salafiyya al-jihadiyya)*, die mit ähnlich lautenden Konstruktionen wie Dschihad-Salafismus, salafistischer Dschihadismus, Salafi-Dschihadismus konkurriert. Sie bringt die Formel von der gefährlichen Nähe auch begrifflich auf den Punkt, weil hier zwei Dimensionen ineinander verschwimmen. Die erste Dimension ist eine kognitive oder ideologische, bei der die Ablehnung dessen, was neben Allah verehrt wird *(kufr bit-taghut)*, selbst eine militante Umsetzung

---

[11] Unter der Überschrift „Salafitische Missionare" werden mitunter sogar nicht salafistische Gruppen wie *Hizb ut-Tahrir* oder *Tablighi Jamaat* gelistet. Vgl. Claudia Dantschke: Die muslimische Jugendszene, unter: http://www.bpb.de/politik/extremismus/islamismus/36402/jugendorganisationen?p=all (5. Juli 2007). Vgl. darüber hinaus die Diskussion eines bislang nicht etablierten Takfir-Salafismus bei Dirk Baehr: Salafistische Propaganda im Internet. Von der reinen Mission bis zum globalen Jihad – Die wesentlichen ideentheoretischen Unterschiede unter den salafistischen Strömungen in Deutschland, in: Magdeburger Journal für Sicherheitsforschung, 4 (2012) 2, S. 236-269.

[12] Vgl. Bernhard Haykel: On the Nature of Salafi Thought and Action, in: Roel Meijer (Hg.): Global Salafism: Islam's New Religious Movement. London/New York 2009, S. 33-57.

der Glaubensvorschrift *(manhaj)* rechtfertigt. Die zweite Dimension betrifft dschihadistisches Verhalten, das von der Propagandaverbreitung im Internet über die Auswanderung in die Gebiete des Dschihad als Auslandskämpfer bis hin zum terroristischen Gewaltaktivismus im Inland reichen kann.[13]

Während in meinungsführenden Publikationen auch militant-terroristische Gruppierungen wie Al-Qaida unter dem Begriff des dschihadistischen Salafismus gefasst werden, verstehen die Herausgeber den Dschihad-Salafismus im Gegensatz zum Dschihadismus primär als Da'wa-Aktivismus.

Die vergessene Schlacht

Der dschihad-salafistische Da'wa-Aktivismus ist analytisch in vielen Fällen schwer zu fassen. Das liegt darin begründet, dass er sich eines salafistischen Vokabulars bedient, dessen dschihadistische Implikationen sich noch nicht einmal notwendigerweise dem Szenegänger erschließen müssen und zugleich die Grenze zur Straffälligkeit unterschreiten. Deshalb bestand und besteht eine zentrale sicherheitsbehördliche (analytische) Herausforderung darin, dschihad-salafistische Akteure zu detektieren und ihre Netzwerke als möglichen Umschlagpunkt zwischen Missionierung und dschihadistischem Aktivwerden zu markieren, ohne eine weitergehende Radikalisierung des Umfeldes zu bewirken.

Diese Aufgabe ist gerade deshalb von zentraler Bedeutung, weil an der Schnittstelle von Salafismus und Dschihadismus die zentrale Schlacht im Kampf gegen den Terrorismus ausgetragen wird, die, obwohl vor vielen Jahren von Politikern, Analytikern und Dschihadisten gleichermaßen ausgerufen, in Anbetracht von Militärkampagnen und repressivem Vorgehen zwischenzeitlich in Vergessenheit geriet. Gemeint ist die „Schlacht um die Herzen und Köpfe", die seit einiger Zeit wieder neu ins Bewusstsein rückt, insbesondere dann, wenn verstärkt darüber nachgedacht wird, wie wichtig es ist, dem dschihadistischen Diskurs über einen vermeintlich religiös gebotenen Kampf gegen den Unglauben mit einer überzeugenden Gegenerzählung zu begegnen. Vor diesem Hintergrund

---

[13] Vgl. zur differenzierten Erfassung dschihadistischer Akteure: Thomas Hegghammer: Should I Stay or Should I Go? Explaining Variation in Western Jihadists' Choice Between Domestic and Foreign Fighting, in: American Political Science Review, February 2013, S. 1-15.

fordern Terrorismusexperten vermehrt ein „westliches alternatives Narrativ", das sich zur Eindämmung von Al-Qaida & Co. auf Ideale besinnt, die von Anti-Diskriminierung bis zur Dialogbereitschaft reichen.[14]

Die Schlacht um die Herzen und Köpfe sowie alternative bzw. Gegen-Narrative erübrigen allerdings keine Analyse der zentralen Akteure, ihrer Strategien und möglicher Dynamiken auf dem breiten Feld salafistischer, islamistischer oder dschihadistischer Formationen. Das verdeutlicht eine Aussage von Abu Muhammad al-Maqdisi, einem der einflussreichsten Dschihad-Ideologen und dem geistigen Mentor des Terrorchefs al-Zarqawi, der 2005 auf ein zentrales Nutznießverhältnis hinwies. Ihm zufolge waren es die weithin akzeptierten Scheichs des traditionellen und des reformistischen Salafismus, die der „gesegneten dschihadistisch-salafistischen Strömung den Boden bereiteten".[15] Es habe erst der „Bewusstwerdung der Jugend" *(sahwa)* bedurft, damit die eigene Botschaft erfolgreich sein könnte. Dschihad-Salafisten können also von den Moderaten profitieren bzw. deren Netzwerke instrumentalisieren. Diese Gefahr dürfte allerdings noch größer werden, wenn „die" Salafisten in Sippenhaft genommen, stigmatisiert, ausgegrenzt und dadurch in die Hände der radikalen „Versteher" und „Kümmerer" getrieben werden.

Wenn heute immer mehr junge Muslime ihr Interesse am militanten Dschihad artikulieren, dann stellt sich auch die Frage, wer am Besten geeignet ist, eine alternative „Erzählung" zu verbreiten, die bei diesen Dschihadbegeisterten Gehör zu finden vermag. Die Empfehlung, auf die einflussreichen Gewalt ablehnenden Salafisten zu vertrauen, mag manchem sehr weit gehen. Fraglich ist aber auch ein Vorgehen, das gerade jene Akteure des Spektrums, die notwendige Kontrapunkte setzen (können), in die Nähe von Extremisten und Gefährdern rückt, denn die Gefahr ist groß, dass moderate Positionen geschwächt werden und es zur Erosion innerer Milieugrenzen kommt. Das ist besonders dann der Fall, wenn Salafismus von politischer Seite gleich zur „größte[n] sicherheitspolitische[n] Herausforderung des 21. Jahrhunderts" erklärt wird.[16] In

---

[14] Vgl. dazu Schmid: Al-Qaeda's "Single Narrative", S. 28.
[15] Vgl. das Interview mit Abu Muhammad al-Maqdisi auf al-Jazeera: Abu Muhammad al-Maqdisi: al-Salafiyya al-Jihadiyya, unter: http://www.aljazeera.net/channel/archive/archive?ArchiveId=129776 (10. Juni 2005).
[16] Vgl. Innenminister Boris Rhein: „Salafismus größte sicherheitspolitische Herausforderung des 21. Jahrhunderts", unter: https://hmdis.hessen.de/presse/pressemitteilung/innenminister-boris-rhein-salafismus-groesste-sicherheitspolitische (30. August 2013).

jedem Fall setzt ein Dialog voraus, über die Eigenlogik und Strategien verschiedener Akteure im Bild zu sein, wenn es gelingen soll, den westlichen Diskurs zu stärken und Erfolg versprechende Maßnahmen gegen den Dschihadismus und Terrorismus zu entwickeln.

Blinde Flecken der Forschung

Zu den zentralen Fragen der Radikalisierungsforschung gehört folgende: Wie lässt es sich erklären, dass sich einige Aktivisten einer militanten Gruppierung anschließen, zur Waffe greifen und Gewalt mit dem Ziel gesellschaftlicher Veränderung anwenden, während andere, die ähnliche Wahrnehmungen von den vermeintlichen Missständen dieser Welt haben, sich damit begnügen, zu argumentieren, zu bloggen oder „nur" aufzuhetzen?

Gerade das Umschlagen von Sympathie mit dem Dschihad in „besetzten Gebieten" in Gewaltakzeptanz und anschließende -praxis ist forschungsmäßig – wie so ziemlich das ganze Feld – auch nach mehr als einem Jahrzehnt im Krieg gegen den Terrorismus noch unerforscht.[17] So zumindest sieht es der international renommierte Experte für islamistischen Terrorismus Marc Sageman, der sogar von einer Stagnation des Forschungszweiges spricht.[18] Immerhin sei die Hysterie um eine übermächtige Al-Qaida der Erkenntnis gewichen, dass man es jetzt mit hausgemachten „Neo-Dschihadisten" zu tun habe. Der Nachsatz, dass über deren Motivation, politisch motivierte Gewalt anzuwenden, nur wenig bekannt sei, verrät viel über das bisherige Erkenntnisinteresse. Der herkömmliche Forschungsansatz ist stärker an (individuellen) Ursachen orientiert als an dem Wachstum, den Strukturen und Dynamiken dschihadistischer Grauzonen und lässt den sprichwörtlichen Wald vor lauter Bäumen nicht sehen. So kann man auch die Sicht von Alex P. Schmid zusammenfassen, welche, in den Jargon der Radikalisierungs-

---

[17] Immerhin liegt mit dem Buch „German Jihad. On the Internationalization of Islamist Terror" (New York 2013) von Guido Steinberg ein Standardwerk zum Dschihadismus in Deutschland vor. Ähnliches gilt für eine Studie zum dschihadistischen Internet in Deutschland: Guido Steinberg/Florian Peil/Nico Prucha/Asiem El Difraoui/Rosaviola Frohneberg: Jihadismus und Internet. Eine deutsche Perspektive, SWP-Studien 2012/S 23, Oktober 2012.
[18] Vgl. Marc Sageman: The Stagnation of Research on Terrorism, unter: http://chronicle.com/blogs/conversation/2013/04/30/the-stagnation-of-research-on-terrorism/ (30. April 2013).

forschung gehüllt, die langjährige Konzentration auf die Mikroebene individueller Radikalisierungsverläufe infrage stellt. Notwendig erscheint dem Terrorismuskenner eine Kurskorrektur, die sich anschickt, die Meso- und Makroperspektive zu stärken, wobei er zwei Forschungsdesiderate hervorhebt: zum einen das „radikale Milieu sogenannter nicht militanter Extremisten", dessen Rolle als Einfallstor *(gateway)* oder Schutzwall *(firewall)* oftmals unklar ist, und zum anderen die Zweiseitigkeit des Radikalisierungsprozesses, die nicht ausblendet, „was Regierungen daheim und im Ausland machen."[19]

Eine verallgemeinernde Sicht auf „den" Salafismus als „Nährboden des islamistischen Terrorismus" steht somit der Erkenntnis im Weg, dass bereits seit über einem Jahrzehnt eine steigende Zahl einheimischer Muslime im Sinne des globalen Dschihad aktiv wird. Dass sich die Anzahl der Ermittlungsverfahren gegen islamistische Terroristen (inkl. Dschihadisten) im Jahr 2010 im Vergleich zu 2002 (72 Fälle) verfünffachte, wird oft mit der Verbreitung der salafistischen Ideologie und einer wachsenden salafistischen Infrastruktur in der Bundesrepublik in Verbindung gebracht. In der Tat spielen diese Faktoren eine Rolle, deren eigentliche Relevanz allerdings weitgehend im Verborgenen bleibt, solange weitere Aspekte, wie das Zusammenspiel von lokalen und globalen Ereignissen, Propagandamitteln und einschlägigen Themen, der Umgang mit Muslimen in der Mehrheitsgesellschaft oder die Beschaffenheit des radikalen Milieus ausgeblendet werden. Zugleich ist es naheliegend, dass auch andere Variablen für die dschihadistische Mobilisierung von Bedeutung sind/waren: die mediale Inszenierung des Krieges gegen den Terror als Kreuzzug, der Irak-Krieg und Vorgänge im Gefängnis „Abu Ghraib", die Parteinahme zugunsten der irakischen Schiiten, die Kooperation des Westens mit brutalen afghanischen Kriegsherren und zentralasiatischen Diktatoren, das Erstarken der Taliban infolge einer nicht effektiven Aufstandsbekämpfung am Hindukusch, das den Mudschaheddin-Mythos aufleben ließ, und nicht zuletzt der Anstieg ziviler Opfer einschließlich Kinder. All diese Inkonsistenzen der Terrorismusbekämpfung, flankiert durch den erfolgreichen dschihadistischen Appell an die Verteidiger der Umma, spiegeln sich in der islamistischen Radikalisierung wider.

---

[19] Schmid: Radicalisation, S. 54, 37.

Das radikale Milieu des deutschen Dschihad

Mit Guido Steinberg meldet der hierzulande profundeste Kenner des islamistischen Terrorismus Zweifel daran an, dass Sicherheitsbehörden imstande sind, die außerordentlich dynamische Szene des deutschen Dschihad zu erfassen und nachzuvollziehen, wann „Jugendliche in das dschihadistische Milieu abrutschen."[20] Auch die akademische Terrorismusforschung weist Defizite auf, die nicht zuletzt in einer „diffusen Analysekapazität" begründet liegen, und zeigt dabei wenig Neigung, die unterschiedlichen islamischen Strömungen zu differenzieren.[21] Umso wichtiger erscheinen deshalb Forschungsvorhaben wie das vom Bundesministerium für Bildung und Forschung geförderte Projekt „Teras-Index", das sich eingehend mit der Frage beschäftigt, wie westliche Interventionen in islamischen Ländern zur Radikalisierung von Muslimen in „radikalisierten Milieus" von Dschihadisten, Islamisten und vulnerablen Jugendlichen beitragen. Zu den Projektergebnissen zählt, dass 80 Prozent[22] der in Deutschland aktiv gewordenen Dschihadisten Bezüge zu äußeren Konflikten hatten, weshalb die Vorstellung vom Homegrown-Terrorismus zu relativieren sei.[23] Eine etwas andere Argumentationsebene findet sich bei dem international renommierten Dschihadismus-Experten Thomas Hegghammer. Für ihn steht fest, dass islamistische Attentäter, die sich in völliger Isolation (Lone-Wolf-Paradigma) radikalisieren, eher die Ausnahme darstellen. Entweder hätten sich Dschihadisten, die Anschläge daheim planen, aufgrund ihrer Kampferfahrung im Ausland oder im Kontakt mit Veteranen oder Gleichgesinnten im Inland radikalisiert.[24]

Beide Einschätzungen verdeutlichen Ähnliches. Zum einen untermauern sie, dass individuelles Verhalten nicht losgelöst von sozialen Bezügen zu verstehen ist. Zum anderen wird daran die Bedeutung der grenzüberschreitenden Verpflichtungen oder der imaginierten Solidargemeinschaft deutlich, die angesichts der Durchdringung des Alltags mit

---

[20] Vgl. Guido Steinberg: Die neuen Internationalisten – Organisationsformen des islamistischen Terrorismus, in: Der Bürger im Staat, (2011) 4, S. 228–234.
[21] Vgl. Sebastian Huhnholz: Das Spannungsverhältnis von Dschihadismus- und Terrorismusanalyse in Wissenschaft und Sicherheitspolitik der BRD, in: Terrorismusforschung in Deutschland, Wiesbaden 2011, S. 203–227, hier 224.
[22] Vgl. The EU Terrorism Situation and Trend Report 2011, Den Haag 2012, S. 16.
[23] Vgl. „Triebfedern des Extremismus", unter: http://de.qantara.de/content/interview-mit-matenia-sirseloudi-triebfedern-des-extremismus (20. März 2013).
[24] Vgl. Hegghammer: Should I Stay or Should I Go?

modernen Kommunikationsmitteln (Mediatisierung) ganz neue Formen der Vergemeinschaftung hervorbringen. Selbst scheinbar isolierte und primär virtuell vernetzte Täter wie Arid Uka agieren deshalb in einem Umfeld, dem eine eigene Semiotik und ein spezifischer Deutungsrahmen (bspw. diagnostischer wie prognostischer Frame) zu eigen sind. Obwohl der erste dschihadistische Attentäter in Deutschland in seiner Tatplanung und -begehung zwar anscheinend ohne Hintermänner und Unterstützer auskam (und auch sein Handlungsmotiv keineswegs ideologisch motiviert gewesen sein muss), konnte er sich dennoch in ein Netzwerk von Gleichgesinnten eingebunden fühlen, die seine Überzeugungen teilen und in derem Auftrag er möglicherweise zu handeln glaubte. Umgekehrt bot Ukas Tat innerhalb dschihad-salafistischer Kreise Anlass, sich die Tat anzueignen, seinen „Mut" zu preisen und ihn zum Adressaten islamistischer „Gefangenenhilfe" zu machen.[25] Neu ist das Phänomen der einsamen Wölfe lediglich dahingehend, dass in der früheren Forschung die Rolle der Strukturen und Schläferzellen sowie Rekrutierer und „Rattenfänger" überbewertet wurde, während der mobilisierende Diskurs, der seine Wirkung vor dem Hintergrund in- und ausländischer sozialer Konflikte entfaltet, meist unterschätzt blieb. Zugleich scheint das Problem des Lone-Wolf-Terrorismus übertrieben bzw. nicht immer korrekt eingeordnet zu sein.[26]

Auf die Notwendigkeit, die Umfelder terroristischer Gewaltakteure zu untersuchen, macht bereits seit mehreren Jahren der Terrorismusforscher Peter Waldmann aufmerksam, der kürzlich ein zusammen mit Stefan Malthaner ausgearbeitetes Konzept des radikalen Milieus[27] vorgelegt hat, das einige besonders relevante Vorteile bietet: Es schärft das Verständnis von Wachstums- oder Schrumpfungsprozessen des (engeren) Umfelds terroristischer Vereinigungen und erlaubt eine differenziertere Beschreibung jener (dynamischen) Gruppen, die im Hinblick auf terroristische Gewaltstrategien genauso unterstützend wie hemmend sein können. Diese Perspektive kann helfen, Salafismus – oder besser: das

---

[25] Vgl. den Aufruf der dschihad-salafistisch inspirierten Webseite *Ansaar ul-Aseer* (Unterstützer der Gefangenen), unter: https://www.ansarul-aseer.com/asraa-die-gefangenen/brueder/item/arid-u (19. April 2012).
[26] Vgl. Lisa Lundquist: Another Look at a French 'Lone Wolf', unter: http://www.longwarjournal.org/threat-matrix/archives/2014/03/another_look_at_a_french_lone.php (24. März 2014).
[27] Stefan Malthaner/Peter Waldmann (Hg.): Radikale Milieus. Das soziale Umfeld terroristischer Gruppen, Frankfurt am Main 2012.

engere und weitere soziale Umfeld entsprechender Gewaltgruppen – nicht eindimensional als „terroristischen Nährboden" oder „Sympathisantensumpf" zu verstehen und resiliente Potenziale vom Erkenntnisinteresse auszuschließen.

Der islamische Populismus

In einer vom Bundesinnenministerium in Auftrag gegebenen Studie wird vor der undifferenzierten Betrachtung salafistischer Kreise gewarnt, da der pauschale Vorwurf, Hass zu predigen, „das diese Gruppierungen einigende Gefühl, Opfer einer kollektiven Diskriminierung zu sein [...]" befördert.[28] Diese Sorge ist berechtigt, weil längst betrieben wird, was mit der ausgebliebenen Erforschung der Radikalisierungsprozesse beabsichtigt war, nämlich dem" Salafismus mit repressiven und vor allem präventiven Maßnahmen zu begegnen. So jedenfalls erklärt sich die derzeitige Popularität des Salafismus unter all jenen, die das Phänomen zum Gegenstand der Deradikalisierung oder Aufklärung machen.[29] Den Mobilisierungsstrategen salafistischer, islamistischer und dschihadistischer Couleur kommt dieses Vorgehen entgegen. Sie rahmen bereits den Salafismusbegriff selbst als Versuch, die Muslime zu spalten, und können vor dem Hintergrund der hitzigen öffentlichen Debatten umso wirkungsvoller ihr zentrales Credo vom verfolgten Islam anstimmen. Effizienteste Akteure auf diesem Gebiet sind die transnational organisierten *islamischen Populisten*.[30]

Was die Prediger dieser Strömung auszeichnet, ist nicht primär ihr Bezug auf die *Salafiyya,* sondern ein provokant-konflikthafter Missionierungs- und Mobilisierungsstil, der Konvertiten einbezieht und sich in zweckorientierter Weise zeitgenössisch populärer salafistischer Ideologiefragmente bedient sowie in Auseinandersetzung mit islamfeindlichen Gruppen Anhänger mobilisiert. Ihnen gelingt es, staatliche Maßnahmen

---

[28] Hier und weiter vgl. Wolfgang Frindte/Daniel Geschke/Peter Holtz/Anna Möllering/David Schiefer/Katharina Schurz: Lebenswelten junger Muslime in Deutschland. Ein sozial- und medienwissenschaftliches System zur Analyse, Bewertung und Prävention islamistischer Radikalisierungsprozesse junger Menschen in Deutschland, Berlin 2011, S. 649 ff.

[29] Vgl. Rauf Ceylan/Michael Kiefer: Salafismus: Fundamentalistische Strömungen und Radikalisierungsprävention, Wiesbaden 2013.

[30] Der Stil von Ahmed Deedat wird von Aktivisten wie Zakir Naik, Bilal Philips oder – in Deutschland – Pierre Vogel fortgeführt. Vgl. dazu den Beitrag „The Rising Power of Tele-Da'wa" in diesem Band.

zu provozieren und als „Stigmaktivisten" eine Aufmerksamkeit auf sich zu ziehen, die sie zu Ikonen und Repräsentanten eines größeren Milieus werden lässt – getreu der Devise, dass die Popularität des eigenen Islammodells auch der (negativen) Popularität unter seinen Kritikern geschuldet ist.[31]

Das Dilemma, dass staatliche Repression und sogar Prävention von der Gegenseite antizipiert und genutzt werden, heißt nicht, dass auf solche Mittel zu verzichten ist. Doch das Gebot der Verhältnismäßigkeit – oder bildlich gesprochen: das Heilen wo möglich und Schneiden wo nötig – impliziert auch, dass die Anamnese wie das Krankheitsbild bekannt, der Operateur erfahren und die Werkzeuge steril sind. Dies setzt insbesondere ein differenziertes Verständnis der dominanten Strategien und Dynamiken eines Feldes voraus, das hierzulande besonders von den Verkündern des Dschihad-Salafismus und den Provokateuren des islamischen Populismus geprägt ist. Während es den Dschihad-Salafisten darum geht, von der salafistischen Expansion nutznießend zu profitieren, sind es die Populisten, die als treibende Kraft dieser Ausbreitung zu sehen sind. Für sie geht es nicht primär um die Verbreitung einer bestimmten Ideologie, sondern darum, in Grenzbereichen zu mobilisieren und den Staat bzw. die Mehrheitsgesellschaft mit populistischen Mitteln zu provozieren. Der von charismatischen Aktivisten geprägte islamische Populismus als religiös-soziale „Protestbewegung" mit ihrem Gestus, der Fokussierung auf spezifische Themen, die auf eine besondere mobilisierende Resonanz und Interaktion abheben,[32] verdient größere Aufmerksamkeit. Nur so lässt sich eruieren, ob und auf welche Art und Weise das Vorgehen dieser Gruppen und Aktivisten die *gefährliche Nähe* zu be-

---

[31] „Auch bei seinen Gegnern war Luther ‚populär' in dem Sinne, dass sie über seine Person und seine Lehre kommunizierten", zit. nach Manuel Braun: „Wir sehens, das Luther by aller Welt berympt ist" – Popularisierung und Popularität im Kontext von Buchdruck und Religionsstreit, in: Gereon Blaseio/Hedwig Pompe/Jens Ruchatz (Hg.): Popularisierung und Popularität, Köln 2005, S. 21-42, hier 21.

[32] Vgl. Florian Hartleb: Internationaler Populismus als Konzept. Zwischen Kommunikationsstil und fester Ideologie, Baden-Baden 2014, S. 53, 220: „Populismus ist eine antagonistische Erscheinung jenseits der gängigen Ideologien, die als Bewegung ‚von oben' oder ‚unten' bzw. ‚links' oder ‚rechts', oftmals von einem charismatischen Anführer vertreten, mit einem moralisierenden und simplifizierenden Gestus die ‚Stimme des homogen konstruierten Volkes' den als feindlich begriffenen Eliten gegenüberstellt und dabei durch Abgrenzungsrituale auf das heartland rekurriert. [...] Populismus ist weder ein bloßer Kommunikationsstil [...] noch eine feste Ideologie [...]. Seine Natur ist mehrdimensional: technisch (als Politikstil im antielitären Gestus [...]), inhaltlich (mit der Fokussierung auf bestimmte Themen), medial (besondere Resonanz und Interaktion) und personell (Bedeutung des Charismas)."

gründen vermag. Einstweilen empfiehlt sich der Einsatz eines „Verkleinerungsglases", um ihre Popularität dank medialem Alarmismus nicht noch weiter zu steigern.

Das informelle islamische Milieu

Salafismus in Deutschland wird zumeist als soziale Bewegung mit drei Flügeln dargestellt: puristische, politisierte und dschihadistische Salafisten. Trotz der Fragmentierung des Phänomens gilt Salafismus paradoxerweise oftmals als monolithische Bewegung. Selbst taktische Differenzen und Konflikte wie der Zwist zwischen „Die Wahre Religion" um Ibrahim Abou-Nagie und dem Verein „Einladung zum Paradies" um Pierre Vogel im Jahr 2008 führten nicht zur notwendigen Differenzierung der Szene. In Ermangelung der gebotenen Unterscheidungen wurde der salafistische Mainstream mit dem gewaltbereiten Extremismus einer radikaleren Gruppe gleichgesetzt, weshalb Salafisten verstärkt zum Gegenstand sicherheitsbehördlicher Maßnahmen wurden.33

Im verallgemeinernden Verständnis von Salafismus, Salafisten oder salafistischen Bestrebungen wird eine organisationszentrierte Sicht auf die Gruppen und Strömungen des fundamentalistischen Formenkreises in Deutschland fortgeschrieben.34 So benennt der Verfassungsschutzbericht für das Jahr 2012 16 islamistische und dschihadistische Gruppierungen, deren Personenpotenzial der Nachrichtendienst auf 42.550 Islamisten taxiert. Darunter befinden sich neben altbekannten Gruppierungen wie der *Islamischen Gemeinschaft Millî Görüş* (31.000) oder der *Muslimbruderschaft* (1.300) auch neuere dschihadistische Netzwerke wie Al-Qaida, *Islamische Dschihad-Union* oder *Boko Haram*, deren Anhängerzahlen unbestimmt bleiben.35 Darüber hinaus existiert eine 2011 eingeführte (entpersonalisierte) Kategorie „salafistische Bestrebungen", der 4.500 Anhänger zugerechnet werden.

---

33   Vgl. zu „negative radical flank effect": Nina Wiedl: The Making of a German Salafiyya, The Emergence, Development and Missionary Work of Salafi Movements in Germany, Aarhus 2012, S. 43.
34   Zum Anspruch verschiedener, auch dschihadistischer Bewegungen, die Fundamente des Islam wiederzubeleben, vgl. Sadiq al-Azm: Unbehagen in der Moderne, Frankfurt am Main 1993, S. 88 f.
35   Bundesministerium des Innern (Hg.): Verfassungsschutzbericht 2012, Berlin 2013, S. 233.

Die zentrale Entwicklung der zurückliegenden Dekade lässt sich mit solchen Messinstrumenten wissenschaftlich kaum erfassen: Die Entstehung eines facettenreichen einheimischen Milieus von Predigern, Gruppen und Anhängerschaften, unter denen die Vorstellung von einem vermeintlich wahren Islam auf dem Weg der frommen Vorfahren um sich greift, den es zu „praktizieren" gilt und für den ein Muslim aktiv werden müsse. Obwohl sich dabei besonders salafistische Verkünder hervortun, wird hier statt einer organisationszentrierten Konzeption von Salafismus ein Milieuansatz favorisiert, der auch nicht salafistische Formationen konzeptionell einbezieht.[36] Damit ist das Ziel verbunden, einen Gegenentwurf zu einer nach wie vor dominanten Sichtweise einzuführen, die vom Nebeneinander verschiedener Gruppen und Strömungen ausgeht. Demgegenüber gilt es in Anbetracht organisationsübergreifender Mobilisierung, Einflussnahme, Allianzbildung und fließender Übergänge, den informellen Prozessen islamisch-fundamentalistischer Vergemeinschaftung stärker Rechnung zu tragen. Der Ansatz basiert auf der Annahme, dass das infrage kommende Milieu primär durch seine Informalität gekennzeichnet ist, sich also weniger durch Organisationsgrenzen als durch fließende Übergänge und netzwerkartige Beziehungen zwischen diversen Gruppen, fluktuierende und multiple „Mitgliedschaften" sowie konkurrierende und instabile Hierarchien auszeichnet. Darüber hinaus deuten sich Prozesse der Re- und Neustrukturierung älterer oder verbotener (auch ausländischer) Formationen genauso an wie szeneartige Vergemeinschaftungen entlang der Themen „Bildung", „Doktrin", „Protest" oder „Dschihad". Diese können sich in einem milieuspezifischen Medienkonsum, der Akzeptanz und Übernahme entsprechender Kleidungsstile und Verhaltensweisen genauso wie in der Teilnahme an szenetypischen Veranstaltungen zeigen.

---

[36] Dieser Milieuansatz geht zurück auf den Bewegungsforscher Dieter Rucht: Das alternative Milieu in der Bundesrepublik. Ursprünge, Infrastruktur und Nachwirkungen, in: Sven Reichardt/Detlef Siegfried (Hg.): Das Alternative Milieu. Antibürgerlicher Lebensstil und linke Politik in der Bundesrepublik Deutschland und Europa 1968–1983. Hamburger Beiträge zur Sozial- und Zeitgeschichte, Bd. 47. Göttingen 2010, S. 61-86.

Das informelle islamische Milieu

Die im Schaubild verwendeten Arbeitskategorien sind als Orientierungshilfe zur Beschreibung wichtiger Tendenzen gedacht, welche sich am politisierten Salafismus, der sich durch einen Pragmatismus im Umgang mit anderen Strömungen auszeichnet, am besten verdeutlichen lassen. Mittels Allianzen (etwa mit Dschihad-Salafisten oder den pragmatischeren Populisten) vermag es die politisierte Strömung hierzulande, einen breiteren Mainstream auszubilden. Außen vor bleiben dabei die dogmatischen Strömungen des puristischen oder takfiristischen Salafismus, die aufgrund isolationistischer Tendenzen eher marginalisiert erscheinen. Während die kategorienübergreifende Allianz die Bedeutung informeller Bündnisse auf nationaler Ebene unterstreicht, ist es zugleich wichtig, transnationale Gelehrten- und Gruppenzusammenhänge zu identifizieren. Schließlich ist es für die Einschätzung einzelner Prediger (und ihrer Sympathisanten) wichtig, wie sich ihre geistigen Mentoren zu den diversen Konflikten verhalten[37] und welche auch andernorts beobachtbaren

---

[37] Obwohl eine umfassende Darstellung noch aussteht, lassen sich unterschiedliche Zusammenhänge erkennen, etwa ein marokkanisches Prediger-Netzwerk, das sich dem Dschihad-Salafismus zurechnen lässt, oder aber ein syrisches Netzwerk, dessen Vertreter in Deutschland eine maßgebliche Rolle bei der Ausbreitung salafistischer Strukturen spiel(t)en.

Mobilisierungsstrategien sie verwenden. Nicht weniger bedeutsam ist es, wenn sich organisatorisch-strukturelle Bezüge zwischen Aktivisten in Deutschland und Gleichgesinnten im Ausland auftun. Oberhalb und unterhalb der im Schaubild verwendeten Kategorien existieren also Kooperationen bzw. strukturelle Feinschattierungen, deren Berücksichtigung für ein differenzierteres Bild unabdingbar ist. Erst dadurch wird die Existenz und Wirkung solcher Formationen verständlich, die – wie die islamischen Populisten – in der Tradition eines (nicht salafistischen) Predigers stehen, deren Bekanntheits- und Wirkungsgrad aber eher mehr mit Televangelismus zu tun hat als mit ihrem Rückgriff auf die derzeit populärste (salafistische) Ideologie.

Einer anderen Eigenlogik folgen Gruppen des Semi-Salafismus wie die ägyptische *Gama'a al-Islamiyya*, deren Vertreter hierzulande einen Beitrag zur Ausbreitung des „wahren" Islam leisten oder geleistet haben. Ähnlich verhält es sich auch bei Gruppierungen wie der südindischen Missionierungsbewegung *Tablighi Jama'at*, der *Muslimbruderschaft* oder der tunesischen *En-Nahda*, die sich zwar vom Salafismus unterscheiden, aber über gemeinsame Schnittmengen verfügen, entweder weil sie salafisierte Flügel aufweisen oder weil salafistische Prediger ihnen nahe stehen.[38]

Eine weitere Kategorie umfasst panislamisch orientierte Organisationen wie beispielsweise die „Befreiungspartei" *(Hizb ut-Tahrir)* oder den *Kaplan-Verband*, die – obwohl in Deutschland schon zu einem frühen Zeitpunkt verboten – für die Entwicklung des informellen islamischen Milieus in mehrerlei Hinsicht von Bedeutung sind. Zum einen weil sie als Durchgangsstationen für bekannte Aktivisten fungierten und von daher Aufschluss über ihren Radikalisierungspfad geben, bzw. eigene Netzwerkkontakte nahelegen. Beispielhaft sind hier der ehemalige Rapper und Dschihad-Verkünder Deso Dogg oder der stellvertretende „Führer" *(amir)* des sogenannten Millatu-Ibrahim-Netzwerkes, Abu Ibrahim, zu nennen, die in oder für diese verbotenen Organisationen aktiv waren.[39] Zudem stellt sich die Frage, welche Restrukturierungseffekte, Beziehungen oder Wechselwirkungen sich längst innerhalb des Milieus ergeben –

---

[38] Sigrid Faath/Hanspeter Mattes: Tunesiens Salafisten: Ziele – Strategien – Einfluss. Wuqûf-Kurzanalyse Nr. 22, Berlin 2012, unter: www.wuquf.de/wuquf.../wuquf_2013 _1_sicherheitsprobleme_tunaeglib.pdf (13. Mai 2013).

[39] Vgl. zu Ersterem das „Interview: Von Deso Dogg zu Abou Maleeq", unter: http://www.al-adala.de/attachments/article/443/Deso-Dogg-Abou-Maleeq-dajjaltv.pdf (16. Januar 2011) sowie zu Abu Ibrahim den Artikel von Florian Flade, Salafisten planen „Abrechnung" mit Deutschland, unter http://www.welt.de/politik/ausland/article109690454/ Salafisten-planen-Abrechnung-mit-Deutschland.html (8. Oktober 2012).

insbesondere vor dem Hintergrund gemeinsamer Aktionsplattformen wie der „grünen" Gefangenenhilfe.[40] Während für die genannten Strömungen mehrheitlich die Verbreitung und Etablierung einer spezifischen Islamauffassung im Vordergrund steht, zeigt die im Jahr 2007 aufgedeckte „Sauerlandzelle", dass sich auch dschihadistische Akteure mit terroristischer Gewaltstrategie dem informellen islamischen Milieu hierzulande zurechnen lassen. Genau genommen zeichneten sich die Mitglieder der Gruppe durch multiple Szenezugehörigkeiten aus, die für das informelle islamische Milieu geradezu charakteristisch sind.[41] Ähnliches gilt auch für eine sogenannte „Lohberger Gruppe", benannt nach einem Ortsteil in Dinslaken, aus der heraus sich einige Mitglieder der Terrorgruppe *Islamischer Staat im Irak und Syrien* (ISIS) angeschlossen haben.[42] Damit deutet sich an, dass die im Jahr 2011 entstandene und 2012 verbotene Gruppe *Millatu Ibrahim* den Übergang vom dschihadistischen Propaganda-Netzwerk zum dschihadistischen Gewaltaktivismus zumindest teilweise vollzogen hat. Nicht zuletzt weil mit dem Ex-Rapper Deso Dogg alias Abu Talha einer der ehemals führenden Köpfe von *Millatu Ibrahim* ISIS beigetreten ist.[43]

Ambivalenzen und Grauzonen, so die grundlegende Annahme, bestimmen letztlich auch die in Deutschland längst etablierten Netzwerke von Dschihadbegeisterten, bei denen oft unklar bleibt, welche politischen Absichten Akteure, Sympathisanten oder Unterstützer wirklich verfolgen. Damit wird auch deutlich, warum im Rahmen des Milieuansatzes vor einem vereinfachten Verständnis von Mitgliedern oder Anhängerschaften diverser Organisationen, Gruppen oder Predigern zu warnen ist. Statt in herkömmlicher wie eurozentrierter Weise von eindeutigen Kategorien mit abgrenzbaren Organisationen, Mitgliederlisten oder

---

[40] Vgl. das Video „Bernhard Falk: Solidarität mit den inhaftierten Brüdern", auf dem sich das Logo der Kaplan nahen Webseite *Im Auftrag des Islam* findet, unter: https://www.youtube.com/watch?v=s1mHKVHey_U&list=PLtoS2L5zDvBoTCqzR_7PyMlvIbGCll4ob (5. März 2014).
[41] Vgl. zur Einbindung in unterschiedliche lokale Szenen salafistischer Prägung in ein radikales Milieu in Deutschland sowie in eine transnationale dschihadistische Gruppe: Stefan Malthaner/Klaus Hummel: Die ‚Sauerland-Gruppe' und ihr soziales Umfeld, in: Stefan Malthaner/Peter Waldmann (Hg.): Radikale Milieus – Das soziale Umfeld terroristischer Gruppen, Frankfurt am Main, 2012, S. 245-278.
[42] Vgl. Christoph Ehrhardt: Islamisten aus Deutschland. Reisende kann man nicht aufhalten, unter: http://www.faz.net/aktuell/politik/islamisten-aus-deutschland-reisende-kann-man-nicht-aufhalten-12806581-p4.html?printPagedArticle=true#pageIndex_4 (14. Februar 2014).
[43] Vgl. Christoph Sydow: Deso Dogg: Berliner Ex-Rapper schließt sich Terrorgruppe in Syrien an, unter: http://www.spiegel.de/politik/ausland/syrien-deso-dogg-dennis-cuspert-schliesst-sich-terrorgruppe-isis-an-a-964083.html (12. April 2014).

überschaubaren Führungsstrukturen auszugehen, gilt es eher, flexible persönliche Bindungen, multiple Loyalitäten und jene Milieuangehörigen im Blick zu behalten, unter denen die Vorstellung von einem vermeintlich authentischen Islam, für den ein Muslim aktiv werden müsse, prinzipiellen Zuspruch findet. Dies soll jedoch nicht dazu verleiten, von ideologisierten oder eindeutigen Anhängerschaften auszugehen.

Aufbau und Beiträge des Bandes

Die Beiträge des Bandes basieren nicht auf Forschungsergebnissen profunder oder übergreifender Projektarbeit, sondern auf der intensiven und mitunter langjährigen Beobachtung und Analyse durch Autoren, die mit ihren unterschiedlichen Perspektiven dazu beitragen, die – gegebene, konstruierte und instrumentalisierte – gefährliche Nähe von Salafismus und Dschihadismus verständlicher zu machen. Jeder der zehn Artikel beleuchtet gefährliche Nähe in eigener Weise, betont den „faktischen" Charakter oder hebt die „artefaktische" Sichtweise hervor.

Der erste Beitrag von Michail Logvinov setzt sich mit Entwicklungslinien des deutschen Dschihad vor dem Hintergrund der Konflikte in Afghanistan und anderen Regionen auseinander, um die grenzüberschreitenden Aktivitäten der „neuen Internationalisten"[44] aus dem Bundesgebiet nachzuzeichnen.

Ein daran anschließender Aufsatz von Klaus Hummel rekapituliert die Entstehung, Entwicklung und Struktur des Salafismus in Deutschland bis zum Jahr 2009. Das ist auch das Jahr, in dem der Artikel verfasst und einer Vielzahl von Interessenten zur Verfügung gestellt wurde. Als erste umfassendere Darstellung eines bis dato in Deutschland nicht beschriebenen Phänomens hat der Text eine Bedeutung im Prozess der Versicherheitlichung des Salafismus, obwohl er in seiner Kernaussage eher vor den Gefahren einer einseitigen Gefahrenperspektive warnt, die in den Folgejahren die Wahrnehmung des Salafismus prägen sollte.

Mit den bekannt gewordenen Aktivitäten der Mitglieder der *Islamischen Dschihad-Union* (IJU, *Islami Cihad Ittehadi, Ittihad al-Dschihad al-Islami*), die im September 2007 im sauerländischen Oberschledorn festgenommen wurden, begann in Deutschland eine neue Ära. Mit der „Sauerlandzelle" verschrieben sich nämlich erstmals deutschstämmige

---

[44] Vgl. Steinberg: Die neuen Internationalisten.

Bürger einer Anschlagsplanung im Inland. Die nur vermeintlich „hausgemachten" Dschihadisten bewirken dergestalt eine Wandlung von Al-Qaida in Deutschland zur deutschen Al-Qaida – hin zum deutschen Dschihad. Der Beitrag über die usbekische Mutterorganisation der „Sauerlandbomber" widmet sich folgenden Fragen: Welche Ziele verfolgte die usbekische Gruppe, die lange Zeit als „Phantom" bzw. Erfindung der usbekischen Nachrichtendienste galt, indem sie deutsche Rekruten mit einem Anschlag beauftragte? Welches Profil wies sie auf? Wie und mit welchen Zielen kamen die Täter bei der IJU an?

Michail Logvinov hat auch den Aufsatz „Radikalisierungsprozesse in islamistischen Milieus" verfasst. Dabei setzt er sich mit den umstrittenen Fragen der Radikalisierungsforschung auseinander und identifiziert zahlreiche Forschungsprämissen, für die nach wie vor empirisch fundierte Belege fehlen. Der Autor sieht das Ziel seiner Abhandlung darin, auf bislang nicht aufgeworfene oder beantwortete Fragen hinzuweisen und die gängigen Radikalisierungstheorien kritisch zu würdigen.

Alexander Heerlein stellt eine der Grundannahmen des Salafismus-Paradigmas auf den Prüfstand und kann auf der Basis einer Analyse von 60 Biografien deutscher, in dschihadistische Aktivitäten involvierter Muslime einen vermuteten Zusammenhang belegen. Denn tatsächlich scheint es auf der Grundlage seiner Definition einer salafistischen Moschee wahrscheinlich zu sein, dass der Besucher einer solchen Gebetsstätte eher in dschihadistische Aktivitäten verwickelt wird als ein Besucher einer nicht salafistischen Moschee. Allerdings schätzt der Autor selbst den Unterschied als verschwindend gering ein. Damit wird eine Vielzahl offener Fragen, die Logvinov in seinem Radikalisierungsbeitrag aufwirft, umso dringlicher: Radikalisieren sich Anführer und Mitläufer nach einem ähnlichen Muster? Wie ist zu erklären, dass bei einer ähnlichen Deutung einer Situation verschiedene Modelle des Handelns selektiert werden und nur eine Minderheit auf Gewalt zurückgreift? Was hält andere Akteure von Gewaltanwendung ab? Welche sozialen Interaktionen sind für die dschihadistische Radikalisierung in Deutschland verantwortlich? Wie und unter welchen Umständen enden islamistische Radikalisierungskarrieren?

Dabei geht er auch auf die Bedeutung der Interaktion von Protestbewegung und Staat ein, die in dem von Daniela Pisoiu und Klaus Hummel eingeführten Konzept der Co-Radikalisierung verstärkte Berücksichtigung finden. Unter Co-Radikalisierung verstehen die Autoren unbeabsichtigte phänomenunterstützende Dynamiken (Mechanismen oder Interaktionsmuster), die sich aus der Reaktion verschiedener gesellschaftlicher Akteure – besonders aber des Staates – auf die (selektiv) wahrgenommene, vorgestellte oder faktisch sich vollziehende Radikalisierung eines Bevölkerungssegments ergeben. Exemplarisch veranschaulichen sie die diesem Prozess zugrunde liegenden Mechanismen am Beispiel des Salafismus und unterstreichen damit, dass es sich bei Radikalisierung um einen interaktiven, mindestens zweiseitigen Prozess handelt, der nicht auf eine religiöse Gemeinschaft zu beschränken ist und bei dem vor allem der Mesoebene und nicht ausschließlich der Mikroebene individueller Radikalisierungsverläufe eine entscheidende Bedeutung zukommt.

Die folgenden zwei Beiträge von Frank Horst („Unwahre Begriffe vom ‚Wahren Weg'") und Klaus Hummel („Das informelle islamische Milieu – Blackbox der Radikalisierungsforschung") gründen in ähnlichen Diagnosen des zeitgenössischen Salafismus und der inneren Dynamik des Phänomens, entwickeln aber darauf aufbauend unterschiedliche Modelle. Nach Horst haben die behördlichen, wissenschaftlichen und journalistischen Analysen des Salafismus in den vergangenen Jahren zur Entstehung eines Kanons von Prototypen salafistischer Akteure geführt. Die entstandenen (Sub-)Kategorien vermögen nach Einschätzung des Autors die Heterogenität und Flexibilität der salafistischen Ideologie nicht adäquat abzubilden und begünstigen sogar fehlerhafte Generalisierungen. Im Bemühen um eine realitätsnähere Darstellung des salafistischen Feldes entwickelt der Autor einen „attitüdenbasierten Ansatz", der die salafistische Bewegung nicht länger in Subkategorien unterteilt, sondern auf die Haltung eines Akteurs zu bestimmten Problemen fokussiert. Der unmittelbare Vorteil dieser Herangehensweise besteht darin, dass sie sich einer zugleich strukturierten und detaillierten Untersuchung der Einstellungen eines Individuums, einer Gruppe oder eines ganzen Netzwerks widmet und der Fragenkatalog entsprechend der jeweiligen Untersuchung oder Lagebilderstellung angepasst werden kann.

Während das vorgeschlagene Analysemodell neue Möglichkeiten für vergleichende und quantitative Studien des Salafismus ermöglicht, ist das von Klaus Hummel eingebrachte Konzept des informellen islamischen Milieus nicht auf das Wirken salafistischer Netzwerke in Deutschland beschränkt. Vielmehr bezieht es ein größeres Konglomerat unterschiedlicher Gruppen und Infrastrukturen mit ein, deren Vertreter einen subjektiv als „wahr" empfundenen Islam propagieren, „praktizieren" oder konsumieren. Das prägende organisatorisch-strukturelle Element dieses Milieus ist eine auf seinem Netzwerkcharakter basierende Informalität. Sie macht nicht nur die Entstehung unterschiedlich thematisch fokussierter Szenen, sondern auch den Einfluss der islamischen Populisten verständlich, die das Erscheinungsbild des Milieus prägen. Eine entdramatisierte soziologische Perspektive auf das Milieu und eine stärkere Beforschung von „Informalisierungstendenzen" erachtet der Autor als notwendige Voraussetzung für ein differenzierteres Verständnis „dschihadbegeisterter" Szenen.

In ganz unterschiedlicher Weise zeigt sich die Bedeutung moderner Kommunikationsmittel für den Prozess islamistischer Radikalisierung bei den folgenden zwei Beiträgen. Eine im Hinblick auf die Wirkung des Internets anschauliche Untersuchung liefert Matthias Garbert am Beispiel eines Vergleichs zweier Webseiten des salafistischen Spektrums in Deutschland. Während der Schwerpunkt von „www.salaf.de" auf salafistischem Grundlagenwissen liegt, setzten die Macher der mittlerweile inaktiven Seite „www.salafimedia.com" auf Emotionalisierung. Der Beitrag von Klaus Hummel über den indischen Tele-Prediger Zakir Naik unterstreicht, warum bei der Durchdringung des Alltags mit modernen Kommunikationsmitteln nicht vorschnell und einzig auf das Internet abzustellen ist. Denn seine Popularität im südasiatischen Raum verdankt sich insbesondere dem Format einer *Tele-Da'wa* im Stile evangelikaler Fernsehprediger, die auch für eine Reihe anderer Prediger weltweit charakteristisch ist. Dabei handelt es sich in der Begrifflichkeit des Autors um eine auch in Deutschland repräsentierte Strömung islamischer Populisten, der es mit einem konfliktiven Stil gelingt, insbesondere die nicht muslimische Mehrheitsgesellschaft herauszufordern und verstärkt auch Konvertiten zu mobilisieren.

Klaus Hummel und Michail Logvinov

Der deutsche Dschihad – Revisited

Michail Logvinov

1. Internationalisierung des deutschen Dschihad

Dschihadistische Akteure und Netzwerke existierten in Deutschland bereits lange vor dem 11. September 2001. Die verheerenden, aus Afghanistan orchestrierten, aber teilweise in der Bundesrepublik durch die „Hamburger Zelle" (ihr entstammten drei der vier Todespiloten) vorbereiteten Anschläge auf US-amerikanische Ziele führten zu einer einschneidenden sicherheitspolitischen Zäsur. War „Al-Qaida" (AQ) Ende der 1990er Jahre für die deutschen Sicherheitsbehörden noch nicht der Inbegriff des islamistischen Terrorismus, wurde der islamistische Terrorismus nach dem sicherheitspolitischen Paradigmenwechsel Anfang der 2000er Jahre „al-qaidisiert" und „arabisiert": Arabisten und Nahostexperten erfreuten sich infolgedessen einer bis dahin nicht gekannten Nachfrage seitens der Polizei und der Geheimdienste, deren Suche nach arabischstämmigen „Schläfern" auf Hochtouren lief. Das BKA arbeitete Kriterienkataloge und Verdachtschöpfungsindikatoren sowie neue Funktionstypologien (Attentäter, Anwerber, Finanziers, Logistiker) aus, um islamistische Schläferzellen aus dem Nahen und Mittleren Osten auszuheben. Die umstrittene Rasterfahndung wurde ebenfalls eingesetzt, führte allerdings nur in einem Fall zu Ermittlungen.[1] In der Tat bemühte sich AQ bis etwa 2005 vornehmlich um arabische Rekruten und eine vollständige Kontrolle der terroristischen Operationen.

Der Fall der „Kofferbomber" von Köln (2006) sowie der versuchte Anschlag des pakistanischen Studenten Amer Cheema (2006) auf den Chefredakteur der „Welt", Roger Köppel, hatte unterdessen eine neue Tendenz zur Verselbständigung der Attentäter zutage gefördert.[2] Nach 2006 hatte sich ein weiterer Tätertypus der „neuen Internationalisten" entwickelt, der keine eindeutige ethnische und nationale Zuordnung im Sinne

---

[1] Vgl. Gerhard Piper: Al-Qaida und ihr Umfeld in Deutschland. Who's who?, Berlin 2008, S. 8 f.
[2] Vgl. Guido Steinberg: Die neuen Internationalisten – Organisationsformen des islamistischen Terrorismus, in: Der Bürger im Staat, (2011) 4, S. 228-234, hier 229.

einer Profilbildung möglich machte und grenzüberschreitend, zunehmend mit Unterstützung durch ausländische terroristische Vereinigungen, agierte.³

Obwohl den ersten Schritt zur Internationalisierung die aus Türken und deutschen Konvertiten bestehende „Sauerlandgruppe" machte, deren Auftraggeberin, die „Islamische Dschihad-Union" (IJU), übrigens zunächst als „Erfindung im Internet" galt, blieb der neue Tätertypus lange Zeit im Dunkeln. Zwei bis drei Jahre später registrierten die deutschen Sicherheitsbehörden eine steigende Zahl ausreisender Dschihadwilliger, die sich im afghanisch-pakistanischen Grenzgebiet ausbilden und in den Kampf gegen die ISAF-Truppen und gezielt gegen die Bundeswehr einbinden ließen.

Gab es 2002 „nur" 72 Ermittlungsverfahren gegen vermutliche islamistische Terroristen, verfünffachte sich die Zahl im Jahr 2010. Hatten die aus Bayern stammenden „Sauerlandbomber" vor ihrer Ausreise noch große logistische Probleme zu meistern, hatten sich ab 2007/08 die für die Einschleusung in die Gebiete des Dschihad notwendigen Netzwerke etabliert. Dabei schlossen sich deutsche Konvertiten und deutschstämmige Türken bzw. Araber sowie Afghanen Gruppen wie AQ, „Islamische Bewegung Usbekistans" (IBU) und IJU an. Dergestalt bewirkten die „hausgemachten" neuen Internationalisten eine Wandlung von AQ in Deutschland zur deutschen AQ – hin zum deutschen Dschihad. Zugleich haben Politik und Sicherheitsbehörden den islamistischen Terrorismus zunehmend „salafitisiert", so dass es 2012 hieß: „Nicht jeder Salafist ist ein Terrorist, aber fast jeder islamistische Terrorist hat einen irgendwie gearteten salafistischen Bezug".⁴

2009 wurde die Problematik des deutschen Dschihad wiederholt zu einem öffentlich wirksamen Thema: Mehrere deutschstämmige Islamisten traten in einem Dutzend Propagandastreifen der AQ & Co. mit unverblümten Drohungen gegen die Bundesrepublik auf. Sie versuchten die Bundestagswahl zu manipulieren, die Öffentlichkeit wie die deutsche Regierung zu erpressen und Antikriegsstimmung zu schüren, um den Bundeswehrabzug aus Afghanistan zu erzwingen. Deutsche Konvertiten

---

3   Ebd., S. 232.
4   Vgl. „Friedrich sieht in Salafisten Keimzelle des Terror", unter: http://www.welt.de/politik/deutschland/article106262914/Friedrich-sieht-in-Salafisten-Keimzelle-des-Terror.html (5. Mai 2012).

und Türken gründeten zudem eine der ersten „ethnischen" Gemeinschaften in Pakistan mit dem Namen „Deutsche Taliban Mudschaheddin" (DTM). Auch dschihadistische Akteure aus dem afghanisch-pakistanischen Grenzgebiet entdeckten Deutschland für sich; in einem Video sprach beispielsweise ein junger usbekischer Kämpfer mit dem Namen Abdul Asis (inzwischen tot) seine „Brüder" in deutscher Sprache an, und einige angebliche Vertreter der „Dschihad-Schule Komander Jumabai" widmeten ein „Naschid" (islamische Hymne) „an ihre Geschwister weltweit und speziell in Deutschland".

2010 erreichte der propagandistische Psychokrieg gegen die Bundesrepublik einen weiteren Höhepunkt, als der damalige Bundesinnenminister Thomas de Maizière im November 2010 öffentlich wahrnehmbare Sicherheitsmaßnahmen ankündigen musste, nachdem sich vermeintliche Hinweise auf Anschläge verdichtet hatten. Zwar stellten sich die Schutzmaßnahmen wegen zweifelhafter Güte[5] der gewonnenen Informationen als übertrieben heraus; Sicherheitsexperten waren jedoch zum damaligen Zeitpunkt überzeugt, die Gefahr eines Attentats sei viel höher als vor der Bundestagswahl oder der Fußball-Weltmeisterschaft gewesen. „Die Terror-Gefahr ist ernster als je zuvor. Da sind sich alle Sicherheitsbehörden in ihrer Einschätzung einig. Denn es gibt ganz konkrete Hinweise auf geplante Anschläge durch islamistische Extremisten in den nächsten Wochen", erklärte der Präsident der Bundespolizei Matthias Seeger im Interview mit der Bild-Zeitung.[6] Der deutsche Auslandsnachrichtendienst nahm die vorliegenden Hinweise jedoch zu Recht mit Skepsis zur Kenntnis.

Informationen über geplante Anschläge in Europa und in Deutschland kamen aus verschiedenen Quellen. Zum einen leiteten die USA Warnungen vor einem Terrorkommando weiter, das auf dem Weg nach Europa sei, um Angriffe im Mumbai-Stil in Frankreich, Großbritannien

---

[5] Brisant sind in diesem Zusammenhang jene der „Welt am Sonntag" vorliegenden Dokumente, denen zufolge Makanesi einen Anschlagsplan gegen Deutschland bestritten hat: „Bei einer Vernehmung in der hessischen Justizvollzugsanstalt Weiterstadt sagte er, wenn behauptet wird, er habe von einem bevorstehenden Attentat gewusst, sei dies falsch. Laut dem Deutschen syrischer Abstammung wollte der Scheich lediglich mit Drohungen gegen Europa die Kosten für Sicherheitsmaßnahmen nach oben treiben und damit die Wirtschaft schädigen". Vgl. Michail Logvinov: „Töten nach dem Pyramidensystem", in: Die Kriminalpolizei (2011) 4, S. 4-8, hier 5.

[6] „Die Terror-Gefahr ist ernster als je zuvor!". Präsident der Bundespolizei Matthias Seeger im Interview, unter: http://www.bild.de/politik/2010/politik/die-terror-anschlaggefahr-ist-ernster-als-zuvor-14703872.bild.html (19. November 2010).

und Deutschland durchzuführen. Angeblich waren die vermuteten Terroristen bereits im Besitz von Reisedokumenten. Es handelte sich um eine mit der AQ assoziierte schiitisch-indische Gruppe namens „Saif" („Schwert"). Anfang November berichtete die US-Bundespolizei FBI in einem Fernschreiben an das Bundeskriminalamt von zwei Männern, die AQ nach Deutschland entsandt hätten.[7] Das BKA ging Medienberichten zufolge dem Hinweis über eine aus vier Indern und Pakistanern bestehende Zelle nach, die nach Deutschland eingereist war oder einreisen wollte.[8] Das im Juli 2010 in Kabul verhaftete Mitglied der IBU, der 36-jährige Ahmad Sidiqi aus Hamburg, gilt dabei als eine der Quellen der durch das US-Militär gewonnenen Informationen mit Europa- und Deutschlandbezug.[9] Seine Kenntnisse der Gegebenheiten im pakistanischen Nord-Waziristan soll der Deutsche afghanischer Abstammung unter Beweis gestellt haben, indem er der CIA Informationen über Aufenthaltsorte der ausländischen IBU-Mitglieder zur Verfügung stellte. „On Ahmad Siddiqi's tip-off, CIA drones targeted North Waziristan on September[10] 8 in which a few Germans were killed", erklärte ein Sicherheitsbeamter gegenüber Asia Times Online.[11]

Zum anderen berichtete der in Pakistan verhaftete deutschstämmige Islamist Rami Makanesi von einem längerfristigen Anschlagsplan des „Scheichs" „Younis al-Mauretani". Auch Sidiqi soll einige Wochen später die Sicherheitsbehörden über Mauretanis Pläne informiert haben.[12] Makanesi zufolge bestand das Terrorkommando, das in Deutschland einen Anschlag verüben sollte, aus sechs Männern, von denen zwei bereits in Berlin untergetaucht seien und die restlichen vier – ein Deutscher, ein Türke, ein Nordafrikaner und ein weiterer Mann, dessen Identität ihm

---

[7] Yassin Musharbach: Psychokrieg gegen Deutschland, unter: http://www.spiegel.de/politik/deutschland/0,1518,729664,00.html (17. November 2010).
[8] Matthias Gebauer: BKA hat konkrete Hinweise auf Anschlagspläne, unter: http://www.spiegel.de/politik/deutschland/0,1518,729697,00.html (17. November 2010).
[9] Bill Roggio/Lisa Lundquist: European terror plot begins to unravel, unter: http://www.longwarjournal.org/archives/2010/09/european_terror_plot.php (29. September 2010).
[10] Der Zeitpunkt des Angriffs bleibt unklar.
[11] Syed Saleem Shahzad: Afghan war moves deeper into Pakistan, unter: http://www.atimes.com/atimes/South_Asia/LJ07Df02.html (7. Oktober 2010).
[12] Vgl. Holger Stark: Der wichtigste Gefangene, unter: http://www.spiegel.de/spiegel/print/d-74090638.html (4. Oktober 2010).

unbekannt sei – auf ihre Abreise warteten.¹³ Der Aussteiger aus der IBU fungierte als einer der wichtigsten Kronzeugen der Ermittler: „Vor allem die Berichte über Scheich Younis al-Mauretani, laut Rami M. der ‚Außenminister' von AQ, interessieren die Ermittler. Der Scheich habe ihm im Frühsommer 2010 erklärt, dass AQ seit dem 11. September 2001 dazugelernt habe. ‚Das, was wir im Kopf haben, da kommt nicht mal der Teufel drauf', habe Younis gesagt. Er soll sich einen großen Plan für Europa ausgedacht haben, erzählt der Aussteiger M. Zu dem Szenario gehörten angeblich auch die Paketbomben aus dem Jemen, die Ende Oktober abgefangen wurden. Der Scheich habe Rami M. zurück nach Deutschland schicken wollen, wo er 20.000 Euro pro Halbjahr für AQ sammeln sollte",¹⁴ berichtete der Terrorismus-Experte Musharbash.

Ein Informant hatte zudem in mehreren Telefonaten mit dem BKA von einem Angriff auf den Reichstag im Februar oder März 2011 gewarnt, was für den Innenminister unter anderem Anlass war, die höchste Terrorgefahr auszurufen. Doch bei Nachfragen blieb der angebliche Insider unpräzise, stellte finanzielle Forderungen und verlangte Sicherheitsgarantien. Im Februar ging der Kontakt zu ihm verloren.¹⁵ Auch die Hinweise von Makanesi sollen zu zwei Drohnenangriffen in der Nähe des pakistanischen Mir Ali geführt haben, bei denen europäische Dschihadisten ums Leben kamen. Das legte die Vermutung nahe, die amerikanischen Nachrichtendienste führten präventive Schläge auf pakistanischem Gebiet aus, um die deutschen und europäischen Kämpfer unschädlich zu machen und somit die vermuteten Anschlagspläne zu vereiteln. Der pakistanische Botschafter in Washington, Hussain Haqqani, bestätigte den Zusammenhang zwischen den intensivierten Drohnenangriffen in Pakistan und dem Versuch, ein mögliches Attentat in Europa zu verhindern.¹⁶ Obwohl sich die Drohung als Mittel zur Produktion und Ausbeutung der Angst erwiesen hatte, war Deutschland tatsächlich im Fadenkreuz des islamistischen Terrorismus.

Am 26. Januar 2012 setzte das US-Außenministerium drei aus Deutschland stammende Islamisten auf die Liste der internationalen Terroristen. Es handelte sich um die Brüder Yassin und Monir Chouka

---

13 Vgl. „Bundespolizei-Chef warnt vor extremer Terror-Gefahr", unter: http://www.spiegel.de/politik/deutschland/0,1518,730240,00.html (20. November 2010).
14 Musharbach, Der Psychokrieg.
15 „Ermittler verlieren Kontakt zu Terror-Informanten", unter: http://www.spiegel.de/politik/deutschland/0,1518,746563,00.html (19. November 2011).
16 Shahzad, Afghan war.

aus Bonn und einen Deutsch-Türken Mevlüt Kar aus Ludwigshafen.[17] Die Brüder Chouka sind Kämpfer, Rekrutierer, Logistiker und Propagandisten der IBU. Mevlüt Kar wird vorgeworfen, als Logistiker und Rekrutierer für die IJU zu fungieren. Kar hatte sich bereits Anfang der 2000er Jahre hervorgetan, indem er Dschihadwillige nach Tschetschenien einschleuste, bevor Istanbul zu einem Brückenkopf für deutsche Dschihadisten wurde. Als Informant des türkischen Nachrichtendienstes belieferte er zudem die Sauerlandbomber mit militärischen Zündern. Bereits 2009 wurde ein aus Deutschland stammende AQ-Anführer, Bekkay Harrach, als internationaler Terrorist eingestuft.

Der Krieg in Syrien, der bereits seit längerem religiös geprägte Konfliktlinien aufweist, führte ebenfalls dazu, dass das Land sich als neuer Brennpunkt des internationalen Dschihad etabliert hat. Mehr als Tausend europäische Kämpfer und zwischen 300 und 350 Dschihadisten aus Deutschland hielten sich Medieninformationen zufolge im April 2014 im Land auf, so dass die Sicherheitsbehörden sich auf die Rückkehr radikalisierter Kämpfer vorbereiteten. Über die Aktivitäten der deutschen „Gotteskrieger" in Syrien war allerdings wenig bekannt.

Dieser Beitrag setzt sich mit Entwicklungslinien des deutschen Dschihad vor dem Hintergrund der Konflikte in Afghanistan und Syrien auseinander, um die grenzüberschreitenden Aktivitäten der neuen Internationalisten aus dem Bundesgebiet nachzuzeichnen. Dabei wird der Deutschlandbezug entlang der sich zeitlich und inhaltlich überschneidenden einschlägigen Aktivitäten *aus der*, *gegen* die und *in* der Bundesrepublik hergestellt.[18]

2. „Böses Vaterland" und Europa als Ziel

Ob Deutschland zum „Gebiet des Krieges" gehöre, darüber gab und gibt es unter Islamisten keine Übereinstimmung. Es wurden „Fatwas" (Rechtsgutachten) angefertigt, die dies ausdrücklich verneinen. Doch vor allem wegen der Präsenz in Afghanistan – die Bundesrepublik war drittgrößter Truppensteller nach den USA wie Großbritannien und trug die Verantwortung für die Aufstandsbekämpfung im Norden des Landes

---

[17] Terrorist Designations of Yassin Chouka, Monir Chouka and Mevlut Kar, unter http://www.state.gov/r/pa/prs/ps/2012/01/182550.htm (30. Januar 2012).
[18] Vgl. Thomas Beck: Der Deutsche Jihad – Versuch einer Bestandsaufnahme, in: Die Kriminalpolizei, (2009) 1, S. 6-8, hier 6.

– galt das „Böse Vaterland" (so der Titel eines Propagandastreifens) unter den deutschen Dschihadisten als „legitimes" Angriffsziel. Es ist von neun Anschlagsplänen in Deutschland die Rede.

Vor allem die Entwicklungen in Afghanistan ließen Anschläge gegen Deutschland aus strategischer Sicht als sinvoll erscheinen. Denn der Norden Afghanistans ist ein Brückenkopf nach Zentralasien – militärisch und logistisch. Deshalb waren die afghanischen Akteure verschiedener Couleur – Islamisten und Drogenbarone – bestrebt, ihre Netzwerke im Norden zu reaktivieren. Nach einer Eskalationsphase 2008/09 galt dieses Ziel als größtenteils erreicht. Das idyllische „Bad Kundus" wurde Ort der schlimmsten Alpträume des deutschen Militärengagements im Ausland mit 54 toten Soldaten. Angesichts zahlreicher Verhaftungen und Eliminierungsaktionen 2010/11 wurde auch deutlich, dass der afghanische Norden sich zu einem Rückzugs- und Mobilisierungsgebiet für die in Afghanistan und Pakistan agierenden militanten Akteure entwickelte. Nach Jahren bot sich wieder eine Gelegenheit, die zentralasiatischen Staaten zu destabilisieren (so Mullo Abdullo im tadschikischen Rascht-Tal, „Jund al-Chilafa" in Kasachstan) und zudem die NATO-Versorgung aus dem Norden zu stören.[19] Da Deutschland unter zentralasiatischen militanten Islamisten, die in Pakistan den Ruf der härtesten (Elite-)Kämpfer haben, nicht nur wegen der Präsenz in Kundus, sondern auch wegen der Kooperation mit dem verhassten Diktator Islam Karimow als „Feind des Islam" gilt, nahmen sie die Bundeswehr vermehrt ins Visier. So war die IBU am Aufsehen erregenden Anschlag auf die Bundeswehr am Karfreitag 2010 beteiligt. Propagandaaufnahmen zeigten darüber hinaus Angriffe der IBU gegen die deutschen Truppen.

Die Bundeswehr stellte somit einen „Störfaktor" im afghanischen Norden dar. Terroristische Akteure wie AQ, IBU oder IJU intensivierten daher ihre Propaganda gegen Deutschland – auch aus dem Munde der deutschen Dschihadisten – und erhöhten die Anschlagsintensität auf die deutschen Truppen. Denn „der offenkundige Wankelmut der deutschen

---

[19] Vgl. Abubakar Siddique: IMU Takes Root In Increasingly Insecure Northern Afghan Provinces, unter: http://www.rferl.org/content/imu_takes_root_insecure_north_afghan_provinces/2242579.html (8. Dezember 2010); ders.: IMU's Evolution Branches Back To Central Asia, unter: http://www.rferl.org/content/imu_evolutionbranches_back_central_asia/2240765.html (6. Dezember 2010).

Politik [erweckte] den Eindruck, dass terroristische Anschläge auf deutsche Ziele in Afghanistan einen Truppenabzug erzwingen könnten. So ermuntert Deutschland Al-Qaida, Attentate auf deutsche Ziele in Auftrag zu geben oder selbst zu planen".[20] Bereits 2007 drängten die usbekischen Auftraggeber der Sauerlandgruppe darauf, die Anschlagsvorbereitungen zu intensivieren, um die Debatte über den Afghanistankrieg und die Verlängerung des Bundeswehrmandates in ihrem Sinne zu beeinflussen.

Besondere Aufmerksamkeit soll der Tatsache zuteil werden, dass die deutschen Dschihadisten sich spätestens 2009 allen relevanten Akteuren der Region – AQ, IBU, IJU – angeschlossen hatten. 2010 hieß es sogar, einige wenige Kämpfer mit Deutschlandbezug hätten sich unter dem Kommando von Mullah Omar als DTM formiert: „Die Taliban erlaubten es, eine Untergruppe zu bilden. Wir waren zu Beginn sechs Brüder, gründeten die ‚Deutsche Taliban Mujahideen' Jama'a und wählten Abu Ishaaq al-Muhajir zum Amir. Somit entstand die erste deutsche Jihad-Gruppe der Welt",[21] schrieb der später getötete Eric Breininger in seinen Memoiren „Mein Weg nach Jannah".

Sowohl das deutlich nachgelassene Propagandaaufkommen als auch bestätigte Tötungen deutschstämmiger Gotteskrieger 2009 und im Vorfeld eines vermeintlichen Komplotts gegen Europa und Deutschland 2010 lassen den Schluss zu, dass die deutschen Gruppen in Pakistan stark dezimiert sind, so dass sie keine Kapazitäten mehr zu haben scheinen, um deutsche und westliche Ziele im Ausland anzugreifen. Auch der spätere Anführer der deutschen Taliban, Fatih Temelli alias „Abdul Fettah al-Mujahir", wurde Ende Juni 2012 verhaftet, nachdem er sich aus dem Iran in die Türkei abgesetzt hatte. Anfang 2012 ging der BND von ca. 20 Personen aus Deutschland in Afghanistan und Pakistan aus.

Die Bonner Islamisten Chouka betreiben allerdings unbeirrt ihre Propagandaarbeit weiter und berichteten hin und wieder über bis dahin unbekannte „Märtyrer" mit Deutschlandbezug. Auch Anfang 2014 gab es Informationen über Tötungen deutscher Islamisten in Pakistan. Im Vergleich zu 2010/11 ließ die Propaganda- und Kampfintensität jedoch deut-

---

[20] Guido Steinberg: Im Visier von Al-Qaida. Deutschland braucht eine Anti-Terror-Strategie. Ein Standpunkt, Berlin 2009, S. 74.
[21] Eric Breiniger (Abdul Ghaffar El Almani): Mein Weg nach Jannah. Hg. von Elif Medya, 2010. Der Text erschien ursprünglich im Forum „Ansar AlJihad Network" (Rechtschreibung im Original).

lich nach. 2011 konnte Monir Chouka noch voller Stolz in ei[ner Tonband-] botschaft mit dem Titel „Auf zum Erfolg" im Namen der IBU di[e Verant-]wortung für den Kabuler Anschlag Ende Oktober übernehmen, b[ei dem] 13 NATO-Soldaten ums Leben gekommen waren.[22] Der Dschihadi[st be-]hauptete zudem aus einem anderen Anlass, die IBU sei in das Sel[bst-]mordattentat auf die Militärbasis in Baghram am 19. Mai 2010 involvie[rt] gewesen, das in Kooperation mit anderen Gruppen durchgeführt worden war. Der Bonner Bekkay Harrach hatte eine aus Türken, Arabern, Tadschiken, Afghanen und Paschtunen bestehende Gruppe angeführt. Harrach war bei AQ zu einem geschätzten Strategen und Anführer aufgestiegen und starb bei dem Angriff.[23] Er trat in mehreren Propagandavideos auf, in denen Anschläge im Namen AQ angedroht wurden, sollten die Deutschen den Afghanistaneinsatz weiterhin mittragen und bei der Bundestagswahl Kanzlerin Merkel im Amt bestätigen. Bereits 2003 ging er ins Westjordanland, wo er bei einem Zusammenstoß mit israelischen Soldaten verletzt wurde.

Während etwa 80% aller Anschläge in der EU durch Gruppen ohne Kontakte zu AQ geplant wurden,[24] wiesen beinahe alle jüngsten Anschlagspläne gegen deutsche Ziele Verbindungen zu Pakistan auf. Galt

---

[22] „Abu Adam" erklärte in der Tonbandbotschaft, ein Mitglied der IBU habe den Selbstmordanschlag in Kabul begangen. „Am 29. Oktober machte sich einer unserer Istischhadi (Selbstmordattentäter) auf den Weg, um seinen Herren zu treffen. [...] Er opferte sein Leben um die Ummah zu beleben. Mitten in der Hauptstadt Kabul gelang es ihm mit Allahs Hilfe und Beistand 25 Soldaten der Besatzungsmächte, die niemand eingeladen hat, ein Ende zu setzen", prahlte Chouka. In Kabul hatte am 29. Oktober ein Selbstmordattentäter mit einem sprengstoffbeladenen Auto einen NATO-Militärbus gerammt und 13 US-Soldaten sowie vier Afghanen getötet. Ursprünglich hatten die afghanischen Taliban die Verantwortung für das Attentat übernommen.
[23] Vgl. Matthias Gebauer/Yassin Musharbash/Marcel Rosenbach/Holger Star: Sehnsucht nach dem Tod, unter: http://www.spiegel.de/spiegel/print/d-63806902.html (26. Januar 2009): „Vor einem Jahr sollen Harrach und der Warlord [Siraj Haqqani – M.L.] das erste Mal zusammengetroffen sein. Haqqani achte den Ausländer wegen seiner technischen Kenntnisse im Bombenbau, vor allem aber, weil er Anschlagspläne ‚sehr genau auf dem Papier' ausarbeiten könne. Kein größerer Angriff der vergangenen Monate, behauptet der Paschtunen-Kommandeur, sei ohne die Expertise Harrachs geplant worden: ‚Wenn wir etwas machen wollen, holen wir immer die Meinung des Deutschen ein.' Es ist eine rasante Karriere: Seit den Anschlägen des 11. September 2001 ist es keinem Deutschen mehr gelungen, so weit in der Hierarchie der Terrororganisation aufzusteigen."
[24] Vgl. The EU Terrorism Situation and Trend Report. Hg. vom European Police Office, Den Haag 2011, S. 16

n Taliban" der IJU-Chef Dschalolow als Auftrag-
ängiger AQ-Funktionär die „Düsseldorfer Zelle"
ladim el-Kebir.²⁵

ler mühsamen Aufstandsbekämpfung in Af-
n in Syrien ist davon auszugehen, dass die
.. In- wie Ausland nach wie vor hoch ist. Doch
ʋschihadisten hatten sich nicht selten als unfähig er-
andten die Sauerlandbomber die in Pakistan vermittelten
ʋen der Explosivstoffproduktion an, die beispielsweise in Großbri-
tannien zum Erfolg führten. Dabei ist inzwischen gemeinhin bekannt, dass es nur durch längerfristige, durchdachte Vorbereitungen möglich ist, Wasserstoffperoxid in den erforderlichen Mengen unbemerkt zu beschaffen. Dass aus den europäischen Grillanzündern kein Hexamin zu gewinnen ist, sollten die Terroristen ebenfalls wissen, wenn sie einen „Zünder für eine Bombe" erhalten wollen.²⁶ Bei all dem Aktionismus verloren sie andere Möglichkeiten, erfolgreich zu sein, zunächst einmal aus dem Blick. Der Frankfurter Schütze Arid Uka scheint im Gegensatz zur Düsseldorfer Zelle dem von der AQ gelobten Beispiel des US-Militärpsychiaters Nidal Malik Hasan gefolgt zu sein, der im texanischen Fort Hood 13 Soldaten erschossen und mehr als 30 verletzt hat. Doch je länger die Terrorplaner aus der deutschen Szene sich mit den Anschlagsmöglichkeiten beschäftigen, desto wahrscheinlicher ist, dass sie ihre Strategien an die jeweiligen Gegebenheiten anpassen. Dabei werden die deutschen Sicherheitsbehörden lernen müssen, mit schwer kalkulierbaren Risiken durch Einzeltäter umzugehen.

In der Propagandaliteratur empfehlen die deutschen Dschihadisten einige Anschlagsstrategien gegen den „Feindesstaat Deutschland". In einem Schreiben aus der Feder des Islamisten Monir Chouka aus dem Jahr 2011 finden beispielsweise „Beuteüberfälle", wirtschaftsschädigende Aktionen und „das Töten von deutschen Bundesbürgern nach dem Pyramidensystem" (vom Staatsoberhaupt über Politiker, Bundesbeamten und Bundeswehrsoldaten bis hin zu Bundesbürgern, die sich nicht öffentlich

---

[25] Vgl. Top-Terrorist steuerte Düsseldorfer Zelle, unter: http://www.spiegel.de/politik/ausland/0,1518,760934,00.html (6. Mai 2011).
[26] Vgl. Festnahme dreier mutmaßlichen Mitglieder der Al-Qaida, unter: http://www.generalbundesanwalt.de/txt/showpress.php?themenid=13&newsid=401 (30. April 2011).

von den „Verbrechern der deutschen Regierung" distanzieren) Erwähnung.[27] Von einem „Pyramidensystem" ist auch in der Audiobotschaft mit dem Titel „Ja, wir sind Terroristen!" von Yassin Chouka die Rede: „Ja! Ja, wir sind Terroristen! Und wir sind stolz darauf, Terroristen zu sein. Wir terrorisieren die Feinde Allahs, die Übertreter, die Unheilstifter. Wir bekämpfen und terrorisieren jeden, der unsere Religion beleidigt und unsere Heiligkeit mit Füßen tritt. Die Feinde Allahs reichen im Pyramidensystem bis zu jenen, die die Feinde Allahs auch wählen, und auch denen, die sie nicht wählten, jedoch mit der Wahl oder dem System der Wahl zufrieden sind. Jene gehören auch zu den Feinden Allahs. All diese genießen von uns keine Sicherheit", heißt es in der Ansprache.

Der vermutliche Bombenleger von Bonn, Marco G., hatte sich jedoch für das klassische („weiche") Infrastrukturziel entschieden. Zusammen mit Enea B., Koray D. und Tayfun S. bereitete der Angeklagte zudem Mordanschläge auf führende Kader der rechtspopulistischen Partei „Pro NRW".[28]

3. Deutschland als Operationsgebiet

Deutsche Dschihadisten waren/sind allerdings nicht nur in Afghanistan oder Pakistan eine Gefahr. Europäische und deutsche Gotteskrieger wa-

---

[27] Es handelt sich um ein Papier mit dem Titel „Der Fall Schokocafe".
[28] Der Generalbundesanwalt legt der Anklage folgenden Sachverhalt zugrunde: „Aufgrund ihrer radikal-islamistischen Einstellung stimmten die Angeschuldigten darin überein, dass der islamkritische Landtagswahlkampf der Partei Pro NRW im April und Mai 2012 eine gewaltsame Reaktion erfordere. Insbesondere die im Wahlkampf zur Schau gestellten Mohammed-Karikaturen empfanden sie als eine nicht hinnehmbare Provokation. Vor diesem Hintergrund reifte bei ihnen im Laufe des Jahres 2012 der Entschluss, terroristische Anschläge in Deutschland zu begehen. Der Angeschuldigte Marco G. entschied sich zunächst dafür, diesen Entschluss ohne Mithilfe der übrigen Angeschuldigten mit einem Bombenattentat auf dem Bonner Hauptbahnhof zu verwirklichen. Am 10. Dezember 2012 stellte er gegen 13.00 Uhr eine selbstgebaute Rohrbombe in einer Sporttasche auf dem belebten Bahnsteig 1 des Bahnhofes ab. Nach seinem Plan sollte die Explosion des Sprengsatzes spätestens gegen 13.30 Uhr durch einen zeitgesteuerten Zündmechanismus ausgelöst werden und möglichst viele Menschen töten. Das Vorhaben des Angeschuldigten schlug jedoch fehl, entweder aufgrund eines Konstruktionsfehlers oder einer instabilen Zündvorrichtung. Im Falle seiner Explosion hätte der Sprengsatz tödliche Wirkung für die Menschen auf dem Bahnsteig entfaltet. Die Ermittlungen haben keine hinreichenden Anhaltspunkte für die unmittelbare Beteiligung der übrigen Angeschuldigten oder anderer Personen an dem fehlgeschlagenen Bombenattentat ergeben." Vgl. unter: http://www.generalbundesanwalt.de/de/showpress.phpnewsid=497 (14. März 2014).

ren und bleiben für die afghanischen wie pakistanischen „Mudschaheddin" als Propagandawaffen, Geldbeschaffer und Verbindungspersonen in Europa von Bedeutung. Einige deutschstämmige Islamisten, die sich bei den turksprachigen IBU und IJU oder in AQ-Camps ihr terroristisches Handwerk aneigneten, kehrten nicht selten in die Bundesrepublik zurück.

Der Verfassungsschutz zählte 2010 etwa 1000 Personen zum islamistisch-terroristischen Spektrum in Deutschland. Über 250 Personen mit Bezügen nach Deutschland lagen Erkenntnisse vor, dass sie nach Afghanistan und Pakistan zwecks terroristischer Ausbildung gereist waren. „Hiervon sind mehr als die Hälfte hierher zurückgekehrt" und „ein beachtlicher Teil"[29] hält sich derzeit in der Bundesrepublik auf, berichtete der Präsident des Bundesamtes für Verfassungsschutz, Heinz Fromm. BKA-Präsident Jörg Ziercke sprach demgegenüber von mehr als 400 Islamisten, die sich in Deutschland aufhalten, 131 Personen gelten dabei als „Gefährder". Bei 70 Personen verfügen die Ermittler über Hinweise auf eine paramilitärische Ausbildung und ca. 40 von ihnen bringen Kampferfahrungen aus Afghanistan und/oder Pakistan mit.[30] Der Berliner Verfassungsschutz schätzte das Personenpotential gewaltorientierter Islamisten Ende 2009 gar auf 2950 Personen bundesweit.[31] 2012 belief sich das Personenpotenzial regional gewaltausübender und gewaltbefürwortender islamistischer Gruppen (ohne Salafisten) auf 2500 Personen.[32]

Dergestalt fungiert(e) Deutschland nach wie vor als Rückzugs- und Operationsgebiet sowie Rekrutierungsbasis des transnationalen Terrorismus. Es wurde und wird in der Bundesrepublik weiterhin islamisiert, radikalisiert und Geld für den Dschihad gesammelt. So war beispielsweise der am 31. Mai 2011 in Österreich verhaftete Berliner Islamist Yusuf Ocak alias „Ayyub al-Almani", der sich in mehreren Propagandastreifen der DTM durch konkrete Drohungen gegen Deutschland hervor-

---

[29] Zitiert nach Frank Jansen: „Deutschland bleibt Ziel des islamistischen Terrorismus", Interview mit Heinz Fromm, unter: http://www.tagesspiegel.de/politik/deutschland-bleibt-ziel-des-islamistischen-terrorismus/3856906.html (17. Februar 2011).
[30] Vgl. BKA schätzt Zahl der Islamisten in Deutschland auf über 400, unter: http://www.spiegel.de/politik/ausland/0,1518,715770,00.html (5. September 2010).
[31] Vgl. Verfassungsschutzbericht 2009. Hg. vom Bundesministerium des Innern, Berlin 2010, S. 3.
[32] Vgl. Verfassungsschutzbericht 2012. Hg. vom Bundesministerium des Innern, Berlin 2010, S. 46.

getan hatte, mit einem Auftrag in Europa unterwegs. Der 2010 aus Pakistan nach Deutschland überstellte Rami Makanesi konnte sich von Kampfhandlungen in Afghanistan freistellen lassen. Er wollte und sollte zurück in die Bundesrepublik, um als Kontaktmann zu fungieren und Geld für den Dschihad zu sammeln.[33] Auch der in Afghanistan aufgegriffene Ahmad Sidiqi war laut Generalbundesanwalt von einem hochrangigen AQ-Mitglied dafür ausersehen, in Deutschland an einem europäischen Netzwerk der Organisation mitzuwirken. „Das Netzwerk sollte die finanzielle Unterstützung der Vereinigung sicherstellen, zugleich in Europa aber auch für andere, noch nicht näher konkretisierte Aufträge der AQ-Führung bereitstehen. Nach einer Einweisung in das dafür vorgesehene konspirative Kommunikationssystem reiste der Angeschuldigte nach Afghanistan, um von dort aus nach Deutschland zurückzukehren."[34]

Auch Sympathisanten finanzieren den Dschihad im Ausland. So hatte die Bundesanwaltschaft am 22. Februar 2011 den 28-jährigen deutschen Staatsangehörigen Turgay C. in Köln festnehmen lassen, da er dringend verdächtigt wurde, „im November 2010 in zwei Fällen am Transfer von insgesamt 39.000 Euro aus Spendensammlungen an die IBU in das afghanisch-pakistanische Grenzgebiet beteiligt gewesen zu sein." Turgay C. hatte nach mehrmonatiger Prozessdauer den ihn betreffenden Tatvorwurf eingeräumt. Spätestens seit 2008 war er Teil eines in Frankreich und Deutschland agierenden Netzwerks, das der finanziellen Unterstützung der Organisation diente. Vier weitere mutmaßliche Islamisten „sollten ebenfalls in Deutschland Spenden für die IBU gesammelt oder an Verantwortliche der Organisation weitergeleitet haben."[35]

Am 3. Juni 2011 erließ die Bundesanwaltschaft Haftbefehl gegen den 21-jährigen österreichischen Staatsangehörigen Maqsood Lodin. Der Beschuldigte soll Mitte Mai von Budapest nach Berlin gereist sein und versucht haben, ausgewählte Personen für den Dschihad oder für eine fi-

---

[33] Vgl. Anklage gegen ein mutmaßliches Mitglied von Al Qaida, unter: http://www.generalbundesanwalt.de/de/showpress.php?themenid=13&newsid=393 (14. März 2011).

[34] Anklage wegen mutmaßlicher Mitgliedschaft in den ausländischen terroristischen Vereinigungen Islamische Bewegung Usbekistan (IBU) und Al Qaida, unter: http://www.generalbundesanwalt.de/de/showpress.php?newsid=416; (10. November 2011).

[35] Festnahme zweier mutmaßlicher Islamisten in Nordrhein-Westfalen, unter: http://www.presseportal.de/polizeipresse/pm/14981/1771283/der_generalbundesanwalt_beim_bundesgerichtshof_gba (17. Mai 2010).

nanzielle Unterstützung der DTM zu gewinnen. Während seines Aufenthalts hatte er etwa 1000 Euro für diese Organisation bekommen. Der Anklageschrift zufolge erhielten er und der bereits erwähnte Yusuf Ocak von einem Führungsmitglied der Organisation den Auftrag, in Europa Aufgaben für die AQ zu übernehmen.[36] Das Kammergericht Berlin verurteilte den 27 Jahre alten Ocak zu neun Jahren Gefängnis. Lodin wurde zu sechs Jahren und neun Monaten Haft verurteilt.

Wie viele Kontaktmänner und -frauen verdeckt im Auftrag der zentralasiatischen Dschihadisten und AQ aktiv sind und wie viele Hawala-Zellen womöglich den asiatischen Raum abdecken, lässt sich nur schwer beurteilen. Obgleich Eric Breininger sich in seinen Memoiren darüber beschwerte, dass die DTM fast „gar keine Spenden aus Deutschland bekommen, obwohl wir eine deutsche Jama'a sind und obwohl Deutschland ein sehr wohlhabendes Land ist",[37] kann als sicher gelten, dass Radikalisierungsprozesse und die Unterstützungsbereitschaft für den globalen Dschihad zugenommen haben.

Zugenommen hat überdies die salafistisch-dschihadistische Propaganda und salafistische Missionierung mit Hilfe neuer Medien. Zwar züchten die Da'wa-Salafisten keine Terroristen. Dennoch fördert die Kombination aus orthodoxem Islamverständnis und politischem Weltbild Radikalisierungsprozesse. Die Da'wa-Strategie hat dabei zum Ziel, die „Muwahiddun"-Gemeinschaft zu vergrößern. In der Praxis geht die Missionierung oft darauf hinaus, eine islamische Identität ex negativo aufzubauen. Dabei spielt die Ablehnung von „schirk" (Vielgötterei) und

---

[36] Anklage gegen ein mutmaßliches Gründungsmitglied der Deutschen Taliban Mujahideen (DTM) und ein mutmaßliches Al Qaida-Mitglied, unter: http://www.generalbundesanwalt.de/de/showpress.php?newsid=425 (2. Dezember 2011): „Sie sollten Geld für die Organisation sammeln, neue Mitglieder und Unterstützer rekrutieren und sich für nicht näher bestimmte Operationen der Vereinigung bereithalten. Zu diesem Zweck wurden die Angeschuldigten im Umgang mit Sprengstoff und Waffen ausgebildet und in der Anwendung von Verschlüsselungsprogrammen geschult. Ende Januar 2011 traten sie die Rückreise nach Europa an. Im Mai 2011 gelangten sie über den Iran und die Türkei nach Budapest. Nach wenigen Tagen reiste der Angeschuldigte Yusuf O. weiter nach Wien, wo er ausgestattet mit Audiobotschaften des Mitangeschuldigten Maqsood L. in dessen radikal-islamistisch geprägten Bekanntenkreis um Unterstützung der Al-Qaida warb."

[37] „Es ist sehr traurig", schreibt Abdul Ghaffar El Almani weiter, „dass unsere Geschwister in Deutschland ihre Hände so geschlossen halten und ihre Pflicht nicht erfüllen. Wenn die Geschwister nur einen Döner weniger in der Woche kaufen würden, könnte man mit diesem Geld beinahe 20 Sniper-Kugeln kaufen, um damit die Kuffar zu bekämpfen. Überlegt euch mal, was das inshAllah für ein Lohn für euch wäre, wenn eine von diesen Sniper-Kugeln ein Mittel ist, dass ein Kafir stirbt." Breiniger, Mein Weg nach Jannah, S. 103.

Glaubensverweigerung an die „Götzen" eine besondere Rolle, was letzten Endes ein antithetisches Verhältnis zwischen dem „Islam" und „falschen" Religionen wie Gesellschaftsordnungen zementiert. Die „Nicht-Monotheisten" werden unter Salafisten als „Götzendiener" diffamiert, die angeblich Gott sowie die Offenbarung leugnen. Als Folge kann auch die friedliche Missionsarbeit das Konfrontationsbewusstsein der jungen Muslime prägen. Immerhin trau(t)en sich nur wenige in Deutschland lebende Dschihadpropagandisten, die Demokratie direkt herauszufordern. Die deutschen Salafija-Anhänger, die im Mittelpunkt des öffentlichen Interesses stehen, zeigen sich in der Regel größtenteils kompromissbereit und feinden den „Demokratie-Götzen" nicht frontal an, obwohl sie den auf der Volkssouveränität fußenden demokratischen Verfassungsstaat als „Taghut" (Götzendienerei) verschreien. Die islami(sti)sche Missionierung trägt insofern zur Radikalisierung junger Muslime bei, als diese mit allen genannten Mitteln eine Konfliktlinie zwischen dem Islam und der demokratischen Verfassungsordnung konstruiert sowie einen Kampf des Westens gegen die Muslime an die Wand malt.

Für diesen bedeutet das zweierlei. Erstens stehen die radikalisierten Salafisten der freiheitlichen demokratischen Grundordnung reserviert bis feindlich gegenüber und schaffen mitunter „rechtsfreie soziale Räume", die sie auch in der Öffentlichkeit durchzusetzen suchen. Und zweitens streben sie keinesfalls nur eine harmlose Verbesserung der gesellschaftlichen Verhältnisse an, sondern zielen letztendlich auf die Beseitigung der offenen Gesellschaft. Es überrascht daher nicht, dass auf einigen Webseiten nicht nur Aufrufe zu lesen waren, sich von der nicht-islamischen Lebensweise abzuwenden. Im gleichen Atemzug wurde es als Pflicht gedeutet, „die Anbetung anderer außer Allah" zu hassen und diejenigen, die das tun, abzulehnen und sich ihnen entgegenzustellen. So entstehen Feindbilder, die über religiöse, apolitische Sachverhalte hinausgehen.

Der nach Pakistan ausgewanderte Bonner Islamist Monir Chouka brachte das beschriebene Feindbild der „menschengemachten Kufrgesetze" am radikalsten zur Sprache. Im Schreiben mit dem Titel „Der Fall Schokocafe" ging der Propagandist auf die Verhaftung der Deutsch-Türkin Filiz Gelowicz ein. Die Frau des verurteilten IJU-Mitglieds Fritz Gelowicz wurde für schuldig befunden, Geld für die Terrorgruppen AQ, IJU und DTM gesammelt und für diese Gruppen mit Propagandabeiträgen geworben zu haben. Um das nicht-islamische Urteil zu delegitimieren, machte sich Chouka jene Argumentationsmuster zunutze, deren Rudimente in einer milderen Form auch in Wortmeldungen der Mainstream-Salafisten vorzufinden sind. Es handele sich um ein Urteil der „Taghut-Regierung mit ihren von Menschen gemachten Kufrgesetzen". „Laut der Gesetzgebung von Allah", heißt es weiter, habe Frau Gelowicz „gute und tugendhafte Taten begangen, die Ehre und Anerkennung verdienen." Denn sie werbe für den „wahren Islam", jenen Islam, der sich dem Einigen Gott verpflichtet, der Unwahrheit abschwört und zum „Jihad fisabilillāh" (den Weg Allahs) aufruft. Das Urteil fällt dabei so symptomatisch wie unmissverständlich aus: „Die vorgespielte Toleranz und Meinungsfreiheit der Deutschen endete genau dort, wo der wahre Islam beginnt."

Auch Ibrahim Abou-Nagie, Pierre Vogel & Co. halten die Demokratie für verlogen und sehen den Islam in Deutschland der Verfolgung ausgesetzt. Während die Da'wa-Salafisten sich dem angeblichen Kampf gegen den Islam in Deutschland stellen, rufen die in Pakistan ansässigen Dschihadisten zum Auswandern („Hidschra") auf. So heißt es im Propagandaschreiben aus Choukas Feder: „Anhand der Geschichte von Schwester Filiz sieht man, dass sogar ein Muslim[,] dessen Herz an der Shari'a hängt und der den Jihad fisabilillāh unterstützt, letztendlich den Gesetzen der Ungläubigen ergeben ist, solange er noch unter ihnen ist."

Zudem legitimier(t)en und propagier(t)en einige Vereine wie „Die wahre Religion" (Ibrahim Abou Nagie, Abu Dujana, Abu Abdullah) oder der im Herbst 2011 im nordrhein-westfälischen Solingen gegründete und inzwischen verbotene „Millatu Ibrahim e.V." den Dschihadismus als „Kampf gegen die Erniedrigung der Ummah". In Predigten hatten führende Köpfe des dschihad-salafistischen Vereins „Millatu Ibrahim" wie der in Österreich vorbestrafte und aus Deutschland nach Ägypten ausgewanderte Gründer der „Globalen Islamischen Medienfront" (GIMF) Mohamed Mahmoud alias „Abu Usama al-Gharib" zum Dschihad[38] und zur Errichtung eines islamischen Gottesstaates in Deutschland aufgerufen,

---

38 So hieß es in einer 75-minütigen Predigt mit dem Titel „Die Pflicht der Unterstützung der Muslime in Syrien" bezüglich der Lage im Land: „Jetzt ist Dschihad Pflicht! Wer zum Dschihad gehen kann dort in Syrien, der ist verpflichtet dazu! [...] Wenn du kein Geld hast, so hol es dir! Wenn du keinen Weg kennst, dann informiere dich! Rücke zu deinen Geschwistern aus und kämpfe für diese Unterdrückten! Lasst uns für sie kämpfen! [...] Es ist eine Pflicht für jeden Einzelnen, genauso wie das Gebet, ja sogar verpflichtender!"

betonen Sicherheitsbehörden.³⁹ Auch ein ehemaliges DWR-Aushängeschild, Ex-Rapper Deso Dogg (bürgerlicher Name Denis Mamadou Cuspert) alias „Abu Talha" (früher „Abu Maleeq"), ging bis an die Grenze der Legalität, indem er in seinen Anaschid (islamische Hymnen) zum Dschihad aufrief und die Gewalt verherrlichte, was beispielsweise der Titel „Wach doch auf!" bestätigt.⁴⁰ Auch das Kampflied „Wofür wir stehen"⁴¹ ist meilenweit davon entfernt, den Islam als Friedensreligion zu propagieren. Konsequent und wenig überraschend pries „Abu Talha" Osama Bin Laden in seinem Kampflied „Scheich Usama" als „den schönsten Märtyrer dieser Zeit". „Bis zum Ende dieser Welt führt unsere Pflicht uns zum Dschihad", hieß es weiter. Im Kampflied „Wohin wollen wir gehen" stachelte er die deutschen Dschihadsympathisanten zum bewaffneten Kampf gegen das syrische Regime an.

Allerdings ist bei der Einschätzung des Radikalisierungspotentials „des" Salafismus zu bedenken, dass Radikalisierungsprozesse, die in eine Militanz münden, in der Regel vor dem Hintergrund der Kriege in muslimisch geprägten Ländern und Regionen ablaufen. In der Tat konnte die soziologische Forschung überzeugend nachweisen, dass der „vorwiegend abstrakt vermittelte Bezug zu einem Gewaltkonflikt" die „Besonderheit des radikalen Milieus im Kontext der salafistischen Bewegung in der

---

39 Vgl. Florien Flade, Deutsche Salafisten rufen zum Dschihad in Syrien auf, unter: http://www.welt.de/politik/deutschland/article106496448/Deutsche-Salafisten-rufen-zum-Dschihad-in-Syrien-auf.html (11. Mai 2012).
40 Das Lied im Wortlaut: „Wacht doch auf, wacht doch auf, Krieg überall auf der Welt, Muslime fallen für Öl und Geld, Allahu akbar, Allahu akbar // Bombenfall, Bombenfall, auf Irak und Filistin [Palästina], sie zerstören unseren Din [Religion], Allahu akbar, Allahu akbar [Gott ist groß] // Mütter schrei'n, Kinder wei'n, fi sabillillah Jihad [wörtl. „Jihad auf dem Wege Gottes", der militante Jihad], warum blieben unsere Herzen hart, Allahu akbar, Allahu akbar // Macht Du'a [freies Gebet], macht Du'a, für die Brüder in Tschetschen', wie könnt ihr ruhig schlafen geh'n, Allahu akbar, Allahu akbar // Keine Angst, keine Angst, kehrt zurück, subhanallah [gepriesen sei Gott], keine Angst vor den Kuffar [Ungläubigen], Allahu akbar, Allahu akbar // Mujahid [Glaubenskämpfer], Mujahid, Sharia [islamisches Recht] Somalia, la ilaha illallah [es gibt keinen Gott außer Gott], Allahu akbar, Allahu akbar // Wandert aus, wandert aus, Usbekistan, Afghanistan, wir kämpfen in Khorasan, Allahu akbar, Allahu akbar, Inshallah [so Gott will], inshallah, wir kämpfen, fallen Shuhada [Märtyrer], den Feind im Auge bismillah [im Namen Gottes], Allahu akbar, Allahu akbar". Zit. nach: Verfassungsschutzbericht Berlin 2010. Hg. vom Verfassungsschutz Berlin, Berlin 2011, S. 27.
41 Der Berliner Verfassungsschutz regte an, drei islamistische „Kampf-Lieder" von Denis Cuspert als jugendgefährdend zu indizieren. Es handelt sich um die Naschids „Wofür wir stehen", „Mu'mina" („die Gläubige") und „Mujahid lauf".

‚Diaspora'" ausmacht: „Radikalisierungsprozesse finden vor dem Hintergrund der Kämpfe in Afghanistan, Tschetschenien und anderen Konfliktregionen statt und beziehen sich auf diese".[42]

Islamisiert und radikalisiert „wandern" die Salafisten mit Deutschlandbezug „aus", um in den Dschihad zu ziehen und den angeblich in Mitleidenschaft gezogenen „Din" (Religion) zu verteidigen sowie die „Ungläubigen" zu bekämpfen. Auch „Abu Talha" hält sich momentan in Syrien auf, von wo er deutsche Mitstreiter in den Dschihad zu locken versucht.

4. Deutschland als „Dschihadistenexporteur"

Es lassen sich mindestens zwei Pfade identifizieren, die zum „Auswandern" in die Gebiete des Dschihad führen. Einerseits verlassen angehende „Gotteskrieger" das Land, um der in Mitleidenschaft gezogenen „muslimischen Bevölkerung" (der „Ummah") in einer Konfliktregion unter die Arme zu greifen. Andererseits versuchen die radikalisierten Islamisten, Deutschland als „Gebiet des Unglaubens" („Darul-Kufr") in Szene zu setzen, und sie rufen dazu auf, der Macht der „Ungläubigen" zu entkommen, um den Islam „komplett" praktizieren zu können, was anscheinend auch den militanten Dschihad umfasst. Länder wie Afghanistan, Pakistan, Somalia, der Jemen oder Syrien, in denen „die Muslime mit dem Gottesdienst Dschihades die Shari'a anstreben oder ausgesprochen haben",[43] seien dabei besonders empfehlenswert. Bereits während der Vorbereitung auf die Auswanderung greife die Pflicht, den Beitrag zum Dschihad zu leisten sowie sich körperlich fit zu halten.

In einer Philippika mit dem Titel „Einigkeit und Recht und Freiheit" aus der Feder von Luisa Sediqi alias „Ummu Safiyya" heißt es unter anderem, die in Deutschland lebenden Gläubigen seien der „ungläubigen Legislative, Exekutive und Judikative unterlegen". Man zahle Steuern an die Feinde des Islam, wobei „eine Prozentzahl an die Juden" geht. „Deine Nachbarn sind Kuffar. Deine Kinder werden wohl oder übel vom Unglauben befleckt", argumentierte die deutsche Konvertitin im Oktober 2011

---

[42] Stefan Malthaner/Klaus Hummel: Islamistischer Terrorismus und salafistische Milieus. Die „Sauerland-Gruppe" und ihr soziales Umfeld, in: Stefan Malthaner/Peter Waldmann (Hg.), Radikale Milieus. Das soziale Umfeld terroristischer Gruppen, Frankfurt a.M. 2012, S. 245-278, hier 270.
[43] Vgl. unter: http://azelin.files.wordpress.com/2011/04/abc5ab-adam-al-almc481nc4a b-the-case-of-chocolate-cafe.pdf (8. November 2011).

weiter. Abschließend wendet sich die Frau des 22-jährigen „Märtyrers" Khoja Javad Sediqi mit deutlichen Worten an die „Glaubensverweigerer".[44]

„Rasant" war laut BKA der Anstieg der Ermittlungsverfahren gegen mutmaßliche islamistische Terrorverdächtige. Im April 2010 belief sich die Zahl der „Ermittlungsverfahren mit islamistischem Hintergrund" auf 350 Fälle – „so viele wie noch nie", berichtete der BKA-Präsident.

Dabei hingen auch die Reisebewegungen der deutschen Dschihadisten in Ausbildungslager im afghanisch-pakistanischen Grenzgebiet mit dem höheren Fallaufkommen zusammen. Ab Anfang 2009 beobachteten die Sicherheitsbehörden, „dass sich Reisen aus Deutschland in Ausbildungslager" häuften.[45] Ermittler gingen davon aus, allein im Jahr 2009 hätten sich mehr als 30 junge Menschen nach Afghanistan oder Pakistan abgesetzt. Es mögen jedoch mehr gewesen sein, denn die deutschen Sicherheitsbehörden können nicht alle Reisebewegungen registrieren. 2009 wollten laut Verfassungsschutz 138 Personen aus Deutschland ein Ausbildungslager in Pakistan besuchen. 2010 gingen die Behörden von 40 Islamisten mit Deutschlandbezug in Afghanistan/Pakistan aus. Während der militärischen Operation der pakistanischen Armee gegen ausländische Kämpfer wie militante Antiregierungskräfte in Süd-Wasiristan wollten einige der Islamisten mit Deutschlandbezug das unsichere Land verlassen.[46] Doch einige von ihnen blieben und kämpf(t)en in Afghanistan und Pakistan weiter, darunter deutsche AQ- und IBU-Mitglieder sowie die DTM.

---

[44] Vgl. unter: http://de.scribd.com/doc/163204031/Einigkeitund-Rechtund-Freiheit (17. Oktober 2011): „Ich habe mich längst losgesagt von euren Gesetzen, eurem demokratischen System und auch von meinem deutschen Pass. Ich folge meinem Propheten Muhammad und zähle die Taliban und weltweit alle Muslime zu meinen Geschwistern. Die Einigkeit, das Recht und die Freiheit habe ich bei euch nicht gefunden, denn Einigkeit, Recht und Freiheit gibt es nur in der wahren Religion Allahs. Die Einigkeit fand ich bei den Mujahedeen, die nicht auf Grund von Abstammung, Herkunft, Rasse, oder auf Grund von weltlichen oder politischen Zielen zusammenkamen, sondern nur auf Grund des Einen und Einzigen Gottes. Das Recht fand ich im Islam, denn wer außer dem Schöpfer ist in der Lage, Gerechtigkeit auszuüben. Und die Freiheit, die man im menschlichen Sinne als Freiheit bezeichnen kann, erlangte ich an dem Tage, an dem ich ausgewandert bin.".

[45] Immer mehr Ermittlungen gegen Islamisten, unter: http://www.focus.de/politik/deutschland/sicherheitsbehoerden-immer-mehr-ermittlungen-gegen-islamisten_aid_502137.html (26. April 2010).

[46] Vgl. Deutsche Dschihadisten resignieren, unter: http://www.focus.de/politik/ausland/pakistan-deutsche-islamisten-resignieren_aid_523815.html (26. Juni 2010).

Dank Eric Breiningers Memoiren konnten die Ermittler die Wege der deutschen Dschihadisten zur IJU sowie die Entstehungsgeschichte der DTM-Splittergruppe unter die Lupe nehmen. Demnach sollte die „Jama'a eine Heimat für alle deutschsprachigen Muslime werden, die von überall auf der Welt hierher kommen können, um ihre Pflicht Allah gegenüber zu erfüllen, um auf Allahs Weg zu kämpfen, damit Sein Wort das höchste wird." Die DTM bestanden aus einigen Gruppen: aus Propagandisten um Manavbasi, aus dem Saarländer Netzwerk in Neunkirchen und dem Berliner Netzwerk aus dem Umfeld der Al-Nur-Moschee.

Der Bonner Islamist Yassin Chouka alias „Abu Ibraheem al-Almani" schilderte in einem Propagandatext ebenfalls seinen Weg nach Afghanistan/Pakistan. Dabei folgten er und sein Bruder angeblich einem religiösen Gebot, denn „jeder Muslim [ist] verpflichtet auszuwandern, sich einer der Ahlu-Sunnah-Jama'at anzuschließen, einen islamischen Treueeid auf einen ihrer Amire zu leisten und sich am Jihad fisabililläh zu beteiligen. Dies ist der gerade und sichere Weg, den jeder Muslim einschlagen muss."47

Das Papier umfasst neben offensichtlichen Fehlbehauptungen aufschlussreiche Schilderungen, die auch die deutschen Terrorismusexperten zu überraschen vermochten. So berichtet der Dschihadist beispielsweise über „kostbare Stunden", die er und sein Bruder mit dem inzwischen getöteten „Mustermuslim" Anwar al-Awlaki im Jemen verbracht haben wollen. Anschließend hätte die IBU den sicheren, „sehr gut organisierten" und einen Monat dauernden Transfer nach Pakistan organisiert. Als mögliche Ziele peilten die deutschen Dschihadisten ursprünglich Somalia, Palästina, Tschetschenien und Indonesien an.

Glaubt man dem Hamburger Terroristen Makanesi, kamen jeden Monat so viele Möchtegern-Dschihadkämpfer nach Pakistan, dass es dort Probleme gab, sie alle in Camps unterzubringen.48 Angesichts einer problematischen Datenlage können solche Aussagen angezweifelt werden. Doch ihr Inhalt deckt sich weitgehend mit Berichten eines weiteren Dschihadisten, des verurteilten pakistanischstämmigen US-Bürgers David Coleman Headley. So erklärte er in einer Replik auf eine Studie mit

---

47 Der fünfseitige Text „Unser Weg zur IBU" erschien im Februar 2011 in diversen Dschihadforen.
48 Vgl. Marcel Rosenbach/Holger Stark: German Jihad: Homegrown Terror Takes on New Dimensions, (http://www.spiegel.de/international/germany/0,1518,761391,00.html (9. Mai 2011).

der These, die pakistanische Bevölkerung befürworte die Drohnenangriffe gegen AQ, die Stämme seien stolz darauf, fremde Kämpfer beherbergen zu können. Die Gastfreundschaft des Waziri- oder Mehsud-Stamms nahmen demzufolge zahlreiche Tschetschenen, Zentralasiaten und Europäer in Anspruch.[49] Auch Monir Chouka behauptete in einem im Januar 2011 veröffentlichten Propagandaschreiben,[50] immer mehr „deutsche Mudschaheddin" kämen zum „Dschihad" unter dem IBU-Banner. Demnach interessierten sich immer mehr „Brüder" für den „Kampf" im Chorassan, weshalb die IBU sich „für das neue islamische Jahr [2011] vorgenommen [hatte], von nun an speziell in den Angelegenheiten aus Waziristan aus direkter Quelle zu berichten." Die Brüder Chouka wandten sich mit zahlreichen Beiträgen in Wort, Bild und Ton an die deutschen Islamisten, um die Wege zum „Dschihad" und die „Tore zu Shahada" offen zu halten. So rief „Abu Ibraheem" Ende April 2011 in einem Propagandavideo[51] die „deutschen Geschwister", vor allem jene aus Bonn, auf, sich am Kampf für Allahs Scharia in Afghanistan zu beteiligen, und beglückwünschte sie zur „Shahada" eines „Mudschaheddin aus Deutschland". Der bislang kaum in Erscheinung getretene 21-jährige Dschihadist „Farooq al-Almani" kam im Video ebenfalls zu Wort und rügte „deutsche Brüder", welche die Kraft hätten, „den Dschihad mit ihrem Körper, mit ihrer Seele und mit ihrem Vermögen zu verrichten" und nichtsdestotrotz Allah keinen Gehorsam leisten, indem sie „zu Hause sitzen bleiben".[52] Deshalb rief sie der „kompromisslose Bräutigam" auf, den „Islam komplett zu praktizieren". „Farooq" starb am 2. Juli 2010 wahrscheinlich bei einem Angriff auf das Büro der amerikanischen Organisation Development Alternatives Inc. (DAI) in Kundus-Stadt.[53]

In einem am 2. Juni 2011 veröffentlichten Video lobte Yassin Chouka die „Shahada" eines Abdullahs aus Essen mit dem Kampfnamen „Miqdad". Wegen der schnellen Radikalisierungskarriere, „afghanischer

---

[49] Vgl. Bill Roggio: US jihadi: North Waziristan 'bustling' with 'Foreign Mujahideen', unter: http://www.longwarjournal.org/threat-matrix/archives/2009/10/us_jihadinorth_Waziristan_bus_1.php (27. Oktober 2009).
[50] Das Schreiben heißt „Neujahr in Waziristan".
[51] „Der kompromisslose Bräutigam", unter: http://www.furqon.com/Video/real/DerkompromissloseBrautigam.wmv (20. April 2011).
[52] Ebd.
[53] Vgl. Florian Flade: Deutscher Islamist kämpfte gegen deutsche Soldaten, unter: http://www.welt.de/politik/ausland/article13228239/Deutscher-Islamist-kaempfte-gegen-deutsche-Soldaten.html (20. April 2011).

Blitz" genannt, soll „Miqdad" im November 2010 nach Waziristan gekommen sein, im Januar 2011 ein Trainingslager durchlaufen haben und Ende März in einem Gefecht mit den NATO-Kräften bei Kundus gestorben sein. Während er in Essen nicht aufgefallen sei, habe der ethnische Afghane Abdullah H. am Hindukusch darum gebeten, ihn „unbedingt" nach Kundus zu schicken. „Denn ich will unbedingt Deutsche töten", gab Chouka seine Worte wieder und setzte fort: „Vor kurzem noch lebte er in Deutschland und musste Verbrechen der Deutschen tatenlos ertragen und ansehen. Doch als Allah ihm den Weg ebnete und ihm die Ehre erwies, eine Waffe zu tragen, zögerte er nicht."[54]

Wieder einmal attestierte der Bonner Islamist Deutschland eine „Führungsposition" in Afghanistan und richtete seine Worte an die in Deutschland lebenden ethnischen Afghanen, die „dem Gefecht in ihrer Heimat den Rücken gekehrt haben." Dem Ziel, die Islamisten mit Deutschlandbezug für den Dschihad zu sensibilisieren, diente zugleich die Werbung für die „extrem lieben, freundlichen, tugendhaften und mit Selbstlosigkeit handelnden" Taliban, bei denen Chouka bereits „seit über drei Jahren"[55] lebt. Auch „Miqdad" erzählte in einer kurzen Ansprache an die „Geschwister weltweit, speziell die in Deutschland" über seinen „Auftrag", gegen die Deutschen und die NATO zu kämpfen, und riet ihnen, „sich den Mudschaheddin in Afghanistan und Pakistan anzuschließen."[56]

Zahlreiche Reisebewegungen und Festnahmen der Dschihadisten sowie Eliminierungsaktionen in Pakistan legten Zeugnis davon ab, dass die propagandistischen Dschihadsamen in Deutschland auf fruchtbaren Boden fielen. 2010 und 2011 gelang es deutschen Ermittlern, einige Personen mit Deutschlandbezug aufzugreifen. Nach inoffiziellen Angaben versuchten jedoch 2009 ca. zehn Personen monatlich nach Pakistan zu reisen, 2010 und 2011 soll sich die Zahl auf ca. fünf Möchtegern-Gotteskrieger im Monat belaufen haben.[57]

---

[54] Vgl. unter: http://archive.org/details/Der_Koing_Lowe/ (2. Juni 2010)
[55] Ebd.
[56] Ebd.
[57] Vgl. Wolf Schmidt: Jung, deutsch, Taliban, Berlin 2012, S. 67.

5. Alte und neue Hotspots

Galt bis vor kurzem noch Pakistan als eines der wichtigsten Reiseziele deutscher Gotteskrieger, so haben inzwischen andere fragile Staaten an Attraktivität für Dschihadisten aus der Bundesrepublik gewonnen. Pläne der Kern-AQ, die auf Anwerbung, Ausbildung und Einschleusung der in Waziristan geschulten Islamisten nach Westen abzielten, stoßen zudem an ihre Grenzen. Denn die westlichen, vor allem amerikanischen, Nachrichtendienste konnten zahlreiche Sicherheitslücken verschiedener Netzwerke ausnutzen. Die Kommunikation und Reisebewegungen zwischen Europa wie Deutschland und Pakistan etablierten sich als nachrichtendienstliches Beobachtungsobjekt. Kaum einer Gruppe mit Deutschlandbezug gelang es bis jetzt, ihren Plänen unbemerkt nachzugehen, was von Ausreiseversuchen in die Gebiete des Dschihad allerdings nicht gesagt werden kann. Dank US-amerikanischer Hinweise konnten die „bayerischen Taliban" (die „Sauerland-Zelle") und die „Düsseldorfer Zelle" rechtzeitig verhaftet werden. Auch die Planung terroristischer Aktionen unter Beteiligung von vier Hamburger Islamisten (Sidiqi, Makanesi, Dashti, Meziche) konnte nicht realisiert werden. Zudem häuften sich erfolgreiche Drohnenangriffe der CIA in Nord-Waziristan, welche die Angst vor Spionen unter den Militanten schürten.

2011 zeichnete sich – kurzfristig – ein neuer Trend ab, der die deutschen Sicherheitsbehörden beunruhigte: Nach BND-Erkenntnissen zog es deutsche Islamisten verstärkt nach Afrika; Somalia galt als neuer Hotspot. 2011 gab es sechs registrierte Ausreiseversuche deutscher Islamisten gen Pakistan, während sich zwölf Personen nach Somalia absetzen wollten. Vier von ihnen gelang die Einreise. „Obwohl bislang deutschsprachige Propagandavideos aus Somalia, wie sie seit Jahren aus dem pakistanischen Waziristan bekannt sind, ausblieben, gelingt die Rekrutierung deutscher Muslime mit einigem Erfolg. So sollen beispielsweise in der somalischen Diaspora in Nordrhein-Westfalen einige junge Männer erfolgreich angeworben worden sein. Ob ihnen bereits die Ausreise gen Somalia gelang, ist nicht bekannt", berichtet Florian Flade.[58] Von den „Deutschen Shabab" im Raum Bonn wurde unter Verweis auf eine LKA-Auswertung berichtet. Als „Ansprechpartner und Ratgeber für

---

[58] „Beteiligt euch am Dschihad!" – Deutsche Islamisten in Somalia, unter: http:/ojihad.wordpress.com/2012/03/22/beteiligt-euch-am-dschihad-deutsche-islamisten-in-somalia/ (22. März 2012).

Leute, die die aktive Teilnahme am Dschihad beabsichtigen", galt der 39 Jahre alte Hussein Kassim M., alias „Scheich Hussein", der als Kopf der „Deutschen Shabab" fungiert habe.[59] Es verwundert vor diesem Hintergrund nur wenig, dass die Polizei nach dem Bombenfund am Bonner Hauptbahnhof wegen der zum damaligen Zeitpunkt vorliegenden Verdächtigenbeschreibung die in Mogadischu geborenen Omar D. und Abdirazak B. festnahm, denn beide saßen bereits 2008 in Untersuchungshaft, weil sie angeblich einen islamistisch motivierten Selbstmordanschlag in Somalia begehen wollten.

Im Juni 2012 ist in Tansania von der Polizei ein international gesuchter Terrorist, Emrah Erdogan, festgenommen worden. Laut Generalbundesanwalt war der Angeschuldigte hinreichend verdächtig, „sich von Mai 2010 bis Januar 2011 als Mitglied an Al Qaida und anschließend bis Juni 2012 an der in Somalia agierenden Al Shabaab beteiligt zu haben. [...] Zudem soll er versucht haben, einen seiner Brüder zur Begehung eines schweren Raubes anzustiften, um Geld für Al Qaida zu beschaffen." Der im Sommer 2010 nach Pakistan ausgewanderte Wuppertaler mit dem Kampfnamen „Salahaddin" sorgte im Herbst 2010 für Alarmstimmung und Verschärfung der Sicherheitsmaßnahmen in Deutschland, indem er in mehreren Telefonaten mit dem BKA vor angeblichen Terroranschlägen warnte. Anfang 2011 setzte er sich nach Kenia ab und schloss sich den mit AQ verbündeten „Al-Shabaab"-Milizen an. „Seit Juni 2011 hatte er Zugang zur Führungsspitze der Organisation. Zu seinen Aufgaben gehörte es unter anderem, Rekruten ideologisch auf den bewaffneten Jihad einzuschwören. Zudem war er in die Bemühungen von Al Shabab eingebunden, Gelder zu beschaffen und neue Kämpfer zu gewinnen. Insbesondere fungierte er als Kontaktmann für potentielle Rekruten aus Deutschland. Im August 2011 gliederte er sich darüber hinaus in die bewaffneten Verbände von Al Shabab ein, deren terroristische Angriffe sich gegen Truppen der somalischen Übergangsregierung und der sie unterstützenden äthiopischen Armee richteten. Er nahm zumindest an einem Kampfeinsatz teil, bei dem zahlreiche äthiopische Soldaten getötet wurden",[60]

---

[59] Vgl. Michail Logvinov: Der deutsche Dschihad – alte und neue Hotspots, in: Die Kriminalpolizei, (2013) 1, S. 27-30, hier 29.
[60] Anklage gegen ein mutmaßliches Mitglied von Al Qaida und Al Shabab, unter: http://www.generalbundesanwalt.de/de/showpress.php?newsid=465 (21. Januar 2013).

so der Generalbundesanwalt. Nach seiner Attentatsdrohung 2010 ist Erdogan zu sieben Jahren Haft verurteilt worden.

Das Verbot der salafistisch-dschihadistischen Gruppe „Millatu Ibrahim", deren zwei prominente Vertreter, Mohamed Mahmoud und Denis Cuspert, durch das Schwadronieren bzw. Singen über den Dschihad aufgefallen waren, galt als spürbarer Schlag gegen den Salafismus in Deutschland. Inzwischen sind auch seine Nebenwirkungen sichtbar geworden, denn zahlreiche Solinger Islamisten folgten Mohammed Mahmoud nach Ägypten, wohin er sich abgesetzt hatte, um einer Abschiebung zuvorzukommen. Der Verfassungsschutz warnte daher konsequenterweise vor Einflussnahme aus dem Ausland. Nicht ohne Grund: Der Österreicher soll in Ägypten einen Brückenkopf geschaffen und die GIMF reaktiviert haben.

Auch dem „Naschid-Dschihadisten" Denis Cuspert gelang trotz Überwachung die Ausreise. 2012 waren es angeblich über 50 Personen, die an den Nil strebten. Nach damaligen Informationen aus Sicherheitskreisen reisten dann deutsche Islamisten weiter nach Mali, Libyen und Somalia, wo sie sich für den Krieg gegen den Westen ausbilden lassen wollten. Angeblich versuchten auch Cuspert und Mahmoud, sich in der ostlibyschen Ortschaft Derna „Ansar al-Scharia" anzuschließen. Inzwischen „missioniert" und kämpft Cuspert in Syrien, während Mahmoud in der Türkei festgenommen wurde.

Die GIMF und „Millatu Ibrahim" sind nach wie vor aktiv. So hetzte „Abu Assad al-Almani" in seinen Schriften „Abrechnung mit Deutschland" und „Die Freiheit im Dschihad" in deutlichen Worten gegen „Drecks-Kuffar" und rief zum Dschihad im In- und Ausland auf. Die Gewaltlosigkeit der deutschen Salafisten nach den NRW-Provokationen wurde darin als Mittäterschaft an der Schmähung des Propheten uminterpretiert. „Die deutschen Kreuzritter" hätten ihren Hass gegen den Islam erneut unter Beweis gestellt, weshalb die „wertlosen Halbaffen"[61] zu bestrafen seien.

Cuspert adelte in einem „Gedicht" den „Löwen Murat K.", der zwei Polizisten verletzte, und rief die gewaltbereiten Islamisten auf, den verurteilten Messerstecher freizupressen: „Wir werden niemals ruhen, ehe

---

[61] Vgl. unter: http://azelin.files.wordpress.com/2012/09/abc5ab-asad-al-almc481nc4ab-22a-reckoning-with-germany22.pdf (25. September 2012).

wir dich nicht aus deiner Gefangenschaft befreit haben. [...] Jeder Beleidiger des Gesandten wird geschlachtet, ob fern oder nah. Und wisse, oh Bruder, die Deutschen sind auch zum Greifen nah. Wir werden sie gefangen nehmen, bis du frei bist für deine edle Tat." In einem „Naschid" mit dem Titel „Die Ummah" sprach ein „deutscher Mujahid Abu Azzam al-Almani" erneute Drohungen gegen Deutschland und die Bundeskanzlerin aus: „Unsere Truppen sind schon da, welch eine Freude [...]. Ihr werdet bluten, eure Köpfe werden rollen! [...] Oh Allah, gib dem deutschen Volk, was es verdient!" Reflexartig pries „Abu Azzam" in seinem selbst für pakistanische Verhältnisse äußerst schlecht gemachten „Kampflied" bin Laden: „Osama, warte auf uns, wir haben Blut gerochen." „Wir wollen Obama und Merkel tot sehen!",[62] hieß es weiter.

Kurzum: „Millatu Ibrahim" als radikalisierendes Ferment ist nicht verschwunden. Es verhält sich eher umgekehrt: Die Gruppe hatte ihre – virtuelle – Präsenz ausgebaut. Inzwischen ist die GIMF mit zahlreichen Beiträgen auf einschlägigen Foren präsent. Zugleich hat sich das radikale Milieu in Deutschland jedoch verkleinert, was die Wirkungskraft der Propaganda verringern dürfte. Radikalisierte Rückkehrer aus dem Umfeld des Vereins könnten jedoch zu einer ernsthaften Bedrohung werden, zumal Anschläge in Deutschland bereits angedroht wurden. In einem Kampflied mit dem Refrain „Ich wünsche mir den Tod und kann ihn nicht erwarten, bewaffnet mit Bomben und Granaten" heroisiert der „Mudschahid Abu Talha Al Almani" („Al-Jannah Al-Jannah") Selbstmordanschläge, ohne dabei konkrete Anschlagsziele zu nennen. Auch weitere Botschaften aus Syrien („Scham") sind beunruhigend: So warb ein bisher unbekannter Konvertit mit dem Kampfnamen „Abu Usman" alias Philip Bergner um Nachfolger, und einer seiner „Glaubensbrüder", Mustafa K. aus Dinslaken-Lohberg, ließ seine Bilder mit zwei abgehackten Köpfen im Internet veröffentlichen. Es verwundert daher nicht, dass angesichts so einer Verrohung der Sitten die deutschen Sicherheitsbehörden alarmiert sind. Beide sollen einer „Lohberger Gruppe" bzw. „Brigade Lohberg" angehören.

---

[62] Ebd.

6. AQ-Pläne gescheitert

Neuen Erkenntnissen der Sicherheitsbehörden zufolge waren vier Hamburger Islamisten in die Planung terroristischer Aktionen involviert, die im Herbst 2010 zu Terrorwarnungen in Europa und Deutschland geführt haben sollen.[63] Da das Gruppenprofil nicht zu den damaligen Ankündigungen der Sicherheitsbehörden passte und zwei der vier „Attentäter" bereits in Haft waren, kann der mutmaßliche Plan nur post hoc als Rechtfertigung für die überzogenen Sicherheitsmaßnahmen 2010 gelten. Was war der Zweck des Komplotts?

Es mussten Zellen in Europa und Deutschland aufgebaut werden. Sidiqis und Makanesis Zielland war Deutschland. Zwei weitere Männer, der erfahrene und eine Weile totgeglaubte Netzwerker Naamen Meziche sowie der inzwischen tote Shahab Dashti, sollten angeblich zunächst in den Iran reisen und später in ihrem europäischen Zielland tragfähige Strukturen aufbauen. Wegen eines „spektakulären" Propagandaauftrittes war geplant, das Äußere von Dashti verändern zu lassen. Von den vier vorgesehenen Zellenmitgliedern wurden drei verhaftet und einer getötet.[64]

Die personellen Ressourcen des deutschen Dschihad in AfPak sind im Gegensatz zu Syrien und dem Irak inzwischen stark eingeschränkt, wobei Anschlagsplanungen aus Pakistan bzw. in Kooperation mit dortigen Akteuren an ihre logistischen und organisatorischen Grenzen gestoßen sind. Daher ist zu erwarten, dass Dschihadisten weiterhin auf die radikalisierende Propagandaarbeit setzen werden, um die deutsche gewaltaffine Szene in ihrem Sinne zu beeinflussen. Auch Syrien-Rückkehrer könnten Anschläge planen, obwohl dies nicht als Automatismus zu verstehen ist. Die Gefährdung bleibt also bestehen.

So bleibt für die Brüder Chouka das „Böse Vaterland" (so ein Titel aus dem Jahr 2012) sowie „die deutschen Politiker und die deutschen Kräfte, die im Hintergrund für die Juden arbeiten", der „Hauptfeind". Aus Pakistan wurden Anschläge auf zivile Ziele aus Rachemotiven propagiert: „Warum sollen die Muslime in Angst leben und ihr in Sicherheit? Warum

---

[63] Vgl. Vier Hamburger Islamisten an Qaida-Terrorplan beteiligt, unter: http://www.spiegel.de/spiegel/vorab/0,1518,817577,00.html (26. Februar 2012); vgl. auch Thomas Joscelyn: Leaders of German al Qaeda cell living in Iran, unter: http://www.longwarjournal.org/archives/2012/01/members_of_german al.php (18. Januar 2012).

[64] Vgl. Terrorwarnungen 2010: Hamburger Islamisten waren an Qaida-Plan beteiligt, unter: http://www.spiegel.de/politik/deutschland/terrorwarnungen-2010-hamburger-islamisten-waren-an-qaida-plan-beteiligt-a-817705.html (26. Februar 2012).

leben wir im Krieg und in Deutschland, das uns bekriegt, herrscht eine friedliche Atmosphäre", so der fleißige Propagandist. Der Dschihad in Deutschland sei nur eine Frage der Zeit: „Selbst wenn die deutsche Bundeswehr 70 mal aus Afghanistan ausrücken wird, so werden wir die Deutschen weiter bekämpfen. Wir werden sie solange bekämpfen[,] bis wir ausreichende Rache genommen haben für ihre Verbrechen und bis Allahs Erde unter der Führung seiner Diener steht".[65] In einer Audiobotschaft riefen die Dschihadisten zur Aktion auf.[66] In einer Audiobotschaft mit dem Titel „Der Ritter von Toulouse" pries Monir Chouka den Attentäter Merah als Helden und rief europäische Muslime zu ähnlichen Aktionen auf.

Dass solche Drohungen ernst zu nehmen sind, zeigt der neue Trend der Konfrontationsgewalt, die einige Akteure ebenfalls in Kauf nehmen. Dies stellten nicht nur die Ausschreitungen am Rande der „Pro-NRW"-Demonstrationen unter Beweis. In einer Audiobotschaft der IBU mit dem Namen „Tod der Pro-NRW" rief „Abu Ibraheem" deutsche Salafisten sogar zum Mord an rechtsextremistischen Aktivisten und Journalisten „im Geheimdienstverfahren" auf.[67] Wie aus einer vertraulichen Lageneinschätzung des Bundeskriminalamts hervorging, wurden „aus dem islamistischen Spektrum gezielt persönliche Informationen zu ‚Pro-NRW-Aktivisten'"[68] gesammelt. Der Landesvorsitzende der Partei sprach von „Morddrohungen" und „Telefonterror". Eine Spezialeinheit

---

[65] Vgl. unter: http://www.youtube.com/watch?v=nihvy_GTEmI (17. Februar 2012).
[66] Vgl. „Ja, wir sind Terroristen", unter: http://www.ansar1.info/showthread.php?t=39460 (10. März 2012): „Aber geehrter Bruder, sicherlich kommst du an Streichhölzer oder du schaffst es, Züge zu entgleisen. Und wenn du es nicht schaffst, sie zu töten, dann schade ihrer Wirtschaft, zerstöre ihre Gebäude, vor allem die staatlichen, und die Gebäude in denen sie den Genuss des irdischen Lebens genießen. Beispielsweise die Diskotheken, die Einkaufszentren und die Restaurants. Mach ihre Spaßgesellschaft zunichte! Erinnere sie an die Reichskristallnacht! Sorge für Schlagzeilen und lass sie in Trauer und Angst leben! [...] Lass deiner Kreativität freien Lauf. Wichtig dabei ist, dass es sichtbar ist, dass deine Tat eine Tat im Namen des Islams war."
[67] Vgl. unter: https://archive.org/details/jundtodder (19. Mai 2012): „So raten wir euch: Lauert und sucht einzelne Personen der Pro-NRW im Geheimdienstverfahren auf, sammelt genug Informationen über ihre Wohnorte, über ihre täglichen Routen, ihre Arbeitsplätze. Und dann – nach guten und ausreichenden Recherchen und einem strategischen Plan – schlagt zu! Am besten im Schutz der Dunkelheit oder im Morgengrauen. Und dabei ist zu bevorzugen, dass ihr sie tötet und dass ihr euren Propheten rächt, indem ihr sie tötet. Und wenn dies nicht möglich ist, dann schlagt so lange auf sie ein, bis sie es aufs Äußerste bereuen, jemals das Siegel aller Propheten beleidigt zu haben."
[68] Vgl. auch das Kampflied von „Abu Talha" und „Miqdad" „Labbayk", das am 15. Juni 2012 im Internet veröffentlicht wurde.

verhinderte 2013 ein vermutlich geplantes Attentat auf den Vorsitzenden der „Bürgerbewegung pro Köln" und der „Bürgerbewegung pro NRW", Markus Beisicht, durch vier Islamisten.[69]

Denkbar sind überdies gezielte Provokationen mit dem Ziel, die deutsche Politik und Bevölkerung zu Überreaktionen zu verleiten. Denn AQ setzt nach wie vor darauf, dass wachsende Angst in der Bevölkerung wie zunehmende Repressionen der Sicherheitsbehörden zur Ausgrenzung von Muslimen und anschließender Radikalisierung führen. Daher ist es notwendig, sich mögliche Gefahren und nicht intendierte Folgen des „Kampfes gegen Salafisten" in Deutschland zu vergegenwärtigen.

---

[69] Vgl. Anklage wegen des versuchten Sprengstoffanschlags auf dem Bonner Hauptbahnhof und des vereitelten Attentats auf den Vorsitzenden der Partei Pro NRW, unter: http://www.generalbundesanwalt.de/de/showpress.php?newsid=497 (14. März 2014): „Nicht zuletzt beeinflusst durch eine Audiobotschaft der ‚Islamischen Bewegung Usbekistan (IBU)' mit dem Titel ‚Tod der Pro NRW' entschlossen sich die vier Angeschuldigten spätestens am 22. Dezember 2012, gemeinsam Sprengstoffanschläge oder Schusswaffenattentate in Deutschland zu verüben. Vor allem setzten sie sich zum Ziel, führende Mitglieder der Partei Pro NRW zu töten. Ab Februar 2013 konkretisierten sich ihre Anschlagspläne auf den Vorsitzenden der Partei. Sie spähten dessen Wohnort in Leverkusen aus und erkundeten mögliche Fluchtwege. Zudem beschafften sie sich zwei Schusswaffen, Schalldämpfer und Sprengstoff. Spätestens am 11. März entschieden sich die Angeschuldigten, den Pro NRW-Vorsitzenden am frühen Morgen des 13. März 2013 zu erschießen. Bevor sie diesen Plan in die Tat umsetzen konnten, wurden sie in der Nacht vom 12. auf den 13. März festgenommen."

Salafismus in Deutschland – Eine Gefahrenperspektive[1]

Klaus Hummel

1. Einleitung

„Warum gibt es heute dieses Gerede über den salafistischen Ruf zum Islam (*al-da'wa al-salafiyya*")? [...]. Es gibt verschiedenste Formen der Glaubensverkündung[...], deren Vertreter behaupten, sie würden dem salafistischen Ruf folgen. Es gibt Leute, die Muslime ohne die Rechtleitung Allahs, ohne Koran und Sunna, zu Ungläubigen erklären. Man findet sogar Leute, die Unschuldige, die Gemeinschaft der Gläubigen, Imame der Moscheen oder die ganze Gesellschaft auf einmal für ungläubig erklären und behaupten, das sei der salafistische Ruf zum Islam. Man findet Leute, die das Blutvergießen von Muslimen für legitim halten, den Kampf gegen Muslime erlauben, sich sogar darin ereifern und sich darüber freuen".[2] Wer das sagt, der muss es wissen: Ein in den Niederlanden ansässiger syrischer Imam, der wie viele andere zu einem streng am Ideal der Altvorderen (*salaf*) orientierten Islam aufruft.

Die diffusen Strukturen dieser Glaubensverkünder in Deutschland sind Gegenstand der vorliegenden Untersuchung. Im Spätsommer 2008 sorgte eine Internet-Kontroverse mit einem brisanten Thema für Diskussion in der islamisch aktiven Szene. Über das Verhältnis von Islam und Terrorismus referierte ein noch vor wenigen Jahren völlig unbekannter deutscher Prediger, der in kurzer Zeit zum „Shootingstar" islamischer Aktivisten in Deutschland wurde.[3] Mit Kölscher Dialektfärbung stellt Abu Hamza (Vogel) klar, dass Terrorismus islamisch nicht zu legitimieren sei. Ebenfalls über Videos im Internet und ebenfalls auf Deutsch erfolgt die Widerlegung des „Irregeleiteten".[4] Als Beweisführer kommen nicht nur die al-Qa'ida-Granden al-Zawahiri und al-Zarqawi zu Wort,

---

[1] Der bisher unveröffentlichte Beitrag entstand im Jahr 2009 und gibt den Forschungsstand bis zu diesem Zeitpunkt wieder.
[2] Abu Suhayb (Ahmad Salam): Inhalt und Diskurs der salafistischen Da'wa, unter: http://ar.deboodschap.com/ index.php?option=com_content&view=category&layout =blog&id=42&Itemid=58 (17. Mai 2007).
[3] Vgl. Pierre Vogel: Wie steht der Islam zum Terrorismus? unter: http://www.youtube.com/watch?v=-q3oh7vdBOE&feature=related (3. September 2008).
[4] Vgl. „Widerlegung – Pierre Vogel – Wie steht der Islam zum Terrorismus?" unter: http://jihadnews.wordpress.com/category/irregeleitete-prediger/ (10. Oktober 2008).

auch mit Bildern von „Fritz G." und „Mona S." – einem Mitglied der sogenannten Sauerland-Gruppe und der Frau Mohamed Mahmoud, einem österreichischen Cyber-Dschihadisten – wird unterstrichen, wie man für den wahren Glauben einzutreten hat: mit virtuellem oder realem Dschihad. An der Kontroverse ist nicht nur bemerkenswert, dass dschihadistische Debatten mit Lokalkolorit in Deutschland angekommen sind, auch eine Randnotiz verdient Erwähnung, die nahelegt, dass sich Terrorismusverweigerer und -befürworter näher stehen, als ihre Kontroverse glauben macht. Die Produzenten des Dschihadvideos betonten, dass ihnen die Widerlegung Vogels nur deswegen so wichtig war, weil er seine Haltung auch wirklich ernst zu meinen scheint. Immerhin sahen sie wohl Grund zur Annahme, dass der „smarte Verkünder" seine Haltung nur vortäuscht und den „geraden Weg" des „wahren", d.h. salafistischen Islam nicht verlassen hat. Der Annahme würde der fromme Prediger auch nicht widersprechen, mit dem Unterschied, dass er Terrorismus für nicht legitim hält. Hier verläuft die Linie, die eine friedliche salafistische Mehrheit von den so genannten „dschihadistischen Salafisten" trennt.

An der geschilderten Kontroverse erstaunt vor allem die Öffentlichkeit, in der sie geführt wird. Sie ist aber keineswegs zufällig, denn jedem Lager geht es darum, mit der Verbreitung der eigenen Islamauslegung (*da'wa*) Anhänger zu mobilisieren: auf „YouTube", „Paltalk" oder in Universitäten. Aufzuzeigen, wer wie in welchen Milieus öffentlich für welchen Salafismus wirbt, ist deshalb so wichtig, weil dies auch gewaltaffine Salafisten tun.[5] Da sie dabei – so die These – von der Expansion moderater salafistischer Netzwerke profitieren, ist Salafismus als Analyserahmen unverzichtbar. Im zweiten Teil des Artikels wird deshalb gezeigt, inwiefern schon der Salafismusbegriff Teil einer umfassenderen Kategorienproblematik ist. Die auf ähnlichen theologischen Grundüberzeugungen basierenden vier salafistischen Hauptrichtungen in Deutschland sind Gegenstand der weiteren Ausführungen, wobei neben der jüngeren Entstehungsgeschichte besonderes Augenmerk auf deren Mobilisierungsstrategien gelegt wird. Abschließend werden verschiedene salafistische Positionen zum terroristischen Gewaltaktivismus skizziert und – als zweite Perspektive – Reaktionen auf die Expansion salafistischer

---

[5] Die vorliegende Analyse basiert auf einer Auswertung von Webseiten, Audiodateien und Sekundärliteratur sowie informellen Gesprächen mit Experten, Funktionsträgern und Anhängern des salafistischen Spektrums.

Netzwerke kritisch beleuchtet. Denn so wichtig es zur Eindämmung politischer Gewalt ist, „neo-fundamentale" Strukturen und Strategien aufzuhellen, so kontraproduktiv sind verallgemeinernde Etikettierungen „des" Salafismus als extremistisch oder terroristisch.

2. Das Kategorienproblem „Salafismus"

„Salafismus" ist ein missverständlicher Begriff. Dazu tragen schon die in der Forschung unterschiedlich besetzten Begriffe „Salafiyya", „Neofundamentalismus" oder „Wahhabismus" bei, mit denen das Phänomen beschrieben wird. Die Schwierigkeiten einer einheitlichen Begriffsfindung sind aber nicht zufällig, sondern Teil eines Kategorienproblems, das mit dem Phänomen selbst zu tun hat. Zum einen, weil das Leben der frommen Vorfahren („Salaf") für alle Muslime Vorbildcharakter hat, auch wenn zeitgenössische Salafisten mit der (akribischen) Nachahmung ihrer Lebensweise besondere Authentizität beanspruchen. Zum anderen, weil Salafisten, abgesehen von ihrem Selbstverständnis „Muslim" zu sein, über keine einheitliche Selbstbezeichnung verfügen.[6] So wird etwa der von Salafisten noch am häufigsten verwendete Begriff *Ahl al-Sunna wa-l Dschama'a* (Anhänger der Prophetentradition und der Gemeinschaft) auch von Nicht-Salafisten reklamiert. Noch schwerer wiegt aber, dass unter den Anhängern des Salafismus keine Einigkeit darüber besteht, wer oder was „salafistisch" ist. Aus wissenschaftlicher Sicht ist deshalb die Frage, ob Abu Hamza Vogel, der islamistische Theoretiker Sayyid Qutb, Mitglieder der *Salafistischen Gruppe für Predigt und Kampf* (GSPC) oder Bin Laden wahre „Salafis" (*salafiyyun*) sind, irrelevant – nicht aber ihr Kampf um Deutungshoheit innerhalb des salafistischen Spektrums.

Wenn nachfolgend von (globalem) Salafismus die Rede ist, dann sind damit auf der organisatorischen Ebene transnationale sunnitische Gelehrten- bzw. Lehrer-Schüler-Netzwerke mit einem an der „Umma" (Gemeinschaft der Gläubigen) orientierten Islamverständnis und multinationaler Anhängerschaft gemeint. Religiös-ideologisch sind die Vertreter

---

6   In einem arabischsprachigen Interview vom 25. August 2002 auf „Islam-Online" mit dem Titel „Die Salafisten und die marokkanische Regierung: eine andauernde Auseinandersetzung" lehnt der marokkanische Prediger al-Fizazi die Selbstbezeichnung „Salafi" genauso ab wie den Begriff Dschihad-Salafismus. Trotz seiner offenkundigen Loyalität zu Bin Ladin betont er, er sei „Muslim, einfach nur Muslim" („muslim mujarrad muslim").

des Salafismus vom saudi-arabischen Wahhabismus geprägt, weshalb meinungsführende Autoren wie Wiktorowicz[7] von einer theologisch weitgehend kohärenten „Salafi-Bewegung" ausgehen. Andere hingegen sprechen von „Salafismen" im Plural,[8] wozu aufgrund der unterschiedlichen Auslegung des islamischen Eingottglaubens (*tauhid*) innerhalb der salafistischen Netzwerke auch Anlass besteht.[9] Im Gegensatz zum Mehrheitsislam lehnen Salafisten das „blinde Befolgen" der vier etablierten sunnitischen Rechtsschulen als unislamische Neuerung (*bid'a*) ab und bevorzugen eine nach eigenem Verständnis „wissenschaftliche" Methode, die auf „Beweisen" (*dalil*) aus Koran und Prophetenüberlieferung (*hadith*) basiert.[10] Keineswegs ist damit aber eine einheitliche Auffassung von islamischem Recht, vom islamgemäßen Umgang mit dem Mitmuslim oder vom Dschihad in unserer Zeit gewährleistet.

Unterschiedliche Interpretationen prägen auch ein Konzept, dass sich bei allen Salafisten findet: „al-Walā' wa-l-Barā'" verlangt Loyalität (*walā'*) gegenüber den wahren Muslimen und Lossagung (*barā'*) von allem, was nicht der eigenen Islamvorstellung entspricht. Dieses Konzept macht Salafismus zu einer polarisierenden Denkschule des „Liebens und Hassens für Allah", die sich von der nicht-islamischen Umwelt, von konkurrierenden islamisch aktiven Gruppen und selbst von anderen Salafisten abgrenzt. So unterschiedlich das Konzept ausgelegt wird: sozial konservativ oder als individuelle Verpflichtung zum militanten Glaubenskampf; das Bild eines bedrohten Islam fungiert dabei als zentrale Mobilisierungsstrategie.[11]

---

[7] Quintan Wiktorowicz: Anatomy of the Salafi Movement, in: Studies in Conflict & Terrorism, Nr. 29, 2006, S. 207-239.
[8] Vgl. Dominique Thomas: Salafismen im 20. Jahrhundert, unter: http://www.canal-u.tv/producteurs/universite_de_tous_les_savoirs/dossier_programmes/les_conferences_de_l_annee_2007/islams_d_aujourd_hui/salafismes_au_20eme_siecle_dominique_thomas (19. Oktober 2013).
[9] Obwohl das unter allen Salafisten akzeptierte „Buch des Monotheismus" (kitāb al-Tauḥīd) von Muhammad b. Abdal Wahhab für ein einheitliches Islamverständnis spricht – was in Fragen wie „Anthropomorphismus" oder „Befragung im Grab" auch zutrifft –, gibt es unterschiedliche Auslegungen des Eingottglaubens, etwa was den Stellenwert der „Einheit Gottes in der Rechtsprechung" (tauḥīd al-hākimiyya") oder die „Ablehnung von allem, was außer Gott angebetet wird" („al-kufr bi-t taġūt") anbelangt.
[10] Paradoxerweise stehen Salafisten zwar in der Tradition hanbalitischer Gelehrter, lehnen aber die strikte Orientierung am Hanbalismus als Rechtsschule ab. Vgl. zum „wahhabitische Paradox": Stéphane Lacroix: Al-Albani's revolutionary approach to hadith. In: ISIM Review, (2008) Frühling, S. 6 f.
[11] Vgl. Joas Wagemakers: Framing the „threat to Islam": al-wala' wa al-bara' in Salafi discourse, in: Arab Studies Quarterly, 30 (2008) 4, S. 1-21.

2.1. Die verschiedenen Salafismen

Betrachtet man die einschlägige Literatur der letzten Jahre zum globalen Salafismus, so lässt sich immer wieder das Bemühen erkennen, das salafistische Spektrum differenziert zu erfassen. Als einfachste Form sticht dabei eine binäre Unterscheidung zwischen moderatem und militantem Salafismus ins Auge,[12] die sich bis in die Anfangsjahre des zeitgenössischen Salafismus zurückverfolgen lässt. Schon in den 1970er Jahren, in denen einer der zentralen Wegbereiter des Salafismus, Nasir al-Din al-Albani, in Saudi-Arabien aktiv war, kam es zur Abspaltung eines gewaltbereiten Flügels, der dschihadistische Gewalt über al-Albanis Credo von „Reinigung und Erziehung" stellte,[13] nämlich eine Tendenz zur Abwanderung, die auch heute in den Blick zu nehmen ist. Obwohl islamische Aktivisten selbst oftmals eine weitaus differenziertere Typologie entwerfen, hat sich im wissenschaftlichen Diskurs eine Dreiteilung durchgesetzt, die zwischen puristischem, politisiertem und dschihadistischem Salafismus unterscheidet. Diese drei Strömungen, deren Konturen im Nachgang des Golfkrieges von 1991 deutlich wurden, sind Resultat eines Zerfallsprozesses. Seine Wurzeln liegen in Saudi-Arabien, wo in den 1980er Jahren eine jüngere, vom Gedankengut der Muslimbruderschaft beeinflusste Gelehrtenschicht an Einfluss gewann. Diese so genannten Gelehrten der „Sahwa" (Wiedererweckung) kritisierten das politisch-wahhabitische Establishment wegen der Entscheidung, eine US-amerikanische Truppenstationierung zu legitimieren, und brachten damit eine Frage auf die Tagesordnung, zu der sich die transnationalen salafistischen Netzwerke bis heute unterschiedlich positionieren: Sind das saudische Königshaus und die „Palast-Gelehrten" in den „Unglauben" (*kufr*) gefallen und damit außerhalb des Islam?[14] Puristische Salafisten orientieren sich in dieser Fragestellung eng an der Staatsräson des Königshauses. Sie lehnen nicht nur die Ungläubigkeitserklärung (*takfir*) gegenüber

---

[12] Die „International Crisis Group" (ICG) unterscheidet eine Da'wa-orientierte „Salafiyya" von einer militanten, „jihadistischen Salafiyya". Vgl. ICG: Understanding Islamism, Middle, East/North Africa Report Nr. 37, Brüssel 2005, S.4.

[13] Vgl. Thomas Hegghammer/Stéphane Lacroix: Rejectionist Islamism in Saudi Arabia: The Story of Juhayman al-'Utaybi Revisited, in: International Journal of Middle East Studies, 39 (2007) 1, S.103-122.

[14] Anschauliches Beispiel für die dschihad-salafistische Position ist das mit deutschen Untertiteln versehene dreiteilige Video „Was wirklich in Saudi vorgeht", das auch unter dem Titel „Die Lage der Gelehrten in Saudi Utaybi r a berichtet" kursiert, unter: http://www.ahlu-sunnah.com/threads/18955-Die-Lage-der-Gelehrten-in-Saudi-Utay bi-r.a-berichtet-Teil-1 (27. Oktober 2008).

islamischen Herrschern ab, sondern halten auch politischen Aktivismus für illegitim. Diese „apolitische" Grundhaltung unterscheidet die Puristen von den politisierten Salafisten, die den herrschaftskritischen Gelehrten der saudi-arabischen „Sahwa" nahestehen. Zwar halten sich auch die „Politicos" in der Takfir-Frage zurück, vermeiden es aber nicht, Stellung zu zeitgenössischen politischen Themen zu beziehen (*fiqh waqi'*). In ihrem Verhältnis zur *Muslimbruderschaft*, zur *Hizb ut-Tahrir* oder zur *Tablighi Jama'at* erweisen sich die politisierten Salafisten trotz theologischer Diskrepanzen als anschlussfähig und offenbaren damit die Fähigkeit, sich zu einer größeren Sammlungsbewegung, zu einem „Mainstream-Salafismus" zu entwickeln.

Das Interesse, durch Da'wa-Arbeit Mitglieder zu mobilisieren, verfolgt auch der „dschihad-salafistische" Flügel. Doch sein „Ruf" beschränkt sich nicht auf Reformansprüche, sondern ist explizit revolutionär: Gewalt gegen die „Tawaghit" (Götzen) und ihre Verbündeten, also gegen muslimische Herrscher, „Palastgelehrte" oder westliche Verbündete, wird theoretisch legitimiert und praktisch gefordert.

2.2. Problematisierung der Dreiteilung

Die Dreiteilung ist ein probates Mittel, sich einen ersten Überblick über salafistische Grobstrukturen zu verschaffen. Aus mehreren Gründen ist es aber irreführend, sich die verschiedenen Richtungen als homogene und unveränderliche Einheiten vorzustellen. Erstens, weil sich innerhalb einer jeden Strömung wiederum unterschiedliche, ideologisch keineswegs deckungsgleiche Gelehrtennetzwerke identifizieren lassen. Schon aus diesem Grund muss die Feinanatomie des Salafismus stärkere Berücksichtigung finden. Zweitens handelt es sich nicht nur um ideologische Kategorien, sondern ebenso um soziale Formationen, in denen Positionen von Meinungsführern nicht mit Vorstellungen von Anhängern oder Sympathisanten gleichzusetzen sind.[15] Es ist vielmehr denkbar, dass Rezipienten multiple Loyalitäten oder Patchwork-Ideologien ausbilden und sich in ihrer Organisationsform verselbständigen. Drittens werden die Kategorien vorschnell als statische Einheiten aufgefasst. De facto sind aber Einstellungen von Wortführern zu Themen wie Demokratie, Dschihad oder schiitischem Islam beeinflussbar und veränderlich,

---

[15] Vgl. Asef Bayat: Islamism and Social Movement Theory, in: Third World Quarterly, 26 (2005) 6, S. 891-908.

weshalb die verschiedenen Salafismen immer in Abhängigkeit von ihrem räumlichen und zeitlichen Kontext zu sehen sind.[16] Viertens kann am deutschen Beispiel gezeigt werden, warum mit einiger Berechtigung auch von einer vierten Kategorie zu Reden ist, dem „Takfir-Salafismus". Dieser Umstand verweist auf die dynamische Natur des Salafismusphänomens.

Ein weiterer Punkt betrifft das Verhältnis von Ideologie und Militanz. Oftmals wird der Globale Dschihad von al-Qa'ida & Co. nur unzureichend von dessen dschihad-salafistischer Ideologie unterschieden, was in hybriden Wortfindungen wie „Globaler Salafi Dschihad" zum Ausdruck kommt.[17] Damit potenzieren sich analytische Unzulänglichkeiten, die Begriffe wie „Salafismus" oder „Wahhabismus" aufweisen, und suggerieren einen monokausalen Zusammenhang zwischen einer als kohärent vorgestellten Ideologie und islamistischem Terrorismus.[18] Besonders schwer wiegt jedoch, dass auf diese Weise der Unterschied zwischen Netzwerken, die eine extremistische Ideologie verbreiten, und solchen, die terroristischen Gewaltaktivismus planen, begrifflich nicht abgebildet wird. Hier werden deshalb unter Dschihad- bzw. Takfir-Salafismus ideologische Zusammenhänge salafistischer Prägung verstanden, die mit religiösen Argumenten entgrenztem Dschihad bzw. der Ungläubigkeitserklärung (*takfīr*) das Wort reden und damit – wenn auch implizit – Gewalt legitimieren.[19] Als solche sind sie funktionaler Bestandteil einer

---

[16] Das veranschaulicht am Beispiel des Salafismus im Jemen Laurent Bonnefoy: L'illusion apolitique. Adaptations, évolutions et instrumentalisations du salafisme yéménite, in: Bernard Rougier (Hg.): Qu'est-ce-que le salafisme?, Paris 2008, S. 137-159.

[17] Statt von „Global Salafi Dschihad" (vgl. Marc Sageman: Understanding Terror Networks, Philadelphia 2004) wird hier von „Globalem Dschihad" gesprochen. Räumlich und zeitlich entgrenzt ist dieser idealtypisch zu unterscheiden vom sozial-revolutionären „lokalen Dschihad" mit dem Ziel nationalstaatliche Regime zu stürzen bzw. vom „internationalen Dschihad" zur Befreiung besetzter oder attackierter islamischer Länder.

[18] Obwohl Autoren wie Brynjar Lia (Destructive Doctrinairians. Abu Mus'ab al-Suri's Critique of the Salafis in the Dschihadi Current, Vortrag bei der ISM Radboud Salafismus-Konferenz in Nijmegen/Niederlande, 28.-30. September 2007) oder Guido Steinberg (Der Nahe und der Ferne Feind, München 2005) mit dem Nachweis ideologischer Heterogenität gute Vorlagen bieten, ist das Wechselverhältnis zwischen religiös-ideologischen Netzwerken einerseits und militanten Gruppen andererseits bislang unterforscht.

[19] Die theologische Argumentation wird am Beispiel von al-Maqdisi skizziert. Vgl. Joas Wagemakers: Defining the Enemy. Abū Muḥammad al-Maqdisīs Radical Reading of Sūrat al-Mumtaḥana, in: Die Welt des Islam, 48 (2008) 3-4, S. 348-371.

amorphen globalen dschihadistischen Bewegung,[20] aber auch Teil eines weiteren salafistischen Diskursfeldes. Terroristische Netzwerke hingegen werden hier nicht unter dem Begriff des Dschihad-Salafismus subsumiert.

3. Das salafistische Spektrum in Deutschland

Im europäischen Vergleich ist Salafismus in Deutschland ein erst spät in Erscheinung getretenes Phänomen, weshalb über den geschichtlichen Hintergrund, die Anhängerzahl, den mutmaßlich hohen Anteil an Konvertiten oder über salafistische Entwicklungstendenzen und Strategien nur wenig bekannt ist. Die Ursachen für diese lange Zeit unbemerkte Expansion salafistischer Netzwerke liegen allerdings noch tiefer und haben mit der salafistischen Organisationsform zu tun. Anders als missionarische Kaderbewegungen oder islamistische Gruppen mit hierarchischen Strukturen ist Salafismus eine diffuse Bewegung: Die Fehlbarkeit von Gelehrten wird in dieser Strömung betont, Loyalitätsbekundungen gegenüber „Emiren" (Anführern) in die Nähe der Vielgötterei gerückt, die Bildung von Parteien, Stiftungen oder abgeschlossen islamischen Gruppen (*jama'at*) zuweilen kritisch betrachtet.[21] Was zählt, ist der Ruf zum wahren Islam, egal ob Imam oder Neu-Konvertit, ob in privaten Wohnräumen, in der Moschee einer konkurrierenden islamisch aktiven Gruppe oder im Internet. Diese informellen Strukturen sind schwer greifbar. Sie wirken konspirativ, lassen sich kaum unterscheiden und sind zahlenmäßig nur schwer einzuschätzen – nicht zuletzt, weil die intensive Internetnutzung leicht einen Scheinriesen produziert. Zum Problem wird das selbst für andere islamisch aktive Bewegungen:[22] sei es, weil ihre Anhänger abgeworben werden, sei es wegen der „Salafitisierung"

---

[20] Thomas Hegghammer (Global Jihadism After the Iraq War, in: The Middle East Journal, 60 (2006) 1, S. 11-32) benennt fünf idealtypische Kategorien „ideologischer Akteure", die die dezentrale und multipolare globale dschihadistische Bewegung prägen. Den hier beschriebenen Netzwerken lassen sich Aktivisten der Kategorie „Religiöse Gelehrte" und – sofern sie mit ihnen in Kontakt stehen – „Graswurzel-Radikale" zuordnen.
[21] Trotz kontroverser Haltungen zu Person und Inhalt einer al-Albani-Fatwa (vgl. Quintan Wiktorowicz, The Management of Islamic Activism. Salafis, the Muslim Brotherhood, and State Power, New York 2000, hier S. 131 ff.) wirkt dieses Rechtsgutachten im gesamten salafistischen Spektrum nach.
[22] Vgl. dazu die Einlassungen im „Dunia-Blog" (http://www.dunia.de) des Milli Görüş-nahen Akif Sahin, der sich kritisch mit den Aktivitäten von Pierre Vogel auseinandersetzt.

der eigenen Organisation. Diese Mobilisierungsstrategien zeichnen sich auch beim Mainstream ab.

3.1. Der salafistische Mainstream in Deutschland

In Deutschland ist es der Mainstream, der die salafistische Szene dominiert. Das war Mitte der 1990er Jahre noch kaum absehbar, als zwei Imame aus Bonn und Leipzig ihre Da'wa-Arbeit begannen. Doch die in den letzten Jahren sprunghaft gestiegene Zahl an Webseiten, Predigern, Vorträgen und überregionalen Seminaren verdeutlicht, welche expansive Dynamik dieser salafistische Flügel entwickelt. Das Erfolgsrezept ist denkbar einfach: Trotz eines exklusiven Wahrheitsanspruches wird auf Kooperation gesetzt. Dieser Pragmatismus macht den weitverzweigten Mainstream zu einer sozialen Mitmachbewegung, die ihren Netzwerkaufbau professionell und arbeitsteilig vorantreibt – bis hin zu einem „rechten Rand". Bei der Ausbreitung des Mainstreams in Deutschland lassen sich drei Phasen unterscheiden. In der arabisch geprägten, ca. 2002 einsetzenden *Hauptphase* begannen einige wenige Verkünder aus Ägypten, Marokko oder Syrien mit einer intensivierten Da'wa-Arbeit in Deutschland. Mit der Schaffung immer neuer Internetpräsenzen erweckten sie den Eindruck, es handele es sich um eine auch zahlenmäßig starke Bewegung. Ein ähnlich asymmetrischer Effekt der Überrepräsentation kann auch den seither deutschlandweit durchgeführten Islamseminaren bescheinigt werden, bei denen ein Gelehrtennetzwerk besonderen Einfluss geltend machen konnte. Geprägt wird es von dem in Saudi-Arabien ansässigen Verkünder 'Adnan al-'Ar'ur und dem in Tilburg in den Niederlanden aktiven Ahmad Salam (alias Abu Suhayb), die noch direkt bei dem Gelehrten al-Albani gelernt haben.[23] In der ersten, der *Vorlauf- und Formierungsphase* spielt Salams Wahlheimat eine wichtige Rolle. Schon in den 1990er Jahren entstanden hier mehrere salafistische Zentren, in denen auch Wissenssuchende aus Deutschland fortgebildet und wechselseitige Besuche abgestattet wurden. Auf diese Weise erklärt sich die Ausdehnung und Festigung des „'Ar'ur-Salam-Netzwerkes" in Europa,

---

[23] In einem Interview unterscheidet Al-'Ar'ur drei Arten von al-Albani-Anhängern und zählt Ahmad Salam (implizit auch sich) zum engeren Kreis von etwa zehn Personen, deren Methodik („Manhaj") direkt auf al-Albani zurückgeht. Vgl http://www.al-muntada.com/forums/showthread.php?s=&threadid=41965 (10. Juni 2007).

wobei der Leipziger Imam Abul Husain als dessen informeller Repräsentant in Deutschland gelten kann.[24] Bemerkenswerterweise handelt es sich, betrachtet man den Migrationshintergrund der hier genannten Geistlichen, um ein von Syrern dominiertes Netzwerk. Trotz der betont anti-nationalistischen Ausrichtung des Salafismus existieren somit in der Form syrisch, marokkanisch oder auch türkisch geprägter Gelehrtennetzwerke Strukturen fort, die sich im Hinblick auf die zielgruppen-spezifische Mobilisierung ethnischer Gruppen als vorteilhaft erweisen. Etwa wenn neben „Salafi-Deutsch" (mit arabisch-islamischen Termini angereichertes Deutsch) als Verkehrssprache auch Islamvorträge im Dialekt marokkanischer Berber angeboten werden.

Die oftmals über lange Jahre stabilen Bezüge innerhalb von Gelehrtennetzwerken sind deswegen von Belang, weil sich darüber neben einer internationalen Infrastruktur auch Gefahrenpotentiale erschließen lassen. Zumindest ist es innerhalb solcher Lehrer-Schüler-Beziehungen bedeutsam, ob der Lehrer eines in Deutschland aktiven Verkünders einem gewaltlegitimierenden oder – wie im Falle Al-'Ar'urs – einem gemäßigteren Gelehrten nahe steht.[25] Diese Loyalitätsbeziehungen, die im Hinblick auf die anatomische Feinstruktur des Salafismus eine wichtige Rolle spielen, sind im Falle einer Generation jüngerer, seit wenigen Jahren an die Öffentlichkeit tretenden Verkünder weitaus diffuser. Ihr Aufkommen markiert eine dritte, *einheimisch-autonome Phase des Salafismus*, die sich in einer steigenden Zahl hier aufgewachsener türkisch- und deutschstämmiger Wortführer widerspiegelt.

Sie stehen in einem latenten Konkurrenzverhältnis zu den Predigern der ersten Stunde, da sie nach ihren oftmals kurzen Ausbildungen im arabischen Ausland bei der Mobilisierung neuer Anhänger über eine Reihe strategischer Vorteile verfügen: Sie beherrschen die deutsche Sprache in höherem Maße als zugewanderte Verkünder, weisen Arabischkenntnisse auf, die auch türkischen Muslimen eine islamische Au-

---

[24] Hinweise auf die Aktivitäten Abu Suhaybs, den Abul Husain neben „Scheich Adnaan" als seinen Lehrer benennt (vgl. http://www.salaf.de) und der auch als Lehrer der niederländischen Imame Fawaz Jneid und Mahmoud Shershaby gilt (vgl. National Coordinator for Counterterrorism, Salafism in the Netherlands, A passing phenomenon or a persistent factor of significance? Ohne Ort, 2008.) ergaben sich noch im Jahr 2008 der Seite http://www.furqan.net.
[25] Stéphane Lacroix rückt Al-'Ar'ur in die Nähe des puristischen Salafismus (Informelles Gespräch am Rande der Tagung „Salafism as a transnational movement" in Nijmegen, ISIM/Radboud Universität, September 2007).

thentizität suggerieren, und nicht zuletzt besitzen sie ein kulturelles Hintergrundwissen, über dass kein eingewanderter Imam verfügt – allesamt beste Voraussetzungen, um sich auf dem „unregulierten Markt" islamischer Deutungsangebote durchzusetzen. Dazu trägt zwar auch die indirekte saudi-arabische Unterstützung in Form unzähliger kostenloser Publikationen oder subventionierter Auslandsaufenthalte bei, doch Moscheenfinanzierung durch hier aquirierte Spendengelder, die Entstehung eigener Verlage, eingetragener Vereine und die inländische Predigerausbildung belegen eine gegenläufige Entwicklung zunehmender Autonomie. Bester Beleg ist die 2007 initiierte Islamschule von Abu Anas in Braunschweig, der dadurch zu einem zentralen Akteur wurde: Zum einen wegen der Multiplikatorenfunktion, die sich aus der Ausbildung von Nachwuchspredigern ergibt,[26] aber zum anderen auch wegen seiner türkischen Herkunft, die ihn zum salafistischen Gewährsmann der vielen türkischstämmigen Muslime in Deutschland macht. Am Beispiel von Abu Hamza Vogel, dem Shootingstar der salafistischen Szene in Deutschland, lässt sich ein wichtiger Trend veranschaulichen: Professioneller Aktivismus ersetzt zunehmend profunde Islamkenntnis. Deutlich wird dies bei der kampagnenartigen Da'wa-Arbeit Vogels; denn in bundesweiten Vorträgen werden Merchandising-Artikel verschenkt und verkauft, Aufnahmen gefertigt und durch Zerstückelung multipliziert, nicht-islamische Bildungseinrichtungen angesteuert, Videos in einer ständig steigenden Zahl von Webseiten eingestellt, Tagesveranstaltungen, im Nachhinein als „Islamkonferenz" etikettiert und sogar politische Kundgebungen beworben. Eine derart exzessive Da'wa ist sogar in Vogels näherem Umfeld umstritten.[27] Das aber ficht den Verkünder genauso wenig an wie die Vielzahl moralisch fragwürdiger Bekehrungsvideos, die private Lebensentscheidungen im weltweiten Netz exhibitionieren und deren Konflikt- und Empörungspotential sogar funktional ist: Indem gesellschaftliche Ressentiments oder Kritik von außen aufgegriffen und „der" Islam als verfolgte Religion gerahmt wird, inszenieren sich Vogel und seine Mitstreiter als Anwälte ohne Mandat. Dahinter ver-

---

[26] Ziel dieser Islamschule ist laut Abu Anas die Schulung von derzeit 80 zukünftigen Verkündern in bis zu fünf Jahren. Vgl. Majd-TV-Video, Islamschule im Fernsehen [auf Arabisch], unter: http://www.youtube.com/watch?v=nRlQsyrh_rs (19. Oktober 13).

[27] So kritisiert Ibrahim Abu Nagie seinen Partner Vogel in einem Youtube-Video zwar nicht direkt, merkt aber an, dass seine Methode nicht sei, „Hallen zu füllen", und man daher unterschiedliche Wege gehe.

birgt sich eine strategische Dimension der Mainstream-Daʿwa, die polarisierende Diskurse wie die nationalsozialistische Judenverfolgung, Antifa-Symbole oder politische Aktionsformen genauso nutzt[28] wie Ikonen der deutschen Jugendkultur. So versucht der Mainstream-Verkünder selbst, vom musikalischen Zeitgeist zu profitieren, wenn etwa der bekannte Rap-Musiker Bushido per Video „rechtgeleitet" wird.

Derartig potente Inszenierungen erklären, warum der „neofundamentale" Salafismus für reislamisierte und konvertierte Muslime in Europa so attraktiv[29] und weder mit saudi-arabischem Geld noch mit religiösen Motiven zu erklären ist. Schließlich versprechen die eigenwilligen Sprach-, Kleidungs- und Verhaltensnormen nicht nur Seelenheil im Jenseits. Das salafistische Projekt ermöglicht auch Selbstbehauptung und Protest gegenüber der Mehrheitsgesellschaft, Emanzipation im Generationenkonflikt, Gruppenidentität und nicht zuletzt soziale Anerkennung. Das bietet es jedem, der sich als Verkünder, Übersetzer, Buchverkäufer, Computer- bzw. Medienspezialist oder als „Stigma-Aktivist" mit langem Bart und kurzen Hosen engagiert – gleich ob in nicht-salafistischen Moscheen, am Arbeitsplatz, im Chat-Raum oder im Behördenkontakt. Die Daʾwa-Arbeit Vogels und vieler anderer im Dienst der Sache wird damit zu einer Win-Win-Situation und macht Salafismus zu einer *sozialen Mitmachbewegung*, die auch einen diesseitigen Lohn verspricht. Es ist genau diese Kapazität, die der Bewegung ihre Mobilisierungskraft verleiht, und nicht die strenge Führung im Rahmen einer zentralisierten Kaderbewegung oder einer parteiähnlichen Gruppierung. Strategisches Vorgehen muss dem Mainstream deshalb jedoch niemand absprechen. Dieser hat sich in Deutschland als Teil einer weltweiten Bewegung etabliert.[30] Das verdeutlichen die Auslandsaktivitäten deutscher Prediger in Österreich, Holland oder Bosnien, aber ebenso die Einladung international bekannter Verkünder, darunter Konvertiten wie Bilal Philips mit jamaikanisch-kanadischem Hintergrund, des US-Amerikaners Yusuf Estes oder von Muhammad al-Arifi aus Saudi-Arabien. Dieses Vorgehen steigert die

---

[28] Die Webseite http://www.muslimegegenrechts.de verdeutlicht das mit Bildern, Piktogrammen und diversen Videos.
[29] Vgl. Olivier Roy, Globalised Islam: The Search for a New Ummah, London 2004.
[30] Ein Trailer auf der Webseite Vogels http://www.einladungzumparadies.de macht das sehr anschaulich: Die Lokalmatadoren Abul Husain, Abu Anas, Vogel und Abu Jibriel werden hier im Wechsel zum afro-amerikanischen Konvertiten Siraj Wahaj, Khalid Yasin (USA), Ahmed Deedat mit indisch-südafrikanischer Abstammung und dem Inder Zakir Naik gezeigt.

Reputation hierbei aktiver Prediger, trägt zur Mobilisierung neuer Anhänger bei und eröffnet Kontakte in ein weltweites Netzwerk verschiedener saudi-arabischer Quasi-Nichtregierungsorganisationen.[31] War es in der Etablierungsphase noch ein einzelnes Gelehrten-Netzwerk, dem man Durchsetzungskraft bei der Da'wa-Arbeit attestieren konnte, so spielen in der einheimisch-autonomen Phase verschiedenste sich überlappende Lehrer-Schüler-Zirkel, Bekanntenkreise oder virtuelle Gemeinschaften eine Rolle. Nicht mehr allein das Ausrichten von Islamseminaren ist deshalb entscheidend, sondern ebenso die Dichte und Intensität transnationaler Vernetzung. Das macht Fälle wie den des Ulmer Imams Abu Omar so lehrreich, aus dessen Umfeld eine Reihe Terror-Verdächtiger hervorgegangen ist. Schon früh war absehbar, dass Abu Omar seinen Einfluss in Deutschland auch geltend machen kann, nachdem er sich wegen des Drucks der Strafverfolgungsbehörden gezwungen sah, das Land zu verlassen. Noch bevor die Islamschule von Abu Anas in Braunschweig aus der Taufe gehoben wurde, startete einer der Eleven Abu Omars ein – wenn auch kurzlebiges – Internetprojekt zur Islamausbildung in Deutschland.[32] Das zeigt, wie schwer es in Zeiten von neuen Medien ist, Radikalisierungsphänomenen allein mit dem klassischen Repertoire des nationalen Rechts beizukommen.

Das Beispiel Abu Omars ist aber aus einem weiteren Grund bemerkenswert. Analytisch lässt er sich einem „rechten Rand" zuordnen, der die Komplexität des Mainstreams unterstreicht. Dieses Segment, dem radikale Internet-Seiten wie http://www.al-iman.net, Imame wie der in Bonn ansässige Abdel Akher Hammad oder Moscheen wie das „Islamische Zentrum Münster" zuzurechnen sind, weist Bezüge zur ägyptischen *al-Gama'a al-Islamiyya* oder zur *syrischen Muslimbruderschaft* auf.[33] Deshalb gibt es einen Grund zur Annahme, dass der Mainstream einen ideologischen Referenzrahmen bietet, der für unterschiedliche islamistische Diaspora-Gruppen und -Akteure gerade deshalb attraktiv ist, weil

---

[31] So gilt beispielsweise der US-amerikanische Ex-Priester Yusuf Estes als Repräsentant der saudi-arabischen „World Assembly of Muslim Youth" (WAMY).

[32] Dieses war 2007 für nur kurze Zeit unter der Internetadresse http://www.almadrasa.eu online.

[33] Dieser „rechte" Rand weist Parallelen zu dem auf, was Brigitte Maréchal am belgischen Beispiel als „Ideologisierte Fraktion der Muslimbruderschaft" bezeichnet. Vgl. Brigitte Maréchal, Courants fondamentalistes en Belgique, in: Journal d'étude des relations internationales au Moyen-Orient, 3 (2008) 1, S. 65-78, hier 72 f.

er kein organisatorisches Korsett überstülpt. Durch ideologische „Auflagerung" treibt der Mainstream den Netzwerkaufbau voran und wirkt als Impulsgeber für die Neuausrichtung des klassisch islamistischen Spektrums[34] – weg von den national geprägten Strukturen ägyptischer oder syrischer Muslimbrüder, hin zu einem globalisierungskompatiblen Da'wa-Aktivismus in Deutschland.

3.2. Der puristische Salafismus in Deutschland

Im Vergleich zu England, Frankreich und den Niederlanden, wo puristische Moscheen und Imame bereits seit den 1990er Jahren fester Bestandteil der salafistischen Szene sind, ist der Purismus in Deutschland bislang kaum etabliert. Dennoch lassen sich anhand deutschsprachiger Textproduktion und deren Verbreitung auf deutschen Webseiten einschlägige Tendenzen feststellen. Einen Hemmschuh der puristischen Mobilisierungsfähigkeit stellt neben der vergleichsweise starken Abhängigkeit von saudi-arabischer Unterstützung das Fehlen eines deutschsprachigen Wortführers dar. Fraglich ist deshalb, inwiefern der betont unpolitische Purismus als „Anti-Bewegung" zum Mainstream von dessen Expansion profitieren kann.

Die puristische Vorlauf- und Formierungsphase ist von der des Mainstreams kaum zu trennen. Zumindest wenn man ihre Anfänge im niederländischen Kontext sieht, wo sich bereits in den 1990er Jahren dem Purismus zuzurechnende Institutionen etabliert haben, die auch von Muslimen aus Deutschland frequentiert wurden.[35] Eine neuere Entwicklung stellt die um 2005 einsetzende Polemik dar, bei der sich das puristische Spektrum außerordentlich kreativ darin zeigt, konkurrierende Salafisten mit abwertenden Kollektivbezeichnungen zu belegen. Eine Vorreiterrolle spielte in dieser Hinsicht das seit 1995 aktive englische Netzwerk um den in Birmingham als Imam tätigen Abu Khadeejah, das mit der englischsprachigen Webseite http://www.salafipublications.com einen guten Einblick in die innersalafistischen Grabenkämpfe

---

[34] Den Trend der „Salafitisierung" der „Muslimbruderschaft" bzw. der „Gama'a al-Islamiyya" erkennen auch Nathan Field und Ahmed Hamem im Mutterland des Islamismus Ägypten. Vgl. Nathan Field/Ahmed Hamem, Salafism Making Inroads, unter: www.carnegieendowment.org/arb/?fa=downloadArticlePDF&article=22823 (19. Oktober 2013).

[35] Dabei handelt es sich um die „Waqf-al-Islami-Stiftung" bzw. die Furkan-Moschee in Eindhoven. Vgl. Salafism in the Netherlands, S. 4.

ermöglicht. Die Aktivitäten dieses Netzwerkes reichen bis nach Deutschland und können als erste Versuche gewertet werden, hier dauerhaft Fuß zu fassen.

Die in Deutschland aber bislang nachhaltigste Struktur, die der puristischen Linie folgt, ist das Muqbil-Al-Hadschuri-Netzwerk mit angeblich ca. 5000 bis 7000 Studierenden in Dammadsch/Jemen.[36] Die von ihnen betriebene deutschsprachige Webseite http://www.dawa-salafiya.info richtet sich vor allem gegen den Mainstream in Deutschland, dessen vermeintlicher Führer Abul Husain als „Sommerferien-Mufti", als Kopf der „Adler-Da'wa" und Anhänger des „Arurismus" bezeichnet wird.[37] Die Puristen folgen mit dieser Politik der Bloßstellung oder, um im einschlägigen Sprachgebrauch zu bleiben, mit der Methode des „Lobens und Tadelns" (*al-dscharh wa-l ta'dil*), den Vorgaben des wohl bekanntesten Gelehrten des puristischen Spektrums, dem in Saudi-Arabien ansässigen Rabi' al-Madkhali. Die Verwässerung der reinen Lehre befürchten Puristen so sehr, dass selbst jene, die sich nicht wie sie von den „Verwässerern" und „Erneuerern" distanzieren, sozial geächtet werden, beispielsweise durch die Verweigerung des islamischen Grußes oder das Wechseln der Straßenseite. Fast schon inquisitorische Züge weist die Kritik an den Gelehrten des Mainstreams auf, denen wie der Referenzperson des deutschen Mainstreams, Adnan al-'Ar'ur, eine mangelnde Abgrenzung zur Lehre Sayyid Qutbs zum Vorwurf gemacht wird.[38] Der Ausbau der salafistischen Infrastruktur war noch in den 1990er Jahren stark von saudischer Finanzierung abhängig. Welche Vorzüge dabei insbesondere der puristische Flügel genoss, lässt sich an der Exklusivität mancher Tagungsorte ermessen, die den englischen Abu-Khadeejah-Kreis noch 2005 in ein vornehmes Ressort in den bayerischen Alpen führte. Doch nicht zuletzt die nach 2001 gestiegene Sensibilität der Sicherheitsbehörden und der islamischen Öffentlichkeit in Europa gegenüber „wahhabitischem" Einfluss hat zur Diversifizierung salafistischer Expansionsstrategien beigetragen: Die Erschließung eigener Geldquellen zum Auf- und Ausbau von Moscheen ist eine Methode, die sich am Beispiel puristischer

---

[36] Vgl. http://salaf.com/2007/02/23/shaykh-rabee-defends-the-schools-and-shaykhs-of-yemen/ (23. Februar 2007).
[37] Vgl. die Webseite http://www.adler-dawa.info, die stark gegen den salafistischen Mainstream in Deutschland agitierte.
[38] Vgl. Ubayd al-Jaabiree, Concerning the [Insidious, Covert] Qutubism of ‚Adnaan 'Ar'oor, unter: http://www.spubs.com/sps/downloads/pdf/GRV070029.pdf (19. Oktober 2013).

Moscheen im Ausland belegen lässt. Strategien hingegen, bei denen bestehende Moscheen unterwandert und Salafi-Aktivisten im Vorstand oder als Imame etabliert werden, lassen sich bislang nur im Mainstream nachweisen. Zu restriktiv scheint die ideologische Grundhaltung der Puristen, die jedwede Nähe zu „fehlgeleiteten" Gruppen verbietet. Dadurch ist auch ihre Kapazität limitiert, durch derart strategisches Vorgehen ihren Netzwerkaufbau voranzutreiben. Als „Anti-Bewegung" sind die Puristen darauf angewiesen, ihre Mitglieder durch ihre polemische Kritik am Mainstream zu mobilisieren und damit indirekt von der Mainstream-Expansion zu profitieren. Das aber gestaltet sich schwierig, weil der Mainstream durchaus im Stande zu sein scheint, auch den puristischen Flügel zu integrieren.

3.3. Dschihad-Salafismus im deutschsprachigen Raum

Die Ausbreitung des Dschihad-Salafismus in Deutschland ist mit der Entwicklung in Österreich eng verknüpft und geht zeitlich mit dem Konfliktgeschehen in Afghanistan und im Irak einher. Ähnlich wie der puristische Flügel ist Dschihad-Salafismus in Deutschland vornehmlich virtuell etabliert, verfügt also nicht über einschlägige Moscheen oder Imame und nur über eine mutmaßlich geringe Zahl von Aktivisten. Diese stehen in der jüngeren Tradition des Dschihad-Salafismus in Österreich oder sind aus einer Abspaltungsbewegung vom einheimischen Mainstream hervorgegangen.

Die Prediger Abu Hamza und Abul Khattab aus Österreich waren die ersten Vertreter dieser Strömung, die im deutschsprachigen Raum die Lehren von Abu Muhammad al-Maqdisi, einem der einflussreichsten Ideologen des Globalen Dschihad breitenwirksam propagierten.[39] Ihre Aktivitäten, die Erstellung des Internetauftritts http://www.khutba.net, Vorträge auf „Paltalk", Übersetzungen und herunterladbare Audiodateien markieren die *Etablierungsphase des Dschihad-Salafismus* im deutschsprachigen Raum. Ihren Anfang nahm sie etwa mit der Über-

---

[39] Abul Khattab betrachtete sich als Schüler von al-Maqdisi, der als einflussreichster Ideologe des globalen Dschihad gewertet wird. Vgl. Wiliam McCants/Jarret Brachman: Militant Ideology – Executive Report, Combating Terrorism Center, West Point 2006, S. 8.

nahme der Sahaba-Moschee in Wien durch den ideologisch ähnlich orientierten bosnisch-stämmigen Imam Abu Muhammad im Jahr 2004.[40] Doch die dschihad-salafistische Orientierung dieses Personenkreises währte nicht lange. Jedenfalls markiert der Jahreswechsel 2006/2007 insofern einen Wendepunkt, als die Betreiber von http://www.khutba.net „das erste deutsch-sprachige Salafiya Dschihadiya Projekt" für beendet erklärten.[41] Die beiden „Keyboard-Imame" Abu Hamza und Abul Khattab, aber auch Abu Muhammad kehrten dem Dschihadismus à la al-Qa'ida den Rücken und orientierten sich fortan an einer noch radikaleren Auslegung des Salafismus, die nachfolgend als „Takfir-Salafismus" bezeichnet wird. Trotz des bis heute nachwirkenden Vertrauensverlustes, den die Abkehr des charismatischen Abul Khattab von seinen ehemals vertretenen Glaubensinhalten bewirkt hat, blieben einige Aktivisten der Dschihadidee treu.

Schon 2006 war die nur wenige Personen umfassende *Islamische Jugend Österreichs* (IJÖ) entstanden, die wegen ihrer Agitation gegen die österreichischen Nationalratswahlen und mit einer Drohung gegen Politiker und gegen die Regierung für Aufmerksamkeit sorgte.[42] Es ist dieses ideologische Milieu, dem sich auch die in Österreich entstandene deutschsprachige *Globale Islamische Medienfront* (GIMF) zurechnen lässt, die als „al-Qa'idas deutsche Lautsprecher" mit einem Drohvideo im März 2007 gegen die Alpenrepublik und Deutschland den Truppenabzug aus Afghanistan erzwingen wollte.[43]

Das Beispiel der GIMF und die Produktion des Drohvideos ist genauso wie das der IJÖ analytisch bemerkenswert. In beiden Fällen geht

---

[40] Bei Abu Muhammad handelt es sich nach Presseinformationen um den in der Wiener al-Sahaba-Moschee als Imam tätigen Nedzad Balkan, dem die Webseite http://www.kelimetulhaqq.net zugerechnet wird. Vgl. „Mit Videos auf Missionierungstour", unter: http://derstandard.at/3187079 (23. Januar 2008).
[41] Vgl. elektronischen Newsletter von http://www.khutba.net.
[42] Vgl. Die Islamische Jugend Österreich lehnt die anti-islamische Wahlkampfkampagne des Bundesparteiobmanns der FPÖ ab. Stellungnahme der IJÖ, unter: http://www.ijoe.at (3. September 2006).
[43] Vgl. Yassin Musharbash, Al-Qaidas deutsche Lautsprecher, unter: http://www.spiegel.de/politik/deutschland/terror-im-internet-al-qaidas-deutsche-lautsprecher-a-434203.html (28. August 2006); Yassin Musharbash/Marion Kraske: Wiener Propaganda-Zelle besuchte radikale Moschee, unter: http://www.spiegel.de/politik/ausland/terrorpropaganda-wiener-propaganda-zelle-besuchte-radikale-moschee-a-507555.html (26. September 2007) und Thomas Schmidinger/Dunja Larise (Hg.): Zwischen Gottesstaat und Demokratie, Wien 2008, S. 135 ff.

es nicht primär um die Verbreitung einer „wahren Religion" mit theologischen Argumenten, um Grundlagenunterrichte über das „Einssein Gottes" (*tauhid*) oder um das Lehren der arabischen Sprache. Im Vordergrund steht die Formulierung und Durchsetzung radikaler politischer Forderungen, wobei selbst die Bildung eines Jugendverbandes zur Option wird. Dieser Prozess der „Regionalisierung", in dem Propaganda und Regionalpolitik an die Stelle theologischer Argumentation tritt, hat wenig mit Dschihad-Salafismus zu tun, sondern ist eher ein Auflösungssymptom. Zur Verbreitung des Dschihad-Salafismus in der Tradition al-Maqdisis bedarf es theologisch versierter, möglichst charismatischer Prediger, die einer größeren salafistischen Öffentlichkeit als vermeintlich überparteiliche, im „wahren Islam" verankerte Gelehrte präsentiert werden können.[44] Wird jedoch das Feld Aktivisten der zweiten Reihe überlassen, also Forumsmoderatoren, Übersetzern oder Videomachern, ersetzt politischer Aktivismus fundiertes Wissen und ideologische Linientreue. Zwar versuchten Aktivisten aus dem Umfeld von IJÖ und Machern von www.alhamdulillah.net mit der Übersetzung, Verbreitung und öffentlich angekündigten Präsentation von al-Maqdisis Werk „Das ist unsere 'Aqida" in einer Frankfurter Moschee im Jahr 2007 noch Kontinuität in der Da'wa-Arbeit zu bewahren,[45] doch das Fehlen einer Integrationsfigur war damit nicht zu kompensieren. Betrachtet man die einstellige Zahl von IJÖ-Texten, die in den Jahren 2006 und 2007 entstanden sind, ist dies auch kein Wunder. Da wird in einem Duktus gegen einen Besuch des damaligen US-amerikanischen Präsidenten Bush agitiert und zur Unterstützung des Widerstands im Irak, Palästina und Afghanistan aufgerufen, der wenig mit dem dschihad-salafistischen, viel aber mit dem ultra-linker Gruppen zu tun hat.[46] Und so wirft auch die Zusammenarbeit mit der österreichischen „Antiimperialistischen Koordination" (AIK) – einer aus der trotzkistischen Linken hervorgegangenen

---

[44] Vgl. dazu Chris Heffelfinger, Kuwaiti Cleric Hamid al-Ali: The Bridge Between Ideology and Action, in: Terrorism Monitor, 5 (2007), unter http://www.jamestown.org/single/?no_cache=1&tx_ttnews[tt_news]=4112 (26. April 2007). Es entspricht auch den strategischen Vorstellungen al-Maqdisis, der in seinem Werk „Millat Ibrahim" eine öffentliche und auf Dauer angelegte Da'wa-Arbeit fordert und übereilten dschihadistischen Aktivismus ablehnt. Vgl. al-Maqdisi, Millat Ibrahim, 1985, S. 83.
[45] Abu Muhammad al-Maqdisi, Dies ist unsere 'Aqida. Die islamischen Glaubensgrundsätze. Herausgegeben von der IJÖ, Wien 2006.
[46] Vgl. dazu die Stellungnahme „Die arabisch-islamischen Kräfte über den Besuch des Kriegsverbrechers Bush in Österreich", unter: http://www.ijoe.at (5. März 2007).

Formation, die sich mit einem breit gefächerten Spektrum von Palästinenserorganisationen, von der „Hamas" bis zur „Volksfront zur Befreiung Palästinas" (PFLP) solidarisch erklärte[47] – eine wichtige Frage auf: Handelte es sich bei der IJÖ und ähnlich bei der GIMF nicht um lediglich oberflächlich „dschihad-salafitisierte" Kreise, die im Kern von Intifada und Anti-Imperialismus inspiriert waren bzw. sind? Gemessen an dem Credo vom „Lieben und Hassen für Allah" hat die Nähe zur sozialistischen PFLP und zur nationalistischen „Hamas" mit Salafismus jedenfalls nichts zu tun – der Bezug auf ein „Selbstbestimmungsrecht der Völker" noch viel weniger.

Für einen Abgesang auf dschihad-salafistische Strukturen im deutschsprachigen Raum gibt es dennoch keinen Grund. Zum einen, weil sich Nachfolge-Projekte wie die bis ins Jahr 2008 aktive Webseite http://www.aazara.net und Nachfolge-Seiten wie http://www.al-azr.com identifizieren lassen,[48] die in der Tradition österreichischer Aktivisten stehen, auch wenn sie bislang statt der diskreditierten Audiodateien Abul Khattabs mit Aufnahmen der englischen Dschihad-Scheichs Anwar al-Awlaki und Abdullah Faisal vorlieb nehmen müssen.[49] Zum anderen aber ist der einheimische Mainstream noch wichtiger für die Ausbreitungsdynamik dschihad-salafistischer Netzwerke.

Indem Mainstream-Übersetzungen auf gewaltlegitimierenden Seiten eingestellt oder Linkempfehlungen in moderaten Foren gepostet werden, entstehen fließende Übergänge zwischen beiden Lagern. Das zeigt am prägnantesten das Ringen um die Auslegung des salafistischen Konzeptes vom „Lieben und Hassen": „Leider", so ein Mainstream-Autor eines Online-Traktates, „muss man heutzutage beobachten, dass viele (gerade jüngere) praktizierende Muslime sich häufig an die rigideren und härteren Urteile halten und somit eine starke Neigung zum Hass entwickeln. Eine Art Trotz-Mentalität, als Resultat der steigenden Angriffe auf

---

[47] Vgl. Thomas Schmidinger/Dunja Larise (Hg.), Zwischen Gottesstaat und Demokratie, S. 138 ff. und die Webseite http://www.antiimperialista.org.
[48] Vgl. den Webblog „Tawhīhd wal Ikhlās" (http://alazr.wordpress.com; 6.4.2009) oder „Das Informationsportal", unter: http://i24.de.am/ (27. Mai 2009).
[49] Abdullah al-Faysal ist ein in Großbritannien wegen Aufruf zum Mord inhaftierter jamaikanischer Konvertit und Absolvent der Muhammad Ibn Saud-Universität in Riyadh, welcher wie Anwar al-Awlaki, ein in den USA geborener und derzeit im Yemen aufhältiger Imam, dschihadististische Positionen vertritt und besonders westliche Jugendliche anspricht. Vgl. die Datei „The Battle for Hearts and Minds", unter: https://archive.org/details/Battle (21. August 2007).

den Islam".⁵⁰ Diese politisierte Position, die eine Erklärung für „Hass" gleich mitliefert, prädestiniert den Mainstream für dschihad-salafistische „Auflagerung". Und tatsächlich betreiben Dschihad-Salafisten mit der Strategie des „Lobens und Tadelns" eine erfolgversprechende Spaltungspolitik. Einerseits werden Mainstream-Prediger wie die im Köln-Bonner Raum aktiven Abu Ubeyda oder Abu Dujana in informeller Weise als verlässliche Verkünder gepriesen und damit der (möglicherweise auch zutreffende) Eindruck erweckt, es gebe Mainstream-Vertreter, die der dschihad-salafistischen Sache gegenüber aufgeschlossen sind.⁵¹ Andere hingegen werden wegen ihrer kritischen Einlassungen zu Terrorismus und „Takfir" öffentlich unter Druck gesetzt – eine Methode, die den unbekannteren Verkündern der zweiten Reihe oder nachwachsenden „Instant-Scheichs" die Möglichkeit gibt, sich zu etablieren und mit gewaltaffiner Rhetorik neue „Märkte" zu erschließen. Inwiefern mit solchen Strategien auch enttäuschte Anhänger von Mainstream-Predigern mobilisiert werden können, ist schwer zu sagen. Im Jahr 2005 vollzog sich jedenfalls eine solche Abwanderung, doch seitdem hat sich einiges verändert.⁵² Der Mainstream ist seither potenter geworden – nicht nur, dass er sich von puristischen Anfeindungen unbeeindruckt zeigt; auch an seinem rechten Rand scheint er über Kapazitäten zu verfügen, „Rebellen" und dschihad-salafistische Tendenzen einzubinden.

3.4. Takfir-Salafismus im deutschsprachigen-Raum

Die Vorstellung eines dreigeteilten salafistischen Spektrums im deutschsprachigen Raum ist schwer zu halten. Sie lässt nämlich eine ultra-radikale Variante unberücksichtigt, die ideologisch dem salafistischen Spektrum zuzurechnen ist. In ihrer Bereitschaft, andere Muslime zu Ungläubigen zu erklären (takfir), geht dieser „takfiristische Salafismus" so weit,

---

[50] „Al-wala wa al-bara'a: das lieben und das hassen für ALLAH -swt-", unter: http://www.yahya-und-amira.de/index.php?option=com_content&view=article&id=50&Itemid=55 (8. Oktober 2008).

[51] So wurden Abu Ubeyda in einem dschihad-salafistischen Newsletter gelobt, Audiodateien von ihm auf der österreichischen Seite „http://abuusamaalgharib.wordpress.com/audios/" eingestellt oder eine Audiodatei von Abu Dujana neben denen von Bekkay Harrach (Abu Talha) als wichtig empfohlen, unter: http://www.islamwissen.com (1. Juli 2007).

[52] Als Prediger dieser vermutlich nigerianischen Gruppe fungiert ein hier nicht bekannter „Bruder Abd-Arahman Taymi". Vgl. http://www.islam-information.net/ (14. Oktober 2008).

selbst al-Maqdisi oder Bin Laden des Unglaubens zu bezichtigen. Seine Ausbreitungsdynamik in Deutschland ist eng an die Entwicklung in Österreich gekoppelt, wobei sich die ultradoktrinäre Ideologie als Hemmschuh der takfiristischen Expansion und als Ursache für weitere Auf- und Abspaltungen erweisen könnte.

Mit Blumen geschmückt, versuchte die auf den ersten Blick unscheinbare Webseite http://www.ukhti.de besonders Frauen als Zielgruppe anzusprechen. Dass ihr eine Ideologie zugrunde liegt, die radikaler als die Bin Ladens ist, verdeutlicht eine grundlegende Problematik: Der „Takfir-Salafismus" läuft ähnlich wie sein dschihadistisches Pendant trotz seiner Gewaltaffinität leicht Gefahr, unterschätzt zu werden und unerkannt zu bleiben. Erst recht, weil es sich um ein im deutsch-sprachigen Raum noch junges Phänomen handelt, das erst zum Jahreswechsel 2006/2007 sichtbar wurde.[53] Als Abspaltung vom dschihad-salafistischen Milieu wechselten die Wortführer, die Brüder Abu Hamza und Abul Khattab das Lager und gingen damit auf Distanz zu kämpfenden Gruppen wie al-Qa'ida. Diese Lossagung manifestierte sich im virtuellen Raum mit der Schließung der dschihad-salafistischen Webseite http://www.khutba.net sowie der Entstehung neuer Webprojekte wie http://www.muslim-forum.net bzw. http://www.aswj.de.

Die Entwicklung zeigte sich aber auch in der realen Welt der Moscheen, wobei es in der Wiener Sahaba-Moschee zum Bruch der jetzt takfir-salafistischen Leitung um Abul Khattab mit seinen ehemaligen Anhängern kam. Dieser Zwist ist interpretationsbedürftig. Denn die Anhänger des „Takfir" grenzen sich zwar von al-Qa'ida ab, argumentieren dabei aber keineswegs pazifistisch. Kritisiert wird lediglich, dass viele erst jüngst religiös gewordene Jugendliche in den Kampf ziehen, ohne ihre Religion zu kennen, Dschihad aber sei erst die letzte der verschiedenen Da'wa-Etappen.[54] An anderer Stelle wurde moniert, dass es in der

---

53 Ursprünglich als eine unter dem Namen „Takfir wa-l Hidschra" bzw. „Gama'at al-Muslimin" bekannt gewordene Abspaltung von der ägyptischen „Muslimbruderschaft" entstanden, verweisen die transnationalen Netzwerke des Takfirismus auf eine mit der Ausbreitung des Salafismus einhergehende Reorganisation.

54 Abu Maryam al-Mikhlif, Tauhid und Jihad – was kommt zuerst? [Tauḥīd wa-l Gihād – ayyihuma al-aṣl?], unter: http://www.ansarattawhed.com/Sheikh-Abu-Maryam-al_Mikhlif.htm (21. Juni 2007).

heutigen Zeit keine dschihadistische Bewegung gebe, die man „uneingeschränkt" unterstützen könne.⁵⁵ Diese Positionen verdeutlichen, dass nicht der Dschihadismus per se, seine militanten Mittel oder Methoden abgelehnt werden, sondern lediglich seine ideologische Ausrichtung. Ein weiterer Punkt betrifft die Dimension des Konfliktes, dem nur auf den ersten Blick ein begrenzter regionaler Disput zwischen dem dschihadnahen Lager – damals organisiert in der „Islamischen Jugend Österreichs" – und dem Takfir-Lager um Abul Khattab, Abu Hamza und Abu Muhammad zugrunde lag.⁵⁶ Vielmehr verbarg sich dahinter ein Stellvertreterkonflikt zweier ausländischer Gelehrter, der auf eine transnationale Dimension verwies: auf der einen Seite der GIMF-nahe Gelehrte Abu Maria al-Qurashi, auf der anderen der kuwaitische Takfir-Gelehrte Abu Mariam al-Tila' al-Mikhlif und sein Statthalter Abu Hamza. Dieser transnationale ideologische Lagerkampf ist längst auch in der deutschen salafistischen Szene angekommen. Nicht ohne Grund gelten den Strategen des Dschihad die „Übertreiber" im „Takfir" als die zersetzende Kraft der kämpfenden Bewegung.⁵⁷ Ihre Tendenz, andere Muslime für ungläubig zu halten und zu exkommunizieren, ist so ausgeprägt, dass sie weder vor Dschihadisten noch vor anderen Takfiristen halt macht.

Dahinter steht eine Logik, nach der „jeder zum Ungläubigen wird, der einen Ungläubigen nicht als ungläubig bezeichnet". Pragmatismus, wie er in dschihad-salafistischen Kreisen noch anzutreffen ist, wird damit unmöglich.⁵⁸ Doch selbst dieses Takfir-Prinzip, das u.a. vom Abu Hamza-Mikhlif-Netzwerk propagiert wird, geht manchen Takfiristen nicht weit genug. Sie fordern eine endlose Fortsetzung der „Takfir-Kette", an deren Ende letztlich die gesamte Gesellschaft als ungläubig

---

55 Aussage eines Verantwortlichen auf http://www.muslim-forum.net im Thread „al Qa'idah und andere Jihad-Bewegungen/Grundsätzliche Ansicht über die heutigen sogenannten Bewegungen", unter: http://www.muslim-forum.net/grundsatzliche-ansicht-uber-die-heutigen-sogenannten-jihad-bewegungen-t-354.html (3. August 2008).
56 So in „Unsere Stellungnahme zu den Extrem-Takfiris (den „Shibriyun")" vom 28. Juni 2007 auf http://www.ijoe.at zur Abgrenzung von „Abu Hamza Ibn Qarar", „Abul Khattab Ibn Qarar" und „Abu Muhammad al Busni".
57 Vgl. den Streit zwischen al-Maqdisi und seinem früheren Schüler Zarqawi, der sich auf die von al-Maqdisi kritisierte extreme Takfir-Position Zarqawis zurückführen lässt. Vgl. http://www.jihadica.com (19. Oktober 2013).
58 Exemplarisch für diesen Pragmatismus ist die Haltung Maqdisis, nach der „bei Erfordernis" auch sündhaften Befehlshabern im Dschihad zu gehorchen ist, da „ein schlimmeres Übel mit einem geringeren abgewehrt werden kann" (al-Maqdisi, 'Aqida, S. 45).

aufgefasst wird.⁵⁹ Will man vor diesem ideologischen Hintergrund die Fähigkeit takfiristischer Netzwerke verstehen, Mitglieder zu mobilisieren, so ist das Argument theologischer Überzeugungskraft nicht ausreichend. Zu berücksichtigen sind sozialpsychologische Prozesse, die es auch größeren Personenkreisen ermöglichen, sich als noch bessere und streng gläubigere Muslime selbst aufzuwerten oder zu emanzipieren. Mehrere takfiristisch orientierte Personen, die sich gleichzeitig und öffentlich vom Mainstream des „Islamischen Zentrums Bremen" lossagten und 2009 die Furqan-Moschee etablierten, legen jedenfalls eine derartige Motivation nahe.⁶⁰ Bei der Erklärung von Abwanderungsbewegungen weg vom Dschihad-Salafismus sollten ideologische Motive auch aus einem anderen Grund nicht überbetont werden: Der Takfirismus bietet eine „Exit-Strategie", die es ehemaligen Dschihad-Salafisten ermöglicht, sich einer noch radikaleren Rhetorik zuzuwenden, gleichzeitig aber auf Distanz zu inkriminierten Terrororganisationen zu gehen. Derartige gruppendynamische Prozesse oder Opportunitätsüberlegungen machen deutlich, dass es sich bei der Hinwendung zu einer radikal-islamischen Ideologie nicht um eine Lebensentscheidung handeln muss, sondern diese häufig nur ein Durchgangsstadium darstellt. Dafür spricht auch der Werdegang Abul Khattabs, der als früherer Aktivist der „Hizb ut-Tahrir" scheinbar ohne Umwege zum Dschihad-Salafismus fand, bevor er nach wenigen Jahren und wiederum nur für kurze Zeit ins takfir-salafistische Lager wechselte. Was das für die unbekannte Zahl von Anhängern bedeutet, die seiner Islamauslegung folgten oder sich in ihrem Denken und Handeln auch heute noch von seinen Audiodateien beeinflussen lassen, ist schwer festzustellen. Belegen lässt sich jedoch, dass viele, die nach einer Reihe innersalafistischer Grabenkämpfe von ihren „heimlichen Vätern" enttäuscht sind, das erleiden, was schon einen eigenen Namen hat: einen „Salafi-Burnout", der oftmals eine weitere Kehrtwende in der Glaubensbiographie zur Folge hat. Abul Khattab jedenfalls wandte sich nach seiner Takfir-Phase erst einmal einer angeblich „neo-schiitischen" Richtung zu – sicherlich auch nicht die letzte Etappe.

---

59 Abu Hamzah al-Afghany, Übertreibung im Takfir – Antwort bezüglich www.darultaw hid.com, unter: http://www.risalatulanbiya.com/index2.php?option=com_docman& task=doc_view&gid=22&Itemid=26 (3. August 2008) oder die „Lossagung" Abu Musa al-Nimsawyys von Abu Hamza unter: http://8191.blogspot.com (7. September 2008).
60 Vgl. dazu die nicht mehr abrufbare „Lossagung vom islamischen Zentrum Bremen ehemalige Abu Bakr Moschee" und den Thread „Neueröffnung Moschee in Bremen" auf http://www.ahlu-sunnah.com.

Am Beispiel des Takfir-Salafismus lässt sich veranschaulichen, was Salafismus insgesamt so problematisch macht: dem emanzipatorischen, individuell bestärkenden Moment einer Bewegung mit flachen Hierarchien und Partizipationsmöglichkeiten steht die *Fragmentierung islamischer Autorität* gegenüber. Immer mehr schnell geschulte „Instant-Imame" sehen sich befähigt, Vertreter anderer Islamvarianten oder konkurrierender Salafismusströmungen abzuwerten, auszugrenzen oder gar für unislamisch zu halten, wobei im digitalen Zeitalter selbst einer geringen Zahl von Aktivisten überproportionale Wirkung beschieden ist.[61] Anhänger und Wortführer wechseln aus unterschiedlichsten Gründen die Lager, Loyalitätsbezüge werden instabil und Strukturen noch diffuser, als sie es aufgrund der informellen Organisation des Salafismus bereits sind. Und wenn sich Salafis, egal welcher Richtung, als Bollwerk gegen den „Extremismus" (*ghuluw*) der anderen sehen, wird deutlich, wie viel die verschiedenen Salafismen miteinander teilen – und wenn es nur ihre wechselseitige Ablehnung ist.

4. Salafismus aus der Gefahrenperspektive

Salafismus und Terrorismus haben meist nichts miteinander zu tun. Das ist das Fazit einer Länderstudie zu Indonesien.[62] Doch wie lässt sich dieses Verhältnis im Blick auf Deutschland bestimmen? Texte und Audiodateien reichen für eine profunde Einschätzung nicht aus. Weder auf der Ebene von Moscheen und Kommunen noch innerhalb der islamischen Öffentlichkeit existieren Salafisten losgelöst von ihrer Umwelt, dem Auf und Ab der Kriege im Irak und Afghanistan oder medialer Berichterstattung. Dass es über diese „soziale Praxis" keine fundierten Erkenntnisse gibt, verzerrt die Betrachtung und macht deutlich, warum zwei Gefahrenperspektiven zu unterscheiden sind. Eine, die Gefahren in den Blick nimmt, die von salafistischen Netzwerken ausgehen, und eine zweite, die Gefahren beleuchtet, die sich in Reaktion auf das Phänomen ergeben. Die erste Perspektive drängt sich besonders bei Dschihad- und Takfir-

---

[61] Selbst der Mainstream-Imam Abu Anas erwähnt das Beispiel eines 17-Jährigen, der ohne tieferes Wissen eine eigene Fatwa-Webseite betrieb. Vgl. den Gastvortrag „Die Unwissenheit der Ummah".

[62] Vgl. International Crisis Group (ICG): Indonesia Backgrounder: Why Salafism and Terrorism Mostly Don't Mix, unter: http://www.crisisgroup.org/en/publication-type/media-releases/2004/asia/indonesia-why-salafism-and-terrorism-mostly-dont-mix.aspx (19. Oktober 2013).

Salafisten auf, da ihre Argumentationsmuster unmittelbar geeignet erscheinen, dem Gewaltaktivismus von „al-Qa'ida & Co." den Weg zu ebnen. Wie aber steht es mit ähnlichen Plausibilitätseinschätzungen beim Mainstream und bei den Puristen?

Am unverdächtigsten erscheinen die Puristen, gehörten sie in England doch zu den ersten, die lange vor dem 11. September 2001 vor Predigern wie Abu Qatada gewarnt haben. Auch in Deutschland dienen sie sich als Partner in der Terrorismusbekämpfung an,[63] und in Frankreich wird ihre Dominanz sogar als ein Grund für das Ausbleiben von Terrorakten gesehen. Zugleich betonen Experten, dass die isolationistischen und sozial extrem konservativen Tendenzen des Purismus die Entstehung politischer Gewalt keineswegs ausschließen.[64] Ähnliches gilt auch für den Mainstream, der erst seit dem öffentlichen Druck der letzten Jahre deutlicher gegenüber Terrorismus Stellung bezieht und dessen Vertretern – zumindest in den Niederlanden – eine Fassadepolitik zum Vorwurf gemacht wird.[65] Doch unabhängig davon, ob Salafisten nach innen einen moderateren Diskurs pflegen als nach außen, ist es in erster Linie ihr öffentlicher und breitenwirksamer Diskurs, der im Hinblick auf Radikalisierungsverläufe problematisch ist. Die Strategie, den Islam als verfolgte Religion zu rahmen und dabei weder vor Analogien mit der nationalsozialistischen Judenverfolgung noch vor doppeldeutigen Aussagen zum Dschihad zurückzuschrecken, mag primär auf die Mobilisierung von Anhängern zielen.[66] Doch aus der Sicht der Radikalisierungsforschung ist es genau diese Kombination aus orthodoxem Islamverständnis und politisiertem Weltbild, die Radikalisierung fördert.[67] Deshalb passt es auch ins Bild, wenn bei den Anhängern des Mainstreams immer

---

[63] Das verdeutlichen Stellungnahmen wie „Die Terroristen zur Strecke bringen, gehört zum größten Djihad" des Gelehrten Salih al-Fawzan, unter: http://www.fatwa1.com/anti-erhab/irhabion.html (9. November 2008).

[64] Die Einschätzung zur Situation in Frankreich basiert auf einem Statement von Stéphane Lacroix auf einer Expertentagung in Oslo vom März 2009. Vgl. Oslo Workshop Summary [Part 2] unter: http://www.jihadica.com (24. Februar 2009).

[65] Vgl. die Broschüre „Wegwijzer Façadepolitiek" des niederländischen Geheimdienstes AIVD, unter: http://www.minbzk.nl/actueel/117260/brochure-wegwijzer (3. April 2009).

[66] Vgl. dazu Vortragsankündigungen von Bilal Philips mit dem Titel „Islam und der Westen – Wird es jemals Frieden geben" oder den Aufruf an Frauen an einer Demonstration teilzunehmen, da sie schon zu Zeiten des Propheten gemeinsam am Dschihad mit den Männern teilgenommen hätten.

[67] Vgl. Marieke Slootman/Jean Tillie: Processes of Radicalisation. Why some Amsterdam Muslims become radicals, Amsterdam 2006, S. 24.

wieder klammheimliche Sympathie mit „al-Qa'ida & Co." aufblitzt oder sich „alte Recken" und junge Erwachsene in rebellischen Posen üben: sei es mit markigen Sprüchen vor laufender Kamera, sei es mit dem Fashion-Look tschetschenischer Feldkommandeure auf Islamseminaren. Oftmals marginalisiert bleibt eine zweite Gefahrenperspektive, die nicht salafistische Netzwerke, sondern unbeabsichtigte Nebenwirkungen der Terrorismusbekämpfung in den Blick nimmt. Diese Form der „unbewussten Phänomenunterstützung", die auch als „Co-Terrorismus" bezeichnet wird,[68] ist im Falle des Mainstreams besonders brisant. Stärker noch als der puristische, dschihadistische oder takfiristische Salafismus läuft der durch Grauzonen, Ambivalenzen und fließende Übergänge charakterisierte Mainstream dem Bedürfnis staatlicher Stellen nach eindeutigen Kategorien zuwider.[69] Aus diesem Grund ist eine kontraintuitive Gefahrenperspektive bedeutsam, die auch beim Prozess der „Etikettierung" zum Tragen kommt. Vor allem dann, wenn mit Extremismus-Vorwürfen der Kreis der Terrorverdächtigen ausgeweitet und Aktivisten erst dadurch in entsprechende Rollen gedrängt werden. Im Falle des Mainstreams ist zudem absehbar, dass Generalverdacht dessen politisierter Mobilisierungsstrategie entgegenkommt. Das Selbstverständnis, den „wahren Islam" zu repräsentieren, ermöglicht es, mediale oder strafrechtliche Verfolgung als antiislamisches Feindbild anzuprangern und auf diese Weise all jene zu mobilisieren, die sich aus individuellen, sozialen oder politischen Gründen einem neuen und klar abgegrenzten „Identitätsprojekt" verschreiben wollen.

Für die hier eingeführte Typologie bedeutet dies: Es ist wichtig, zur Beschreibung von Strukturen, Strategien oder Problemlagen differenzierte Arbeitsbegriffe einzuführen. Deshalb aber kausale Zusammenhänge zu konstruieren, die orthodoxe Gläubige als Radikale, Salafisten als Extremisten oder Dschihad-Salafisten als Terroristen stigmatisieren, ist irreführend, schon weil die Annahme einer homogenen Kategorie „Mainstream-Salafismus" oder „Salafismus" dem Versuch gleicht, allen in Rom versammelten Empfängern des päpstlichen Ostersegens zu un-

---

[68] Zum Begriff Co-Terrorismus vgl. Uwe Kemmesies: Co-Terrorismus: Neue Perspektiven für die Terrorismusprävention? in: Roland Egg (Hg.): Extremistische Kriminalität: Kriminologie und Prävention, Wiesbaden 2006, S. 229-244.
[69] Werner Schiffauer: Verfassungsschutz und islamische Gemeinden, in: Uwe Kemmesies (Hg.): Terrorismus und Extremismus – der Zukunft auf der Spur, München 2006, S. 241-251.

terstellen, dass sie Teufelsaustreibung für ein unverzichtbares katholisches Ritual halten. Salafisten sind individueller und flexibler als der scheinbare Konformismus kurzer Hosen und langer Bärte vermuten lässt. Das macht eine Typologie des Salafismus nicht obsolet, denn zur Eindämmung dschihadistischer Strukturen sind differenzierte Begriffe unverzichtbar. Als politische Etikette überstrapaziert wirken sie jedoch eher kontraproduktiv.

5. Schlussbetrachtung

Bei der Abnahme schriftlicher Prüfungen entwickeln Lehrer ein seismographisches Gespür für nur scheinbar zufällige Bewegungen ihrer Schüler. Umso bedenklicher stimmt es, wenn nicht die von Staats wegen dafür vorgesehenen Warner, sondern salafistische Mainstreamprediger wie der Vorbeter der Berliner al-Nur-Moschee Abdel Azim terrorverdächtige Entwicklungen unter seinen Zuhörern kritisieren und zum Thema einer als Audiodatei kursierenden Ansprache machen:[70] ein, zwei Rekrutierer, so lassen sich seine Ausführungen sinngemäß zusammenfassen, versuchten Jugendliche zu agitieren, die nach einer kaum länger als zwei, drei Monate dauernden Indoktrination (u.a. in Wasserpfeifen-Cafés) ihn selbst beschimpfen und sogar den Dschihad nach Berlin bringen könnten. Er fordere seine Zuhörer auf, entsprechende Agitation zu melden, wobei er zum Schutz der Muslime Aufwiegler aus der Moschee verweisen würde, schon um dem Vorwurf entgegenzuwirken, einen „Nährboden" für Radikalisierung darzustellen. Dies verdeutlicht nicht nur eine einheimische Terrorgefahr mit möglicherweise kurzen Vorlaufzeiten, sondern auch ein Mainstream-Dilemma. Der Redner legt nahe, was er eigentlich entkräften will, dass salafistische Milieus nämlich ein vielversprechendes Umfeld für dschihadistische Agitation und Rekrutierung darstellen. Und ist der Umstand, dass sich viele moderate Salafisten im Hinblick auf Prävention gut positioniert sehen, nicht zugleich ein Hinweis auf deren Nähe zum Problem?   Als im Vorfeld der Anschläge vom 11. September 2001 Muhammad al-Fizazi, ein salafistischer Imam aus Marokko, in der Hamburger al-Quds-Moschee seine dschihad-salafistische Ideologie propagierte, handelte es sich noch um einen importierten Verkünder.

---

[70] Versehen mit dem arabischen Schriftzug „Islamischer Staat im Irak" ist das Audio in der Kategorie „Irregeleitete Prediger" eingestellt, unter: http://alnusra.wordpress.com (7. April 2009).

Mittlerweile sind im deutschsprachigen Raum einheimische Propagandisten aktiv, die eine ähnliche Ideologie verbreiten.

Damit aber nicht genug: Eine mutmaßlich kleine, aber steigende Zahl von Aktivisten rezipiert diese Takfir- und Dschihad-Ideologien nicht nur passiv, sondern ist in einen umfassenden Prozess arbeitsteiliger Ideologieproduktion und -verbreitung eingebunden. Webseiten werden aufgemacht, Werke aus dem Arabischen und dem Englischen ins Deutsche übersetzt oder Paltalk-Sitzungen abgehalten und multipliziert. Die gewaltlegitimierenden Netzwerke werden damit zunehmend als Lebenswelten relevant, in denen die Wahrung einer als wahrhaft islamisch vorgestellten Identität nicht nur theoretisch gefordert, sondern auch gelebt wird – eine Entwicklung, die der salafistische Mainstream längst vorweggenommen und in Anbetracht einheimischer Verkünder, Kinderschulungen und Online-Universitäten auch nachhaltig verankert hat. Inwiefern Ideologie und Lebenswelten moderater Salafisten Radikalisierung anbahnen, lässt sich nur durch interdisziplinäre Forschung und Fallauswertung eruieren. Einstweilen spricht aber nichts dagegen, die Ausbreitung salafistischer Netzwerke als *interdependenten Prozess* zu verstehen, bei dem der Mainstream für eine „Wiederweckung" sorgt, von der mit zeitlicher Verzögerung und auch entgegen der Intention seiner Protagonisten dschihadistische oder takfiristische Salafisten und letztlich auch terroristische Gewaltaktivisten profitieren können.

Um die Rekrutierungsbasis globaler Dschihadisten zu reduzieren, empfiehlt der Nahost-Experte Volker Perthes mit Blick auf Europa selbst islamistische Gruppen in offene Diskussionen einzubeziehen. Erst wenn – so der zugrunde liegende Gedanke – Debatten über die mangelnde Glaubwürdigkeit US-amerikanischer „Freiheitskampagnen" oder eines überzogenen „Krieges gegen den Terrorismus" auch unter Beteiligung „zorniger" Muslime geführt werden, ließen sich die unentschlossenen oder klammheimlichen al-Qa'ida-Sympathisanten gewinnen[71]. Auf den Salafismus übertragen, weist diese Empfehlung in die richtige Richtung, stellt aber kein Allheilmittel dar. Wie will man etwa mit jenem Teil des Spektrums verfahren, der sich nicht klammheimlich, sondern ganz entschlossen gibt, und wie soll man mit Dialogpartnern umgehen, die vor allem ihr spezifisches Islamverständnis salonfähig machen wollen?

---

[71] Vgl. Volker Perthes: Globaler Jihad: Europa im Fokus, Keynote-Vortrag beim BND-Symposium „Globaler Jihad: Europa im Fokus", Berlin 2008.

Zunächst muss die oberste Priorität darin bestehen, dschihad- und takfir-salafistische Netzwerke zu erkennen und einzudämmen. Das ist in Anbetracht fließender Übergänge zum Mainstream eine analytische Herausforderung – vor allem solange dessen Funktionsträger nicht bereit sind, die Partikularität ihres Islammodells anzuerkennen und für ihre Nähe zum Problem Verantwortung zu übernehmen. Dennoch ist es wichtig, eine einseitige Defizitperspektive zu vermeiden. Statt Salafismus als „Durchlauferhitzer" aufzufassen und lineare Radikalisierungsverläufe zu unterstellen, sollten Modelle greifen, die auf De-Eskalation setzen und selbst in fortgeschrittenen Stadien der Radikalisierung noch De-Radikalisierung zum Ziel haben. Entsprechende Konzepte sind im lokalen Kontext unter Einbeziehung verschiedenster „Netzwerkpartner" zu entwickeln. Hier sind auch Überlegungen über die Effektivität von Ausschlüssen aus Moschee-Gemeinden angebracht und inwiefern damit, ähnlich wie im Ulmer Umfeld nach der Schließung des Multikulturhauses, nicht auch unbeabsichtigte Verdrängungseffekte bewirkt werden. Derartige Reflexionen sollten aber nicht übersehen lassen, dass der gegenwärtige Neo-Fundamentalismus bzw. Neo-Radikalismus[72] – der Begriff, der nicht verallgemeinernd eine nur schwer abgrenzbare salafistische Strömung stigmatisiert – ein breiteres soziales Phänomen darstellt. Darauf verweist die bedenkliche Attraktivität „heimlicher Väter", in einer als fremd empfundenen Heimat – nicht weniger aber eine durch Alleinvertretungsansprüche herausgeforderte islamische Öffentlichkeit, die jedoch in Anbetracht ideologisch zugespitzter Debatten um Moscheebauten oder „Islamo-Faschismus" wenig Bedarf sieht, sich innerislamischen Problemlagen zu widmen. Das Klima für derartige Auseinandersetzungen zu verbessern, ist eine politische Aufgabe, genauso wie die Unterstützung von Aufklärungsprojekten, die ähnlich der Initiative „Schule gegen Rassismus" längst unaufgeregt präventiv tätig sind[73] – auch wenn eine verhinderte Radikalisierung weniger schlagzeilenträchtig ist als ein geglückter Zugriff im Sauerland.

---

[72] Neo-Fundamentalismus (vgl. Roy, Globalised Islam) schließt ähnlich wie der vom niederländischen Geheimdienst AIVD geprägte Begriff Neo-Radikalismus auch die „Muslimbruderschaft", „Hizb ut-Tahrir" oder die „Tablighi Jama'at" ein. Vgl. The radical dawa in transition. The rise of Islamic neoradicalism in the Netherlands. Hg. vom AIVD, Zoetermeer 2007.

[73] Einen konstruktiven Beitrag dazu leistet das Themenheft „Jugendkulturen zwischen Islam und Islamismus" des von der Bundesregierung geförderten Projektes „Schule ohne Rassismus – Schule mit Courage".

Islamische Dschihad-Union als Auftraggeberin der „Sauerlandzelle"

Michail Logvinov

1. Einleitung

Am 4. September 2007 wurden nach monatelangen nachrichtendienstlichen Vorermittlungen drei Mitglieder einer „Islamischen Dschihad-Union" (IJU, „İslami Cihad İttehadi", „Ittihad al-Jihad al-Islami") im sauerländischen Oberschledorn festgenommen. Laut der Anklage war die von der IJU gesteuerte Sauerlandgruppe „von dem Willen getrieben, auch in Deutschland die Feinde des Islam – vornehmlich US-Bürger – zu vernichten und dabei das Ausmaß der Anschläge vom 11. September zu erreichen".[1] Doch auch deutsche Opfer seien einkalkuliert gewesen: „Wenn jeder fünfzig tötet und ein paar verletzt, dann sind das 150 Tote", soll ein im Auftrag der terroristischen Vereinigung handelnder Islamist kurz vor der Festnahme gesagt haben.[2] Die Bemühungen der in Deutschland aufgewachsenen Täter, Anschläge mit möglichst hohen Personen- und Sachschäden zu verüben, brachten eine in der Bundesrepublik bis dahin nicht gekannte Tätertypologie des „home grown"-Terrorismus zum Vorschein.[3]

Auf einer türkischsprachigen Dschihadisten-Seite[4] bekannte sich die IJU zu den vereitelten Anschlagsplänen der Sauerlandgruppe und behauptete, neben dem US- Militärflugplatz im Ramstein seien auch das usbekische und amerikanische Generalkonsulat Ziele der geplanten Anschläge gewesen. Die Wahl der Ziele hatte zum Zweck, die Repression

---

[1] Es sollte sein wie am 11. September. Größter deutscher Terror-Prozess seit der RAF – Sauerland-Gruppe vor Gericht (NZZ vom 22. April 2009), siehe auch: Anklage gegen drei mutmaßliche Mitglieder der „Islamischen Jihad Union" (IJU), unter: http://www.generalbundesanwalt.de/de/showpress.php?newsid=313 (5. September 2008).

[2] Axel Spilcker: „Ich stehe nur für Allah auf", unter: http://www.focus.de/politik/deutschland/tid-14035/terrorprozess-ich-stehe-nur-fuer-allah-auf_aid_392332.html (22. April 2009).

[3] Verfassungsschutzbericht Bayern 2008, München 2009, S. 69-70, 78.

[4] Es handelte sich um eine Internetpräsenz mit dem klangvollen Namen „Zeit für den Heldentod" (www.sehadetvakti.com), auf der Bekennerschreiben zu den am 4. September vereitelten Anschlägen und andere Beiträge (Interviews und Videos) veröffentlicht wurden. Vgl.: Deutscher Bundestag (Hrsg.): Antwort der Bundesregierung auf die kleine Anfrage der Abgeordneten Ulla Jelpke, Petra Pau und der Fraktion DIE LINKE, (Drucksache 16/7916), Berlin 2008, S. 2.

der USA und Usbekistans gegen den Islam und Muslime zu bestrafen sowie Deutschland dazu zu bewegen, die Militärbasis im südusbekischen Termez nahe der Grenze zu Afghanistan aufzugeben. Auf derselben Webseite verkündete die terroristische Vereinigung im März 2008 die Ausführung eines Selbstmordanschlages auf amerikanische und afghanische Truppen in der Provinz Khost durch einen bis April 2007 in Bayern wohnhaften türkischen Staatsangehörigen.[5] In einem als Märtyrer-Testament inszenierten Video warb der Ansbacher Cüneyt Çiftçi um Nachahmer aus Europa und der Türkei: „Mein Ziel ist es, dass meine Botschaft, so Gott will, bei jungen Gotteskriegern in der Türkei und in Europa ankommt, die Liebe und Feuer des Dschihad in ihrem Herzen tragen, und die auf dem Weg Allahs mit Herz, Seele, Hab und Gut zum Dschihad schreiten. Durch diese Selbstmordaktion möchte ich sie dazu bewegen, [...] Selbstmordaktionen durchzuführen".[6]

Terrorismusexperten gelangten auf Grundlage dieser und weiterer Indizien zur Erkenntnis, dass die IJU die angestrebte Internationalisierung des Dschihad durch Kontakte mit Al-Qaida, den Taliban und türkischen Terroristen erfolgreich zu implementieren wußte.[7] Seitdem war von einer „Internationalisierung des usbekischen Dschihadismus", „türkischen Al-Qaida"[8], „Al-Qaidisierung des usbekischen Terrorismus"[9] und „IJU als Schlüssel Al-Qaidas zur Turkwelt"[10] die Rede. Die 2002 unter dem Namen „Islamische Jihad Group" gegründete Organisation wird

---

[5] Matthias Gebauer/Yassin Musharbash/Holger Stark: Cüneyt C. – Der erste Selbstmordattentäter aus Deutschland? unter: http://www.spiegel.de/politik/ausland/0,1518,541140,00.html (21. Juli 2009).
[6] Matthias Gebauer/Yassin Musharbash: Bayerischer Selbstmordattentäter buhlte um Nachahmer, unter: http://www.spiegel.de/politik/deutschland/0,1518,547738,00.html (16. April 2008).
[7] Guido Steinberg: Die Islamische Jihad-Union. Zur Internationalisierung des usbekischen Jihadismus, Berlin, 2008, S. 1, unter: http://www.swp-berlin.org/common/get_document.php?asset_id=4826 (20. Juli 2009).
[8] Guido Steinberg: A Turkish al-Qaeda: The Islamic Jihad Union and the Internalization of the Uzbek Jihadism, in: Strategic Insight, unter: http://www.ccc.nps.navy.mil/si/2008/Jul/steinbergJul08.asp (10. Juni 2009).
[9] Didier Chaudet: Islamist Terrorism in Greater Central Asia: The „Al-Qaedization" of Uzbek Jihadism, in: Russie.Nei. Visions (35) 2008, Paris, unter: http://www.ifri.org/files/Russie/ifri_uzbek_jihadism_chaudet_ENG_december2008.pdf (20. Juli 2009).
[10] Einar Wigen: Islamic Jihad Union: al-Qaida's key to the Turcik World? Oslo, 2009, unter: http://www.mil.no/multimedia/archive/00122/00687_122609a.pdf (10. Juli 2009).

von den US-Behörden unter dutzend Namen als Terrororganisation geführt.[11] Der Al-Qaida/Taliban-Sanktionsausschuß der Vereinten Nationen auf der Grundlage der Resolution 1267 des UN-Sicherheitsrates verzeichnet diese seit 2005 ebenfalls auf der Liste terroristischer Vereinigungen.

Dennoch waren weder die Urheberschaft der früheren Attentate in Usbekistan, die der IJU zugeschrieben wurden, noch die Existenz dieser Organisation nach den vereitelten Anschlägen in der Bundesrepublik unumstritten. So erklärte der Beamte des Landesamtes für Verfassungsschutz Baden-Württemberg, Benno Köpfer, gegenüber dem ARD-Magazin „Monitor", die IJU existiere lediglich als Erfindung im Internet. „Die Islamische Dschihad Union, so wie sie sich uns darstellt, ist erst mal eine Erfindung im Internet und hat nur eine Präsenz im Internet".[12] Im Hinblick auf das Bekennerschreiben der Organisation vom September 2007 meinte der Islamismusexperte des Innengeheimdienstes: „Dieses Bekennerschreiben, was wir ausgewertet haben und gesichert haben auf einer türkischsprachigen Internetseite ist in türkischer Sprache und nicht in englisch oder usbekisch, wie man bei einer usbekischen Organisation, die die IJU sein soll, erwarten würde".[13]

Der britische Botschafter in Usbekistan zwischen 2002 und 2004, Craig Murray, äußert in seinem Buch „Murder in Samarkand" Zweifel an der Urheberschaft der Taschkenter Anschläge von 2004.[14] Die Angriffe seien zum großen Teil vorgetäuscht und fast sicher das Werk usbekischer Sicherheitskräfte gewesen, so seine Untersuchungen vor Ort zu jener

---

[11] "The Islamic Jihad Group (IJG) also known as Jamaat al-Jihad, also known as the Libyan Society, also known as the Kazakh Jamaat, also known as the Jamaat Mujahidin, also known as the Jamiyat, also known as Jamiat al-Jihad al-Islami, also known as Dzhamaat Modzhakhedov, also known as Islamic Jihad Group of Uzbekistan, also known as al-Djihad al-Islami", unter: http://www.treasury.gov/offices/enforcement/ofac/sdn/sdnlist.txt (5. April 2009).

[12] Verfassungsschutz zweifelt an Bekennerschreiben, unter: http://www.tagesschau.de/inland/bekennerschreiben2.html (1. April 2009).

[13] Monika Wagener/Ralph Hötte, Al-Qaida in Deutschland – Wer steckt hinter der Terrorzelle im Sauerland? unter: http://www.wdr.de/tv/monitor//sendungen/2007/1004/alqaida.pdf, S. 3 (20. Juni 2009).

[14] 2004 trat die IJU zum ersten Mal in Erscheinung. In einem Statement bekannte sie sich unter dem Namen „Jama'at al-Jihad al-Islami" zu Bombenanschlägen in Buchara sowie in Taschkent vom März/April und erklärte, die Angriffe auf israelische und US-amerikanische Botschaft verübt zu haben. Vgl.: Deutscher Bundestag, Antwort der Bundesregierung, S. 3.

Zeit.[15] „Ich traf keinen in Usbekistan, auch keinen von islamischen Gruppen, der von der IJU gehört hatte. Ich erkundigte mich intensiv. Die IMU[16], von der sich die Gruppe angeblich abgespalten hat, hat sie niemals irgendwo erwähnt. Keiner in Islamistenkreisen in Großbritannien oder in usbekischen Exilkreisen auf der ganzen Welt hat je von der IJU gehört. Keiner kann ein Mitglied, geschweige denn eine Führungsfigur beim Namen nennen. Die Sicherheitsdienste haben eine erstaunliche Menge an elektronischer Kommunikation zwischen Extremisten und verdächtigen Terroristen abgefangen. Die IJU wurde in diesem Zusammenhang nie erwähnt", heißt es im Buch.[17] Es gebe also keinen wirklichen Beweis dafür, dass die IJU existiere. Die Bomben, von denen die Rede war, hätte es nicht gegeben. Die Islamische Dschihad-Union sei das erste Mal als propagandistische Täuschung aufgetaucht, schlussfolgerte der britische Diplomat.[18]

In der Tat waren Erklärungen usbekischer Regierungsstellen schwer verifizierbar. Dazu kam 2007 ein stark ausgeprägter Trend, die Angaben der zentralasiatischen Regierungen über den regionalen Terrorismus grundsätzlich in Zweifel zu ziehen, was die Einschätzung von Murray bestätigt.[19] Es ist überdies nicht möglich, die Behauptung eines im englischen Exil lebenden usbekischen Ex-Nachrichtendienstmitarbeiters zu überprüfen, die Islamische Dschihad-Union sei vom usbekischen Geheimdienst ins Leben gerufen worden.[20] Aber selbst wenn die Verschwörungstheorien stimmen, haben sie für die Gegenwart keine prinzipielle Bedeutung mehr. Denn die IJU könnte sich wie so viele gesteuerte Terrororganisationen verselbstständigt haben. Spätestens seit den Selbst-

---

[15] Vgl. auch: Craig Murray: German Bomb Plot: Islamic Jihad Union, unter: http://www.craigmurray.org.uk/archives/2007/09/islamic_jihad_u.html (01. April 2009).
[16] Islamic Movement of Uzbekistan
[17] Zit. nach: Jürgen Elsässer: Terrorziel Europa. Das gefährliche Doppelspiel der Geheimdienste, Pölten 2008, S. 241.
[18] Vgl. Wagener/Hötte: Al-Qaida in Deutschland, S. 3. Siehe auch: "I do not say that the IJU does not exist. It may do. It may be a real terrorist organisation. It may be an agent provocateur operation. It may be a simple invention by the Uzbek security services. But it was first heard of in the context of "bombings" which were not what the Uzbek government said they were", unter: http://www.craigmurray.org.uk/archives/2007/09/islamic_jihad_u.html (01. April 2009).
[19] Vgl. Steinberg: A Turkish al-Qaeda.
[20] Wagener/Hötte, Al-Qaida in Deutschland. Zu weiteren Kritikpunkten siehe: Jürgen Elsässer: Terror-Eric und das Phantom der Islamischen Dschihad Union, unter: http://www.hintergrund.de/20080926265/globales/terrorismus/terror-eric-und-das-phantom-der-islamischen-dschihad-union.html (1. August 2009).

mordanschlägen von Çiftçi gilt als „zweifelsfrei erwiesen", dass die usbekische Terrororganisation keine Unbekannte in der internationalen Dschihadisten-Szene und mitnichten ein Mythos oder ein Phantom ist.[21] Auch Geständnisse der Sauerlandgruppe ermöglichen tiefere Einblicke in den Gotteskriegeralltag im afghanisch-pakistanischen Raum.[22] So bestätigte Fritz Gelowicz die Authentizität des eingangs erwähnten Bekennerschreibens der IJU.

Unter welchen Bedingungen hat sich die IJU formiert? Welche Ziele verfolgt diese terroristische Vereinigung und wie operiert sie außerhalb Europas? Wie ist die Ideologie der „Islamischen Dschihad-Union" zu beschreiben? Wie gelangten die Mitglieder der Sauerland-Gruppe nach Wasiristan?

2. Entwicklung der IJU

2.1. „Islamische Bewegung Usbekistans": Mutterorganisation der IJU

„Islamische Bewegung Usbekistans" (IBU/IMU), auch: „Harakat ul Islamiyyah Özbekistan", hat sich de facto bereits während der tadschikischen Bürgerkriegswirren (1992-1997) formiert. Sie wurde allerdings erst nach einer zwischen der Regierung und militanter Opposition Tadschikistans ausgehandelten Friedenslösung ins Leben gerufen.[23] Als eine der Kriegsparteien – die „Partei der islamischen Wiedergeburt" (PIW) Tadschikistans – sich in die Regierung einbinden ließ, akzeptierten zwei usbekische Anführer der so genannten „Namangan Bataillon" – Tahir Juldaschew und Dschuma Chodschijew alias Namangani – die Waffenruhe nicht und lehnten sich gegen die Entscheidung des PIW-Rates auf, den Dschihad in Zentralasien einzustellen.[24] Beide waren bereits wäh-

---

[21] In den usbekischen Lagern ist Deutsch Umgangssprache, unter: http://www.faz.net/s/Rub594835B672714A1DB1A121534F010EE1/Doc~E4D2DE43A8D99435EA0EB3 CE183CDCD03~ATpl~Ecommon~Scontent~Afor~Eprint.html (10. August 2009).

[22] Yassin Musharbash: Angeklagter gibt Details der Terrorplanungen preis, unter: http://www.spiegel.de/politik/deutschland/0,1518,641533,00.html (10. August 2009).

[23] Steinberg: A Turkish al-Qaeda , S. 4

[24] Ausführlich dazu: Michail Logvinov: Terrorismus in Zentralasien zwischen regionaler Agenda und globalem Dschihad, in: Jahrbuch Terrorismus 2009, Opladen, 2009, S. 245-264.

rend des Bürgerkrieges bestens mit den Taliban und der Al-Qaida vernetzt. Beide verfügten über reichliche Erfahrungen in Guerillataktiken und standen unter dem Einfluß des Wahhabismus bzw. Deobandismus.[25]

Im Sommer 1998 verkündeten Juldaschew und Namangani aus Kabul, wohin sich die beiden wegen der Verfolgung in ihrem Heimatland Usbekistan absetzten, die Gründung einer bis zu Bombenanschlägen in Taschkent 1999 und dem Überfall auf kirgisische Provinz Batken kaum bekannten Organisation.[26] Am 2. September 1999 publizierte eine aserbaidschanische Zeitung die Dschihad-Erklärung der IBU: „Am 13 džuma-d-ul-avval 1420 (25. August 1999) hat der Emir der 'Islamischen Bewegung Usbekistans' und Hauptkommandeur der Mudschaheddin, Muhhamad Tahrir, dem Taschkenter Regime den 'Djihad' erklärt".[27] Bis Ende 2001 operierte die IBU von Guerillacamps im von ethnischen Tadschiken und Usbeken bewohnten Norden Afghanistans aus und kontrollierte die Nordroute für afghanische Opiate gen Zentralasien.[28]

Als Ende 2001 der Krieg gegen die Taliban einsetzte, änderte sich die Lage der IBU im Norden Afghanistans spürbar. Bei einem Raketenangriff kam der führende Kopf der Organisation und Feldkommandeur der ausländischen Kämpfer in Taloqan, Namangani, ums Leben. Die IBU mußte spürbare Verluste davon tragen. Die wichtigste Finanzierungsquelle ihrer Aktivitäten, der Drogenhandel, wurde vorerst ausgetrocknet. Die Mobilisierungsräume im afghanischen Norden blieben den Dschihadisten weitgehend vorenthalten. Während ein großer Teil der IBU-Kämpfer und ihrer Familien in Afghanistan verblieben, begab sich der Emir der Organisation, Juldaschew, nach Nord-Waziristan, wo er wie seine Mitstreiter einen Unterschlupf fanden und ihre Terroroperationen fortsetzten.[29]

---

[25] Wigen: Islamic Jihad Union, S. 10.
[26] Ahmed Rashid: Jihad. The Rise of Militant Islam in Central Asia, Yale 2002, S. 148.
[27] Uwe Halbach: Sicherheit in Zentralasien: T. II, Kleinkriege im Ferganatal und das Problem der „neuen Sicherheitsrisiken", Köln (Bericht des BIOst, Nr. 25), S. 17.
[28] Ronald Sandee: The Islamic Jihad Union (IJU), unter: http://www.nefafoundation.org/miscellaneous/FeaturedDocs/nefaijuoct08.pdf (1. August 2009).
[29] Zahid Hussain: Frontline Pakistan. The Struggle with Militant Islam, New York 2007, S. 122.

2.2. Regionalisierung vs. Internationalisierung des Dschihad: Abspaltung der „Islamischen Jihad Group"

Trotz ihres Namens war die IBU zu keinem der Zeitpunkte eine genuine usbekische Organisation. Der Kampf gegen das Karimow-Regime beinhaltete auch eine stark ausgeprägte transnationale Komponente. Die IBU fungierte als Auffangbecken für Gotteskrieger aus ganz Zentralasien und Kaukasus. Darüber hinaus sympathisierte ein Teil der militanten Islamisten mit dem internationalen Dschihad. Tadschikische PIW-Führer behaupten sogar, es sei Bin Ladens Initiative gewesen, eine usbekische Dschihadistengruppe zur Bekämpfung des Karimow-Regimes zu schaffen.[30]

Zwar erklärten die IBU-Anführer, ihr Ziel sei der Sturz der usbekischen Regierung und nicht die Errichtung eines Kalifats Zentralasiens.[31] Dennoch war die IBU auch in anderen Ländern Zentralasiens aktiv. Es gab in den Reihen der IBU-Kämpfer einen stark ausgeprägten Internationalisierungstrend, der von dem Krieg gegen die Koalitionstruppen in Afghanistan zusätzlich befördert wurde. Es war vor allem Juldaschew, der sich kontinuierlich darum bemühte, die verlässlichen Kontakte zu transnationalen Netzwerken aufzubauen und dergestalt die Organisationsfinanzierung und logistische Unterstützung zu sichern.

Terrorismusexperten sind sich darüber einig, dass die Entstehung der IJU als Folge einer Orientierungs- bzw. Identitätssuche der IBU zwischen dem regionalen und globalen Dschihad zu deuten ist. Über die Frage, welcher Flügel der IBU für welchen Entwicklungspfad der Organisation plädiert haben könnte, gibt es unter den Experten allerdings Meinungsverschiedenheiten.

So argumentierte Steinberg, dass die IJU 2002 unter dem Namen „Jama'at al-Jihad al-Islami" oder „Islamische Jihad Group" gegründet wurde, nachdem eine Reihe von international gesinnten Aktivisten ihre Mutterorganisation verlassen hatte. Die Gründung der IJG sei eine Folge der ablehnenden Haltung der IBU gegenüber internationalistischen Ambitionen ihrer jungen Islamisten gewesen. Die IBU unter Juldaschew soll ihre Ideologie lediglich an das Aufkommen der IJG angepaßt haben.[32]

---

[30] Rashid: Jihad, S. 148.
[31] Steinberg: A Turkish al-Qaeda , S. 3.
[32] Ebd., S. 4.

Demgegenüber geht Sandee davon aus, dass die IJG aus den Gotteskriegern bestand, die über die Einstellung des Kampfes gegen das usbekische Regime enttäuscht waren und daher sich von der Mutterorganisation abgespalten hätten. Und zwar mit dem Ziel, den Dschihad in Usbekistan fortzusetzen. Erst nach 2004 habe sich die IJG von einer „single issue"-Vereinigung hin zu einer ins Al-Qaida-Netzwerk eingegliederten Organisation entwickelt.[33]

Für diese Argumentation im Hinblick auf die IJG zwischen 2002 und 2005 spricht eine Reihe von Indizien. Zum einen gibt es keine eindeutigen Hinweise darauf, dass die IBU in diesem Zeitraum Terroranschläge in Usbekistan geplant hatte. Bekanntlich erklärte Juldaschew im Januar 2006, nichts mit der Organisation von Angriffen auf Andischan und Selbstmordattentaten von 2004 zu tun gehabt zu haben. Am 3. April 2004 beanspruchte dagegen die IJG in einer E-Mail an die Webseite www.stopdictatorkarimow.com die Anschläge für sich.[34] Am 30. April 2004 bekannte sich die IJG in einem Schreiben zu Selbstmordanschlägen auf die amerikanische und israelische Botschaft sowie auf das Gebäude der Generalstaatsanwaltschaft in Taschkent. Überdies firmierte die IJG unter weiteren Namen, die ihre regionale Agenda hervorgehoben haben – „Islamische Jihad Group Usbekistans", „Mudschaheddin Zentralasiens", „Jama'at der Mudschaheddin Zentralasiens" –, und hatte regionale Ableger in Usbekistan (Emir Ahmad Bekmirsaew alias Molik/Malik) und in Kasachstan (Emir Jakschibek Bijmursajew). Diese arbeiteten mit der Unterstützung seitens der IJG aktiv auf die Anschläge von 2004 hin.[35] Die IBU war zu dieser Zeit wie auch später vornehmlich in pakistanischen Stammesgebieten aktiv.[36]

Vor diesem Hintergrund hält die Internationalisierungsthese der IJG zwischen 2002 und 2005 der Kritik nicht stand. Zwar waren die Selbstmordattentate auf die israelische und die amerikanische Botschaft die ersten Anschläge in Zentralasien auf westliche Ziele. Dennoch blieb Diktator Karimow der größte Feind der IJG. Dies spiegelt sich auch in der Auswahl der Anschlagsziele wider. Vier von sechs Attentaten in der An-

---

[33] Sandee: The Islamic Jihad Union, S. 2, 22.
[34] Chaudet: Islamist Terrorism in Greater Central Asia, S. 15.
[35] Sandee: The Islamic Jihad Union, S. 6.
[36] B. Raman: Attacks on Uzbeks in South Waziristan, in: International Terrorism Monitor-Paper No. 208, unter: http://www.southasiaanalysis.org/%5Cpapers22%5Cpaper2180.html (04. August 2009).

schlagsserie von 2004 waren gegen die usbekische Infrastruktur gerichtet.37 Ein zusätzliches Pro-Argument für diese These liefert übrigens auch ein auf der türkischen Internetseite „Şehadet Zamani" veröffentlichtes Interview mit dem „Emir" der IJU.38

Es ist eher umgekehrt der Fall gewesen und die IBU orientierte sich nach 2001 von einer staatsorientierten hin zu einer überregionalen dschihadistischen Terrororganisation um. Zahab und Roy stellen fest, dass die IBU zwischen 2001 und 2002 einen signifikanten Internationalisierungstrend durchlief, der mit der „De-Usbekisierung" ihrer Zielsetzungen einherging.39 Die „Internationalisten" strebten die Ausweitung der Rekrutierungsbasis und die Integration ins finanzielle Gefüge der Al-Qaida und Taliban an. Raman berichtet, dass manche IBU-Kämpfer sich der „Internationalen Islamischen Front" angeschlossen hätten.40

Daher war es eher nicht die IJG, sondern die IBU zwischen 2001 und 2002 eine strategische Entscheidung traf, sich der globalen Dschihad-Bewegung anzunähern. 2002 bestätigte der Schura-Rat der IBU die Abkehr von der „Usbekistan zuerst"-Strategie, woraufhin eine Gruppe um Nadschmiddin Dschalolow41 alias Ebu Yahia Muhhamad Fatih bzw. Commander Ahmad die IBU verließ. Zusammen mit Suhail Buranow (Mansur Suhail bzw. Abu Huzaifa) folgten dem Emir der IJG zwischen 100 und 200 erprobte Kämpfer nach Mir Ali im pakistanischen Nord-

---

37 Wigen: Islamic Jihad Union, S. 31.
38 İslami Cihad Ittehadi Emiri EBU YAHYA MUHAMMED FATİH ile Röportajımız, unter: http://www. sehadetzamani.com/haber_detay.php?haber_id=1202 (2. August 2009). Unter anderem heißt es auf der Webseite in englischer Übersetzung: "After the fall of the Afganistan Islamic Administration, we who shared the same opinions came together and decied to organize groups which will conduct jihad operations against the infidel constitution of cruel Karimov in Özbekistan. The sole aim off all the emigrant-mujahedeen brothers was to find war-like solutions aganist the infidel constitution of cruel Karimov. For this aim our union was established in 2002. [...] Our union's aim is, under the flag of justice ans Islam Dominancy, to save our müslim brothers who have been suffering from the cruelty of pre-soviet period and Özbekistan, and to take them out of the swamp of cruelty an infidelity, as well as to help other müslim brothers all around the world as god and hys prophet's orders. And this Islamic Jihad Union is composed of sunni müslims who act under the creed of honest predecessors who fight with the principles of the sunnis in the way of god and who spread god's invitaion to Islam" (Rechtschreibung im Original).
39 Miriam Zahab/Abou Oliver Roy: Islamis Networks: The Afghan-Pakistan Connection, London, 2004, S. 7-8.
40 B. Raman: Attacks on Uzbeks in South Waziristan.
41 In manchen Quellen: Nadschmiddin Kamilidinovich Janov bzw. Nazimuddin Chilalov

Waziristan, von wo aus die Aufsehen erregenden Aktionen gegen das Karimow-Regime geplant und koordiniert wurden.[42] Die breite Öffentlichkeit hatte diesen Namen am 16. Februar 1999 zum ersten Mal gehört, nachdem eine Autobombe in Taschkent in die Luft gesprengt wurde. Das verfehlte Ziel der Attentäter war Präsident Karimow.

2.3. „Islamische Jihad Group": Vom regionalen zum internationalistischen Dschihad

Trotz der „Usbekistan zuerst"-Strategie brachte die IJG-Führung den Dschihad in Zentralasien mit dem „heiligen Krieg" ihrer muslimischen „Brüder" in Verbindung.[43] Zwar verfolgte die IJG operativ primär nationale bzw. regionale Ziele. Die Ausrichtung auf den globalen Dschihad stellte jedoch einen festen Bestandteil ihrer Ideologie dar.[44]

Abgesehen von punktuellen Erfolgen zwischen 2004 und 2005 brachte der regionale Kampf für einen islamischen Staat in Usbekistan lediglich beschränkte internationale Resonanz und nur wenige Erfolge für die IJG. Die Verluste unter den Gotteskriegern und der Druck usbekischer Sicherheitskräfte waren dagegen groß. Auch die mediale Aufmerksamkeit blieb gering. Selbst die Anschläge auf die amerikanische und israelische Botschaft sowie auf das Gebäude der Generalstaatsanwaltschaft in Taschkent 2004 wurden bereits nach einigen Stunden durch die Berichterstattung über ein Selbstmordattentat auf den pakistanischen Premierminister Schaukat Asis überschattet.[45]

Die IJG-Aktivitäten in Zentralasien und im afghanisch-pakistanischen Raum waren allerdings ausreichend, um der Al-Qaida und den Taliban näher zu kommen. Denn die IJG setzte sich für den islamischen Staat im postsowjetischen Raum kontinuierlich ein und griff überdies die Ziele des „fernen Feindes" an.[46] Angesichts finanzieller Schwierigkeiten kamen die Kontakte zwischen der IJG-Führung und dem Al-Qaida-Chef

---

[42] Sandee: The Islamic Jihad Union , S. 2; Wigen, Islamic Jihad Union, S. 18-19.
[43] Vgl. Hillel Fradkin/Hussain Haqqani/Eric Brown: Current Trends in Islamist Ideology, Volume 2, Washington D.C. 2005, S. 57.
[44] Sandee: The Islamic Jihad Union, S. 11-12.
[45] Ebd., S. 10
[46] Vgl. DAWN, Jihad declared against Uzbeks, unter: http://www.dawn.com/2007/04/03/top1.htm (1. August 2009). John C. K. Daly: Uzbek Fighters in Pakistan Reportedly Return to Afghanistan, unter: http://www.jamestown.org/single/?no_cache=1&tx_ttnews[tt_news]=1053 (1. August 2009).

für externe Operationen, Hamza Rabi'a, den Dschihadisten um Dschalolow zugute. Sandee spricht in diesem Zusammenhang von einem Auftrag, den die IJG von der Al-Qaida bekommen haben soll.[47] Dieser habe in der Rekrutierung sowie Ausbildung türkischer und deutscher Gotteskrieger bestanden. Finanzielle Engpässe und das Ausbleiben eines Durchbruchs im Kampf für einen islamischen Staat in Zentralasien brachten die IJG-Führung dazu, ihre „Usbekistan-zuerst"-Strategie zu überdenken. 2005 vollzog die IJG die Ausweitung ihrer strategischen Zielsetzungen und schloss sich nun der globalen Dschihad-Bewegung nicht nur ideologisch, sondern auch operativ an. Ein wichtiges Bindeglied Al-Qaidas zur IJU war der 2008 getötete Zentralasien-Beauftragte Abu Laith al-Libi.

Dennoch bezeichnet Dschalolow den Sturz des usbekischen Präsidenten Karimow weiterhin als ein wichtiges Etappenziel, was die Bedeutung Zentralasiens im Kalkül al-Qaidas womöglich unterstreicht.[48] In einem Anfang Juni 2009 veröffentlichten Video nimmt der IJU-Kommandeur Abu Fatih die Übergriffe auf usbekische Grenzposten vom Mai für seine Gruppe in Anspruch, die von einer „Transoxanien-Brigade" durchgeführt worden seien.[49] Der Strategiewechsel bot sich aber auch aus geographischen Gründen an. Denn das Rückzugsgebiet der IJU in Pakistan wurde allmählich ein wichtiges Zentrum für ausländische Gotteskrieger. 2005 erfolgte auch die Namensänderung der IJG in die Islamische Dschihad-Union.

Zentralasiatische Aufständischen haben sich im Kampf gegen die USA und ihre Verbündeten sehr loyal gegenüber Al-Qaida verhalten, die zwischen 1000 und 2000 Usbeken, Tschetschenen und Uiguren für den Krieg in Afghanistan zu gewinnen verstand.[50] Darüber hinaus sind zentralasiatische islamistische Organisationen wie die IJU aufgrund ihrer Verwandtschaft mit anderen Turkvölkern „in geradezu idealer Weise zur Rekrutierung von Türken geeignet".[51] Mit der Annäherung der IJU an die

---

[47] Sandee: The Islamic Jihad Union, S. 11.
[48] Steinberg: Die Islamische Jihad-Union, S. 3.
[49] Yassin Musharbash: Islamische Dschihad Union bekennt sich zur Kooperation mit al-Qaida, unter: www.spiegel.de/politik/ausland/0,1518,628733,00.html (5. August 2009).
[50] Vgl. Michael Scheuer: Central Asia in Al-Qaeda's Vision of the Anti-American Jihad, 1979-2006, in: China and Eurasia Forum Quarterly, 4 (2006) 2, S. 5-10.
[51] Steinberg: Die Islamische Jihad-Union, S. 4. Siehe auch: Wigen: Islamic Jihad Union, S. 8.

Al-Qaida bestand für die letztere die Chance, mehr türkische Extremisten[52] und europäische Islamisten für den globalen Gotteskrieg anzuwerben, die bereits seit Längerem mit dem Kampf der Zentralasiaten sympathisieren.[53] Es sei jedoch darauf hingewiesen, dass die Motivationslage türkischer Islamisten, die in Tschetschenien oder auf dem Balkan in den 1990er Jahren gekämpft haben, sich ursprünglich gravierend von den Motiven arabischer Kämpfer abhob.[54] Allerdings wandten sich im Verlauf der Zeit auch viele von ihnen dem globalen Dschihad zu. Durch den Anschluß an die Al-Qaida und Taliban scheint sich die IJG von einer „sozial-revolutionären", staatsorientierten Terrororganisation hin zu einer umma-orientierten Terrorgruppe, die den internationalen Dschihad mitträgt, entwickelt zu haben.[55]

3. Aktionismus der IJU

3.1. (Dschihadistische) Online-Propaganda

Als Craig Murray sich nach einer „Islamischen Dschihad-Union" erkundigte und aufgrund des Informationsmangels ihre Existenz anzweifelte, firmierte die Organisation unter einem anderen Namen. Darüber hinaus war ihr Operationsgebiet 400 km vom zentralasiatischen Usbekistan entfernt und die Berichterstattung aus Pakistan unterschied selten zwischen der IBU und IJG.[56] Dies mag zur Informationsknappheit über die IJG zusätzlich beigetragen haben. Revisionsbedürftig ist auch die Kritik von Köpfer, denn es ist für eine Terrororganisation mitnichten abwegig, die positive Zielgruppe bzw. potenzielle Rekrutierungsbasis in ihrer Sprache anzuwerben. Darüber hinaus zeugt das fehlerhafte Türkisch davon, dass Texte der IJU entweder von Usbeken oder seit Langem in Deutschland bzw. in Europa lebenden Türken verfasst worden sind.[57] Hinsichtlich der PR-Kampagne der IJU im Internet hat Köpfer allerdings

---

[52] Vgl. Yassin Musharbash: Daniel Steinvorth, Türkische Polizei hebt Zelle der Islamischen Dschihad-Union aus, 21. April 2009, unter: http://www.spiegel.de/politik/deutschland/0,1518,620391,00.html (1. August 2009).
[53] Steinberg: Die Islamische Jihad-Union, S. 4.
[54] Brian Glyn Williams: Turkey's Al-Qaeda Blowback, unter: http://www.jamestown.org/single/?no_ cache=1&tx_ ttnews[tt_news]=401 (07. August 2009).
[55] İslami Cihad İttihadi Şehidlerimiz..., unter: http://www.sehadetzamani.com/haber_detay.php?haber_ id=2183 (3. August 2009).
[56] Steinberg: A Turkish al-Qaeda, S. 5-6.
[57] Vgl. Steinberg: A Turkish al-Qaeda, S. 2 f., Wigen: Islamic Jihad Union, S. 35.

Recht, denn es war vor allem die dschihadistische Propaganda der IJU, die seit 2007 die Aufmerksamkeit der Experten auf sie lenkte. Die ersten veröffentlichten Propagandatexte und -videos der IJU gingen jedoch bereits Ende April bzw. Mai 2007 online.[58]

Es war neben weiteren Indizien auch die Online-Propaganda, die den Verdacht erhärtete, IJU kooperiere erfolgreich mit den Taliban. So nutzen die Taliban und die usbekische-türkische Terrororganisation dasselbe Propaganda-Rohmaterial.[59] Während die Ersteren die Bilder von Jalaluddin Haggani in den Film einschnitten, „um zu beweisen, dass dieser am Leben ist", legt die IJU „in ihrer Fassung den Schwerpunkt auf die Rekrutierung neuer Attentäter aus dem türkischen Raum und der türkischen Diaspora im Westen".[60] Im Anfang Juni 2009 veröffentlichten Video mit Abu Fatih zeigt sich zum ersten Mal ein IJU-Führungskader mit einem hochrangigen al-Qaida-Ideologen, Abu Jahia al-Libi. Die Veröffentlichung zeige an, dass die IJU den Anspruch hat(te), eng mit al-Qaida zusammenzuarbeiten.[61]

Auf einer türkischsprachigen Internetseite, wo die IJU ihre Propagandamaterialien, darunter „operative Berichte" und Videos absetzte, war unter anderem nachzulesen, dass die IJU-Anführer trotz dem Dschihad gegen die „Zionisten" und „Besatzungsmächte" Usbekistan weiterhin im Blickfeld behalten. So heißt es in einem Anfang Juli 2009 veröffentlichten Text, das Karimow-Regime habe 15 mutmaßliche Mitglieder der IJU inhaftiert, die gar keine seien. Dies sei typisch für das Regime, das Muslime systematisch politischer Verfolgung aussetze, sie unterdrücke und foltere. Daher sei der Jihad gegen Diktator Karimow notwendig.[62]

Auch Propaganda auf Deutsch bzw. gegen Deutschland fehlte nicht. In einem Interview ging Eric Breininger alias Abdul Gaffar al-Almani geht auf die Gründe ein, warum das „Besatzungsland" Deutschland die

---

[58] İslami Cihad İttehadı Mensubu Özbek Mucahid Kardeşlerimizin hazırladığı video, unter: http://www.sehadetzamani.com/haber_detay.php?haber_id=1032 (7. August 2009). A Chat With The Commender of Islamic Jihad Union Ebu Yahya Muhammed Fatih, unter: http://www.sehadetzamani.com /haber_detay.php?haber_id=1203 (1. August 2009). Rechtschreibung im Original.

[59] Vgl. Video of German Suicide Bomber in Afghanistan Cuneyt Ciftci, unter: http://www1.nefafoundation.org/multimedia-prop.html (5. August 2009).

[60] Ebd.

[61] Musharbash: Islamische Dschihad Union.

[62] Özbekistan Karshi Şehrinde TUTUKLANAN Müslümanlar..., unter: http://www.sehadetzamani.com/ haber_detay.php?haber_id=2153 (3. August 2009).

Anschläge zu befürchten hatte.[63] Vor diesem Hintergrund sind die vereitelten Anschläge auf amerikanische und weitere Ziele in der Bundesrepublik auszulegen, die die US-Kreuzzügler und deutschen „Besatzer" gleichzeitig als Unterstützer des Karimow-Regimes bestrafen sollten. In einem 2008 veröffentlichten Video ließ er „den Brüdern in Deutschland" überdies eine klare Botschaft zukommen: „Wenn ihr Gott und seinen Gesandten liebt, dann kommt zum Dschihad, denn das ist der Weg zum Paradies".[64]

In der deutschsprachigen „Botschaft der IJU-Kämpfer in Afghanistan"[65] sprach ein IJU-Mann in einem unsicheren Deutsch über die „Sicherheit als geteiltes Schicksal" der westlichen und muslimischen Welt. Wenn Muslime von „Zionisten" und „Besatzungsmächten" angegriffen und getötet werden, werden auch diese „definitiv" angegriffen und getötet, so der Grundtenor. Dies sei ein „korrekter Ausgleich". Denn es könne keinen Frieden mit den Feinden geben. Im Video erwähnte der IJU-Kämpfer explizit „Frau Merkel und ihr Kabinett" und warnte, die IJU hatte „Überraschungspakete an die Besatzungsmächte vorbereitet". „Denn der Verbündete von den Besatzungsmächten muß immer mit unseren Angriffen rechnen", heißt es weiter.

In etlichen Propagandavideos bemühte sich die Islamische Dschihad-Union darum, den Eindruck einer schlagkräftigen Terrororganisation zu erwecken. Es wurden Ausbildungsaktivitäten in den IJU-Camps gezeigt, die die angehenden Dschihadisten an den Umgang mit Schießwaffen heranführen und künftige Selbstmordattentäter vorbereiten. Dabei sprang als Erstes eine begrenzte Zahl der Kämpfer, darunter auch Kinder, ins Auge, die in konventioneller Guerilla-Manier ihr Training absol-

---

[63] Abdulgaffar El Almani İ.J.U., unter: http://www.sehadetzamani.com/haber_de tay.php?haber_id=1919 (05. August 2009). „Wie wir wissen sind die Deutschen unmittelbar an diesem Krieg beteiligt der in Afganistan stattfindet. Sie errichten in (Tirmiz) Uzbekistan eine Basis um ihre Güter für sich selbst und die Besatzungsmächte mit Züge günstiger nach Afganistan zu transportieren. Denn die davorherige vorgehensweise mit den Flugzeugen war ihnen anscheinend zu kostspielig. Desweiteren helfen sie den amerikaner indem sie im Inland das errichten von Stützpunkte zulassen. Diese Stützpunkte werden von den amerikaner genutzt um Krieg gegen die muslime zu führen. Solange das dies der fall ist muss Deutschland und jedes andere Besatzungsland mit Anschläge von seiten der muslime erwarten. Wer Krieg will der bekommt den auch", heißt es im Interview (Rechtschreibung im Original).

[64] Yassin Musharbash: Behörden fürchten baldigen Anschlag von Eric B., unter: http://www.spiegel.de/ politik/ausland/0,1518,559608,00.html (5. August 2009).

[65] Islamic Jihad Union (IJU) Releases Message From German-Speaking Militant, unter: http://www1.nefafoundation.org/ multimedia-prop.html (6. August 2009).

vierten. Mehrere von der IJU produzierte propagandistische Videos dokumentieren Vorbereitung und Durchführung des Selbstmordanschlages von Çiftçi in Afghanistan.

3.2. (Guerilla-)Operationen in Pakistan und Afghanistan

Bevor die „Islamische Dschihad-Union" im September 2007 als dubiose Strippenzieherin der Sauerlandgruppe ins mediale Rampenlicht rückte, sorgte sie für eine Reihe Aufsehen erregender Anschläge auf die pakistanischen Ziele. Am 4. Oktober 2006 führte sie eine Explosion im Ayub-Park in der Nähe von der Residenz des Präsidenten Muscharraf herbei. In den nächsten zwei Tagen entdeckte der pakistanische Geheimdienst ISI zwei ferngesteuerte Sprengsätze, die ca. 200 Meter von der Residenz entfernt waren.[66] Berichten der pakistanischen Sicherheitsdienste zufolge plante die IJU weitere Sprengstoffanschläge und einen Raketenangriff in Islamabad, die am 22. Oktober 2006 vereitelt werden konnten.[67] Die IJU-Kämpfer wurden überdies für den Anschlag auf den pakistanischen Militärkonvoi im Dezember 2007 im Swat-Tal verantwortlich gemacht. Darüber hinaus unterstützte die „Islamische Dschihad-Union" die Taliban im Kampf gegen die pakistanische Armee.[68]

Die Usbeken betreiben außerdem im pakistanischen Mir Ali Trainingscamps, die zum Mekka für europäische „Abenteurer" geworden sind.[69] In kleineren Gruppen zwischen 15 und 25 Mann wurden hier aus Deutschland stammende Islamisten, auch der Selbstmordattentäter Çiftçi, für den Einsatz im Westen ausgebildet.

2008 verlagerte sich der operative Schwerpunkt der Organisation nach Afghanistan. Dem Selbstmordanschlag vom deutschstämmigen Türken Çiftçi am 3. März 2008 folgte ein Selbstmordattentat eines weiteren IJU-Mitglieds, Said Kurdi, in der Nähe von Dschalalabad. Kurdi lenkte am 31. Mai 2008 seinen mit Sprengstoff beladenen Wagen in einen Hummer-Konvoi und tötete einen US-amerikanischen Soldaten.

---

[66] Sandee: The Islamic Jihad Union, S. 14.
[67] Vgl. Air strike damages Musharraf's peace strategy, unter: http://www.washingtontimes.com/news/2006/nov/07/20061107-093653-9342r/ (5. August 2009); Al Qaida ally "behind Islamabad rocket plot", unter: http://archive.gulfnews.com/articles/06/11/05/10080045.html (5. August 2009).
[68] Sandee: The Islamic Jihad Union, S. 15.
[69] Evan F. Kohlmann: Jihad Networks in Pakistan and Their Influence in Europe, unter: http://www.nefafoundation.org/miscellaneous/FeaturedDocs/nefapakcamps0708.pdf (6. August 2009).

Drei wurden verletzt.[70] Am 4. Juni sprengte ein türkischer Islamist, Hasan Alpfudan alias Abu Muslim Kurdi'nin, seinen schwarzen Toyota vor dem Gebäude des afghanischen Nachrichtendienstes in der Provinz Khost.[71]

Überdies führte die IJU eine Reihe von Guerillaoperationen durch und griff auch zusammen mit den Taliban die NATO-Streitkräfte sowie das afghanische Militär an.[72] Experten gehen davon aus, dass die Islamische Dschihad-Union ihre Operationen mit dem Haggani-Netzwerk koordiniert. Sirajuddin (Siraj) Haggani, Sohn des einflußreichen Mudschaheddin und Verbündeten Bin Ladens, Jalaladdin Haggani, soll 2007 in Afghanistan die Irak-Taktik Al-Qaidas adoptiert haben, zu deren wichtigsten Bausteinen die Selbstmordattentate und Anschläge mit unkonventionellen Sprengvorrichtungen zählen.[73] Siraj Haggani preise dementsprechend die Märtyrer-Operation der IJU vom 3. März 2008.

4. IJU – eine (usbekisch-)türkische Al-Qaida?

Ob die IJU ihre Scharnierfunktion zwischen der Al-Qaida und den türkischen sowie zentralasiatischen Dschihadisten weiterhin erhalten wird, ist schwer einzuschätzen. Es gibt Indizien, die sowohl Pro- als auch Contra-Argumente liefern.

Auf der einen Seite bemüht sich die terroristische Vereinigung nach wie vor darum, ihr Organisationsimage unter dem türkischen Namen „İslami Cihad İttehadi" aufzubauen und die IJU-Propaganda unter besonderer Berücksichtigung der türkischen Zielgruppe zu gestalten. Auf der anderen Seite sind die Botschaften der Organisation recht widersprüchlich. In einem für die Kämpfer aus der Türkei wenig schmeichelhaften Interview berichtet der eventuelle Anführer des türkischen Flügels, Mudschaheddin Ebu Yasir El Türki, über die negativen Erfahrungen, die die IJU-Führung mit den „türkischen Brüdern" gemacht hat.[74]

---

[70] Ivan Watson: Suicide Bomber in Afghanistan Kills U.S. Marine, unter: http://www.npr.org/templates/story/ story.php?storyId=91029127 (31. Mai 2008).
[71] Sandee: The Islamic Jihad Union, S. 16. Siehe auch: Abu Muslim Kurdi'nin (R.A) Ameli İstihadi Görüntüleri..., unter: http://www.sehadetzamani.com/haber_detay.php?haber_id=2104 (7. August 2009).
[72] Ausführlich dazu: Sandee: The Islamic Jihad Union, S. 16-17.
[73] Steinberg: A Turkish al-Qaeda, S. 6.
[74] Mücahid Ebu Yasir El TURKİ ile Söyleşi..., unter: http://www.sehadetzamani.com/haber_detay.php? haber_id=1942 (8. August 2009).

Er teilt diese in drei Kategorien. Zur ersten Kategorie gehören diejenigen, die sich unter dem Einfluß der Actionfilme für den Dschihad entschieden hätten. Die zweite Gruppe schließt sich dem Kampf an, um den sozialen und anderen „weltlichen" Problemen zu entfliehen. Der Rest möchte den Freunden beweisen, dass sie die besseren Koranschüler sind, so der IJU-Kämpfer. Ebu Yasir El Türki läßt kein gutes Haar an den türkischen „Mudschaheddin". Sie seien feige Taugenichtse, die als „Urlauber" nach Afghanistan kommen, um spannende Geschichten zu Hause erzählen zu können. Von ca. 2000 türkischen Mudschaheddin, die zwischen 2001 und 2002 in Afghanistan weilen sollten, seien lediglich 50 oder 60 Märtyrer geworden. Der Rest habe sich entzogen. Den Angaben von Ebu Yasir zufolge, hätten sich 2008 lediglich 150 Kämpfer aus der Türkei in Afghanistan aufgehalten. Ohne religiöse Indoktrination würden diese nach einigen Operationen den afghanisch-pakistanischen Grenzraum wieder verlassen.

Das größte Problem mit den Türken bestünde darin, dass sie in einer demokratischen Gesellschaft aufgewachsen seien und sich daher in jegliche Entscheidungsfindung einmischen, indem sie, anstatt Befehle zu akzeptieren, mitdiskutieren möchten. Wenn die „unbrauchbaren" Mudschaheddin aus der Türkei dann von IJU-Kommandeuren nach Hause geschickt werden, beharren sie allerdings darauf, dass sie mit der Kämpferrekrutierung beauftragt worden seien. Sie bauen ihre eigenen Zellen auf und schleusen neue „Mudschaheddin" nach Pakistan ein, die, glaubt man Ebu Yasir, keiner in Afghanistan und Pakistan haben wolle. Ob das Interview ein Teil der perfiden Propaganda ist oder als Aufruf an die erprobten und motivierten Gotteskrieger bzw. als Angriff auf die Rückkehrer gedacht war, bleibt offen. Man muss allerdings festhalten, dass die Islamische Dschihad-Union eine Vielzahl von türkischen „Abenteurern" ausgebildet hat.[75] Kann aber vor diesem Hintergrund von einer „(usbekisch-)türkischen" Al-Qaida die Rede sein?

Die Aktivitäten der usbekischen Dschihadisten in Pakistan und Afghanistan veranschaulichen generell die von der IBU und IJU ausgehende Gefahr. Die „Al-Qaidisierung" des zentralasiatischen Terrorismus ist daher keine Fantasie. Die „usbekische Hydra" (Chaudet) entwickelte sich in den 2000er Jahren zu einem destabilisierenden Faktor nicht nur

---

[75] Wigen: Islamic Jihad Union, S. 24.

in „Greater Central Asia", sondern auch über die regionalen Grenzen hinweg. Daher sei es wichtig, das Problem des Terrorismus im afghanisch-pakistanischen Grenzraum effizient und nachhaltig zu lösen.[76]

Weitere Entwicklung der „Islamischen Dschihad-Union" hängt unmittelbar mit den Erfolgen der Terrorismusbekämpfung im afghanisch-pakistanischen Raum zusammen. Die IJU sei eine extrem kleine Organisation, die nach einigen schweren Rückschlägen und ohne externe Unterstützung von der Bildfläche verschwinden könne, so Steinberg. Daher sei sie auf Unterstützung der Taliban und Al-Qaidas angewiesen. Da die IJU für die Letztere die Chance biete, eine große Zahl von Türken für den globalen Dschihad zu sensibilisieren, würde die Gefahr auf hohem Niveau bleiben oder sogar weiter eskalieren.[77]

Es ist zwar verfrüht, der „Islamischen Dschihad-Union" das Etikett einer „türkischen Al-Qaida" anzuhängen. Dennoch soll die IJU Dutzende westliche und türkische Islamisten auf die Anschläge vorbereitet haben.[78] Dies macht sie zum einen wertvoll für die globale Dschihad-Bewegung. Zum anderen könnten die Rückkehrer aus den IJU-Trainingscamps motiviert sein, Netzwerke in der Türkei und Europa zu schaffen sowie Anschläge zu verüben. Die Ermittlungen des BKA hatten erwartungsgemäß eine türkische Verbindung des „Ulm-Sauerländer-Netzwerkes" ergeben. Darüber hinaus muss die Organisation Erfolge verbuchen können, um neue Mitglieder rekrutieren zu können.

Bisher haben Dschalolow und seine Mitstreiter lediglich als Objekte der Einflussnahme transnationaler Gruppen fungiert. In der IJU-Propaganda ist aber eine gewisse Abgrenzung zur restlichen Mudschaheddin-Szene festzustellen, die ein Zeugnis davon ablegt, dass sie noch nicht ganz in der globalen Dschihad-Bewegung angekommen ist.[79] Die Führungskader der terroristischen Vereinigung schwanken offensichtlich immer noch zwischen der „Usbekistan zuerst"-Strategie bzw. dem zentralasiatischen Regionalismus und dem Internationalismus einer Al-Qaida. In einem geschickt geschnittenen Propagandavideo mit dem arabischen und russischen O-Ton vom 30. April 2007 kommt dieser „internationalistische Regionalismus" deutlich zur Geltung.[80] Die IJU setzte

---

[76] Chaudet: Islamist Terrorism in Greater Central Asia, S. 26.
[77] Steinberg: Die Islamische Jihad-Union, S. 4; Steinberg, A Turkish al-Qaeda, S. 8.
[78] Sandee: The Islamic Jihad Union, S. 22.
[79] Wigen: Islamic Jihad Union, S. 34-35.
[80] İslami cihad ittehadi Mucahidlerinden, unter: http://www.sehadetzamani.com/haber_detay.php?haber_id=1032 (7. August 2009).

sich gekonnt in den Mittelpunkt der globalen Dschihad-Szene, indem sie die regionale Agenda in die Nähe des weltweiten Kampfes der Muslime rückt. Gleichzeitig projiziert sie aber die globalen Glaubenskriegsmuster auf den Kampf gegen die Unterdrücker in Zentralasien und im Kaukasus. Der ganze Film wirkt daher wie ein für die indigenen Anliegen gemachtes Schulungsvideo, das den Unterdrückten ihre Pflicht in Erinnerung rufen sollte, den Dschihad zu führen bzw. diesen zu unterstützen. „Der Dschihad braucht Geld, und die Männer brauchen den Dschihad", heißt es im Video. Auch in einer am 11. September 2009 veröffentlichten Videobotschaft warb nun Eric Breininger neben anderen Kämpfern für mehr Spenden aus Deutschland für den afghanischen Dschihad: „Wenn Du nicht auf dem Weg von Allah kämpfen kannst, dann spende wenigstens dein Geld, damit wir unser Leben für Allah opfern können, damit unsere Länder endlich wieder von diesem Dreck befreit werden".[81]

5. Der Weg der „Sauerlandzelle" nach Wasiristan und zurück

Anders als man hätte vermuten können, spielte das „Multikulturhaus" (MKH) in Neu-Ulm beim Entstehen der terroristischen „Sauerlandzelle" (bestehend aus Attila Selek, Adem Ylmaz, Fritz Gelowicz und Daniel Schneider) nur eine geringe Rolle. Zwar existierte hier ein „dschihadistischer Flügel", der einen „defensiven" Dschihad befürwortete oder gar heroisierte, doch die eigentliche terroristische Kerngruppe entstand in einem internationalen Netzwerk „auf Initiative und gelenkt vom Anführer einer Organisation des globalen Dschihad".[82]

Vor allem die Kriege in Tschetschenien bzw. die Auseinandersetzung mit dem russischen Waffengang Ende der 1990er Jahre übten eine radikalisierende Wirkung auf die Besucher des MKH aus. So entstand in seinem Umfeld auch eine Dokumentation mit dem Titel „Das Tor der Trauer", in dem die Gräueltaten des russischen Militärs im Kampf gegen die muslimische Bevölkerung zum Thema gemacht wurden. Tolga Dürbin und Omar Yusuf, der Sohn des Aktivisten der ägyptischen „al-Gama'a al Islamiya" und MKH-Predigers, Yahia Yusuf, gelten als ihre Urheber. Neben Gelowicz und Selek gehörten die beiden zum Herausgeberteam

---

[81] Yardım Kervanı Yoluna Devam Ediyor, unter: http://www.sehadetzamani.com/haber_detay.php?haber_id=2225 (11. September 2009).
[82] Vgl. Malthaner/Hummel: Islamistischer Terrorismus, S. 277.

der Zeitschrift „Denk mal islamisch", in der der Topos des Krieges gegen Muslime in Tschetschenien ebenfalls einen prominenten Platz einnahm.

Bereits Anfang der 2000er Jahre brachte die mobilisierende Wirkung des nordkaukasischen Aufstandes deutsche Islamisten dazu, sich an bewaffneten Kämpfen im Süden Russlands zu beteiligen. So reiste 2002 eine Gruppe aus dem Umfeld des MKH über die Türkei nach Tschetschenien. Abgesehen von einem verschollenen Deutsch-Türken starben Mevlüt Polat, Tarek Baughdir und der deutsche Konvertit Thomas Fischer im Oktober bzw. November 2003 bei Feuergefechten in tschetschenischen Wäldern. Der erste „prominente" Konvertit aus Deutschland mit Verbindungen zu AQ, Christian Ganczarski, wurde bereits im Frühling 2001 mit seinen britischen Mitstreitern an der Grenze zu Tschetschenien in Gewahrsam genommen und am Kampf in Tschetschenien gehindert.

Ähnlich erging es Gelowicz, der am Beispiel von Fischer gesehen habe, dass es auch ihm möglich sei, sich am Dschihad zu beteiligen.[83] Sein späterer Mitstreiter, Ylmaz, beschloss demgegenüber, den „Hauptfeind des Islam", die USA, im Irak zu bekämpfen. 2004 reiste Gelowicz nach Istanbul und kontaktierte tschetschenische Kämpfer, um seine Pläne umzusetzen, erhielt jedoch als unerfahrener Dschihadwilliger eine Absage.[84] Nachdem sich die beiden 2005 in Mekka getroffen hatten, fiel endgültig die Entscheidung, in den Irak zu ziehen. In Mekka entstanden auch tiefere Verbindungen zu einer Gruppe aus Neunkirchen um Schneider. Doch die Suche nach möglichen Vermittlern und Schleusern gestaltete sich als problematisch, so dass das Unterfangen missglückte. Eher zufällig machte Ylmaz Bekanntschaft mit einer Gruppe von Aserbaidschanern, die Kontakte zu tschetschenischen Dschihadisten pflegten und den deutschen Dschihadwilligen versprachen, ihre Reise nach Tschetschenien zu organisieren. Als Ylmaz im April 2006 in Istanbul ankam, wurde jedoch ein militärisches Training zur Bedingung gemacht, so dass die Reise erneut verschoben werden musste. Da das aserbaidschanisch-türkische Netzwerk über gute Verbindungen nach Pakistan verfügte, begaben sich Ylmaz und Gelowicz auf Vermittlung ihrer neuen Bekannten im April 2006 nach Pakistan, wo zwei Monate später auch Schneider und Selek ankamen.

---

[83] Vgl. Guido Steinberg: German Jihad. On the Internationalization of Islamist Terrorism, New York 2013, S. 61.
[84] Ebd., S. 66

Nun erlagen die deutschen Möchtegerngotteskrieger bis auf Schneider jedoch schweren Krankheiten, die sie außer Gefecht setzten. Daher beschloss die IJU, die den Neuankömmlingen damals unter dem Namen „Achmad-Gruppe" bekannt wurde, die unter pakistanischen Verhältnissen eher untauglichen Rekruten mit einem Auftrag nach Europa zurückzuschicken. Kennzeichnenderweise kam ursprünglich ein Anschlag in der Bundesrepublik bzw. auf deutsche Ziele für die „Sauerlandzelle" nicht in Frage, weshalb es durchaus einiger Überzeugungsarbeit bedurfte – sowohl seitens der Usbeken als auch in der Gruppe selbst. Denn vor allem Schneider und Selek hatten moralische Vorbehalte gegen einen Anschlag auf deutsche Ziele, weshalb interne Dispute hin und wieder aufflammten.

Als Gelowicz und Ylmaz im September 2006 und Selek zusammen mit Schneider im Februar 2007 nach Deutschland zurückkehrten, begann ein Katz-und-Maus-Spiel mit den Sicherheitsbehörden, wobei die „Sauerlandzelle" zu einem expandierenden dschihadistischen Netzwerk in Deutschland wurde. Durch Abschottung und gleichzeitige Einbindung in das Herkunftsmilieu, vor allem in den entstandenen dschihadistischen Freundeskreis, erhielten die vier die notwendige – direkte sowie indirekte – Unterstützung und vermittelten weitere Reisen in pakistanische Ausbildungslager.[85] Ylmaz kam dabei eine Schlüsselrolle zu: Es gelang ihm im Sommer 2007, sechs Personen zu vermitteln, wobei in zwei Fällen ganze Familien auswanderten.[86] Einer der Auswanderer war der erste Selbstmordattentäter aus Deutschland, Cüneyt Ciftci.

Am 3. September 2007 drängten die usbekischen Auftraggeber der Sauerlandgruppe darauf, die Anschlagsvorbereitungen zu intensivieren, um die Debatte über den Afghanistaneinsatz und die Verlängerung des ISAF-Mandates in ihrem Sinne zu beeinflussen. Trotz Kenntnis der Überwachungsmaßnahmen folgte die Sauerlandzelle dem Befehl, was zu einem Zugriff der Sicherheitsbehörden geführt hatte.

Somit wird am Beispiel der Gruppe deutlich, wie facettenreich das Verhältnis zwischen terroristischen Gruppen und den islamistischen Milieus in Deutschland ist: Die radikalen Deutungsmuster eines „Krieges gegen den Islam" bildeten sich zwar im Umfeld einer salafistischen Gemeinde,

---

[85] Malthaner/Hummel: Islamistischer Terrorismus, S. 270.
[86] Ebd., S. 275.

wobei die Betroffenen ihre eigene „Verfolgungen" durch die Sicherheitsbehörden als Bestätigung sahen. Das Verhältnis des dschihadistischen Netzwerkes zu lokalen Moscheegemeinden und der überregionalen salafistischen Szene kennzeichnete jedoch eine Mischung aus Einbindung und Abgrenzung bzw. Autonomie.[87] Auch ideologisch zeichnete sich die Gruppe durch eine baukastenartige „Self-Made-Ideologie" aus.[88] Die Annäherung der Möchtegernkämpfer an die zentralasiatischen Dschihadisten erfolgte auf eigene Faust ohne Rekrutierungsmaßnahmen seitens der „salafistischen Rattenfänger" über die sich im Ausland ergebenen Kontakte. Die eigentliche „Sauerlandbomber-Zelle" entstand im Auftrag einer überregional agierenden militanten Organisation, wobei die Implementierungsphase des Anschlages auf ihr Drängen einsetzte.

---

[87] Ebd.
[88] So der niedersächsische Verfassungsschutzbericht für das Jahr 2009, S. 44: „Weiterhin lässt das Beispiel der Sauerlandgruppe vermuten, dass die Bedeutung einer Art ‚Self-Made-Ideologie' größer ist als bislang vermutet. Die Mitglieder der Gruppe stellten sich aus dem salafistischen Angebot – vermittelt durch Moscheen, Vereine, Islamseminare und Internetangebote – baukastenartig ihre eigene radikale Ideologie zusammen. Diese „Self-Made-Ideologie" in Kombination mit persönlichen Schlüsselerlebnissen ließ in ihnen – teilweise unabhängig voneinander – den Wunsch entstehen, sich selbst aktiv am militanten Jihad zu beteiligen"."

Radikalisierungsprozesse in islamistischen Milieus: Erkenntnisse und weiße Flecken der Radikalisierungsforschung

Michail Logvinov

1. Einleitung

Obwohl deutschstämmige Gotteskrieger bereits seit Jahren ein fester Bestandteil der globalen Dschihad-Historie sind, kann man deutsche (wissenschaftliche) Abhandlungen über islamistische Radikalisierungsprozesse und -faktoren an einer Hand abzählen. Die Frage „Wie Islamisten in Deutschland zu Terroristen werden?" scheint erst eine knappe Dekade nach dem 11. September 2001 Konjunktur bekommen zu haben. Dabei war es die „Hamburger Zelle", die die Anschläge eines bis dahin nicht gekannten Ausmaßes mitorchestriert hatte.

„Warum konvertiert ein deutscher Junge aus einem katholischen Elternhaus zum Islam und zieht in den Krieg nach Tschetschenien?", fragte das Nachrichtenmagazin „Der Spiegel" im Oktober 2004, nachdem Thomas Fischer, geboren am 6. Januar 1978, aus Blaubeuren bei Ulm, in einem Kugelhagel in den Wäldern von Serschen-Jurt starb. „Nun, nach seinem Tod, suchen die Eltern nach Antworten. Verstehen können sie ihren Sohn nicht", heißt es im Artikel „Der schwäbische Krieger" weiter.[1] 2007 reagierte die deutsche Öffentlichkeit und Expertengemeinschaft nicht minder ratlos, als die „bayerischen Taliban" (die „Sauerlandzelle"), darunter zwei deutsche Konvertiten, einen groß angelegten Anschlag im Bundesgebiet verüben wollten.

Um einen vermutlichen Anschlag in Europa und im Bundesgebiet 2010 zu vereiteln, flogen die CIA-Drohnen mehrere Einsätze in Pakistan und schalteten unter anderem deutsche Dschihadisten aus. Insgesamt mag die militärische Kooperation mit den USA effektiv sein, gezielte Tötungen sind jedoch eher wenig effizient, stellen doch militärisch-operative Maßnahmen lediglich eine Symptombekämpfung dar. Die Binsenweisheit lautet demgegenüber, es seien die Radikalisierungsursachen und -faktoren zu bekämpfen. Doch was wissen wir über jene Faktoren,

---

[1] Dominik Cziesche: Der schwäbische Krieger, unter: http://www.spiegel.de/spiegel/print/d-32362237.html (4. Oktober 2004).

die dafür verantwortlich sind, dass junge Menschen in die Gebiete des Dschihad auszuwandern versuchen oder sich für Anschläge in Deutschland sensibilisieren lassen? Es gilt dabei zu bedenken, dass Deutschland ein dschihadistischer „Exportweltmeister" ist, denn nur aus wenigen anderen europäischen Ländern haben sich in den letzten Jahren so viele „Möchtegern-Kämpfer" nach Pakistan und Syrien abgesetzt. Der Aufsatz befasst sich mit dieser Fragestellung und diskutiert jene wissenschaftlichen Ansätze und Theorien, die sich mit der (islamistischen und salafistischen) Radikalisierungsproblematik auseinandersetzen.

2. Deutsche Wissenschaft und Sicherheitsbehörden über islamistische Radikalisierung

Radikalisierungsprozesse sind für die deutschen Wissenschaftler und Sicherheitsexperten kein neues Phänomen, weshalb man erwarten würde, das dringend notwendige Wissen sei bei Bedarf abzurufen. Doch beim genauen Hinsehen stellt sich heraus, dass der Wissenschaftsstandort Deutschland die islamistische Radikalisierung größtenteils ausgeblendet hat. Der Diagnose von Wolf Schmidt ist grundsätzlich zuzustimmen: „Deutschland hat an einer [...] Stelle Nachholbedarf: der islamistischen Radikalisierung präventiv vorzubeugen. Warum driften junge Männer und Frauen, die hier aufgewachsen sind, in islamistische Gruppen ab? Dafür interessiert man sich in Deutschland immer noch viel zu wenig – auch die Medien und Sozialforscher. Über die Motive junger Menschen, die sich vergleichbaren islamistischen Gruppen hierzulande anschließen, weiß man [...] immer noch zu wenig. Ebenso wenig weiß man leider, was unternommen werden kann, um junge Männer und Frauen von dieser zerstörerischen Ideologie abzubringen."[2]

In der deutschen Radikalisierungsforschung haben sich in der Tat keine ontologischen, normativen und epistemologischen Annahmen herausgebildet, die eine Theoriebildung ermöglichen würden.[3] Daher sind wissenschaftliche Analysen mit einem überzeugenden Ansatz rar. So interessant eine biographisch angelegte Studie der Radikalisierungskarrieren auch ist, erscheint die Eigenschaft „vaterlose junge Männer" als *die*

---

[2] Wolf Schmidt: Die reale Gefahr der islamistischen Radikalisierung, in: die tageszeitung, 14. Dezember 2010, S. 1.
[3] Vgl. Deradikalisierung, in: Aus Politik und Zeitgeschichte, 29–31/2013; Roland Eckert: Die Dynamik der Radikalisierung, Hemsbach 2012.

erklärende Variable wenig überzeugend.[4] Auch qualitativ-empirische Analysen wie die primärdatenbasierte Studie „Die Sicht der Anderen"[5] aus dem Projekt „Extremismen in biographischer Perspektive" (EbiP) leuchten nur wenige relevante Variablen aus.

Die Analyse „Radikalisierung in der Diaspora" von Peter Waldmann (2009) hebt sich demgegenüber deutlich von anderen Arbeiten ab. Obwohl der Autor keine empirische Forschung betreibt, was als Manko aufgefasst werden könnte, geht er die Radikalisierungsproblematik holistisch an. Der Studie liegt ein integrierter Ansatz zugrunde: Waldmann formuliert seine Hypothesen vor dem Hintergrund der sozialen Meso- (Diaspora, Migration) und Mikroebene (individuelle Entwicklungsprozesse, Zusammenspiel von lokalen und globalen Ereignissen) sowie der „Eigendynamik sektenartiger Kleingruppen" – ein Faktor, der nicht selten ausgeblendet wird.

Auf der Meso-Ebene unterscheidet er zwischen den Pull- und Push-Faktoren sowie auslösenden Ereignissen. Die Pull-Faktoren sind 1) die salafistische Ideologie, 2) Dschihadisten als „radikalisierendes Ferment", 3) Al-Qaida als „Propagandastelle und Ideologie". Als Push-Faktoren gelten 1) fehlende soziale Integration und kulturelle Kluft zwischen den Muslimen und Einheimischen sowie 2) Islamophobie im Westen. Trigger bzw. Auslöser sind solche Ereignisse, die unmittelbar den Radikalisierungsprozess in Gang setzen oder gegebenenfalls zu einem Gewaltausbruch führen, sei es ein Karikaturenstreit, sei es ein Propagandavideo oder ein Angriff auf einen islamischen Staat.

Auf der Mikroebene ließen sich Persönlichkeits- und Identitätskrisen als begünstigende Faktoren der Radikalisierungsprozesse ausmachen. Demnach sind es junge Sinnsucher, deren „kognitive Öffnung" durch verschiedene Ereignisse – traumatisierende biographische Entwicklungen oder „Aufklärung" durch salafistische Prediger – bewirkt wird, so dass sie sich der Ideologie öffnen und den salafistischen Gruppen anschließen. Moderne Medien wie das Internet bieten zudem zahlreiche Möglichkeiten für individuelle Prä- bzw. „Selbstradikalisierung".

---

4 Vgl. Martin Schäuble: Black Box Dschihad. Daniel und Sa'ed auf ihrem Weg ins Paradies, München 2011.
5 Saskia Lützinger: Die Sicht der Anderen. Eine qualitative Studie zu Biographien von Extremisten und Terroristen, Köln 2010.

Radikalisierung als individualpsychologischer Prozess ist in einem Gruppenkontext zu verorten, weshalb Waldmann auf eine herausgehobene Rolle der „Cliquen" und Gruppen hinweist, die zu einer „brüderlichen Gemeinschaft" verschmelzen. Dabei steigert sich das Gefühl, einer verschworenen Gemeinschaft anzugehören, „durch eine puristisch-orthodoxe Glaubensausrichtung, nach welcher der Westen durch und durch verdorben und das kollektive Heil allein von der zu erkämpfenden Revolution im Namen des Islam zu erwarten sei. Die Gruppe wird somit zum Resonanzraum für eine sakrale Botschaft und zur Trägerin einer wichtigen Mission."[6]

Obwohl der vieldimensionale und multikausale Ansatz von Waldmann zielführend erscheint, ist das Konzept der Diaspora, das auch in anderen Forschungsprogrammen als Referenzpunkt Anwendung[7] findet, nicht unproblematisch. Gilt doch unter den (transnational orientierten) Islamisten nicht eine ethnische Gemeinschaft, sondern die Umma, eine konstruierte religiöse Gemeinschaft der Muslime (*umma*) als zentrale Bezugsgruppe. „[...] wir haben es nicht mit einer Diaspora zu tun, sondern mit einer wahrhaft entterritorialisierten Bevölkerung", so Oliver Roy.[8] Eher handelt es sich im Fall des Salafismus um kulturell-religiöse Enklaven und sozial-moralische Milieus. Solchen Milieus sind Merkmale eigen, die sich anhand des Konzepts der „ideologischen Gruppe" (Nahirny) veranschaulichen lassen: 1) die totale Hingabe an einen gemeinsamen Glauben bzw. eines gemeinsamen ideologischen Programms, 2) ein dichotomisches Weltbild (bedrohte wie unterdrückte Muslime und der Westen bzw. seine Helfershelfer), 3) die Entnationalisierung, Entindividualisierung und Opferbereitschaft für gemeinsame Ziele; 4) Steuerung der Gefühle der Zu- und Abneigung. Das letztgenannte Merkmal wird besonders anschaulich am salafistischen Konzept von „Loyalität und Lossagung" (al-wala' wal-bara'). Demnach gilt es Freundschaft, Loyalität und Unterstützung allein den muslimischen Geschwistern aus der in Mitleidenschaft gezogenen Gemeinschaft zu zeigen, wobei alles „Nicht-Islamische" zu meiden und/oder zu bekämpfen sei.[9] Sowohl im

---

[6] Peter Waldmann: Radikalisierung in der Diaspora. Wie Islamisten im Westen zu Terroristen werden, Hamburg, 2009, S. 113.
[7] Vgl. Matenia Sirseloudi: Radikalisierungsprozesse in der Diaspora, in: Aus Politik und Zeitgeschichte, 44/2010, S. 39-43.
[8] Olivier Roy: Der islamische Weg nach Westen, Bonn 2006, S. 298.
[9] Vgl. Peter Waldmann, Radikalisierung in der Diaspora, S. 63 f.

Makro- als auch im Mikrokontext erklärt das Konzept der ideologischen Gruppe die Logik der diskursiv-ideologischen Rahmung.[10]

Während die Wissenschaft es sich leisten kann, die notwendigen Erklärungen mit deutlichen Verzögerungen zu liefern, sind die Sicherheitsbehörden in ihrer täglichen Arbeit auf operationalisierbare Kategorien und Erkenntnisse angewiesen. Was wissen bzw. berichten die deutschen Sicherheitsexperten über das Phänomen der islamistischen Radikalisierung? „Wir wissen eigentlich relativ wenig [über den Prozess der Radikalisierung]. Wir sind wirklich Lernende. Wir sind in Deutschland noch mehr Lernende als im europäischen Ausland", erklärte eine Islamwissenschaftlerin auf der Veranstaltung „Islamismus: Prävention und Deradikalisierung" in Berlin.[11]

Die Sicherheitsbehörden unterscheiden sechs radikalisierungsfördernde Faktoren: 1) Salafismus und seine wachsende Infrastruktur, 2) Internet- und Videopropaganda, 3) Peergroups, 4) gesellschaftliche Entfremdung, 5) terroristische Ausbildung und 6) soziale Faktoren als Nährboden.[12] Die Liste beinhaltet auf den ersten Blick einige relevante Faktoren auf der individuellen, sozialen und Gruppenebene. Es mangelt ihr jedoch an einer systematischen Zuordnung der Variablen zu den jeweiligen Gefahrenfaktoren. Überdies bleiben jeweilige Wirkmechanismen und Wechselwirkungen ungeklärt. Zugleich steht fest, dass die dschihadistische Ausbildung als radikalisierungsfördernder Faktor eine qualitativ neue Stufe der Radikalisierung darstellt, die übrigens nicht zwangsläufig zur Bereitschaft führen muss, im Bundesgebiet zuzuschlagen. Denn die meisten angehenden Gotteskrieger gehen ins Ausland, um Dschihad in den vermeintlich angegriffenen Ländern zu führen und nicht für Anschläge in Deutschland zu trainieren.[13] Zudem haben die Unabhängigen wie die „Kofferbomber" und der „Frankfurter Schütze" Arid Uka keine terroristische Ausbildung durchlaufen. Zudem ist die pauschale Zuordnung des Salafismus zum Radikalisierungsreservoir unter

---

[10] Vgl. den Beitrag von Frank W. Horst in diesem Band.
[11] Senatsverwaltung für Inneres und Sport (Hrsg.): Islamismus: Prävention und Deradikalisierung, Dokumentation (DVD), Berlin 2010.
[12] Ebd., vgl. Mitchell D. Silber/Arvin Bhatt: Radicalization in the West: The Homegrown Threat, New York 2007.
[13] Vgl. Thomas Hegghammer: Should I Stay or Should I Go? Explaining Variation in Western Jihadists' Choice between Domestic and Foreign Fighting, unter: http://hegghammer.com/_files/Hegghammer_-_Should_I_stay_or_should_I_go.pdf (25. Februar 2013).

Experten umstritten.[14] Daher sei es notwendig, „differenzierte Arbeitsbegriffe einzuführen".[15] Eine weitere Empfehlung lautet: „Statt Salafismus als ‚Durchlauferhitzer' aufzufassen und lineare Radikalisierungsverläufe zu unterstellen, sollten Modelle greifen, die auf De-Eskalation setzen und selbst in fortgeschrittenen Stadien der Radikalisierung noch De-Radikalisierung zum Ziel haben."[16] Doch solche Modelle bedürfen eines profunden Wissens über Radikalisierungsprozesse und -faktoren, womit wir wieder bei der Frage nach analytischen Erklärungsmodellen angelangt sind. Denn analytische Erklärungsmodelle können nur so gut sein wie unser Wissen über die unterschiedlichen Akteure, ihre jeweiligen Ziele und Strategien.

3. Wissenschaftliche Ansätze und Erklärungsmodelle

Radikalisierungsprozesse sind komplex und sie laufen auf verschiedenen Ebenen – individuell und gruppenbezogen (Mikro- wie Makrogruppen) – ab. Je nach Standpunkt des Betrachters unterscheiden sich dementsprechend die Forschungserkenntnisse, während die der Theoriebildung zu Grunde liegenden Hypothesen sich ebenfalls auf den Output auswirken. Auch umgekehrt gilt: Radikalisierungsprozesse beeinflussen jeweilige theoretische Annahmen. Daher ist es notwendig, ein möglichst breites Spektrum der in Frage kommenden Erklärungsansätze kritisch zu würdigen, um ihre Aussagekraft zu überprüfen.

3.1. „This is all about Islam" vs. „This is not about Islam"

Eine der zentralen Fragen, die bereits seit der Mitte der 1990er Jahre die Radikalisierungsforschung beschäftigt, ist jene nach der Rolle des Islam. Es lassen sich zwei Argumentationsstränge bzw. Ansätze hervorheben, die sich gewissermaßen als Forschungsparadigmen etabliert haben.

---

[14] Yassin Musharbash: Salafismus-Phänomen verwirrt Sicherheitsexperten, unter: http://www.spiegel.de/politik/deutschland/0,1518,771825,00.html (1. Juli 2011).
[15] Klaus Hummel: Salafismus in Deutschland – eine Gefahrenperspektive, unveröffentlichtes Manuskript, Dresden 2009, S. 19.
[16] Ebd., S. 21.

Der *vertikale Ansatz* stellt einen Zusammenhang zwischen Radikalisierungsprozessen und dem Islam her. Dabei ist nicht selten von der Islamismuskompatibilität des Islam die Rede.[17] Relevante Radikalisierungsfaktoren sind demnach salafistische Theologie, die die Ideologisierung der islamistischen Akteure vor dem Hintergrund der Konflikte im Nahen Osten fördert. Ideologische Radikalisierung sei ein Teil der theologischen Radikalisierung, wobei der Islam als Legitimationsquelle, die salafistische Ideologie als Schlüssel und die Indoktrination als Rekrutierungsstrategie gelten. Die Top-Down-Herangehensweise fragt daher nach dem ideologischen Einfluss und Manipulationsstrategien terroristischer Organisationen und favorisiert die Integrationsmaßnahmen sowie die Verbreitung des „guten" Islam. Etwas zugespitzt formuliert, lautet die Problemdiagnose wie folgt: "[...] there is only one way to stop this terrorism we are seeing from Indonesia to Iraq and from Madrid to London [...]. It will stop only when the religious and political leaders, and parents, in these Sunni Muslim communities delegitimize it and anyone who engages in it. Western leaders keep saying after every terrorist attack, 'This is not about Islam.' Sorry, but this is all about Islam. It is about a war within Islam between a jihadist-fascist minority engaged in crimes against humanity in the name of Islam, and a passive Sunni silent majority."[18]

Der *horizontale Ansatz* behandelt demgegenüber die islamistische Ideologie vor dem Hintergrund zeitgenössischer Gewaltphänomene als „powerful narrative". So erklärt Olivier Roy die islamistische Radikalisierung als (linken) Anti-Imperialismus (in religiösem Gewand), der nicht nur Muslime anzieht: „Al Qaida hat eindeutig einen bestehenden Raum von Anti-Imperialismus und Protest besetzt. Die militanten Al-Qaida-Mitglieder sind Kämpfer mit geringem ideologischen Hintergrund und wenigen ideologischen Anliegen. Al Qaida steht in der Nachfolge der ultralinken und Dritte-Welt-Bewegung der siebziger Jahre. [...] Die islamischen Prediger haben die ultralinken Militanten und die Sozialarbeiter abgelöst".[19] Daher sei die Radikalisierung im europäischen Gewaltkontext zu analysieren. Denn die in Europa sozialisierten Muslime hätten

---

[17] Vgl. Armin Pfahl-Traughber: Die Islamismuskompatibilität des Islam. Anknüpfungspunkte in Basis und Geschichte der Religion, in: Aufklärung und Kritik, Sonderheft 13/2007, S. 62-78.
[18] Thomas L. Friedman: Silence and Suicide, unter: http://select.nytimes.com/2005/10/12/ opinion/12friedman.html?_r=1 (12. Oktober 2005).
[19] Roy: Der islamische Weg, S. 318.

keinen Bezug zu Konflikten im Nahen Osten, weshalb es darauf ankomme, das uminterpretierende und radikalisierende Narrativ von Al-Qaida zu zerstören. Denn die Konflikte in der arabischen Welt spiel(t)en lediglich als narrative Konstruktionen eine Rolle: Jedes angebliche Verbrechen gegen die virtuelle Umma deuten die Islamisten als Angriff auf Muslime.[20] „Der internationale islamische Terrorismus ist eher eine pathologische Konsequenz der Globalisierung der muslimischen Welt als ein Überschwappen der Konflikte im Nahen Osten".[21]

Die Anhänger des horizontalen Ansatzes legen daher nahe, Al-Qaida zu deislamisieren, anstatt den „schlechten" Islam zu dämonisieren, und die Radikalisierung der „delinquenten Generation" auf Personenebene zu studieren. Obwohl die Rolle der allgemeinen Delinquenz bei der islamistischen Radikalisierung nicht zu unterschätzen ist, ist der ideologische und religiöse Einfluss nicht ganz von der Hand zu weisen. Denn aus der salafistischen Islamauffassung ergeben sich Konflikt- und Bruchlinien, die quer durch die westlichen und muslimischen Gesellschaften verlaufen. Die Rolle des religiös konnotierten Vokabulars ist dabei ausschlaggebend. Am deutlichsten tritt die religiös untermauerte Argumentation im Zusammenhang mit dem Dschihad in Teilen Zentralasiens („Chorasan") oder in „Großsyrien" („Scham") in Erscheinung. Dabei vereint der dschihadistische Diskurs Kosmologie, Geschichte und Eschatologie. „Wenn Antimodernismus, Antiamerikanismus und Ablehnung der Globalisierung als religiöser Kampf dramatisiert werden, kommt durch die Religion ein ganzer Komplex neuer Elemente hinzu"[22]: persönliche Belohnung, Vehikel einer gesellschaftlichen Mobilisierung, in vielen Fällen auch ein organisatorisches Netzwerk, moralisches Überlegenheitsgefühl, Rechtfertigung für Gewaltanwendung und allumfassende Weltanschauung. Nichtsdestotrotz bzw. gerade deswegen verbieten sich Verallgemeinerungen und pauschalisierende Zuschreibungen starker Religiosität und Gläubigkeit zu Radikalisierungsfaktoren.

---

[20] Oliver Roy: Al-Qaeda in the West as a Youth Movement: The Power of a Narrative, in: Ethno-Religious Conflict in Europe. Typologies of Radicalisation in Europe's Muslim Community, Brussels 2009, S. 11-26, hier 12-15.
[21] Roy: Der islamische Weg, S. 334.
[22] Vgl. Mark Juergensmeyer: Die Globalisierung religiöser Gewalt. Von christlichen Milizen bis al-Qaida, Bonn 2009, S. 400 f.

3.2. „It's about who you are" vs. „It's about who you know"

Die Versuchung ist groß, eine „verrückt" wirkende Person, die sich mit dem „Lächeln der Freude" in die Luft sprengt oder einen Massenmord an Mitbürgern begeht, für geisteskrank und/oder soziopathisch zu erklären. Daher verwundert es wenig, dass die ersten Gehversuche der Radikalisierungsforschung von Psychiatern und Psychologen gemacht wurden. Dabei standen auf der Suche nach familiären und anderen „Störungsursachen" mögliche Traumata und dysfunktionale Entwicklungen in der psychisch-mentalen Persönlichkeitsstruktur im Mittelpunkt. So stellte der amerikanische Psychiater David Hubbard aufgrund unstrukturierter Interviews fest, dass Flugzeugentführer aus den 1970er und 80er Jahren gewalttätige, oft trinkende Väter gehabt hätten. Gleichzeitig meinten diese als passiv, unsicher und sexuell schüchtern beschriebenen Personen aus ärmeren Verhältnissen ihre zumeist tief religiösen Mütter und Schwestern schützen zu müssen. Des Weiteren finden vermeintliche Autoritätsprobleme, angespannte Familienverhältnisse oder Elternverlust Erwähnung. Eine vergleichende Studie hätte mit großer Plausibilität ergeben, dass diese Beschreibung auf verschiedene Personen mit unterschiedlichen sozialen Hintergründen und Rollen passen würde. Psychiater Marc Sageman stellte dagegen nur in einem Fall von 172 untersuchten „salafistischen Mudschaheddin" ein Kindheitstrauma fest, wobei in 61 Fällen einige relevante Hinweise aus der Kindheit vorlagen. Er hätte jedoch keine Beweise für den pathologischen Narzissmus oder paranoide Persönlichkeitsstörungen bei den Probanden feststellen können.[23]

Ein psychiatrisches Gutachten attestierte dem „Sauerlandbomber" Gelowicz eine narzisstische Persönlichkeit. Ähnlich fiel auch das erste Gutachten über den Massenmörder Breivik aus, bis das Gericht ein Zweitgutachten in Auftrag gegeben und damit einen medizinischen Streit ausgelöst hatte. Beide Fälle zeigen, wie bereitwillig psychopathologische Erklärungsmuster zur Erklärung von (individuellen) Radikalisierungsverläufen herangezogen werden. Die psycho(patho)logische Forschung ging bzw. geht von einer Persönlichkeitsstruktur aus, die ein Krankheitsbild aufweist, das dazu führt, dass Terroristen weder zwischen Gut und Böse unterscheiden noch soziale Empathie an den Tag

---

[23] Vgl. Jeff Victoroff: The Mind of the Terrorist. A Review and Critique of Psychological Approaches, in: Journal of Conflict Resolution, Vol. 49, No. 1, 2005, S. 3-42, S. 10.

legen können. Dagegen ist jedoch einzuwenden, dass Terroristen imstande sind, Werte einer Bewegung zu internalisieren und soziale Kontakte – zumindest zu anderen Terroristen bzw. radikalen Milieus – zu knüpfen bzw. aufrechtzuerhalten. Psycho- wie Soziopathen können weder solche Beziehungen unterhalten noch wären sie bereit und imstande, sich für andere aufzuopfern.[24]

3.2.1. Psychoanalytische und psycho(patho)logische Theorien

Mentale Schwäche, narzisstische Persönlichkeit und sexuelle Neigungen, die zu einem Konflikt mit der Außenwelt führen, gehören zum Erklärungsinstrumentarium psychoanalytischer Ansätze verschiedener Couleur. Da diese das terroristische Verhalten als antisozial bewerten, liegen pathologische Ansätze nahe (Zirkelschluss). Doch solche Interpretationen werden dem Untersuchungsobjekt größtenteils nicht gerecht, denn das terroristische und selbst suizidale Verhalten geht in vielen Fällen mit einer rationalen Entscheidung bzw. einer rationalen Wahl einher, die auf Nutzenmaximierung gerichtet und/oder durch Altruismus motiviert ist. Daher sind psychoanalytische wie psycho(patho)logische Ansätze wenig aussagekräftig.

Die *Hypothese der narzisstischen Wut* (*Narzissmus-Hypothese*) sucht bspw. die Entstehung terroristischer Gewalt mit dem Zerstörungsdrang einer narzisstischen Persönlichkeit zu erklären. Sie geht davon aus, dass die Wut über das angeblich geschädigte Selbst auf die Anderen, die als Quelle der inakzeptablen Selbstwahrnehmung gelten, projiziert wird. Dabei wird das idealisierte Selbstbild in der positiven Bezugsgruppe verortet. Narzisstische Persönlichkeitsstörungen können entweder zur pathologischen Exaltiertheit (Anführerrolle) oder zum Unabhängigkeitsverzicht zwecks Unterwerfung einer omnipotenten Person (Mitläuferrolle) führen, so die Hypothese. Auch die *Paranoia-Theorie* stellt Terroristen als gespaltene Persönlichkeiten dar, die danach streben, das „schlechte" Selbst zu zerstören. Mit Blick auf extremistische Akteure befasst sich die Paranoia-Theorie mit psychisch bedingter Spaltung des Ich in Wir- und negativ besetzte Ihr-Konstrukte. Die Ursachen für die be-

---

[24] Randy Borum: Understanding terrorist psychology, in: Andrew Silke (Hg.): The Psychology of Counter-Terrorism, New York 2011, S. 19-33, hier 20.

schriebenen Persönlichkeitsstörungen werden in psychischen Kindheitstraumata vermutet – eine Annahme, die nicht nachweisbar ist.[25] Obwohl Usama bin Ladin Medienberichten zufolge nicht ohne Selbstverliebtheit die Berichterstattung über seine Person verfolgte, liegen keine empirischen Belege für beide Theorien vor.

Der *kognitive Ansatz* stellte demgegenüber nachweisliche Zusammenhänge zwischen dem gewalttätigen Verhalten und kognitiven Fähigkeiten bzw. dem kognitiven Stil terroristischer Akteure fest. Entgegen verbreiteter, aufgrund psychopatologischer Ansätze tradierter Meinung stellte es sich heraus, dass „radikale" Links- und „moderate" Rechtsextremisten hohe kognitive Komplexität besitzen.[26] Unter dem kognitiven Forschungsansatz lassen sich Untersuchungsprogramme subsumieren, die den Terrorismus als strategisches Handeln – vgl. die Theorie der rationalen Wahl sowie die Erniedrigungs-Rache-Theorie – qualifizieren. Laut dem kognitiven Ansatz stellt das extremistische Verhalten eine Reaktion auf die Umwelt im politischen Kontext dar, die einer rationalen Wahl folgt. So weist etwa Crenshaw[27] auf die strategische Rolle terroristischer Gewalt auf der Gruppenebene hin.

Da Erniedrigung und daraus resultierend der Wunsch nach Rache starke Motivationen sind, wendet die so genannte *Erniedrigung-Rache-Theorie*[28] diese Emotionen als erklärende Variablen auf die terroristische Gewalt an. Die Gewaltspirale sowie politische und soziale Unterdrückung im Nahen Osten liefer(te)n hierfür das notwendige empirische Substrat. Die Motivationslage junger Selbstmordattentäter weist oftmals die Rachekomponente auf, weshalb die Erniedrigungstheorie – auch als gruppenbezogenes Motiv – plausibel erscheint. Dennoch sei darauf hingewiesen, dass Motive wie Rache und Hass nur eine der Dimensionen des (Selbstmord-)Terrorismus darstellen und sich lediglich auf die negative Bezugsgruppe beziehen. Mit Blick auf positive Bezugsgruppen kommen andere Motive zum Tragen. Dazu zählt der Wunsch, der Heimat zur

---

[25] Vgl. Dipak K. Gupta: Understanding Terrorism and Political Violence, New York 2008, S. 18, 20.
[26] Das widerspricht allerdings den Befunden deutscher Forschung. Vgl. auch: Britta Bannenberg/Dieter Rössner/Marc Coester: Hasskriminalität, extremistische Kriminalität, politisch motivierte Kriminalität und ihre Prävention, in: Rudolf Egg (Hrsg.). Extremistische Kriminalität: Kriminologie und Prävention. Wiesbaden 2006, S. 17-60.
[27] Vgl. Martha Crenshaw: The logic of terrorism: terrorist behaviour as a product of strategic choice, in: Walter Reich (Hrsg.): Origins of Terrorism: Psychologies, Ideologies, Theologies, States of Mind, Baltimore 1998, S. 7-24.
[28] Vgl. Mark Juergensmeyer: Terror in the Mind of God: The Global Rise of Religious Violence, Berkeley 2000.

Unabhängigkeit zu verhelfen und sie zu verteidigen, materielle Gratifikationen für die eigene Familie nach dem Tod zu sichern sowie persönliche Motive wie Eitelkeit, „Ruhm und Ehre" usw.[29]

Die psychologisch angelegte *Identitätstheorie* besagt unter anderem, dass junge Erwachsene, deren autoritäre Eltern sie in ihrer Autonomie hindern und somit eine Persönlichkeitskrise auslösen, auf ihrer Identitätssuche extremistische Ideologien verinnerlichen und sich der politischen Gewalt zuwenden.[30] Eine ähnliche These wurde bereits in der Linksterrorismusforschung postuliert: „Je größer die empfundene Diskrepanz zu den Eltern, desto größer das Gefühl von Eigenständigkeit, aber auch Verlassenheit und desto stärker ist in der Regel die Einbindung in den Konsens von Ideologien".[31] Islamismus kann somit als doppelte Rebellion der Sinnsucher gegen die traditionalistische, zuweilen autoritäre Kultur der Eltern und zugleich die westliche Mehrheitskultur aufgefasst werden. Denn er erlaubt es, sich vom Herkunftsmilieu zu emanzipieren und sich zugleich mit den eigentlichen kulturellen und religiösen Wurzeln der muslimischen Gemeinschaft zu identifizieren. Islamistische Gruppen gelten dabei als Identitätsspender. Obwohl die soziologische Komponente der Identitätstheorie durchaus von Bedeutung ist, greift ihre psychologische Prämisse zu kurz. Einige Islamwissenschaftler ziehen gar eine Verbindungslinie von der „Entstabilisierung im Wertesystem" über „Desorientierung, Irritationen und Frustrationen" bis hin zum gewalttätigen „kannibalischen Narzissmus".[32]

Es ist deutlich, dass statische Modelle ihren Forschungsgegenstand – psychokognitive Veränderungen im Laufe des Radikalisierungsprozesses – nicht angemessen abbilden. Das Konzept der *transformativen Radikalisierung* sucht die Grenzen der psychologischen Theoriebildung unter Anwendung der transformativen Theorie des Lernens zu überwinden[33]

---

[29] Vgl. Stefan Malthaner: Terroristische Bewegungen und ihre Bezugsgruppen. Anvisierte Sympathisanten und tatsächliche Unterstützer, in: Peter Waldmann (Hrsg.): Determinanten des Terrorismus, Weilerswist 2005, S. 85-138.
[30] Vgl. Victoroff: The Mind of the Terrorist, S. 21-22.
[31] Gerhard Schmidtchen: Jugend und Staat, in: Analysen zum Terrorismus, Band 4/1: Gewalt und Legitimität, Opladen 1983, S. 106-264, hier 223.
[32] Marwan Abou-Taam: Psychologie des Terrors – Gewalt als Identitätsmerkmal in der arabisch-islamischen Gesellschaft, DIAS-Kommentar, Nr. 35, 2005, S.6.
[33] Vgl. Alex S. Wilner/Claire-Jehanne Dubouloz: Transformative Radicalization. Applying Learning Theory to Islamist Radicalization, in: Studies in Conflict and Terrorism, 2011, Vol. 34, Issue 05, S. 418-438.

und behandelt islamistische weltanschauliche Veränderungen und Verhaltenstransformationen (Outcome-Phase) am Beispiel der autobiographischen Abhandlung von Ed Husain mit dem Titel „The Islamist: Why I Joined Radical Islam in Britain, What I Saw Inside and Why I Left". Obwohl es den Autoren der Studie gelingt, den Sinneswandel von Mohamed M. Husain mit Blick auf die Religion, das soziale und politische System sowie seine Verhaltenstransformation bis hin zur Gewaltlegitimation hermeneutisch zu rekonstruieren, ruft die Operationalisierung der islamistischen Radikalisierung Fragen hervor.[34] Zudem weisen die Wissenschaftler am Ende der Analyse darauf hin, dass Transformationsfolgen entsprechende Theorien womöglich beeinflussen können. Auch wenn noch weitere (angekündigte) Fallstudien abzuwarten sind, spricht einiges dafür, dass sich das transformative Konzept vor allem dadurch auszeichnet, den alten Wein der Radikalisierungsforschung in neuen methodischen Schläuchen zu servieren.

3.2.2. Sozialpsychologische und soziologische Theorien

Mangelhafte Validität und prognostische Defizite der psychopathologischen Erklärungsmodelle lenkten die Aufmerksamkeit auf gruppendynamische Prozesse. „[...] It's a group phenomenon. To search for individual characteristics [...] will lead you to a dead end", so schlussfolgerte Marc Sageman.[35] Daher rücken der sozialpsychologische sowie der soziologische Ansatz Gruppenprozesse und soziale Interaktionen als erklärende Variablen in den Mittelpunkt.

Sozialpsychologen gehen der Frage nach, welche Gratifikationen radikalisierte Gruppen anbieten und welche Bedürfnisse sie ansprechen. Aus dem Zusammenspiel der individuellen Bedürfnisse, Gruppengratifikationen und -prozesse ergeben sich jene Gruppendynamiken, die entsprechend dem sozialpsychologischen Ansatz die Radikalisierung (an)steuern. Die sozialpsychologischen Hypothesen besagen, dass ideologisierte Gruppen jungen Erwachsenen im Rahmen ihrer Identitätssuche soziale Rolle in einer klar strukturierten Welt anbieten. So hebt die *Theorie der sozialen Identität* jene Faktoren hervor, die es einer Person

---

[34] So wird die Akzeptanz des Takfirismus als Transformation der religiösen und politischen Anschauung interpretiert, während die Kafir-Kategorie auf der sozialen und politischen Ebene verortet ist. Die Akzeptanz eines islamischen Staates gehöre aber zum religiösen Sinneswandel.

[35] Vgl. Victoroff: The Mind of the Terrorist, S. 30.

möglich machen, ihre Identität in Gruppenkategorien zu konstruieren. Gruppenwerte und -emotionen sowie Gemeinschaftsziele entwickeln sich demnach zu einem festen Bestandteil des Selbst, weshalb die reale oder perzipierte Gefahr für die Gruppe auch für Einzelpersonen akut ist. Die Bereitschaft zu töten entwickelt sich als Folge der ideologischen Indoktrination, des Gruppendrucks und sukzessiven Wertewandels. Die Theorie der sozialen Identität besagt unter anderem, dass gewalttätige Feindseligkeiten dann wahrscheinlicher werden, „wenn das individuelle Bedürfnis nach positiver sozialer Identität nicht mehr oder nur mühsam durch einen sozialen Vergleich gesichert werden kann, in dessen Ergebnis die eigene Bezugsgruppe oder Gemeinschaft im Vergleich mit relevanten Fremdgruppen als überlegen wahrgenommen wird" (vgl. auch die Theorie des realistischen Gruppenkonflikts).[36] Die Frage, ob das Konzept der ideologischen Gruppe die Radikalisierungsprozesse unabhängig von individuellen Präferenzen erklären kann oder es der Interaktionsanalyse zwischen individuellen Prädispositionen und Gruppenprozessen bedarf, ist nicht unumstritten. Grundsätzlich herrscht jedoch Konsens darüber, dass Terrorismus eine kollektive Rationalität besitzt.[37]

Die *Frustrations-Aggressions-Theorie* setzt einen Zusammenhang zwischen der erzeugten Frustration als Störung eines zielgerichteten Handelns und einem aggressiven Verhalten, das den Aggressionstrieb reduziert und als Katharsis fungieren kann, voraus. Lineare Übergänge und Wechselwirkungen sind in der Wissenschaft allerdings umstritten, wobei Versuche verschiedene Ergebnisse zutage gebracht haben. Insgesamt kann als erwiesen gelten, dass Frustrationserlebnisse durchaus in aggressives Verhalten münden *können*, weshalb präzisere Arbeitsbegriffe (Verstärkungsentzug u.a.) Verwendung finden. Ein mächtiges Aggressionsobjekt kann aber auch zur Aggressionshemmung führen. Zudem können Aggressionstriebe auf andere Objekte verschoben werden.[38] Es ist daher notwendig, zwischen direkter und instrumenteller Aggression zu unterscheiden, deren Entstehung auf spezifische Mechanismen

---

[36] Vgl. W. Friedrich: Über Ursachen der Ausländerfeindlichkeit und rechtsextremer Verhaltensweisen in den neuen Bundesländern, in: Ausländerfeindlichkeit und rechtsextreme Orientierungen bei der ostdeutschen Jugend, Leipzig, 1992, S. 20.
[37] Vgl. Brooke Rogers: The psychology of violent radicalisation, in: Andrew Silke (Hg.): The Psychology of Counter-Terrorism, London 2011, S. 34-47, S. 30.
[38] Vgl. James T. Tadeschi: Die Sozialpsychologie von Aggression und Gewalt, in: Wilhelm Heitmeyer/John Hagan (Hrsg.): Internationales Handbuch der Gewaltforschung, Wiesbaden 2002, S. 573-597, hier 574-574.

zurückzuführen sind.[39] Die Unterstellung einer linearen Entwicklung von der Frustration zur politischen Aggression blendet zugleich Rechtfertigungen aus, die die Aggression erst als „gerecht" erscheinen lassen. Denn für die Lokalisation „politischer Aggressionsobjekte braucht man Theorien, die es gestatten, Ursachen zuzuschreiben".[40]

Die *Theorie des sozialen Lernens* erklärt das aggressive (wie terroristische) Verhalten als Folge der Beobachtung, Verinnerlichung und der Imitation delinquenter Verhaltensmuster.[41] Das soziale Lernen kann sogar didaktische Züge annehmen, wie es in manchen pakistanischen Koran- und Dschihadschulen der Fall ist. Auch Propaganda bzw. dschihadistische Handreichungen zählen demnach zu den Quellen des sozialen (Modell-)Lernens. Soziales Lernen umfasst nach Bandura vier kognitive Prozesse: Beobachtung typischer Situationsabläufe, ihre Kodierung, Nachahmung und Ausführung in einer auf die erlernten Handlungsmodi zutreffenden Situation. Für die vierte Phase sei ausschlaggebend, dass entsprechende Anreizbedingungen die kodierten Verhaltensweisen hervorrufen[42]. Auch Menschen können als Auslöser für kodierte Verhaltensabläufe fungieren. Gewaltverhalten führe dabei zur Verstärkung der Anreiz-Reaktion-Kontingenz.[43]

Diese Theorie erklärt allerdings nicht, wie und warum die westlichen Gesellschaften, in denen es keine(n) Märtyrer-Kult(ur) gibt, Dschihadisten hervorbringen. Schwer verifizierbar sind Erklärungskonzepte, die die terroristische Gewalt in Zusammenhang mit kollektivistischen Kulturen bringen.

Netzwerktheorie und die *Theorie der sozialen Bewegungen* (TSB) wiesen zudem auf die herausragende Bedeutung der Interaktionen zwischen Individuen, Gruppen und Makrokontexten hin. Beide Erklärungsmodelle heben hervor, dass radikale Ideen über soziale Netzwerke verbreitet werden, wobei Radikalisierung in kleinen „Kommunikationsgemeinschaften", die gemeinsame Werte teilen und eine Weltanschauung konstruieren, stattfindet. Terroristische Netzwerke stellen laut der TSB

---

39 Vgl. ebd., S. 577.
40 Schmidtchen, Jugend und Staat, S. 229.
41 Vgl. Anja Dalgaard-Nielsen: Violent Radicalization in Europe: What We Know and What We Do Not Know, in: Studies in Conflict Terrorism, 2010, Volume: 33, Issue: 9, S. 797-814.
42 Vgl. Tadeschi: Die Sozialpsychologie von Aggression und Gewalt, S. 577.
43 Vgl. ebd.

Mikrogruppen innerhalb größerer Gegenkulturen dar, weshalb Radikalisierungsprozesse als Ergebnis der sozialen Interaktionen in einem Makrokontext zu untersuchen sind. Soziale Bewegungen und ihre gewalttätigen Subgruppen sind rationale Akteure, die eine politische Agenda verfolgen. Nach der TSB können Bewegungen reüssieren, wenn politische Gelegenheitsstrukturen vorhanden sind, Akteure über Zugang zu strategischen Ressourcen verfügen und imstande sind, mit Hilfe ihrer Interpretationsschemata (Frames) auf positive Resonanz zu stoßen. Damit verwandeln sie ihre Mobilisierungschancen in Mobilisierungsstärke. Oft spielen eskalierende Prozesse zirkulärer Interaktionen zwischen den sozialen Bewegungen bzw. radikalen Netzwerken und staatlichen Akteuren eine negative, da kontraproduktive Rolle (vgl. Eskalationsmodelle). Auf die etwas konkretere Frage danach, wie sich die terroristischen Gruppen von sozialen Bewegungen abspalten und in den Untergrund gehen, liegen allerdings nur wenige empirisch fundierte Antworten vor.[44] Bedeutend ist in diesem Zusammenhang die Erkenntnis der Netzwerk-Theorie, der zufolge oft keine hierarchischen (top-down) Rekrutierungsanstrengungen der transnationalen Dachorganisationen vonnöten seien, denn die Rekrutierung verlaufe netzwerkartig von unten nach oben (bottom-up).[45]

3.3. „This is about a situation in itself" vs. „This is about framing the situation"

Wissenschaftler gehen auch der Frage nach, welche sozialen Ereignisse bzw. Konstellationen als Auslöser der Radikalisierung fungieren können. Dabei lassen sich zwei soziologische Argumentationsstränge unterscheiden. Der erste besagt, es seien zahlreiche Unterdrückungs-, Diskriminierungs- und Deprivationserfahrungen, die in Frustration und anschließend in Gewalt münden. Der zweite hebt demgegenüber nicht die Prob-

---

[44] Vgl. die Reihe „Analysen zum Terrorismus" aus den 1980er Jahren; Donatella della Porta, Social Movements, Political Violence, and the State. A Comparative Analysis of Italy and Germany, Cambridge 1995; Stefan Malthaner/Peter Waldmann (Hg.), Radikale Milieus. Das soziale Umfeld terroristischer Gruppen. Frankfurt a.M./New York 2012.

[45] Vgl. Anja Dalgaard-Nielsen: Studying Violent Radicalization In Europe I—The Potential Contribution of Social Movement Theory, Copenhagen, 2008.

leme und Erfahrungen an sich, sondern den diskursiven Argumentationsrahmen (*Frame*) hervor, der die jeweiligen Probleme in das „richtige" Licht rückt und die Emotionen kanalisiert.

Einen Zusammenhang zwischen der politischen wie ökonomischen Situation und politisch-motivierter Gewalt konstruieren die *Unterdrückungstheorie*, die *Theorie der (relativen) Deprivation*, die *Theorie des realistischen Gruppenkonflikts* und die *Frustrations-Aggressions-Hypothese*. Deren Thesen lauten wie folgt: die Unterdrückung ruft politische Gewalt hervor, verhinderte Teilhabe an ökonomischen, sozialen und kulturellen Gütern kann in Gewalt ausarten, Gewalt ist immer eine Folge der Frustration. Da der Dialog zwischen den analytischen Annahmen und empirischen Daten nicht selbstverständlich gegeben scheint, suchten die „Realisten" die Diskrepanz zu überwinden, indem sie Kategorien der „imaginären", „perzipierten" Unterdrückung bzw. Erniedrigung einführten. So kategorisiert, gilt die empfundene Unterdrückung und/oder Erniedrigung der Muslime sowohl durch den Westen („Krieg gegen den Islam") als auch durch die hiesigen Regime (Helfershelfer des Westens) als Erklärungsfaktoren der Radikalisierung in Europa.[46]

Die *französische Soziologie* (Kepel, Khosrokhavar, Roy) macht demgegenüber nicht die politischen Repressionen oder die ökonomische Deprivation für Radikalisierung verantwortlich. Als erklärende Variable gilt hier die Auflösung der traditionellen Gemeinschaften und daraus resultierend der Versuch junger Muslime, die verlorene Identität in einer als verwirrend und/oder feindlich apostrophierten Welt zurückzuerlangen. Individualisierung und Werterelativismus sowie das Gefühl der doppelten Nicht-Zugehörigkeit (Diaspora - Aufnahmegesellschaft) lösen die Identitätssuche und anschließend die Hinwendung an die imaginäre Umma aus. Reale oder empfundene Diskriminierung wie Stigmatisierung – vor allem infolge der Terrorismusbekämpfung – leiten die Identitätssuche in eine delinquente Richtung.[47] So tappen Staat und Gesellschaft in die Stigmatisierungs- und Solidarisierungsfalle.

Auch die konstruktivistisch anmutende *Framing-Theorie* legt ihr Augenmerk nicht auf die politischen oder wirtschaftlichen Entwicklungen (Ereignisse) selbst. Denn diese sind gemäß der analytischen Annahme nicht sonderlich aussagekräftig. Eher besteht die soziale Realität aus

---

[46] Vgl. Anja Dalgaard-Nielsen: Studying Violent Radicalization In Europe II–The Potential Contribution of Socio-psychological and Psychological Approaches, Copenhagen, 2008.
[47] Vgl. Roy: Der islamische Weg nach Westen.

zahlreichen, im Wettbewerb stehenden Realitätsversionen, die um die Interpretationshoheit konkurrieren. Frames sind jene Interpretationsschemata, die Werte und Überzeugungen umfassen. Framing steht somit für Konstruktion des Selbst und der Welt sowie für die Verbreitung der jeweiligen Realitätsversionen (Frames). Die Fähigkeit der ideologisierten Gruppen, ihre potentielle Anhängerschaft anzusprechen und zu mobilisieren, entscheidet über ihren Erfolg und Misserfolg, während die Übereinstimmung der Realitätsversionen als Mobilisierungsschlüssel gilt. Radikalisierung stellt gemäß der Framing-Theorie eine diskursive Form der Herstellung von Intersubjektivität dar, in der eine ungerechte Welt mit Opfern und Schuldigen entsteht sowie Argumente für die Notwendigkeit und moralische Rechtfertigung der Gewaltlösungen tradiert werden.[48] Damit sind vor allem diagnostische, prognostische und motivierende Bestandteile der dschihadistischen/terroristischen Interpretationsregimes angesprochen.

3.4. Radikalisierungspfade und Stationen auf dem Weg zum islamistischen Terrorismus

Die Suche nach den Radikalisierungsursachen und -faktoren ist nur eines der Anliegen angewandter Terrorismusforschung. Denn nicht minder relevant sind Hypothesen, die sich der Radikalisierungsabläufe annehmen. Wissenschaftler und Sicherheitsbehörden unternahmen einige Erklärungsversuche, die sich in linearen wie multidimensionalen Modellen manifestierten.

Verschiedene lineare Phasenmodelle konstruieren Radikalisierungsprozesse als Ablaufsequenzen mit etwa folgenden Stationen: Auslöser (bspw. Schuldprojektion als Reaktion auf empfundene Ungerechtigkeit und/oder Frustration), Entwicklung der Sympathien für extremistische Ideologie und/oder gewalttätige Problemlösungen, Kontakt zu einer extremistischen Gruppe und schlussendlich Terrorismus. So unterscheiden das amerikanische FBI[49], NYPD[50] oder das dänische Justizministerium[51]

---

[48] Rogers: The psychology of violent radicalisation, S. 38.
[49] Vgl. Carol Dyer/Ryan E. McCoy/Joel Rodriguez/Donald N. van Duyn: Countering violent Islamic extremism: a community responsibility, in: FBI Law Enforcement Bulletin, Nr. 12, 2007, S. 3-9, hier 6.
[50] Vgl. Mitchell D. Silber/Arvin Bhatt: Radicalization in the West: The Homegrown Threat, New York 2007.
[51] Vgl. Tomas Precht: Home grown terrorism and Islamist radicalisation in Europe. An assessment of the factors influencing violent Islamist extremism and suggestions for counter radicalisation measures, Kopenhagen 2007.

vier (islamismusspezifische) Radikalisierungsstufen: Prä-Radikalisierung (Konversion, Umdeutung des Glaubens), Identifikation (Akzeptanz der Ziele), Indoktrination (Intensivierung der Gruppendynamik) und Aktion bzw. „Dschihadisierung" (Terrorismusunterstützung, Anschlagsplanung). Solche Modelle sind anschaulich, einfach und leicht vermittelbar, was nicht mit ihrer Plausibilität verwechselt werden darf. Denn die generalisierte Annahme des Zusammengangs zwischen Konversion und Prä-Radikalisierung (das FBI-Modell) ist unzutreffend und sicherheitspolitisch brisant. Im NYPD-Modell fällt auf, dass die Prä-Radikalisierung zwar bereits in Verbindung mit der dschihadistischen Ideologie steht. Dennoch subsumieren die Autoren unter diesem Begriff verschiedene Faktoren – von der (Situation in der) Diaspora über berufliches Leben wie das Bildungsniveau bis hin zu familiären Verhältnissen der Dschihadisten. Solch eine Zuordnung entwickelt ihre begrenzte Erklärungskraft lediglich in einem Ex-post-Modell, dessen Operationalisierung Tücken birgt und zudem eine relevante Gruppe (Konvertiten) ausblendet. Die vom dänischen Justizministerium in Auftrag gegebene Studie erscheint überzeugender.

Abbildung 1: „A model of the process of radicalisation – from conversion to terrorism"[52]

Phase 1	Phase 2	Phase 3	Phase 4
Pre-radicalisation	**Conversion and identification**	**Conviction and indoctrination**	**Action**
Background factors 1) Muslim identity crisis 2) Experience of discrimination, alienation and perceived injustices 3) Living environment, neighbourhood and family 4) Personal traumas 5) Relative lack of Muslim public debate on Islamist terrorism in the West **Meeting places (opportunity)** Mosque Internet School, youth clubs or work Prison Sport activities Family and friends	**Conversion** 1) From no faith to religious identity 2) More radical interpretation of Islam 3) Shift from one faith to another (e.g. Christianity to Islam) **Identification** 1) Increased identifica-tion with and acceptance of the cause of extremism **Triggers** 1) Glorification of Jihad, activism, "wanting a cause" 2) Foreign policy to-wards the Muslim world 3) Charismatic person/leader **Meeting places** Same as phase 1	**Conviction** 1) Isolation from former life 2) Increased training 3) Assignment of roles 4) Ready for action **Catalyst** 1) Overseas travel (religious or camp training) 3) Group bonding 4) Local training camp **Meeting places** Private homes Countryside/cars Places difficult to detect	**Action** 1) Preparation 2) Planning 3) Execution **Reinforcement** 1) Overseas travel 2) Group bonding 3) Training camp 4) Videos etc **Key components** 1) Financing 2) Target selection 3) Surveillance 4) Fabrication of bomb or other means of terror 5) Test run **Meeting places** Same as phase 3

Lineare Modelle beschreiben Radikalisierungsprozesse funktional, wobei Phasen und Abläufe erklären sollen, unter welchen Umständen Personen sich einer extremistischen Ideologie bzw. Gruppe annähern. Die deskriptive Komponente, d.h. Radikalisierung als Veränderung auf der emotionalen, kognitiven und Verhaltensebene, bleibt daher größtenteils im Verborgenen.

---

[52] Ebd., S. 34.

Der TSB-Theoretiker Wiktorowicz erklärt demgegenüber den Übergang von der Sinnsuche zur islamistischen Weltanschauung anhand eines Vier-Phasen-Modells, das „kognitive Öffnung", „religiöse Suche", „Frameangleichung" und „Sozialisation" beschreibt.[53]

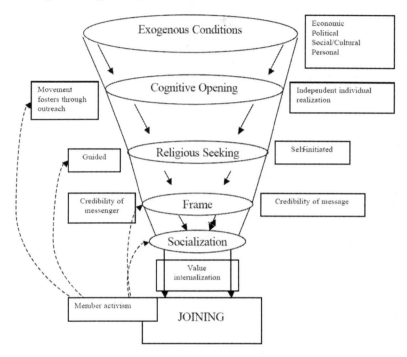

Abbildung 2: „Diagram for joining a radical religious group"[54]

---

[53] Quintan Wiktorowicz: Radical Islam Rising: Muslim Extremism in the West, Lanham 2005, S. 127: „1) cognitive opening—an individual becomes receptive to the possibility of new ideas and worldviews; 2) religious seeking—the individual seeks meaning through a religious idiom; 3) frame alignment—the public representation proffered by the radical group "makes sense" to the seeker and attracts his or her initial interest; 4) socialization—the individual experiences religious lessons and activities that facilitate indoctrination, identity-construction, and value changes. The first three processes are necessary prior conditions for the fourth (socialization). In other words, if an individual is not open to new ideas, does not encounter the movement message, or rejects the movement message after initial exposure, he or she will not participate in the kinds of movement activities necessary to fully disseminate the ideology and convince an individual to join.

[54] Vgl. Alejandro J. Beutel: Radicalization and Homegrown Terrorism in Western Muslim Communities: Lessons Learned for America, unter: http://www.minaret.org/MPAC%20Backgrounder.pdf (30. August 2007).

Zu den Stärken des Framing-Konzepts zählt sein holistischer Schwerpunkt. Zugleich bedarf es nach wie vor einer Erklärung dessen, welche Faktoren den Übergang von einer Radikalisierungsphase zu der anderen auslösen.

McCauley und Moskalenko[55] lieferten ein Erklärungskonzept, welches genau diese Fragestellung angeht. Dabei beschreiben die Psychologen drei Gruppen von Faktoren, die auf der individuellen, Gruppen- und Massenebene greifen. In diesem Fall handelt es sich jedoch nicht um einen neuen Erklärungsansatz, sondern um eine ebenenübergreifende Zusammenfassung der vorliegenden Forschungsergebnisse. Zugleich hoben die Autoren mögliche Radikalisierungsgründe und -abläufe hervor. Die Palette der Radikalisierungsursachen ist denkbar breit. Auf der individuellen Ebene lassen sich Unrechtserfahrungen, politische Missstände, Sozialisation in Gruppen, Zuneigung, Einsamkeit sowie Anerkennung und Abenteuer als Auslöser für Radikalisierungsprozesse unterscheiden. Auf der Gruppenebene werden Mechanismen wie Polarisierung, Verhärtung infolge der Konfrontation mit der Staatsgewalt, Überbietungsdrang und Isolation wirksam.[56]

4. Radikalisierung und das Internet

Kein anderes Thema erfreut sich momentan einer größeren Beliebtheit als der Einfluss des Internets auf Radikalisierungsprozesse und die Einflussmaximierung terroristischer Gruppen. Es verwundert kaum, denn terroristische Akteure können die Informationstechnologien für verschiedene Zwecke nutzen: 1) Informationsattacken (Terroristen versuchen, digital gespeicherte Informationen zu ändern bzw. zu vernichten), 2) Attacken auf Infrastrukturen (Terroristen streben an, Computernetzwerke bzw. die Hardware zu (zer)stören), 3) Nutzung der IT zur Planung, Finanzierung und Durchführung von Anschlägen sowie zur Kommunikation zwischen den Gewaltakteuren, 4) Nutzung der IT zur Verbreitung

---

[55] Vgl. Clark McCauley/Sophia Moskalenko: Mechanism of Political Radicalization: Pathways Toward Terrorism, in: Terrorism and Political Violence, 20/2008, S. 415-433.
[56] Vgl. ebd., S. 419: 1) Individuelle Ebene: personal victimization, political grievance, joining a radical group – the slippery slope, joining a radical group – the power of love; 2) Gruppenebene: extremity shift in likeminded groups, extreme cohesion under isolation and threat, competition for the same base of support, competition with state power – condensation, within-group competition – fissioning; 3) Massenebene: conflict with an outgroup – jujitsu politics, conflict with an outgroup – hate, martyrdom.

der Gewaltideologien.[57] Aufgrund dieses breiten Einsatzspektrums werden Informationstechnologien in der Terrorismusforschung zum Risikofaktor ersten Ranges erklärt. Auch in Deutschland warnen inzwischen die Sicherheitsbehörden sowie Ministerien vor „Radikalisierung durch das Internet". Es ist von „virtuellen Gemeinschaften", von „unsichtbarer Radikalisierung" und von „einsamen Wölfen" die Rede.

Umso erstaunlicher ist der bescheidene Output der deutschen Sicherheitsforschung zur radikalisierenden Rolle der IT. Denn auch auf diesem Gebiet bleiben einige Fragen nach wie vor offen. Was meinen Radikalisierungsforscher bspw., wenn sie das Internet als radikalisierendes Ferment charakterisieren? Meinen sie damit das World Wide Web als Medium – ein „grenzenloses", multimodales und bidirektionales Medium, das einen beinahe unbegrenzten Austausch von verschiedenen Inhalten möglich macht? Oder werden damit primär jene Inhalte und Gruppen angesprochen, die die dschihadistischen Narrative transportieren? Kann das Internet gar als „neue Form des radikalen Milieus" gelten?[58]

Beide Blickwinkel (die medienspezifische wie inhaltsanalytische Perspektive) können bitter nötige Antworten darauf liefern, welche Bedeutung der Propaganda im Internet zukommt. Doch je nach Paradigma fallen die jeweiligen Antworten auch unterschiedlich aus. Bezogen auf den erwähnten Punkt vier lassen sich in der deutschen Forschungslandschaft lediglich zwei Untersuchungsansätze hervorheben, die sich der Rolle der Propaganda im Netz für die islamistische Radikalisierung annahmen. Unterschiedlicher könnten ihre Forschungsdesigns jedoch nicht sein.

So zeichnet ein Autorenkollektiv um Guido Steinberg eine deutsche Perspektive auf Dschihadismus und Internet nach.[59] Die SWP-Studie ist eine Fundgrube für alle, die sich mit der Entwicklung, Professionalisierung und Urheberschaft des dschihadistischen Web 2.0 beschäftigen möchten. Der Leser wird über die wichtigsten Webadressen, Zeitschriften und ihre Macher sowie über Vernetzung und Zusammenspiel ver-

---

57   Vgl. Brunst, Phillip W.: Use of the Internet by Terrorists – A Threat Analyses, in: Centre of Excellence Defence Against Terrorism (Hrsg.): Responses to Cyber Terrorism, Ankara 2008, S. 34-61.
58   Vgl. Maura Conway: Von al-Zarqawi bis al-Awlaki: Das Internet als neue Form des radikalen Milieus, in: Stefan Malthaner/Peter Waldmann (Hg.): Radikale Milieus. Das soziale Umfeld terroristischer Gruppen. Frankfurt a.M./New York 2012, S. 279-306.
59   Vgl. Guido Steinberg (Hrsg.): Jihadismus und Internet: eine deutsche Perspektive (SWP-Studie), Berlin 2012.

schiedener Medien im Dienste des Dschihad informiert. Auch die Videopropaganda spielt in der Studie eine gewichtige Rolle, wobei neben den Entwicklungsphasen auch Propagandafilme nach Genres kategorisiert werden. Der Rezipient selbst wird von den SWP-Forschern jedoch kaum reflektiert.

Darauf, dass das dschihadistische Web 2.0 radikalisierende Inhalte transportiert, lässt sich mit Verweis auf „Stars" wie Anwar al-Awlaki oder die Brüder Chouka sowie auf ihre Produkte mit gewisser Plausibilität schließen. Dass die Propaganda 2.0 zudem ihre Wirkung nicht verfehlt, liegt vor dem Hintergrund zahlreicher Ausreisen in die Gebiete des Dschihad nahe. Doch mit solchen und ähnlichen Erkenntnissen werden all die Fragen nach dem Wie und Warum, welche die Radikalisierungsforschung seit mindestens einer Dekade beschäftigen, kaum beantwortet. Wie funktioniert der Web-2.0-Dschihad, wer ist besonders anfällig für die „virtuelle" Radikalisierung, was führt zur Resonanz der radikalen Frames, was spricht die radikalen Rezipienten an und welche Mittel sind dabei besonders erfolgreich?

Das von der Forschungsstelle Terrorismus/Extremismus des BKA initiierte Projekt über psychologische Einflüsse der Videopropaganda im Internet sollte unter anderem Antworten auf eben diese Fragestellungen liefern.[60] Allerdings bleibt in diesem Fall festzuhalten, dass das aus Medienwissenschaftlern und Psychologen bestehende Forscherinnenteam mit Blick auf die spezifische Aufgabe der Radikalisierungsanalyse nicht ganz überzeugen kann. Denn die Ergebnisse der Studie widersprechen vielen bekannt gewordenen Erkenntnissen der Dschihadismusforschung und stehen im Widerspruch zu zahlreichen erwiesenen Prämissen der Radikalisierungsstudien. So überzeugend die Methodik des medienwissenschaftlichen und psychologischen Untersuchungsteils ist, so problematisch sind spezifizierte Aussagen über die psychologischen Effekte („Aversion", „Scham") der extremistischen Internetvideos. Dies liegt unter anderem darin begründet, dass die Autorinnen die relevanten Hintergründe des dschihadistischen Web 2.0 ausklammerten. Zudem erscheint die Auswahl des Analysematerials sowie der Probanden wenig überzeugend.

---

[60] Vgl. Diana Rieger/Lena Frischlich/Gary Bente: Propaganda 2.0. Psychological Effects of Right-Wing and Islamic Extremist Internet Videos, Köln 2013.

Beide Forschungsdesigns zeigen zugleich mit aller Deutlichkeit, dass es einer integrativen Analyseperspektive bedarf, die neben inhaltlichen und medialen Aspekten (Internet als Medium bzw. Kommunikationsraum und Besonderheiten der im Netz kursierenden Inhalte) den Rezipienten mit einbezieht. Die Zielgruppe sollte allerdings nicht nur „Muslime" einschließen. Die salafistische und dschihadistische Propaganda 2.0 spricht verschiedene Bezugsgruppen unterschiedlich an. Ein radikaler Sympathisant wird auf einen Propagandastreifen, auch auf solchen aus der „Irak-Phase", kaum mit Schamgefühlen reagieren. Einer der Bombenleger vom 21. Juli 2005 in London, Hussain Osman, ließ sich von der Internetpropaganda aus dem Irak überzeugen. Die Wirkung solcher Videos auf die deutsche Szene blieb allerdings noch gering. Die „Blütezeit" des deutschen Web-Dschihad begann 2009 und sorgte dafür, dass viele Muslime ihre „Aversionen gegen Gewalt" überwinden konnten.

5. Co-Terrorismus, Co-Radikalisierung & Co.: Zweck-Mittel-Konflikte der Auseinandersetzung mit dem Phänomen

Obwohl der Begriff der Co-Radikalisierung in die gegenwärtige Forschung als wissenschaftlicher Neologismus[61] eingeführt worden ist, fußt der von ihm referierte Inhalt auf einer soliden soziologischen Grundlage, die die politische Kriminalität bzw. den Terrorismus im Kontext des sozialen Interaktionismus sieht. Die interaktionistische Perspektive betrachtet die Reaktion auf abweichendes Verhalten als die entscheidende Größe im prozesshaften und dynamischen Geschehen von Abweichung und Kriminalität.[62]

Bevor auf den sozialen Reaktionsansatz eingegangen wird, sei hier ein weiterer Begriff erläutert, der einige wichtige Implikationen für die Radikalisierungsforschung besitzt. Der Begriff „Co-Terrorismus" bzw. „Co-Extremismus" verweist nach Uwe Kemmesies „auf mögliche Wechselwirkungsbezüge zwischen sozialem Umfeld und terroristischen Akteuren" und umschreibt „alle phänomenbezogenen Verhaltens- und/oder Handlungsweisen, deren *nicht intendierte Nebenfolgen* darin bestehen,

---

[61] Vgl. Daniela Pisoiu/Klaus Hummel: Das Konzept der „Co-Radikalisierung" am Beispiel des Salafismus in Deutschland, in: Klaus Hummel/Michail Logvinov (Hg.): Gefährliche Nähe: Salafismus und Dschihadismus in Deutschland, Stuttgart 2014 (i.E.).

[62] Vgl. Fritz Sack: Staat, Gesellschaft und politische Gewalt: Zur „Pathologie" politischer Konflikte. In: Protest und Reaktion, Analysen zum Terrorismus, Band 4/2, Opladen 1984, S. 18-227, hier 32.

Terrorismus und/oder Extremismus zu befördern".⁶³ Die Folge bestehe dabei in einer *unbewussten phänomenunterstützenden* Wirkung, die weder gewollt noch beabsichtigt sei. Im Einzelnen macht der Leiter der Forschungsstelle Terrorismus/Extremismus (FTE) des BKA vier „Fallen" aus, die dazu führen, dass Terrorismus- wie Extremismusbekämpfungsmaßnahmen das Gegenteil ihrer ursprünglichen Ziele bewirken. Die Kombattantenfalle sorgt bspw. für eine Angstkulisse in der Allgemeinbevölkerung, die durch undifferenzierte Prävention und Berichterstattung entsteht und Terroristen in die Hände spielt. Noch wichtiger erscheinen im Kontext der Radikalisierungsforschung die Stigmatisierungs- (Generalverdacht gegenüber bestimmten Bevölkerungsgruppen) und die Solidarisierungsfalle. Oft gerät nämlich in Vergessenheit, dass der Terrorismus und seine Bekämpfung in einem komplementären Verhältnis zueinander stehen: „Es existieren kompatible Ziele zwischen Terror (Sympathiegewinn durch ‚solidarisierende' Aufmerksamkeit infolge extremer Reaktionen des Gegners) und Terrorbekämpfung (Machterhalt und -steigerung durch erhöhte Sicherheitsmaßnahmen)".⁶⁴ Die Desensibilisierungsfalle senkt dabei das Potential von Furchtappellen.

Zusammenfassend merkt der Soziologe an: „Alle Beteiligten im Kampf gegen den Terrorismus sind aufgefordert, mögliche nicht-intendierte Nebenfolgen des eigenen Handelns bereits im Vorfeld zu reflektieren – und zwar ganz frei nach Wilhelm Busch: Aber wehe, wehe! Wenn ich auf das Ende sehe!!".⁶⁵

Sich über die Folgen des eigenen Handelns im Klaren zu sein, könnte in der Tat vor vielen Fehlern bei der Politisierung und „Polizeiisierung" sozialer Konfliktpotentiale bewahren. Es liegt in der Natur der politisch motivierten Gewalt, dass sie im Kontext von kollektiven Prozessen und politischen Konflikten entsteht. Es handelt sich also um einen Gewalttypus, der zu seiner Kontrolle der Dramatisierung des Rechtsbruchs bedarf und der zugleich der strategisch-politischen Instrumentalisierung zuführbar ist.⁶⁶ Der Staat, der darauf bedacht ist, die Normüberschreitung zu „skandalisieren", um diese mit Blick auf die „interessierte moralische Entrüstung" zu delegitimieren und gleichzeitig die Rechtsnorm durch Sanktionierung zu aktualisieren, bewegt sich dabei auf dünnem Eis.

---

[63] Uwe E. Kemmesies: Co-Terrorismus: Neue Perspektiven für die Terrorismusforschung, in: Rudolf Egg (Hg.), Extremistische Kriminalität: Kriminologie und Prävention, Wiesbaden 2006, S. 229-246, hier 231.
[64] Ebd.
[65] Ebd., S. 242.
[66] Vgl. Sack, Staat, Gesellschaft und politische Gewalt, S. 52.

Denn in einer Situation der Reaktionsangewiesenheit, in welche die Politik von den militanten Akteuren und radikalen Bewegungen gebracht wird, gibt es nur einige wenige effiziente Lösungen für gesellschaftliche Konflikte. Das Instrumentarium wird immer überschaubarer, je weiter die Eskalationsprozesse voranschreiten. Auch in diesem Kontext kann man von Fallen reden: „Die öffentliche Diskussion und Dramatisierung eines Normbruchs und seiner Bestrafung zum Zwecke der Bekräftigung der normativen Ordnung einer Gesellschaft ist ein höchst voraussetzungsvolles soziales Geschehen. Sie kann bisweilen riskant und anfällig für Fehlschläge sein: dann stiftet sie nicht neuerliche Solidarität und Integration innerhalb des sozialen Gebildes, sondern verstärkt die im Konflikt manifest gewordene Uneinigkeit und Desintegration".[67]

Was die Untertreibungs- bzw. Übertreibungsfalle angeht, so handelt es sich darum, dass die politische Dramatisierung bzw. Nicht-Dramatisierung eines Phänomens infolge der selektiven Politisierung negative Auswirkungen auf das jeweilige Phänomen haben kann. Während die 1970/80er Jahre ganz im Zeichen der linksextremistischen Gewalt standen, die zum Teil von der politischen Dramatisierung und Skandalisierung der Folgen der Studentenbewegung lebte, konnten sich Soziologen des Eindrucks nicht erwehren, dass „die Fälle rechtsextremistischer Gewalt der letzten Jahre, zunächst bei weitem nicht den Politisierungsgrad erreicht haben, den die linksextremistische Gewalt schon immer auf sich gezogen hat. Sympathisanten-Kampagnen und ‚geistig-politische' Auseinandersetzungen gegenüber rechtsextremistisch induzierter Gewalt hat es in der Bundesrepublik bisher nicht gegeben, obwohl es an dazu Anlass gebenden Ereignissen wohl nicht gefehlt hat. Das bedeutet, dass in der Tat die Bedingungen der politischen Ausmünzbarkeit von ‚linker' Gewalt eher gegeben sind als von ‚rechter' Gewalt".[68]

Vor dem Bekanntwerden des „Nationalsozialisitischen Untergrundes" war unübersehbar, dass der Linksextremismus und nach dem 11. September 2001 der Islamismus, vor allem im Kontext der einhergehenden Integrationsdebatte, größtes politisches Dramatisierungspotential

---

[67] Ebd., S. 34.
[68] Ebd., S. 42 f.: „Das mag damit zusammenhängen, dass linke Gewalt in der Regel gleichsam ‚angekündigt' wird durch vorausgehende gesellschaftliche, ideologische oder politische Konflikte, während Gewalt von rechts sich selten theoretisch ausspricht und legitimiert und nur kurze Wege aus der Latenz in die Tat nimmt." Es lag aber auch daran, dass die Konfliktstruktur in den 1970/80er Jahren sich durch die Auseinandersetzung zwischen den neuen sozialen Bewegungen und dem Staat auszeichnete, während das Potential der rechtsextremen Gewalt in den 1980/90er Jahren durch das Vorgehen gegen schwächere soziale Gruppen geprägt war.

aufwiesen. Der moderne salafistische Antimodernismus ist ähnlich dem Linksextremismus zu RAF-Zeiten wie kein anderer Phänomenbereich dafür geeignet, als alternative Ordnungsideologie und Wertevorstellung moralisch delegitimiert zu werden.

Hartes Durchgreifen gegen „die" Salafisten sowie salafistische Vereine, auch gegen jene mit (vermeintlichen) „Hasspredigern" an ihrer Spitze, fördert das konfrontative Wettbewerbsverständnis zwischen der säkularen Ordnung und dem religiösen Antimodernismus in ähnlicher Weise wie der Aufruf, niemanden außer Allah anzubeten. Der Apell an die „deutschen Wertvorstellungen" und das bundesrepublikanische Ordnungsmodell als Gegenpart zum vermeintlich „fremden" Salafismus exkludiert dabei die mehrheitlich deutschen Träger dieser alternativen Ordnungsvorstellung aus dem bundesrepublikanischen Gesellschafts- und Ordnungsmodell (Marginalisierungsfalle).

Die Sicherheitsbehörden tragen ihrerseits zur Produktion und Reproduktion der versicherheitlichten Debatte über den Islamismus/Salafismus bei, indem sie eine Realität schaffen und vermitteln, in der die salafistischen Gemeinden bzw. Vereine in Analogie zu legalistischen Organisationen als „Durchlauferhitzer" sowie „Einstiegsdroge" für den islamistischen Terrorismus gelten. Anstatt die radikalisierungsfördernden Ursachenbündel und Mechanismen sowie die gesellschaftlichen Konfliktkonstellationen zum Diskussionsthema zu machen, produziert die Vielzahl von Sicherheitsforschern mit islamwissenschaftlicher Expertise qua Profession islamlastige Diskurse vom vermeintlichen Radikalisierungspotential des Salafismus sowie salafistischen „Verführern" oder gar „Ratten-", bzw. „Seelenfängern".

Dabei bleibt es nicht: Präventive Maßnahmen konzipieren den Salafismus überwiegend als das Vorfeld des islamistischen Terrorismus. Die Prävention bezieht sich somit nicht auf eigentliche Verbrecher und Verbrechen, „sondern auf ‚Extremisten', von denen man annimmt, dass sie potentielle Straftäter werden könnten; auf ‚Milieus', die Straftäter produzieren oder in denen sie untertauchen könnten; und auf ‚Diskurse', die Straftaten nahelegen könnten".[69] Die Salafismuskonstruktion als „Vorfeld des Terrorismus" erhöht jedoch infolge ihrer performativen Wirkung das Sicherheitsrisiko[70] (Versicherheitlichungsfalle). Die nega-

---

[69] Werner Schiffauer: Nicht-intendierte Folgen der Sicherheitspolitik nach dem 11. September, in: Kurt Graulich/Dieter Simon (Hg.), Terrorismus und Rechtsstaatlichkeit, Berlin 2007, S. 361-378, hier 361 f.
[70] Vgl. ebd., S. 363.

tive Funktion der salafistischen Vorfeldkonstruktion ähnelt gewissermaßen der politischen Metapher des linksterroristischen Sympathisanten, die die „Besinnung auf unsere gemeinsamen Grundwerte" ermöglicht(e), indem sie das Spiegelbild der „Verfassung der Freiheit" identifiziert(e): Der Salafistenvorwurf markiert somit die Grenze zwischen den „Freunden" und „Feinden" der etablierten Verfassungsordnung (Überpräventionsfalle). „Je ‚wortgewaltiger' und damit radikaler der ‚Sympathisant' als Feind der geltenden Ordnung ausgegrenzt wird, desto eher kann die appellierende Sprache auf die Emotionen des Publikums rechnen und eine solidaritätsstiftende Funktion übernehmen".[71] Die emotionsgeladene „radikale" Ausgrenzung erklärt zugleich emotionale Reaktionen auf den Salafismus als Sinnbild des verfassungsfeindlichen Totalitarismus. Wäre der Nazi-Vergleich in Deutschland nicht dermaßen tabuisiert, hätten die Salafisten wahrscheinlich längst das Etikett der „Naz(i)islamisten" und „Islamofaschisten" verpasst bekommen.

Politik und Sicherheitsbehörden instrumentalisieren oft die Terrorismusdebatte, um die Nähe der Salafisten zur politischen Gewalt mit Hilfe einer so genannten Bedrohungs- und Bedeutungsspirale herzustellen. Diese funktioniert sowohl von unten nach oben, indem sie die Bereitschaft zur Regel- und Normverletzung (Regelverletzungsschwelle, Systemveränderungsschwelle, Gewaltschwelle) unterstellt und in den Vorwürfen der Befürwortung von Gewalt sowie der ideellen Unterstützung des Terrorismus mündet, als auch von oben nach unten, indem sie „verkehrte Kausalität" produziert und den Salafismus als „geistigen Nährboden des Terrorismus" charakterisiert.[72] Zwar eignet sich die Terrorismusdebatte als ein wirkungsvoller Dramatisierungsaufhänger, zugleich fungiert sie jedoch als Eskalationsleiter symbolischer Konflikte.[73] Aus diesem Grund wirkt die Bedrohungs- und Bedeutungsspirale zwiespältig. Denn pauschale Extremismus- sowie Sympathisantenvorwürfe (Etikettierungsfalle) „drängen" Aktivisten in entsprechende Rollen; ebenso wie der Generalverdacht der salafistischen Mobilisierungsstrategie entgegenkommt, so dass das Phänomen wiederum unbewusste Unterstützung findet.

---

[71] Hubert Treiber: Die gesellschaftliche Auseinandersetzung mit dem Terrorismus: Die Inszenierung ‚symbolischer Kreuzzüge' zur Darstellung von Bedrohungen der normativen Ordnung von Gesellschaft und Staat, in: Protest und Reaktion, Analysen zum Terrorismus, Band 4/2: Protest und Reaktion, Opladen 1984, S. 320-365, hier 330.
[72] Vgl. dazu: Treiber: Die gesellschaftliche Auseinandersetzung mit dem Terrorismus, S. 346-348.
[73] Ebd., S. 350, 352.

Präventive und repressive Maßnahmen wie Razzien, verdachts- und ereignisunabhängige Kontrollen, die dies nicht in Rechnung stellen, befördern jene kollektiven Marginalisierungswahrnehmungen bzw. -erfahrungen, die sich als ein wichtiger Einflussfaktor auf dem Weg zum Extremismus erweisen.[74] „Diese Vorgänge und sozialen Prozesse laufen alle fernab dessen, was man unter der routinemäßigen Verfolgung von kriminellem Unrecht zu verstehen hat".[75] Aber auch sie stellen neben dem Kriminellen am Terrorismus eine Gefahr dar. Dadurch wird nämlich ein sozial-kultureller „Konflikt" auf eine viel mehr konfliktlastige Ebene der Auseinandersetzung zwischen einer neuen „Bewegung" und dem Staat verlagert.[76]

Eine der wichtigsten Empfehlungen der sozialwissenschaftlichen Eskalationsforschung aus den 1980er Jahren, die auch in heutigen Tagen Geltung hat, lautet, möglichst differenziert vorzugehen und Alternativen zur Radikalisierung zu entwickeln. Ein Erosionsprozess mit bröckelnden Rändern sei „umso wahrscheinlicher, je differenzierter die Verfolgung eingreift und Anlässe zu reaktiver Solidarisierung meidet".[77] Pauschale Schuldzuweisungen, Überreaktionen von staatlicher Seite und (diskriminierende) Maßnahmen der Kontrollinstanzen, die die Betroffenen als Kriminalisierung und Stigmatisierung[78] auffassen, führen demgegenüber zu einer weiteren Eskalationsstufe.[79] So scheinen die polizeilichen Maßnahmen Anfang der 2000er Jahre auch zur Radikalisierung des salafistischen Milieus in Ulm und Neu-Ulm beigetragen zu haben: „Als Besucher des Multi-Kultur-Hauses, so Gelowicz, ‚war man es gewohnt, generell verdächtig zu sein'. Dies galt nicht nur für ‚Jihadisten', sondern

---

[74] Vgl. Katrin Brettfeld/Peter Wetzels: Muslime in Deutschland. Integration, Integrationsbarrieren, Religion sowie Einstellungen zu Demokratie, Rechtsstaat und politisch-religiös motivierter Gewalt, Hamburg, 2007, S. 500.
[75] Sack: Staat, S. 41: „Die Entdifferenzierung der strafrechtlichen Sozialkontrolle in die Gesellschaft hinein bedeutet ja, dass das Medium und die Mittel des Strafrechts zu den Instrumenten auch der politischen Auseinandersetzung werden, dass politische Konflikte zu quasi-strafrechtlichen gemacht werden, dass politischer Dissens auf dem Wege des Strafrechts in staatlichen Konsens zu transformieren versucht wird."
[76] Vgl. Susanne Karstedt-Henke: Theorien zur Erklärung terroristischer Bewegungen, in: Erhard Blankenburg (Hrsg.): Politik der inneren Sicherheit, Frankfurt a.M. 1980, S. 169-237.
[77] Bernhard Rabert: Links- und Rechtsterrorismus in der Bundesrepublik Deutschland von 1970 bis heute, Bonn 1995, S. 35.
[78] Vgl. Treiber: Die gesellschaftliche Auseinandersetzung mit dem Terrorismus, S.330 ff.; Karstedt-Henke: Theorien zur Erklärung terroristischer Bewegungen, S. 195.
[79] Vgl. Sebastian Scheerer: Ein theoretisches Modell zur Erklärung sozialrevolutionärer Gewalt, in: Henner Hess/Martin Moerings/Dieter Paas (Hg.): Angriff auf das Herz des Staates, Erster Band, Frankfurt a. M. 1988, S. 75-189, hier 108.

auch für die Anhänger der ‚normalen' salafistischen *da'wa*. Der Ruf zum ‚wahren Islam' an sich, so die wachsende Überzeugung der Aktivisten im MKH, wurde vom Staat verfolgt und von den Medien diffamiert, was nicht nur zu wachsendem Misstrauen gegenüber Fremden, sondern auch zu konspirativen Verhaltensweisen führte".[80] Die polizeilichen Exekutivmaßnahmen gegen Gelowicz und Selek im Jahr 2004 zementierten die Sichtweise der Betroffenen, es gebe einen „Krieg gegen die Muslime", und trugen dazu bei, dass sie ihre bürgerliche Existenz aufgegeben und sich auf den Weg in den Dschihad gemacht hatten.[81] Die Zerschlagung des politisch-dschihadistischen Vereins „Millatu Ibrahim" hatte ähnlich zur Folge, dass der Exodus der deutschen „Schreibtischmudschaheddin" zunächst nach Ägypten einsetzte. Nachdem Kontakte zu Dschihadisten in Syrien hergestellt waren und ein Netzwerk entstanden ist, zog es die „Verteidiger der Ummah" in einen nicht mehr virtuellen „Kampf für den Islam".

Die „Radikalisierung" des wehrhaften Demokratieverständnisses („Verbotseifer") kann ebenfalls kontraproduktive Folgen haben. Diesen Erkenntnissen ist auch im Hinblick auf die Radikalisierungsprozesse in islamistischen Milieus Gehör zu schenken, denn über die genannten Fallen hinaus wiederholen sich im Umgang mit „dem" Salafismus einige kontraproduktive Reaktionsmuster bzw. „Ideologeme" wie die Irrationalisierung des Phänomens, das Missverständnis von Gewalt, die Verleumdung der Betroffenengruppe (das „Devianz-Ideologem"), die Aufteilung des Milieus in Verführer und Verführte oder die Skandalisierung der salafistischen „Prominenz" (das „Verschwörungs- und Rädelsführer-Ideologem"), die angeblich im Namen aller deutschen Salafisten spricht usw.[82] Dabei wird nicht nur übersehen, dass es „den" Salafismus als eine homogene Bewegung nicht gibt. Auch der ursprünglich mit den salafistischen Netzwerken auf ambivalente Weise verknüpfte salafistisch-dschihadistische und militant-dschihadistische Flügel, dem pauschal Gewaltbereitschaft und Sympathien mit dem internationalen Terrorismus unterstellt werden, wies und weist relevante Schattierungen, Abstufungen und Grenzen auf.[83] Daher darf die aus anderen Phänomenbereichen hinlänglich bekannte Einstellung-Verhalten-Schere im Hinblick

---

[80] Stefan Malthaner/Klaus Hummel: Islamistischer Terrorismus und salafistische Milieus: Die „Sauerland-Gruppe" und ihr soziales Umfeld. In: Stefan Malthaner/Peter Waldmann (Hg.): Radikale Milieus. Das soziale Umfeld terroristischer Gruppen, Frankfurt a.M. 2012, S. 245-278, hier 264.
[81] Ebd., S. 265.
[82] Vgl. Karstedt-Henke: Theorien zur Erklärung terroristischer Bewegungen.
[83] Malthaner/Hummel, Islamistischer Terrorismus, S. 263.

auf den Salafismus nicht ausgeblendet werden: Während bereits die Frage konkreter Gewaltanwendung in „besetzten Gebieten" Dschihadisten von ihrem salafistischen Umfeld separiert, werden die ideologischen Differenzen noch größer, wenn es sich um die Anschläge in Europa handelt.[84] Es mag zwar verwundern, aber das eigentliche unterstützende radikale Umfeld der Sauerland-Bomber war weniger salafistisch als militant-dschihadistisch, wobei die Gruppe zum Kern eines expandierenden Netzwerkes wurde.[85]

Aus diesem Grund erscheint die Empfehlung, *die* „salafistische Szene viel aggressiver zu beobachten", um die Situation unter Kontrolle zu bekommen, im Sinne der Co-Radikalisierung diskussionsbedürftig.[86] Einen Königsweg im Umgang mit dem deutschen Dschihad und Salafismus gilt es daher noch zu finden, damit die Bundesrepublik zukünftig weder Ziel noch Operationsgebiet noch „dschihadistischer Exportweltmeister" sein wird.

6. Desiderata und Ausblick

13 Jahre nach dem 11. September 2001 bleibt festzustellen, dass die aus den Terrorismusanalysen hervorgegangene Gewalt- und Radikalisierungsforschung größtenteils nicht innovativ war. Zu Recht spricht Marc Sageman von einer Stagnation des Forschungsfeldes.[87] Da die angewandte Terrorismusforschung nicht selten in analytische Sackgassen ge-

---

[84] Vgl. ebd., S. 264, 266.
[85] Vgl. ebd.
[86] Vgl. Guido Steinberg: German Jihad. On the Internationalization of Islamist Terrorism, New York 2013, S. 252.
[87] Marc Sageman: The Stagnation of Research on Terrorism, unter: http://chronicle.com/blogs/conversation/2013/04/30/the-stagnation-of-research-on-terrorism/ (30. April 2013): „After the Boston Marathon bombings, it is time to reflect on what has been learned over the past 11 and a half years. The surprise is that, over all, the same stale arguments about "how can this happen?" are debated over and over again – with very little new insight. Yes, there has been some progress: Al Qaeda is no longer seen as an existential threat to the West in a clash of civilizations, and it is no longer believed to have deeply penetrated societies with superbly trained and fanatic sleeper cells. The panic over an all-powerful organization has been replaced with the sober realization that neo-jihadi terrorists are for the most part homegrown and scattered in the West. [...] While the hysteria over a global conspiracy against the West has faded, however, there have been few new significant insights about how or why some young people turn to indiscriminate political violence."

führt hat, bedarf es eines Paradigmenwechsels in der Gewalt- und Radikalisierungsforschung. Da nur wenige Ansätze[88] der Komplexität des Analysegegenstandes Rechnung tragen, gilt es, erprobte Methoden weiterzuentwickeln. Vielversprechend scheint dabei der Ansatz der Bewegungsforschung zu sein.[89]

Dieser Aufsatz ist nicht der Ort, um ein neues Konzept der Radikalisierungsforschung zu entwickeln. Es seien nur einige relevante Analyseebenen hervorgehoben. Zum einen verdienen Interaktionen zwischen Gewaltgruppen und dem Staat und seinen Kontrollinstanzen sowie zwischen den Gruppen selbst eine besondere Aufmerksamkeit. Zum anderen sind die internen Gruppendynamiken, zu denen sowohl kognitive als auch affektive Prozesse zählen, zu beachten. Mikromobilisierungskontexte spielen dabei eine kaum hoch genug einzuschätzende Rolle. Ein Beispiel: Die Sicherheitsforschung geht wie selbstverständlich von einer zentralen Rolle der „Radikalisierer" und „Rekrutierer" in den Gemeinden und Moscheen aus, ohne sich zu vergegenwärtigen, welchen Einfluss jeweilige Gruppen auf ihre Prediger ausüben, wenn diese feststellen müssen, dass ihre moderat-konforme und/oder auch radikale Argumentation nicht mehr greift. Auch Ermöglichungsfaktoren auf der individuellen und Gruppenebene sowie Prozessbedingungen wurden in der deutschen Forschung eher stiefmütterlich behandelt.

Nachfolgende Abbildungen deuten auf einige relevante Forschungsebenen und offene Fragen hin. So vermutet della Porta folgenden Ablauf auf dem Weg zu einer radikalen Identität. Lässt sich das Model im Hinblick auf die deutsche Salafija-Bewegung falsifizieren?

---

[88] Vgl. Lorenzo Bosi/Chares Demetriou/Stefan Malthaner, Dynamics of Political Violence. A Process-Oriented Perspective on Radicalization and the Escalation of Political Conflict, Burlington 2014.
[89] Vgl. della Porta, Social Movements; Karstedt-Henke: Theorien zur Erklärung terroristischer Bewegungen; Donatella della Porta: Clandestine Political Violence, Cambridge 2013.

Abbildung 3: Entwicklung der radikalen Identität[90]

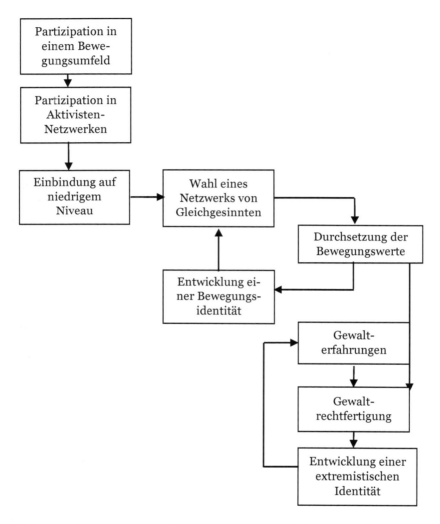

Nicht minder relevant ist die Fragestellung, welche Wechselwirkungen zwischen der Makro-, Meso- und Mikroebene stattfinden und welche Einflüsse auf die radikalisierte Gruppe aus der Umwelt kommen, indem

---

[90] Vgl. ebd., S. 203.

sie spezifische Dynamiken auslösen. Die zahlreichen Untersuchungsebenen lassen sich wie folgt veranschaulichen:

Abbildung 4: Individuum und Gruppe: ein statistisches Entwicklungsmodell[91]

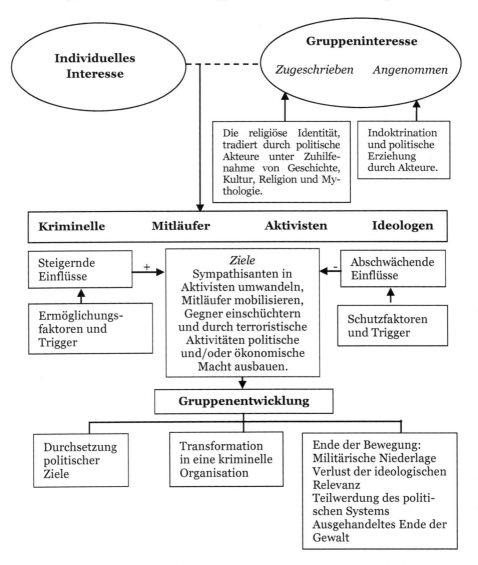

[91] Vgl. Gupta: Understanding Terrorism and Political Violence, S. 100.

Das statische Erklärungsmodell verdeutlicht, dass es sich im Fall einer terroristischen bzw. militanten Gruppe um verschiedene Gruppenrollen, Zielsetzungen, Erwartungen sowie externe Einflüsse handelt, deren Bedeutung nicht vernachlässigt werden darf. Darüber hinaus erscheint die Frage wichtig, unter welchen Bedingungen Gruppen in die Illegalität abtauchen und welche Einflüsse zur Entstehung sektenartiger Strukturen führen.

Abbildung 5: Radikalisierung auf der Organisationsebene[92]

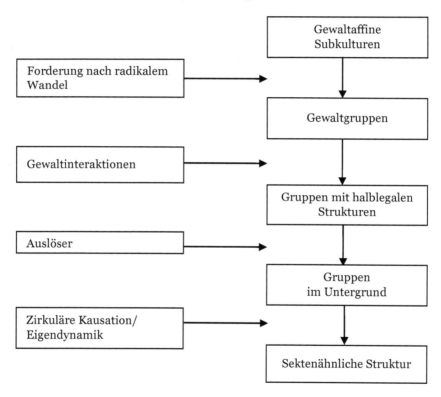

Der Überblick gängiger Theorien zeigt, dass kein einzelnes Modell für sich ausreichend ist, um die exogenen und endogenen Radikalisierungsfaktoren und -ursachen auf allen Ebenen umfassend zu erklären. Grundsätzlich entzieht sich die (islamistische) Radikalisierung monokausaler

---

[92] Vgl. della Porta 1995, S. 197.

und eindimensionaler Erklärungsversuche. Besonders umstritten sind die psychoanalytischen und psychologischen Ansätze, die vergebens nach Anomalien einer „terroristischen Persönlichkeit" suchen. Denn die einschlägige Forschung konnte überzeugend nachweisen, dass es sich im Fall eines terroristischen Verhaltens nicht zwangsläufig um paranoide oder narzisstische Selbstzerstörung handelt.[93] Noch weniger trifft die Annahme „narzisstischer Wut" auf Gruppenakteure zu. Die Behauptung, „dass die von islamistischen Gruppierungen ausgeübte Gewalt in den meisten Fällen eher ein Ausdruck narzisstischer Wunden und ein letzter Versuch [ist], sich einen Platz eines wie auch immer gearteten Akteurs zu sichern", verfehlt die Gruppenlogik genauso wie die Vermutung, dass „allein der Geist von Organisationen normale Menschen zu Bomben macht".[94] Denn bei der Radikalisierung kommt es auf ein Zusammenspiel individueller und gruppenbezogener Faktoren (Mikro- und Makrogruppen) an. Darüber hinaus ist fraglich, ob sich westliche psychologische Kategorien auf andere, sehr verschiedene Kulturen nahtlos übertragen lassen.[95]

Deshalb versprechen Forschungsprogramme, die soziologische und sozialpsychologische Erklärungsansätze unter der Prämisse eines rationalen Verhaltens anwenden, deutliche Erkenntnisgewinne. Die sozialpsychologischen Theorien beschreiben individuelle Ziele und Motive („psychology of needs – psychology of rewards") und erklären, wie Gruppen Radikalisierungsprozesse (an-)steuern und überwertige Ideen befördern bzw. festigen können. Die TSB hebt die sozialen Interaktionen hervor. Die Wertetransformation bis hin zur moralischen Gewaltlegitimierung stellt in der Regel einen gruppenbezogenen Vorgang dar. Dabei bedarf es nicht zwingend eines physischen Netzwerkes von Gleichgesinnten. Denn die Radikalisierung erfolgt in einer islamistischen Semiosphäre, die durch „Monoperzeptose" geprägt ist. Mit dem Begriff der Monoperzeptose wird im nicht klinischen Sinn die Dominanz einer geschlossenen Vorstellungswelt bezeichnet, welche gegen Einwände im-

---

[93] Vgl. Alan Travis: MI5 report challenges views on terrorism in Britain, unter: http://www.guardian.co.uk/uk/2008/aug/20/uksecurity.terrorism1 (20. August 2008); Alan Travis: The making of an extremist, unter: http://www.guardian.co.uk/uk/2008/aug/20/uksecurity.terrorism (20. August 2008).
[94] Marwan Abou-Taam: Die djihadistische Gruppe und die Suche nach Identität, DIAS-Analyse, Nr. 36, 2008, S. 10, 14.
[95] Vgl. Rogers: The psychology of violent radicalisation, S. 39.

munisiert, sich durch überwertige Ideen auszeichnet und in Allmachtsgefühle sowie gesteigerte Aggressivität münden kann.[96] Das soziale Lernen findet somit in virtuellen wie in physischen Netzwerken statt, wobei es auf die Frameangleichung und Identitätstransformation ankommt. Die Prämissen der TSB sowie die Netzwerktheorie scheinen daher besonders Erfolg versprechend für die weitere Radikalisierungsforschung zu sein. Denn der moderne Islamismus bzw. Salafismus ist nichts anderes als eine antimodernistische soziale Bewegung, die im Wettbewerbsverhältnis zu den säkularen Realitätsversionen bzw. Ordnungsideologien steht. Es ist das islamistische bzw. dschihadistische Framing, das das Unglücks- bzw. „das-ist-doch-nicht-in-Ordnung"-Gefühl als Ungerechtigkeit, Erniedrigung oder Unterdrückung definiert und Schuldige ausmacht. Erst im entsprechenden Codesystem entfaltet die Unzufriedenheit bzw. Frustration ihre radikalisierende Wirkung. In Deutschland haben wir es im Fall des nicht dschihadistischen Salafismus anscheinend mit einer statusbezogenen „Bewegung" zu tun, die keine politischen Forderungen bzw. Veränderungen direkt durchzusetzen sucht, sondern primär auf die Anerkennung ihres Lebensstils und der symbolischen wie normativen Bezüge pocht. Das gegenteilige Verhalten zielt in vielen Fällen auf Provokation der Mehrheitsgesellschaft als Mobilisierungsmittel.

Der islamistische Deutungsrahmen beinhaltet politische, moralische, sozial-psychologische und religiöse Diskurse. Das religiöse Narrativ malt einen Kampf des Westens gegen den Islam und des Islam gegen die westlichen Kreuzritter an die Wand. Es ist daher äußerst kontraproduktiv im Sinne der Frameangleichung, wenn die staatlichen bzw. internationalen Maßnahmen genau in das Frame passen, in dem der Westen den Islam angriffe und Muslime verfolgte, während die Dschihadisten sich lediglich dagegen wehren würden. Das religiöse Narrativ unterscheidet laut einem Forscherteam den neo-salafistischen Dschihadismus von allen anderen Vertretern der „delinquenten Generation".[97] Das stimmt nur zum Teil. Denn der Bezugspunkt des Dschihadismus ist nicht ausschließlich eine Glaubensvorstellung, sondern auch das personale Substrat der Religion

---

[96] Vgl. Wolfgang de Boor: Terrorismus: Der „Wahn" der Gesunden, in: Hans-Dieter Schwind (Hg.): Ursachen des Terrorismus in der Bundesrepublik Deutschland, Berlin 1978, S. 122-153, hier 122.

[97] Christian Leuprecht/Todd Hataley/Sophia Moskalenko/Clark McCauley: Narratives and Counter-Narratives for Global Jihad: Opinion vs. Action, in: National Coordinator for Counterterrorism (Hrsg.): Countering Violent Extremist Narratives, Den Haag 2010, S. 57-70, S. 58.

und ihr „Ziel ist die Verteidigung der eigenen Glaubensgemeinschaft gegen einen äußeren Feind und zugleich deren grundlegende religiöse und soziale Erneuerung (unter Rückbezug auf die religiöse Tradition), wobei jeweils der eine oder andere Schwerpunkt stärker betont werden kann".[98] In der Tat konnte die soziologische Forschung nachweisen, dass der „vorwiegend abstrakt vermittelte Bezug zu einem Gewaltkonflikt" die Besonderheit des radikalen Milieus im Kontext der salafistischen Bewegung ausmacht: „Radikalisierungsprozesse finden vor dem Hintergrund der Kämpfe in Afghanistan, Tschetschenien und anderen Konfliktregionen statt und beziehen sich auf diese".[99]

Der abstrakte religiöse Bezug ist dahingehend von großer Bedeutung, dass die fest verwurzelten Konnotationen des religiösen Diskurses eine breitere Unterstützungsgemeinschaft zu erreichen vermögen. Die Religion als ein dominantes Medium der Gewaltlegitimation bietet ein einzigartiges Vokabular, welches so eingesetzt werden kann, dass bestimmte Ideenkonstrukte keine Kompromisse mehr zulassen. Daraus auf die Islamismuskompatibilität des Islam zu schließen, ist jedoch epistemisch fragwürdig.

Abschließend sei darauf hingewiesen, dass es sich im Fall der islamistischen Radikalisierung vor allem um Netzwerke, Gruppenprozesse und religiös konnotierte narrative Konstruktionen handelt. Netzwerke sind insofern ausschlaggebend, als laut Sageman ca. 90 Prozent der Islamisten sich aufgrund von Freundschafts- oder Verwandschaftskontakten dem Dschihad angeschlossen haben.[100] Ähnlich (bottom-up) verlief die Rekrutierung für die „Sauerlandzelle" und die Gruppe „Deutsche Taliban Mudschahidin". Gruppendynamiken intensivieren die Radikalisierungsprozesse und zementieren radikale Weltbilder. Die Rolle des Framing und der Frameangleichung ist ausschlaggebend für die Bereitschaft, sich einer extremistischen Gruppe anzuschließen. Dergestalt erweist sich der horizontale Ansatz als überzeugenderes Paradigma der angewandten Radikalisierungsforschung. Die individuelle Perspektive ist jedoch nur in einem meso- und makrosozialen Kontext relevant, denn es handelt sich hier vor allem um wiederholte soziale wie psychische Interaktionen mit

---

[98] Stefan Malthaner: Terroristische Bewegungen und ihre Bezugsgruppen. Anvisierte Sympathisanten und tatsächliche Unterstützer, in: Peter Waldmann (Hrsg.): Determinanten des Terrorismus, Weilerswist 2005, S. 85-138, hier 127.
[99] Malthaner/Hummel: Islamistischer Terrorismus, S. 277.
[100] Vgl. Randy Borum: Understanding terrorist psychology, in: Andrew Silke (Hrsg.): The Psychology of Counter-Terrorism, London 2011, S. 19-33, S. 27.

einer ideologisierten Gemeinschaft vor dem Hintergrund weltpolitischer Entwicklungen. Radikale Milieus sind Praxisgemeinschaften, in denen soziales Lernen stattfindet und jeweilige Verhaltensmuster Anwendung finden. Dabei ist es sinnvoll, Radikalisierung als nicht-linearen, multikausalen und multimodalen Prozess[101] zu verstehen, bei dem unterschiedliche Ausgangsbedingungen zur gleichen Entwicklung führen (Äquifinalität) und die gleichen Risikokonstellationen unterschiedliche Folgen nach sich ziehen (Multifinalität) können.

Wirksame Deradikalisierungsprogramme bedürfen daher nach wie vor Antworten auf einige prinzipielle Fragen: Entspringt die islamistische Radikalisierung einem spezifischen Mechanismus oder sind die Radikalisierungsprozesse im Links- und Rechtsextremismus sowie im Islamismus auf vergleichbare Variablen zurückzuführen? Das Desiderat gilt auch in Bezug auf individuelle Risikofaktoren, die die biographische Radikalisierungsforschung postuliert. Sind die hier hergestellten Kausalitätsverhältnisse aussagekräftig? Falls ja, können die Schlüsse aus den 1980er Jahren als falsifiziert gelten, denen zufolge biographische Belastungen nicht zwingend und erst im ideologischen Kontext als vermeintliche Belege für Deprivation, Ausgrenzung, Verfolgung oder Systemversagen zu einer politischen Ressource werden?[102] Weitere nicht triviale Fragestellung sind: Radikalisieren sich Anführer und Mitläufer nach einem ähnlichen Muster? Die Vermutung liegt nämlich nahe, dass bei Führungspersonen und Mitläufern, die nur „Geborgenheit" in einer Gruppe suchen, verschiedene personenspezifische Ursachenkonstellationen im Vordergrund stehen. Sind die islamistischen Radikalisierungsprozesse in Europa vergleichbar oder liegen – verursacht durch verschiedene Migrationspolitiken und Situationen in der „Diaspora" – Unterschiede vor? Wie ist zu erklären, dass bei ähnlicher Deutung einer Situation verschiedene Modelle des Handelns selektiert werden und nur eine Minderheit

---

[101] Vgl. John Horgan: Walking Away from Terrorism. Accounts of disengagement from radical and extremist movements, New York 2009.

[102] Schmidtchen: Jugend und Staat, S. 249: „Sie bilden eine Kontingenzvariable, die erst in Aktion tritt, wenn andere Dinge nicht mehr stimmen. Erst im Verein mit Legitimitätsdefiziten des Staates und deren Ideologisierung werden biographische Tatsachen virulent und zu einer wichtigen Ressource für das politische Handeln. Biographische Daten für sich allein in Zusammenhang mit dem politischen Verhalten gesetzt, wirken relativ unspezifisch, weil sie mit anderen Motivorganisationen interagieren. Biographische Belastungen sind wie Sprengstoff: er bleibt ruhig, solange es keinen Zünder gibt, der betätigt wird. Die Zündung der biographischen Belastungen geschieht durch Ideologisierung und durch feindselige Beschreibung der Institutionen, durch Delegitimierung des Staates."

auf Gewalt zurückgreift? Was hält andere Akteure von Gewaltanwendung ab? Welche sozialen Interaktionen sind für Radikalisierungsprozesse im salafistisch geprägten Milieu Deutschlands verantwortlich? Wie und unter welchen Umständen enden islamistische Radikalisierungskarrieren?

Um die aufgeworfenen Fragen zu beantworten, bedarf es hypothesenprüfender Forschungsprogramme, bevor einzelne Erkenntnisse verallgemeinernd und gewissermaßen willkürlich in zahlreichen Präventions- und Deradikalisierungsinitiativen aufgegriffen werden. Denn der verschärfende Einfluss auf die Radikalisierung infolge falscher Annahmen kann größer als vermutet sein.

„Salafistische" Moscheen – Ort des Gebets oder eine Brutstätte für dschihadistische Muslime?

Alexander Heerlein

1. Problemstellung

Im gegenwärtigen öffentlichen Diskurs in Deutschland wird dem Salafismus wachsendes Rekrutierungs- und vor allem immenses Radikalisierungspotential attestiert.[1] Diese Auffassung führt unter anderem dazu, dass der Salafismus mit Terrorismus gleichgesetzt und folglich als Bedrohung für das deutsche Gemeinwesen dargestellt wird. Der vorliegende Artikel soll politisch motivierte Gewalt aus religionswissenschaftlicher Perspektive hinterfragen und sich dabei auf empirische Datenerhebung stützen. Eben dieser Aspekt kommt im medialen und wissenschaftlichen Diskurs oftmals zu kurz. Um die vermeintliche Nähe von Salafismus und Dschihadismus fundiert zu analysieren, bedarf es jedoch einer wissenschaftlichen Auseinandersetzung auf empirischer Grundlage. Anhand der Moscheezugehörigkeit deutscher Muslime, welche in dschihadistische Aktivitäten involviert waren, untersucht der Artikel, ob ein Besucher einer salafistischen Moschee mit einer höheren Wahrscheinlichkeit dschihadistischen Aktivitäten nachgeht, als ein Besucher einer nicht-salafistischen Moschee. Die so gewonnenen Erkenntnisse sollen es ermöglichen, die Stigmatisierung der *Salafiyya*[2] als gewaltaffine, zum Dschihadismus[3] neigende religiöse Bewegung zu hinterfragen.[4]

---

[1] Bundesministerium des Inneren (Hg.): Verfassungsschutzbericht 2012, Berlin, 2013, S. 3

[2] Als Salafiyya wird die Gruppierung ultrakonservativer Muslime bezeichnet, für die in Deutschland der Begriff des Salafismus gewählt wird. „Salafist" ist ein negativ konnotierter Begriff, der von deutschen Anhängern dieser Strömung des Islam abgelehnt wird. Salafiyya hingegen ist wertneutral, da es ein international genutzter Begriff ist.

[3] Dschihad bedeutet Anstrengung oder religiöser Krieg. Er wird in den kleinen Dschihad (*dschihad al-asghar*) und den größeren Dschihad (*dschihad al-akbar*) unterteilt. Ersterer bezieht sich auf defensiven oder offensiven Kampf gegen die sogenannten Ungläubigen oder das „Haus des Unglaubens" (*dar al-kufr*) und soll hier verwendet werden, wenn von Dschihad die Rede ist. *Dschihad al-asghar*, der auch *dschihad an-nafs* (Anstrengung gegen das launenhafte Selbst) bezeichnet wird, dient der religiösen Selbstverwirklichung. Dschihadisten sollen somit als Muslime verstanden werden, die dschihadistisch aktiv sind. Vgl. Rudolph Peters: Jihad in Classical and Modern Islam. Princeton: Wiener, 1996, S. 116.

[4] In diesem Artikel werden die zentralen und aussagekräftigsten Ergebnisse einer MA-Abschlussarbeit des Autors vorgestellt.

Grundlage für die Auseinandersetzung mit der Forschungsfrage ist eine empirische Analyse der Biographien von 110 mit Deutschland verbundenen Muslimen in zwölf Kategorien,[5] die aktiv am Dschihad beteiligt waren oder dschihadistische Aktivitäten unterstützt haben.

Das Sample der untersuchten Personen umfasst Muslime, die sowohl in Deutschland als auch im Ausland aufgrund direkter oder indirekter (unterstützender) Beteiligung an terroristischen Handlungen verurteilt oder getötet wurden oder per Haftbefehl gesucht werden. Demzufolge sind alle Personen in diesem Sample erfasst, die im strafrechtlichen Sinne als Terroristen gelten bzw. deren Beteiligung am Dschihad oder an terroristischen Aktivitäten durch ihren Tod im Zuge dieser Handlungen nachgewiesen ist. Die verwendeten Daten basieren auf der Literaturanalyse von akademischen, nicht-akademischen und Regierungspublikationen sowie inoffiziellen Interviews mit deutschen Polizeibeamten, Mitarbeitern von Nachrichtendiensten und Islamismus-Experten. Um die besonderen Charakteristika der deutschen salafistischen Gemeinde herauszuarbeiten, wurde neben der Literaturanalyse eine umfassende Feldforschung in deutschen Moscheen durchgeführt. Mit Hilfe von Interviews konnten zusätzliche Erkenntnisse gewonnen werden, die eine Kategorisierung der von den Dschihadisten besuchten Moscheen ermöglichten.

Zunächst soll auf den folgenden Seiten kurz ideentheoretisch in den Begriff des Salafismus und seine Charakteristika eingeführt werden, wobei es maßgeblich darum geht, die Unterschiede zwischen Salafismus und dschihadistischem Salafismus herauszuarbeiten. Im Hauptteil des Artikels wird die Forschungsfrage aufgeworfen, das Ergebnis der vergleichenden Analyse präsentiert und mit Erkenntnissen zu deutschen Dschihadisten aus dem öffentlichen Diskurs verglichen. Ziel des Artikels ist es, ein wertneutrales Bild der deutschen Salafiyya zu zeichnen, ohne dabei die Frage nach ihrem Radikalisierungspotential auszublenden. Deutlich wird dabei, dass der archetypische deutsche Dschihadist nicht existiert.

---

5   Biografische Daten, sozialer Hintergrund, psychologisches Profil, auffälliges Verhalten, religiöser Hintergrund, Klassifikation (Typologie dschihadistischen Verhaltens), Motivation, Radikalisierung, militärisches Training, soziales Netzwerkprofil, Anklage, terroristische Aktivitäten.

2. Die Salafiyya – eine homogene islamische Gemeinschaft?

In der öffentlichen Diskussion wird Salafismus unterschiedlich definiert. Der Autor nimmt eine Zweiteilung vor, in welcher zwischen einer puristischen, eher unpolitischen, gewalt-ablehnenden und in Rechtsfragen den Lehren des saudi-arabischen religiösen Establishments[6] folgenden Salafiyya-Gemeinde und einer gewaltbefürwortenden, dschihadistischen Salafiyya differenziert wird. Beide Strömungen teilen die Auffassung, dass die rechtlichen Grundlagen des Glaubens der Koran, die Aussagen und Handlungen des Propheten (*sunna*) und der Konsens (*'ijma*) der frommen Altvorderen (*al-salaf al-salih*)[7] sind. Darüber hinaus teilen sie eine gemeinsame Glaubenslehre (*'aqida*). Sowohl die puristische wie auch die dschihadistische Salafiyya messen der Einheit Gottes (*tauhid*) eine besondere Bedeutung bei, lehnen Innovationen im Islam (*bid'a*) ab, und wenden das Konzept von „Loyalität und Abgrenzung" (*al-wala' wa'l-bara'*) im Umgang mit ihrem sozialen Umfeld an. Ein weiteres Wesensmerkmal ist der konservative Ansatz in der Anwendung des islamischen Rechts (*al-shari'a*). Dieses gilt es vor allem im Hinblick auf das westliche Demokratieverständnis und auf Fragen der persönlichen Freizeitgestaltung sowie Geschlechterrollen zu beleuchten. Hierbei unterscheiden sich salafistische Denkmuster stark von denen anderer islamischer Strömungen.

Es gibt jedoch entscheidende Unterschiede zwischen beiden Strömungen bezüglich der Legitimität von Gewalt zu politischen Zwecken. Während die Salafiyya derartiger Gewalt ablehnend gegenübersteht, wird sie von der dschihadistischen Salafiyya als legitimes Mittel betrachtet, der Einheit Gottes (*tauhid*) Geltung zu verschaffen. Dahinter verbirgt sich eine Methodik (*manhaj*), die in der Frage der Befehlsgewalt des politischen Führers (*wali al-amr*) zu einem anderen Schluss kommt als die Salafiyya, da sie seinen Sturz in einem revolutionären Akt oder Dschihad auch ohne dessen Einverständnis für legitim und sogar notwendig erachtet.

Im nächsten Schritt sollen nun durch eine Gegenüberstellung von Salafiyya und dschihadistischer Salafiyya die Unterschiede zwischen beiden Richtungen herausgestellt werden.

---

[6] Der Begriff des saudi-arabischen religiösen Establishments verweist auf den „Rat der Höchsten Religionsgelehrten" (*hay'at kibar al-'ulama'*).
[7] Die erste Generation von Muslimen (*al-sahaba*), die zur Zeit des Propheten Muhammad gelebt hat sowie die zwei, die danach folgten (*al-tabi'un* sowie *tabi' al-tabi'in*).

2.1. Zur Konzeptualisierung der Salafiyya

Die Salafiyya wird als eine Gemeinde beschrieben, die sich auf die frommen Altvorderen (*al-salaf al-salih*) beruft. Jedoch bezeichnet sich ein jeder Muslim selbst gleichermaßen als ein Anhänger der frommen Altvorderen, da vom Propheten Muhammad überliefert ist, dass: „[d]ie besten Menschen [...] die [sind], die in meiner Generation leben, dann die, die diesen folgen, und dann die, die den Letzteren folgen. Dann werden Menschen erscheinen, die Zeuge sein werden bevor sie Eide leisten und Eide leisten werden bevor sie Zeuge sein werden."[8]

In den vergangenen Jahrhunderten tauchten immer wieder islamische Gruppen und Bewegungen auf, die sich dieser prophetischen Tradition (*hadith*) in besonderem Maße verschrieben hatten und eine Rückbesinnung auf das Islamverständnis der *salaf al-salih* forderten. Eine solche war und ist die saudische Wahhabiyya-Bewegung[9]. Ihre Anhänger, die sogenannten Wahhabis, orientieren sich an gleichen rechtlichen Grundlagen wie die Salafiyya.[10] Anhand weiterer organisatorischer und ideologischer Gemeinsamkeiten lässt sich deshalb feststellen, dass es sich bei der Wahhabiyya-Bewegung und Salafiyya nicht, wie oft angenommen, um zwei unterschiedliche, sondern um ein und dieselbe Bewegung handelt. So verstehen beide den Rat der Höchsten Religionsgelehrten (*hay'at kibar al-'ulama'*) als die höchste religiöse Autorität (*marja'iyya*) und folgen Gelehrten wie ʿAbd al-ʿAziz ibn Baz (gest. 1999) und Muhammad ibn Salih al-ʿUthaymin (gest. 2001), die diesem Rat angehört haben. Saudi Arabien ist dabei das Epizentrum beider Bewegungen. Es lässt sich feststellen, dass alle salafistischen Religionsgelehrten in Deutschland ihre religiöse Ausbildung zumindest teilweise im saudischen Königreich erfahren oder ihre Ausbildung unter jemandem genos-

---

[8] Muhammad al-Bukhari: Sahih al-Bukhari Volume 4, Buch 57, Nummer 3, 1959.
[9] Im 18. Jahrhundert formten Muhammad Ibn ʿAbd al-Wahhab (gest. 1792) und Muhammad ibn Saʿud (gest. 1765), ein saudischer Emir, eine Allianz, welche letzterem das Recht zuerkannte, der politische Führer eines zukünftigen Staates zu sein, der sich auf al-Wahhabs Lesart des Islams berufen sollte. Seit dem Fund von Erdöl und den sich daraus ergebenden finanziellen Möglichkeiten investiert der saudi-arabische „Rentier-Staat, in die Verbreitung der wahhabitischen Ideologie. Vgl. Hazem Beblawi and Giacomo Luciani: The Rentier State, London 1987.
[10] Abul-Hasan Maalik al-Akhdar: In Defense of Islam: In Light of the Events of September 11th, Toronto 2002, S. 26.

sen haben, der in Saudi Arabien ausgebildet wurde. Trotz dieser offensichtlichen Gemeinsamkeiten lehnen Anhänger der Salafiyya die Selbstbezeichnung *Wahhabi* ab.

Die Salafiyya und somit auch die saudische religiöse Gemeinschaft zielt auf die Bereinigung des Islams von „unerlaubten Neuerungen" durch Imitation der frommen Altvorderen ab. Dies geschieht sowohl auf einer spirituellen als auch auf einer Verhaltensebene und ist einem zentralen Topos unterstellt: der Einheit Gottes (*tauhid*), der in der Frage der Bekehrung (*da'wa*) genauso Rechnung zu tragen ist wie im Rahmen der Bildungsarbeit (*tarbiyya*).[11] Die Anhänger der salafistischen Glaubenslehre sehen sich als Teil der „geretteten Sekte" (*al-firqat al-najiyya*). Sie folgen damit einer Idee, die beispielsweise in einer Tradition (*hadith*) begründet ist, die von Abu Dawood (2/503) übermittelt wurde und festhält, dass „[...] diese *Umma* [...] in 73 Sekten zerfallen [wird] von denen alle, bis auf eine, zur Hölle fahren werden, und jene [die gerettete Sekte] sind die, die sich auf mich [den Propheten] und meine Gefährten berufen."[12] Salafisten sehen sich somit als Teil einer besonderen Gemeinde im Islam und nehmen sich die ersten Muslime zum Beispiel. Aus welchen Komponenten setzt sich aber nun die salafistische Glaubenslehre zusammen, und worin bestehen die Unterschiede zu anderen islamischen Glaubenslehren? Die drei religiösen Konzepte *tauhid*, *bid'a* und *al-wala' wa'l-bara* stehen im Mittelpunkt der salafistischen Glaubenslehre.

Das Konzept der Einheit Gottes (*tauhid*) ist ein gemeinsames Merkmal aller Strömungen des Islams. Jeder Muslim bekennt sich dazu, indem er das islamische Glaubensbekenntnis (*al-schahada*) aufsagt. In der Frage, wie streng der *tauhid* ausgelegt wird, bestehen jedoch zum Teil erhebliche Unterschiede. Salafisten wenden im Gegensatz zu anderen Muslimen das Konzept nicht nur auf ihr religiöses Leben, sondern auch

---

[11] Muhammad Nasir al-Din al-Albani (gest. 1999) ein weiterer wichtiger Religionsgelehrter der Salafiyya, der sich auf das Studium von *ahadith* (Plural von *hadith* – prophetische Tradition) spezialisiert hat, stellt die Bedeutung von Bereinigung und Bildungsarbeit heraus. Siehe dazu: Muhammad Nasiru 'd-Din al-Albani: Tasfiya and Tarbiya: Purification and Cultivation: And the Need Which the Muslims Have for Them, London 2004.
[12] Salafi Aqeedah: Hadith 73 sects, unter: http://goo.gl/Vgi77r (05. April 2012).

auf ihr weltliches Leben an.[13] Dabei beinhaltet das Konzept drei Komponenten[14] und impliziert, dass es nur eine religiöse Wahrheit (*haqq*) gibt, was wiederum dazu führt, dass Salafisten es ablehnen, islamischen Rechtsschulen (*madhahib*, Sing.: *madhhab*) blind zu folgen. Dies würde ihrer Meinung einer Imitation (*taqlid*[15]) unterschiedlicher Auffassungen von islamischen Glaubenslehren gleichkommen, was wiederum die Vorstellung nur einer religiösen Wahrheit konterkarieren würde. Diese Abkehr von der religiösen Wahrheit, wie sie im Koran, in den prophetischen Traditionen und dem Konsens (*ijma'*) der frommen Altvorderen festgelegt wurde, würde Polytheismus (*shirk*[16]) bedeuten und die Spaltung der muslimischen Gemeinde (*umma*) nach sich ziehen.[17]

Das zweite Konzept, welches besondere Bedeutung für die Salafiyya besitzt, sind Innovationen (*bid'a*). Hierzu zählen in der Salafiyya beispielsweise das Feiern des Geburtstages des Propheten und andere Glaubenspraktiken, die erst nach dem Tode des Propheten Muhammad in den Islam eingeführt wurden. *Bid'a* haben nach Meinung der Salafisten *shirk* sowie Chaos und Divergenz (*fitna*) in der Umma nach sich gezogen, wodurch sich erklärt, weshalb Salafisten der Bekämpfung von Innovationen einen solch hohen Stellenwert beimessen.[18] Das Konzept von *bid'a* ist kein rein salafistisches, doch wird es von ihnen im Vergleich zu anderen Muslimen als umfassender und inklusiver interpretiert. Der Verweis auf *bid'a* wird von Salafisten genutzt, um ihr wörtliches Verständnis des

---

[13] Abd al-'Aziz b. 'Abdallah bin Baz: Essence of Tawhid and Shirk, unter: http://goo.gl/ECXf6g (27. November 2011). Mehr Informationen zum Verständnis von tauhid können hier gefunden werden: Muhammad b. Salih al-'Uthaymin: What You Must Believe about Your Creator, unter: http://www.qsep.com/books/creator.html (20. November 2011); Muhammad b. Salih al-'Uthaymin: Explaining the Fundamentals of Faith, unter: http://goo.gl/rjll6D (22. November 2008); Abu Ameenah Bilal Philips: Die Bereiche des Tauhid, unter: http://goo.gl/2XdIIT (2006).

[14] Einzigkeit der göttlichen Herrschaft (*tauhid al-rububiyya*), Einzigkeit des göttlichen Wesens (*tauhid al-uluhiyya*), und Einzigkeit der göttlichen Namen und Attribute (*tauhid al-asma wa'al-sifat*).

[15] Muhammad b. Salih Al-'Uthaymin: The Methodology of the Salaf Concerning Ijtihad and Taqlid, unter: http://www.spubs.com/sps/sp.cfm?subsecID=MNJ06 (25. Oktober 2013).

[16] Formen von Polytheismus sind beispielsweise das Anbeten von Gräbern, Götzen (*taghut*), das unkritische Folgen von Religionsgelehrten oder *A'imma* (Plural von *Imam*) wie im Sufismus und Schiismus.

[17] Abd al-'Aziz b. 'Abdallah bin Baz: Essence of Tawhid and Shirk; 2. Teil, 2011, S. 19; Taqi ad-Din Ibn Taymiyya: The Classical Works: Aqeedatul-Waasitiyyah, unter: http://goo.gl/ycggWR (25. Oktober 2013).

[18] Abd al-'Aziz b. 'Abdallah bin Baz: Excusing Ignorance and Ruling on the Ignorant of Tawhid (Fatwa No. 4154), unter: http://goo.gl/Yot5XE (25. Oktober 2013).

Erlaubten und des Verbotenen zu stärken. Dies macht sich beispielsweise in ihrer Ablehnung jedweder „menschengemachter" Gesetze bemerkbar.

Das religiöse Konzept von der Loyalität und Abgrenzung (*al-wala' wa'l-bara'*) wurde bereits in der vorislamischen Zeit genutzt, um die Stammesbeziehungen auf der Arabischen Halbinsel zu organisieren.[19] Im 19. Jahrhundert wurde das Konzept von saudischen Religionsgelehrten aufgegriffen und rückte durch islamische Rechtsgutachten (*fatawa*, Sing.: *fatwa*) in das Zentrum des salafistischen Weltbilds.[20] Im salafistischen Verständnis bedeutet *al-wala' wa'l-bara'* „[...] Ungläubige zu hassen und Feindseligkeit gegenüber den Ungläubigen (*kuffar*, Sing.: *kafir*) zu zeigen [und] keine Zuneigung zu zeigen, oder sie als Freunde zu nehmen."[21] Während *al-bara* spezifiziert, dass Gläubige sich von Ungläubigen abgrenzen sollen, fordert *al-wala'* dass man loyal zu Glaubensbrüdern sein, sich ausschließlich mit diesen umgeben und bedingungslose Liebe für Allah, seinen Propheten und die eigene Religion empfinden solle. Kontakte mit Christen und Juden werden abgelehnt, da auch sie in *shirk* enden würden. Gewalt als Ausdruck der Feindschaft wird jedoch von salafistischen Religionsgelehrten kategorisch abgelehnt.[22] Die Interpretation dieser religiösen Konzepte folgt einem konservativen Ansatz zum islamischen Recht und basiert auf einer wörtlichen Auslegung von Koran und Sunna. Dies wiederum hat Auswirkungen auf das Alltagsleben der Gemeinde, was sich vor allem in Bezug auf Fragen zu Politik, Freizeit und Frauen bemerkbar macht.

Die politische Theorie der Salafiyya besteht aus zwei Komponenten. Erstere besteht in der grundlegenden Ablehnung westlicher politischer Konzepte wie Wahldemokratien.[23] In Bezug auf die damit verbundene

---

[19] Joas Wagemakers: The Transformation of a Radical Concept. Al-Wala' Wa-l-Bara' in the Ideology of Abu Muhammed al-Maqdisi, in: Roel Meijer (Hg.): Global Salafism: Islam's New Religious Movement. London, 2009, S. 81-106, hier 82 f.

[20] Uriya Shavit: The Polemic on al-wala' wa'l-bara' (Loyalty and Disavowal): Crystallization and Refutation of an Islamic Concept, in: Journal of South Asian & Middle Eastern Studies, 36, 3, o. O., 2013, S. 24-49, hier 2, 11 f.

[21] Abd al-'Aziz b. 'Abdallah bin Baz: Shaykh bin Baz Corrects Shaykh Al-Azhar on Wala' Wa Baraa'—Loyalty & Disavowal in Islam, unter: http://goo.gl/Dcdhu9 (1. Dezember 2013).

[22] Abd al-'Aziz b. 'Abdallah bin Baz: Students' Question and Answer Session at Al-Faraby Preparatory School, Riyadh, with His Eminence Shaykh Ibn Baz, unter: http://goo.gl/qy6yfh (3. November 2013). Muhammad Salih Al-Munajjid: Principles and Guidelines for Muslims' Relations with Non-Muslims: We Want to Know in Detail How Muslims Regard Non-Muslims, and How They Should Deal with Them According to Islamic Sharee'ah?, unter: http://islamqa.info/en/ref/26721 (04. November 2013).

[23] Al-Tibyan Publications: The Doubts Regarding the Ruling of Democracy In Islam, unter: http://goo.gl/zrI4Cg (4. November 2013).

Ablehnung der Partizipation am politischen Prozess muss jedoch eine Einschränkung vorgenommen werden. Rechtsgutachten salafistischer Gelehrter stellen heraus, dass für muslimische Minderheiten in Mehrheitsgesellschaften das islamische Recht für Minoritäten (*fiqh al-aqalliyyat*) zum Tragen kommt. Dieses weicht die Ablehnung westlicher politischer Konzepte auf und legitimiert politische Partizipation[24] im Sinne des Islams. Der Hintergrund ist, dass die Teilnahme am politischen Prozess als Möglichkeit gesehen wird, die allgemeine Situation der Muslime zu verbessern und somit islamische Interessen zu bedienen. Im Rahmen der Feldforschung wurde dieser pragmatische Ansatz von Interviewpartnern, die der Salafiyya zuzurechnen sind, bestätigt. Die zweite Komponente der politischen Theorie der Salafiyya stellt die Pflicht dar, dem politischen Führer (*wali al-amr*[25]) zu folgen. Angewendet auf die religiös-juristischen Verpflichtungen von muslimischen Minderheiten in Mehrheitsgesellschaften bedeutet dies, den gesetzlichen Rahmenbedingungen des Immigrationslandes Folge zu leisten. Vor diesem Hintergrund ist es Muslimen auch geboten, Nicht-Muslime respektvoll und gerecht zu behandeln. Muslime sind zudem aufgerufen, Nicht-Muslime nicht zu bekämpfen oder Gewalt gegen sie auszuüben. Dies begründet sich zudem in dem Verbot, Unschuldigen Leid zuzufügen.[26] Eine weitere religiös-juristische Verpflichtung, die die Befolgung der gesetzlichen Rahmenbedingungen des Empfängerlandes fordert, ist die Sorge um das Wohlbefinden und den Schutz der Interessen (*maslaha*)[27] der muslimischen Gemeinschaft (*umma*). Die dritte Begründung ist die religiös-juristische Verpflichtung der Vertragserfüllung. Ein Visum beispielsweise stellt einen solchen Vertrag dar und muss demzufolge eingehalten werden.

---

[24] The Permanent Committee for Scholarly Research and Ifta': Establishing Islamic Parties in Secular Countries (The Ninth Question of Fatwa No. 5651), unter: http://goo.gl/euVQIb (5. November 2013).

[25] Muhammad b. Salih al-'Uthaymin: Shaykh Ibn 'Uthaymeen about the Arab Rulers, unter: http://goo.gl/cJwsnr (1. November 2013); Abd al-'Aziz b. 'Abdallah Bin Baz: Questions and Answers Concerning the Muslim Rulers, unter: http://goo.gl/Gjl4Hp (1. November 2013).

[26] Sheikh Muḥammad bin 'Abdallah as-Ṣabil, ein Vertreter des Hayat al-Kibar al-'Ulama' hat verfügt, dass es nach islamischem Recht unzulässig ist, unschuldige Zivilisten zu töten. Vgl. Haim Malka: Must Innocents Die? The Islamic Debate over Suicide Attack, unter: http://goo.gl/yP7VZ3 (1. November 2013).

[27] Maslaha beschreibt die Berücksichtigung des allgemeinen Interesses in der islamischen Rechtswissenschaft (fiqh). Vgl. Felicitas Obvis: Islamic Law and Legal Change. The Concept of Maslaha in Classical and Contemporary Islamic Legal Theory, in: Amanat Abbas and Frank Griffel (Hg.): Shari'a. Islamic Law in the Contemporary Context, Redwood City, 2007, S. 1-264, hier 62-82.

Mit dem Konzept des *wali al-amr* wird zum Ausdruck gebracht, dass der politische Führer nicht aufgrund einer unislamischen Tat gestürzt werden darf.[28] Eine Revolution darf nur durchgeführt werden, sollte er Apostasie (*ridda*) begehen. Dies geschieht, wenn er eine nach islamischem Recht verbotene Tat für rechtmäßig erklärt.[29] Außerdem muss nachgewiesen sein, dass die verbotene Tat vom Islam ausschließt. Nur dann kann die Exkommunikation (*takfir*) von einem Rechtsgelehrten durchgeführt werden.[30] Sollte jedoch ein solcher Fall nicht gegeben sein, ist es die Pflicht, dem politischen Führer in allen Entscheidungen zu folgen. So ist beispielsweise ein Waffengang illegitim, wenn die Zustimmung des *wali al-amr* nicht vorliegt.[31]

Die Legitimität der Anwendung von Gewalt wird im Islam wie in der Salafiyya kontrovers diskutiert. So wird zwischen defensiver und offensiver Gewalt zur Durchsetzung politischer Ziele unterschieden. Defensiver Dschihad, der die Zustimmung des politischen Führers voraussetzt, kann im Falle eines Angriffs muslimischer Länder legitimiert werden. Offensiver Dschihad hingegen, welcher dem Terrorismus dient, wird kategorisch abgelehnt.[32] Offensive Gewalt wird als ein unislamischer, „zerstörerischer Prozess" angesehen, der nicht gegen andere Muslime gerichtet[33] sein und nur als Ultima Ratio zum Einsatz kommen darf, weshalb die Salafisten Usama bin Ladin (gest. 2011)[34] und Gewalt in der Umsetzung von *al-wala' wa'l-bara'* ablehnen. Folglich sind in der salafisti-

---

[28] Abd al-'Aziz b. 'Abdallah Bin Baz: Ibn Baz: Obeying Rulers Who Do Not Rule by the Sharī'ah, unter: http://goo.gl/yxjX1i (13. November 2013).

[29] Bin Baz, Abd al-'Aziz b. 'Abdallah: Imaam Ibn Baz on Imaan, Kufr, Irjaa' and the Murji'ah, unter: http://goo.gl/kzscxi (13. November 2013).

[30] Salih 'Abd Allah Al-Fauzan: Shaykh Salih Al-Fawzaan On Those Who Ought To Pronounce *Takfir* and Establish the *Hadd* Punishment, unter: http://www.spubs.com/sps/sp.cfm?subsecID=MNJ09 (12. November 2013).

[31] Abul-Hasan Maalik Al-Akhdar: In Defense of Islam, S. 33.

[32] „Those who strike or kill people without any proof from the Sharee'ah; they are the terrorists; the ones who spread the corruption. They are the ones who diminish security and corrupt regimes". Vgl. dazu Abd al-'Aziz b. 'Abdallah Bin Baz: The Meaning of Terrorism and Extremism, unter: http://www.troid.ca/media/pdf/terrorismandextremism.pdf (8. September 2004).

[33] Al-Madkhalee zitiert in Abul-Hasan Maalik al-Akhdar: In Defense of Islam, S. 28.

[34] "So they fall into this sinful crime (the sin of terror) without (finding) anything in the religion to impede them or any concern for any leader or rhymes from the creator or mercy for the creation, because they have sold their souls to the devil, the one of enmity to the human and the Jinn, obediently and by choice so evil is this transaction of theirs, and wicked is this action. For they have traded guidance for misguidance and forgiveness for punishment (al-Madkhali, al-Irhab [Terrorism], zitiert in Abul-Hasan Maalik al-Akhdar: In Defense of Islam, S. 68.

schen Gemeinde politischer Gehorsam, die Ablehnung von offensiver politischer Gewalt, *takfīr* und *al-walaʿ waʾl-baraʿ* eng miteinander verbunden und bauen aufeinander auf.

Neben der Politik bildet die Freizeit eine weitere Alltagssituation, in der sich die wörtliche Auslegung der heiligen Schriften der Salafiyya bemerkbar macht. Sei es der Genuss audiovisueller Medien[35], der nicht religiösen Zwecken dient, oder das Betreiben von Sport;[36] alle in diese Kategorien fallenden Aktivitäten distanzieren (in der Auffassung der Salafisten) den Muslim vom wahren Islam. Sie führen zu unerlaubtem sexuellen Verkehr (*zina*) und schlussendlich zu *fitna*.[37] Anstelle solcher Aktivitäten solle der Muslim, nachdem er seine täglichen Pflichten erfüllt hat, die eigene Zeit nutzen, um Gott näher zu kommen, und das vom Aufstehen bis zum Zubettgehen.[38] Der Freizeitbeschäftigung wird somit eher ablehnend gegenübergestanden, es sei denn, sie erfüllt einen glaubensrelevanten Zweck.

Die Position der Salafiyya in Fragen der Geschlechterrollen ist ebenfalls konservativ,[39] da sie eine strikte Trennung zwischen den Geschlechtern umzusetzen sucht, die den Rollenmodellen der Arabischen Halbinsel des siebten Jahrhunderts entsprechen und bis heute bedient werden. Männer werden als Versorger der Familie angesehen[40] und physisch wie intellektuell als überlegen betrachtet, weshalb es die Pflicht der Frau sei,

---

[35] Fernsehen führt zu zina des Auges, während das Musik hören zu zina des Ohres führt. Das angewendete Narrativ stützt sich auf eine Überlieferung von al-Bukhari: "The zina of the eye is looking, the zina of the tongue is speaking; the soul longs and wishes, and the private part confirms that or denies it (Muhammad Salih al-Munajjid: Ruling on watching Arabic and foreign movies and soap operas, and the ruling on listening to music, unter: http://islamqa.info/en/ref/125535 (15. November 2013))."

[36] Abd al-ʿAziz b. ʿAbdallah Bin Baz: A Doubtful Matter That Should Be Refuted, unter: http://goo.gl/mXy4hD (15. November 2013).

[37] Muhammad Salih al-Munajjid: Ruling on Watching TV. Is Watching TV Permitted in Islam? If so under What Conditions? (Fatwa No. 3633), unter: http://islamqa.info/en/3633 (1. Dezember 2013).

[38] Muhammad Salih al-Munajjid: The Islamic answer to the leisure problem. What is the Islamic answer to the leisure problem, unter: http://islamqa.info/en/ref/2267 (1. Dezember 2013).

[39] Ein Beispiel bilden die Bekleidungsvorschriften für Frauen. Salafisten halten neben dem Gesichtsschleier (niqab) auch eine Vollverschleierung für vorgeschrieben, da alle Stellen des weiblichen Körpers, bis auf die Hände und Füße als intime Stelle (ʿawra) gelten. Vgl. The Permanent Committee for Scholarly Research and Ifta: Islamic Dress Code for Women: Fatwa No. 11253, unter: http://kurzer-url.ch/oh7s19 (1. Dezember 2013).

[40] Vgl. Koran *Sura al-Nisaʾ* 4:34.

dem Mann zu gehorchen.⁴¹ Hier muss jedoch ergänzend angeführt werden, dass Salafisten nicht die einzigen Muslime mit einem konservativen Rollenverständnis sind.

2.2. Dschihadi-Salafiyya

Der Begriff der Dschihadi-Salafiyya wurde erstmals in den frühen 1990ern von Abu Muhammad al-Maqdisi artikuliert.⁴² Er beschreibt eine muslimische Gruppe, die Gewalt als Mittel anerkennt, um den Islam von Neuerungen zu befreien und *tauhid* herzustellen.⁴³ Die ideentheoretischen Grundlagen des Dschihadismus und des dschihadistischen Salafismus bilden die von Sayyid Qutb umgedeuteten Konzepte der *Dschahiliyya* und der vollkommenen Herrschaft Gottes (*tauhid al-hakimiyya*⁴⁴), die vor allem in Bezug auf die Legitimität politischer Herrschaft wichtig sind. Qutb verknüpfte *tauhid al-hakimiyya* mit dem Konzept der Exkommunikation von Muslimen (*takfir*), um so den Umsturz von vermeintlich unislamischen Herrschern zu legitimieren. Der Begriff der *Dschahiliyya*, der in seiner ursprünglichen Bedeutung auf die vorislamische Zeit verweist, beschreibt laut Qutb nicht nur eine Periode, sondern jede Situation, in welcher der Islam nicht praktiziert wird.⁴⁵

Wie bereits festgehalten, legitimieren muslimische Gelehrte Gewalt zur Durchsetzung defensiver politischer Ziele als individuelle Pflicht (*fard al-'ayn*). Dschihadistische Salafisten jedoch legitimieren darüberhinaus offensive Gewalt und sehen diese als kommunale Pflicht (*fard al-kifaya*) an.⁴⁶ Die Gründe für die Legitimation offensiver Gewalt sind vielfältig, Kernargumente jedoch sind die Beendigung von Unglauben sowie

---

41 Vgl. Koran Sura al-Baqara 2:228, paraphrasiert in Muhammad Salih al-Munajjid: Does Islam regard men and women as equal? Is there a mention of the equality of women in the Qur'an, unter: http://islamqa.info/en/ref/1105 (1. Dezember 2013).
42 Thomas Hegghammer: Jihadi-Salafis or Revolutionaries? On Religion and Politics in the Study of Militant Islamism, in: Roel Meijer (Hg.): Global Salafism, S. 251.
43 Najdee Ad-Durar as-Saniyyah, Volume of Jihad: 238 zitiert in Abu Muhammad al-Maqdisi: Millat Ibrahim (The Religion of Ibrahim). And the Calling of the Prophets and Messengers and the Methods of the Transgressing Rulers in Dissolving It and Turning the Callers Away from It, unter: http://goo.gl/3INIMg (1984).
44 Ursprünglich wurde das Konzept von Sayyid Abu-l-a'la Mawdudi (gest. 1979) entwickelt. Es bedeutet übersetzt, dass die Gesetzgebung (tashri') und Urteilsfällung (hukm) nur ihm gebührt.
45 Sayyid Qutb/M. A. Salahi/A. A. Shamis: In the Shade of the Qur'an (Fi Dhilal Al Qur'an), London 1979.
46 Vgl. „A group of people from my umma will continue to fight in obedience to the Command of Allah, remaining dominant over their enemies." Muhammad al-Bukhari: Sahih

die Herbeiführung einer wahrhaft islamischen Gesellschaft. Demzufolge ist der Ansatz der dschihadistischen Salafiyya zu politischer Gefolgsamkeit ein anderer als der der Salafiyya. Wird ein politischer Führer zu einem Ungläubigen, da er beispielsweise menschengemachte Gesetze (*qawanin wadiyya*) erlässt oder ihnen folgt, erlischt die Pflicht der politischen Gefolgsamkeit und es wird zur Pflicht, ihn mit allen Mitteln zu stürzen. Der Unterschied hier ist, dass dschihadistische Salafisten den politischen Führer aufgrund dieser Taten zum Ungläubigen erklären, was den Dschihad gegen diesen legitimiert, während Salafisten ihn nicht allein aufgrund seiner Taten zum Ungläubigen erklären würden.[47]

Die revolutionäre (*kharijitische*) Lesart stellt im Großen und Ganzen die Grundlage für die dschihadistisch-salafistische Herangehensweise an die Exkommunikation von Glaubensbrüdern (*takfir*) dar. Sie beschreibt, dass der Glaube (*al-iman*), der einen Muslim zum wahren Gläubigen macht, sowohl aus seinem inneren Glauben an Allah und seine Gesetze sowie aus seinen Handlungen in Übereinstimmung mit der *shari'a* besteht. Somit ist die Definition von Glauben enger gefasst als bei den gemäßigten „Aufschiebern" (*murji'a*), die nur den Glauben in Übereinstimmung mit dem muslimischen Recht als notwendig erachten, um als wahrhaftiger Muslim bezeichnet zu werden.[48] Während das Trinken von Alkohol oder die wiederholte Unterlassung des Gebets im dschihadistisch-salafistischen Verständnis als Ausschlusskriterium aus dem Islam angesehen wird, ist dies im salafistischen Verständnis nicht der Fall. Das Konzept des *takfir* ist auch im dschihadistischen Salafismus eng mit *al-wala' wa'l-bara'* verbunden, wobei es nach Al-Maqdisi gilt, Apostaten nicht nur zu hassen, sondern mit Dschihad zu bekämpfen.[49]

Die dschihadistisch-salafistische Lesart unterscheidet sich nicht nur in Bezug auf politische Gefolgsamkeit vom salafistischen Verständnis,

---

Muslim: Kitab al-Imara 4721, zitiert in Abu Muhammad al-Maqdisi: *Millat Ibrahim* (The Religion of Ibrahim). And the Calling of the Prophets and Messengers and the Methods of the Transgressing Rulers in Dissolving It and Turning the Callers Away from It, unter: http://archive.org/stream/MiletuIbrahim/Millat_Ibrahim_-_English_djvu.txt (1984).

[47] Joas Wagemakers: Protecting Jihad: The Sharia Council of the Minbar al-Tawhid wa-l-Jihad, in: Middle East Policy, 18, 2, o.O., Sommer 2011, S. 148–162.

[48] Quintan Wiktorowicz: Anatomy of the Salafi Movement, in: Studies in Conflict & Terrorism, 29, o.O., 2006, S. 207-39, hier S. 226

[49] Vgl. Joas Wagemakers: The Transformation of a Radical Concept. Al-wala' wa-l-bara' in the Ideology of Abu Muhammed Al-Maqdisi, in: Roel Meijer (Hg.) Global Salafism, S. 95.

sondern auch hinsichtlich des Einhaltens von Verträgen, was in ihrer Ablehnung von westlichen politischen Konzepten und politischer Gefolgsamkeit (*wali al-amr*) begründet ist. Visa beispielsweise stellen somit keine islamrechtlich relevanten Verträge für sie dar und müssen deshalb nicht befolgt werden.

3. Sind alle muslimischen Terroristen in Deutschland Salafisten? Ein Profiling

Im Zuge der Beantwortung der Forschungsfrage wird hier eine Konstruktion der Analyseeinheit „salafistische Moschee" vorgenommen. Eine Moschee ist als salafistisch kategorisiert, wenn das Kriterium der Anerkennung des saudischen Rates der Höchsten Religionsgelehrten als die höchste religiöse Autorität (*marja'iyya*) erfüllt wurde. Als Indikator dient dabei unter anderem die Befolgung der *fatawa* dieses Rates, oder die Aussage, dass man diesem Rat folge. Ein weiterer Hinweis auf eine salafistische Gesinnung ist die Buchhandlung bzw. die Bibliothek der Moschee, falls diese vorrangig über Schriften saudischer Religionsgelehrter verfügt. Dieses Kriterium jedoch muss durch ein weiteres, beispielsweise (Freitags-)Predigten, bestätigt werden, da es alleinstehend nicht aussagekräftig genug ist. Predigten gelten als Indikator für eine salafistische Ausrichtung, wenn sie Konzepte wie *al-wala' wa'l-bara'* behandeln. Regelmäßige Gastauftritte saudischer Gelehrter oder Gelehrter mit (direkter oder indirekter[50]) saudischer Religionsausbildung in den jeweiligen Moscheen sind ein weiteres Indiz, das nicht alleine, sondern immer in Kombination mit einem der beiden letztgenannten Kriterien auf eine salafistische Ausrichtung schließen lässt. Die Konstruktion der Analyseeinheit unterlag dabei den Erkenntnissen intensiver Feldforschung. Aufgrund der Beobachtungen in Moscheen, die sich in der salafistischen Ideologie verorten ließen, wurde der genannte Kriterienkatalog erstellt. Nichtsdestotrotz ist die Anwendung der Analyseeinheit nicht vor Ungenauigkeiten gefeit, da sie nicht die Häufigkeit der Mo-

---

50 Indirekte saudische Religionsausbildung verweist hier auf einen Studenten eines saudischen Gelehrten außerhalb Saudi Arabiens.

scheebesuche analysiert, sondern bereits der einmalige Besuch einer solchen Moschee dem Gläubigen eine salafistische Neigung unterstellt und ihn letztendlich als Salafisten kategorisiert.[51]

In der Auswertung der Moscheezugehörigkeit stellen 60 von 110 Dschihadisten den Untersuchungsgegenstand dar. 50 Dschihadisten mussten ausgeschlossen werden, da entweder aufgrund fehlender Informationen keine oder keine klare Moscheezugehörigkeit festgestellt werden konnte, die affiliierte Moschee nicht in Deutschland liegt, oder die Angaben der Moscheezugehörigkeit nicht eindeutig zu belegen waren. In all diesen Fällen konnte also die Zugehörigkeit nicht durch glaubwürdige Quellen bestätigt werden. Insgesamt frequentierten die untersuchten Personen insgesamt 30 Moscheen. Davon konnten vier[52] als eindeutig salafistisch, zwei weitere als dschihadistisch-salafistisch bewertet werden.[53] Neben den sechs als salafistische Moscheen klassifizierten muslimischen Glaubenshäusern wurden in der öffentlichen Debatte (Medienberichte, staatliche und wissenschaftliche Publikationen) elf weitere Moscheen diesem Spektrum zugeordnet. Diese Einschätzung hielt einer Überprüfung durch den Kriterienkatalog jedoch nicht stand, weshalb diese Glaubenshäuser als nicht-salafistisch bewertet und klassifiziert wurden. Moscheen, die in der öffentlichen Debatte als nicht-salafistisch beschrieben wurden und die Kriterien nicht erfüllten, wurden ebenfalls als nicht-salafistisch gelistet. Die 24 verbliebenen Moscheen beinhalten eine Mischung arabischer, deutscher sowie dreier türkischer Kulturvereine, wobei vor allem die Anzahl arabischer Vereine heraussticht.[54]

Die sechs salafistischen Moscheen wurden von insgesamt 22 Dschihadisten besucht. Diese 22 stellen insgesamt 36,7% der deutschen Dschihadisten dar, deren Zuordnung zu einer bestimmten Moschee möglich war. Im Sample von 110 untersuchten Personen wiederum stellen die Salafisten 20%. Die Gesamtgröße der salafistischen Gemeinde in

---

[51] Diese Vorgehensweise ist der Tatsache geschuldet, dass es für die Mehrheit der Dschihadisten unmöglich war, festzustellen, in welcher Häufigkeit Moscheevereine besucht wurden.

[52] *Al-Muhsinin* Moschee Bonn, *al-Nur* Moschee Berlin, *al-Sahaba* Moschee Berlin und das Islamische Informationszentrum (IIZ) Ulm. In der Feldforschung wurden die *al-Muhsinin*-, die *al-Nur*- und die *al-Sahaba*-Moschee besucht.

[53] Multikulturhaus (MKH) Neu-Ulm und die *al-Quds* Moschee Hamburg (später al-*Taiba* Moschee).

[54] Bis auf sechs Moscheen waren alle Moscheen entweder Arabisch geprägt oder zumindest die Sprache der Predigt war Arabisch.

Deutschland wird mit 4.000[55] bis 10.000[56] angegeben. Die Salafisten machen innerhalb der 3,8 bis 4,3 Millionen in Deutschland lebenden Muslime[57] demzufolge einen Anteil von gemittelt 0,17%[58] oder 7.250 Personen aus. Der Anteil der 38 Islamisten ohne salafistischen Hintergrund am Untersuchungsgegenstand von 60 Personen, für die eine Zuordnung zu einer Moschee möglich war, ist 63,3%. Im Sample der 110 Dschihadisten stellen sie einen Anteil von 34,6%. Die Gesamtzahl der Islamisten in Deutschland wird vom deutschen Verfassungsschutz mit 38.080[59] angegeben. Dies entspricht 0,93% der muslimischen Gesamtbevölkerung in Deutschland.

Absolut ist die Anzahl der nicht-salafistischen Dschihadisten fasst doppelt so groß, wie die der dschihadistischen Salafisten (38 zu 22). Um Aussagen zum Verhältnis der Radikalisierungspotentiale treffen zu können, müssen die Ergebnisse der Auswertung der Moscheezugehörigkeiten jedoch in Kontext zur Größe der jeweiligen Gruppe innerhalb der deutschen Gesellschaft gesetzt werden. Der Anteil der 38 nicht-salafistischen Dschihadisten an den Islamisten in Deutschland ist 0,1%[60], während die 22 salafistischen Dschihadisten einen Anteil von 0,3% der Salafisten in Deutschland ausmachen. Damit zeigt sich, dass, auch wenn die Diskrepanz verschwindend gering ist, der Anteil der Dschihadisten im salafistischen Milieu etwas höher ist, als der Anteil der Vergleichsgruppe. Strenggenommen muss die zentrale Forschungsfrage dennoch

---

[55] Nina Wiedl: Die Geschichte des Salafismus, o.O. (Manuskript), 2013.
[56] Einschätzung von Dr. Guido Steinberg in seinem Vortrag: Fremde in Kuffaristan? Salafismus in Deutschland, vom 2. Februar 2013 in der Philipps Universität Marburg. Siehe dazu den Veranstaltungshinweis auf der Homepage des Centrums für Nah- und Mitteloststudien der Philipps-Universität Marburg, unter: http://goo.gl/tCvaKB (25. September 2013).
[57] Deutsche Islamkonferenz: Etwa 4 Millionen Muslime in Deutschland, unter: http://goo.gl/lJz3zK (2011).
[58] Um diesen Wert zu erhalten, muss zuerst ein exakter Wert für die Zahl der Salafisten in Deutschland errechnet werden. Dazu wird, auf Basis der Angaben von Nina Wiedl (4.000-5.000, das arithmetische Mittel daraus beträgt 4.500) und Dr. Guido Steinberg (10.000) zur ungefähren Zahl der Salafisten in Deutschland, das arithmetische Mittel berechnet. Das arithmetische Mittel von 7.250 muss nun in Relation zur Anzahl der Muslime in Deutschland gestellt werden. Dafür ist die Berechnung des arithmetischen Mittels der deutschen Muslime notwendig – 4,1 Millionen. In Beziehung zueinander gestellt, ergibt sich ein Prozentsatz für die Salafisten innerhalb der Islamgemeinde in Deutschland von 0,17%.
[59] Bundesministerium des Inneren (Hg.): Verfassungsschutzbericht 2012, Berlin, 2013, S. 1-453, hier S. 232.
[60] 38 nicht-salafistische Islamisten aus der Gesamtzahl von 38.080 in Deutschland lebenden Islamisten.

angenommen werden: Es besteht somit eine höhere Wahrscheinlichkeit, dass ein Muslim, der eine salafistische Moschee besucht und demzufolge der salafistischen Glaubenslehre ausgesetzt ist, dschihadistisch aktiv wird, als ein Muslim der eine nicht-salafistische Moschee frequentiert. Die Aussage Hans-Peter Friedrichs, dass jeder Terrorist einen salafistischen Hintergrund habe, ist auf Grundlage der empirischen Auswertung jedoch nicht zu bestätigen.

Darüberhinaus ist nicht zweifelsfrei anzunehmen, dass Dschihadisten, die salafistische Moscheen besuchten, sich ausschließlich in diesen radikalisiert haben. Ein Mitglied des Vorstandes der *al-Muhsinin*-Moschee in Bonn bemerkte hierzu, dass die Radikalisierung Jugendlicher/Heranwachsender, die auch diese Moschee besuchten, über das Internet erfolgt. Inwieweit seine Angaben der Wahrheit entsprechen, kann nicht festgestellt werden. Jedoch ist festzuhalten, dass der Salafismus trotz seiner Ablehnung offensiver politischer Gewalt eine ideologische Basis für Radikalisierung und Extremismus bieten kann. Dafür verantwortlich sind vor allem die konservative Auslegung der *shari'a*, die vermittelten strikten Regeln sowie Disziplin und die Wahrnehmung einer höheren/übergeordneten Identität aufgrund der Zugehörigkeit zu einer ausgewählten Gruppe von Gläubigen im Zusammenhang mit einem dualistischen Weltbild, das von radikalen Kräften instrumentalisiert werden kann.[61] Selbiges gilt für das Konzept von Loyalität und Abgrenzung, das in originärer Form Gewalt ablehnt, aber ebenfalls für politisch-militante Zwecke instrumentalisiert werden kann. Durch die festgestellte Nähe der salafistischen und dschihadistisch-salafistischen Glaubenslehre ist es ein Einfaches für radikale Prediger, unerfahrene und ideologisch nicht gefestigte Muslime von einer gewaltablehnenden zu einer gewaltbefürwortenden Methodologie (*manhaj*) zu bewegen. Diese Empfänglichkeit hat diverse Gründe – einige sollen im folgenden Kapitel näher beleuchtet werden.

---

[61] Nina Wiedl: The Making of a German Salafiyya, The Emergence, Development and Missionary Work of Salafi Movements in Germany, Aarhus University 2012, S. 1-88, hier 31.

4. Der Prototyp eines deutschen Dschihadisten

In der empirischen Arbeit, die die Grundlage für diesen Artikel bildet, wurden die Dschihadisten in zwölf Kategorien verglichen. Bei der Betrachtung der Herkunft, Abstammung und Staatsangehörigkeit hat sich dabei herausgestellt, dass keine Korrelation eines dieser drei Aspekte mit Terrorismus/Dschihadismus[62] besteht. Das Setup des Samples der dschihadistisch aktiv gewordenen Muslime in Deutschland unterscheidet sich jedoch mal mehr, mal weniger stark von der Zusammensetzung der deutschen muslimischen Gemeinde. So sind Dschihadisten, deren Wurzeln in Nordafrika[63] liegen sowie Deutsche mit und ohne Migrationshintergrund[64] überrepräsentiert. Es ist außerdem eine Überrepräsentation aus Südasien[65], allen voran Afghanen[66] zu erkennen, wohingegen Südosteuropäer[67] einen verschwindend geringen Teil ausmachen und auch Muslime aus dem Nahen Osten[68] unterrepräsentiert sind. Dennoch

---

[62] Auch wenn Terrorismus nur eine Form des Dschihadismus darstellen kann, soll es hier als gleichbedeutend verstanden werden, da die hier betrachtete Form des Dschihadismus der Terrorismus ist. Für ausführliche Informationen zu diesem Thema, siehe: Bassam Tibi: Vom klassischen Djihad zum terroristischen Djihadismus – Der irreguläre Krieg der Islamisten und die neue Weltunordnung, in: Uwe Backes, Alexander Gallus und Eckhard Jesse (Hg.): Jahrbuch Extremismus und Demokratie, Band 14, Baden-Baden, 2002, S. 27–44.

[63] In der empirischen Analyse der deutschen Dschihadisten weisen 48,2% (52 Personen) eine nahöstliche Abstammung auf, wohingegen ihr Anteil in der deutschen muslimischen Gemeinde 73% beträgt (eigene Berechnung).

[64] Deutsche mit sowie ohne Migrationshintergrund machen 44,9% – 53 Personen (eigene Kalkulation basierend auf: Sonja Haug et al.: Muslimisches Leben in Deutschland, Nürnberg, 2011, S. 1-472, hier 76) der muslimischen Gemeinde in Deutschland aus, in dem Sample sind sie mit 49,1% überrepräsentiert.

[65] Südasiaten, was Afghanen und Pakistaner einschließt, machen 4,6% der deutschen muslimischen Gemeinde aus, sind jedoch für 11,1% der hier behandelten dschihadistischen Aktivitäten verantwortlich.

[66] Afghanen machen nur 2,6% der deutschen muslimischen Bevölkerung aus, sind aber für 9,7% (zehn Personen) der dschihadistischen Aktivitäten verantwortlich (eigene Berechnung).

[67] Ihr Anteil an der deutschen Gesellschaft beträgt 13,6%. Vgl. DIK: Abbildung 10: Muslime nach Herkunftsregionen, 2008, unter: http://goo.gl/TaiWNl (2008) wohingegen der Anteil der Dschihadisten, die eine derartige Abstammung aufweisen, nur ein Prozent (eine Person: Arid Uka) ausmachen.

[68] Darunter fallen sowohl deutsche Staatsangehörige als auch ausländische Staatsbürger, die im Nahen Osten geboren sind. Der Grund für die geringe Zahl an Türken ist, dass diese unter „Naher Osten" gelistet wurden.

sind vor allem Muslime mit marokkanischem[69], palästinensischem[70] sowie algerischem[71] Migrationshintergrund und generell Muslime aus dem arabischen[72] Kulturkreis weit häufiger in dem Sample vertreten, als es ihr Anteil an der deutschen muslimischen Gemeinde vermuten ließe. Obwohl Türken in dem Sample die zahlenmäßig größte Gruppe ausmachen, sind sie im Vergleich zu dem Anteil ihrer Ethnie an der deutschen muslimischen Bevölkerung unterrepräsentiert.[73]

Türkische Dschihadisten sind erst seit 2005 aktiv, vorher waren sie terroristisch nicht auffällig. Dies korreliert mit der Beobachtung, dass seit 2005 eine höhere Zahl deutscher Staatsbürger mit und ohne Migrationshintergrund in dschihadistische Aktivitäten verwickelt war.[74] Im Gegenzug sinkt die Zahl der Dschihadisten, die nicht über einen deutschen Pass verfügen. Dies ist zum Teil auch auf die 2005 reformierte Gesetzeslage – die Einführung des Aufenthaltsgesetzes[75] – zurückzuführen, welche die Einwanderung schwieriger gestaltet. Diese „Verdeutschung" zeigt sich ebenfalls bei Betrachtung der Afghanen und Konvertiten,[76] die ebenfalls stark überrepräsentiert und vornehmlich nach 2005 präsent sind. Konvertiten sind in diesem Sample sechsmal öfter vertreten als in

---

[69] Muslime marokkanischer Abstammung werden für 11,2% (zwölf Personen) der dschihadistischen Aktivitäten in diesem Sample verantwortlich gemacht, wohingegen sie nur einen Anteil von 4,8% ausmachen (eigene Berechnung).

[70] Muslime palästinensischer Abstammung machen in dem Sample 6,8% (sieben Personen) der Fälle aus, wobei ihr Anteil an der muslimischen Gemeinde in Deutschland nur circa 1,7% ausmacht.

[71] Algerische Muslime machen nach eigener Berechnung nur 0,3% der deutschen muslimischen Gemeinde aus, sind aber für 7,8% (acht Personen) der in dem Sample aufgeführten Fälle verantwortlich.

[72] Arabische Muslime machen einen Anteil von 47,6% (49 Personen) in dem Sample aus.

[73] 63% der deutschen muslimischen Bevölkerung sind türkischer Abstammung; vgl. DIK: Abbildung 10: Muslime nach Herkunftsregionen, 2008, unter: http://goo.gl/TaiWNl (2008). Ihr Anteil an dem Sample deutscher Dschihadisten jedoch beträgt nur 17,7% (26 Personen).

[74] Hierbei sind deutsche muslimische Staatsbürger mit und ohne Migrationshintergrund einbezogen, genauso wie soziologisch-muslimische Deutsche (Guido Steinberg: German Jihad: On the Internationalization of Islamist Terrorism, New York 2013, S. 1-320, hier 151), die zwar in Deutschland geboren und/oder aufgewachsen sind, jedoch keine deutsche Staatsbürgerschaft besitzen.

[75] Auswärtiges Amt: Zuwanderungsgesetz, unter: http://goo.gl/TI6u1 (23. Juli 2012).

[76] Konvertiten stellen ungefähr 1,4% der Muslime in Deutschland, was ungefähr 56,500 Personen entspricht. Basierend auf einer eigenen Berechnung in Anlehnung an Sabine Menkins: Muslimisches Leben und Konvertiten in Deutschland, unter: http://goo.gl/bZpUIu (06. April 2011). Ihr Anteil in diesem Sample beträgt jedoch fast zehn Prozent (9,2%).

der deutschen muslimischen Bevölkerung.[77] Ein weiterer Aspekt der „Verdeutschung" zeigt sich unter anderem darin, dass in der deutschen dschihadistischen Szene zwischen 2005 und 2013 durch deutschsprachige dschihadistische Literatur das Arabisch zunehmend zurückgedrängt wird. Weitere Gründe sind verstärkt auftretende deutschsprachige Prediger und die gestiegene Bedeutung und Anzahl deutschsprachiger dschihadistischer Internetseiten.[78] Die Folge ist der beschriebene Anstieg der deutschen Staatsbürger mit und ohne Migrationshintergrund, die dschihadistisch aktiv werden. Waren im Zeitraum bis 2005 nur zwölf Deutsche mit und ohne Migrationshintergrund für terroristische Aktivitäten verantwortlich, so lag die Zahl von 2005 bis 2013 bei 42 Personen. Die „Verdeutschung" geht einher mit einer ethnischen Pluralisierung des deutschen dschihadistischen Milieus ab 2005. Diese wird von Klaus Hummel[79] und Guido Steinberg[80] als Weiterentwicklung der Szene beschrieben.[81] Sie zieht eine sinkende Bedeutung des arabischen Einflusses nach sich und zeigt sich im quantitativen Rückgang arabischer Terroristen sowie dem Anstieg von Dschihadisten mit deutscher Staatsangehörigkeit. Waren in der Zeit von 1997 bis 2005 noch 81,6% (31 Personen) der Dschihadisten arabischer Abstammung, sind es nach 2005 nur noch 30% (18 Personen). Nichtsdestotrotz sind Dschihadisten arabischer Abstammung in dem Sample überrepräsentiert und stellen die zahlenmäßig größte ethnische Gruppe dar.

---

[77] Milena Uhlmann stellt in ihrer Diplomarbeit ebenfalls fest, dass Konvertiten empfänglich für radikale Auslegungen des Islam sind. Vgl. Milena Uhlmann: Konversion zum Islam und ihr gesellschaftlicher Kontext – Biographische Interviews deutscher Muslime, Potsdam, 2007, S. 1-69, hier 55-60). Tomislav Klarić hält fest, dass existentielle, religiöse oder Identitätskrisen sowie die Suche nach einer Vaterfigur die Ursache für Radikalisierung und Rekrutierung junger Konvertiten sein können. Vgl. Tomislav Karlić: Konvertiten als Jihadisten, in: Landesamt für Verfassungsschutz Brandenburg: Islamistischer Extremismus, Konvertiten und Terrorismus: Bedrohungen im Wandel. Eine Veranstaltung des Verfassungsschutzes am 26. November 2009 in Potsdam, S. 1-72, hier 34-41, unter: http://goo.gl/WMFgWb (26. November 2009).
[78] Für weitere Informationen, siehe Guido Steinberg: Dschihadismus und Internet: Eine deutsche Perspektive, unter: http://goo.gl/4rqPZb (Oktober 2012).
[79] Klaus Hummel: Salafismus in Deutschland, eine Gefahrenperspektive, Dresden 2009, S. 1-22.
[80] Guido Steinberg: German Jihad: On the Internationalization of Islamist Terrorism, New York, 2013, S. 1-320, hier 53f.
[81] Das wurde ebenfalls von Yassin Musharbash in einem Spiegel-Artikel aus dem Jahr 2010 herausgestellt. Siehe dazu Yassin Musharbash/Marcel Rosenbach/Holger Stark: The Third Generation: German Jihad Colonies Sprout Up in Waziristan, unter: http://goo.gl/tqFHjZ (05. April 2010).

Der Altersdurchschnitt der Dschihadisten, unter denen auch eine Frau ist, beträgt 27,5 Jahre. Verglichen mit dem Durchschnittsalter der muslimischen Gesamtbevölkerung (36, 2 Jahre)[82] wird ersichtlich, dass es sich beim islamistisch motivierten Terrorismus um ein Phänomen handelt, das vor allem junge Menschen anzieht. Darüber hinaus sank das Durchschnittsalter im Verlauf des Untersuchungszeitraums. War es im Zeitraum zwischen 1997 und 2005 noch 29 Jahre, so fiel es von 2005 bis 2013 auf 24,5 Jahre. Einer der Gründe für die verstärkte Beteiligung junger Muslime an dschihadistischen Aktivitäten ist die vermehrte dschihadistische Propaganda und Rekrutierung von Dschihadisten im Internet, der sogenannte Online-Dschihad.[83] Das Internet setzt das „Eintrittsalter" herab, da es den Zugang zu dschihadistischen Kreisen sowie die Partizipation an diesen erleichtert.[84]

Die empirische Analyse stellte heraus, dass die Hotspots dschihadistischer Aktivitäten im Westen Deutschlands liegen, was durch die höhere Anzahl von Migranten aus muslimischen Ländern in Westdeutschland bedingt sein mag. Des Weiteren gab und gibt es zwar in einigen Städten Zentren dschihadistischer Aktivitäten, so beispielsweise in Ulm/Neu-Ulm, Hamburg, Frankfurt und Berlin, jedoch ist die Größe einer Stadt nicht gleichbedeutend mit ihrem dschihadistischen Potential. Die Bedeutung einer Stadt für den Dschihadismus richtet sich vielmehr nach dem Vorhandensein einer bestimmten dschihadistischen „Infrastruktur", bestehend aus Moscheevereinen, bestimmten Predigern oder Dschihadisten. So kommt es, dass relativ kleine Städte ebenfalls große Bedeutung haben können, falls dort eine solche Infrastruktur existiert. An der hessischen Kleinstadt Langen lässt sich eine solche Infrastruktur aufzeigen, die auf Verwandtschafts- und Freundschaftsbeziehungen beruht. Im Zentrum der Langener Szene stand Adem Yilmaz, ein Mitglied der Sauerland-Gruppe.[85] Um ihn herum gesellten sich vier weitere

---

[82] Sonja Haug, Stephanie Müssig, und Anja Stichs: Muslimisches Leben in Deutschland. Im Auftrag der deutschen Islamkonferenz, 2011, S. 1-452, hier 114.
[83] Darunter fallen hier dschihadistische Propaganda, die Rekrutierung von Dschihadisten und die Unterstützung von dschihadistischen Organisationen via Internet.
[84] Die Erkenntnisse der empirischen Analyse decken sich hier mit den Aussagen von Experten wie Steinberg, der bei den Dschihadisten ebenfalls von einer jungen Gruppe spricht – siehe dazu Guido Steinberg: Im Visier von al-Qaida: Deutschland braucht eine anti-Terror-Strategie: Ein Standpunkt, Hamburg, 2009, S. 1-105, hier 40.
[85] Die Gruppe um Adem Yilmaz, Attila Selek, Fritz Martin Gelowicz, und Daniel Martin Schneider plante im Jahre 2007 einen Sprengstoffanschlag mit Wasserstoffperoxid auf US-amerikanische Liegenschaften in Deutschland.

Dschihadisten, die mit Yilmaz entweder verwandt oder befreundet waren und entweder im Kampf starben (Sadullah Kaplan), in Kampfgebieten festgenommen und später verurteilt wurden (Hüseyin Özgün) oder aufgrund von Unterstützungsleistungen eine Gefängnisstrafe erhalten haben (Burhan Yilmaz, Kadir T.). Die Netzwerkbeziehung in diesem Beispiel zeigte sich weiterhin darin, dass mit der Frankfurter *Bilal-* sowie der Dietzenbacher „*Tawhid-*Moschee" die gleichen Gotteshäuser besucht wurden und die Anbindung an die gleichen extremistischen Organisation erfolgten (Islamische Dschihad-Union). Moscheen werden somit zu einem „Träger" der Freundschaftsbeziehung und der gemeinsamen Radikalisierung. Es ließ sich weiterhin beobachten, dass vormals wichtige Rekrutierungszentren wie beispielsweise die *al-Quds-*Moschee Hamburg oder das „Multikulturhaus" in Neu-Ulm (bzw. das Islamische Informationszentrum in Ulm) und Moscheen im Allgemeinen graduell an Bedeutung verloren haben, während wiederum andere Rekrutierungsorte, wie Privatgesellschaften in Orten wie Berlin, stetig an Bedeutung gewinnen konnten.

In Bezug auf den sozialen, den Bildungs- und sozio-ökonomischen Hintergrund der Dschihadisten ist zu erkennen, dass circa zwei Drittel nicht verheiratet waren. Edwin Bakker kam in einer 2006[86] durchgeführten Studie zu einem ähnlichen Ergebnis. Des Weiteren konnte herausgefunden werden, dass generell eine hohe Schulbildung unter den Dschihadisten vorherrscht. So ist beispielsweise der Anteil der Dschihadisten mit einer Hochschulausbildung fünf Mal so hoch wie der der deutschen muslimischen Gemeinde. Hier muss jedoch entgegen gehalten werden, dass ein Großteil der Studenten aus internationalen Studenten besteht und ihr Anteil kontinuierlich sinkt. Hatten zwischen 1997 und 2005 noch 76,2% der Muslime eine Hochschule besucht, waren es nach 2005 nur noch 40%, was jedoch weiterhin einen hohen Wert darstellt, hält man den von Blume festgestellten Anteil muslimischer Hochschulabsolventen von elf Prozent in Deutschland in 2008 entgegen.[87]

Trotz dieses hohen Bildungsniveaus wiesen die Dschihadisten eine doppelt so hohe Arbeitslosigkeitsquote wie ihre religiöse Gruppe in

---

[86] Edwin Bakker: Jihadi Terrorists in Europe. Their Characteristics and the Circumstances In Which They Joined the Jihad: An Exploratory Study, unter: http://goo.gl/4oRZLJ (Dezember 2006).
[87] Michael Blume: Islam in Deutschland – Islam in den USA. Ein Vergleich, unter: http://goo.gl/cNW9Tq (11. März 2008).

Deutschland auf. Des Weiteren war ein Großteil der Dschihadisten im Niedriglohnsektor und/oder nur zeitweise eingestellt. Auch hier ließ sich eine Verschlechterung der Beschäftigungssituation sowohl monetär als auch im Allgemeinen im Laufe des Untersuchungszeitraums feststellen: Dschihadisten des ersten Teils des Untersuchungszeitraums (1997-2005) waren tendenziell seltener arbeitslos und in besser entlohnten Arbeitsverhältnissen beschäftigt als ihre Vergleichsgruppe im zweiten Teil des Untersuchungszeitraums.

Das Argument, dass Dschihadisten mehrheitlich eine kriminelle Vergangenheit aufweisen, wird häufig bedient, so auch von Claudia Dantschke und Edwin Bakker.[88] Dies kann auf Basis der empirischen Analyse des Samples nur teilweise bestätigt werden. Nur circa ein Viertel der untersuchten Biographien weist eine kriminelle Vergangenheit auf. Interessanter ist, dass mehr als zwei Drittel durch auffälliges Verhalten in den Fokus von Kriminalämtern und anderen Exekutivorganen geraten sind. Das auffällige Verhalten bestand oftmals in der Verteilung islamistischer Propaganda, dem Versuch in Ausbildungscamps zu reisen oder dem Verkehren mit vorbestraften und/oder bekannten Islamisten/Dschihadisten.

In Bezug auf die religiöse Ausbildung konnten keine besonderen Auffälligkeiten festgestellt werden. So hat nur ein geringer Teil der Terroristen eine religiöse Ausbildung genossen, beispielsweise durch den Besuch einer islamischen Schule. Ungefähr ein Drittel entstammte einem konservativ-religiösen Elternhaus. Folglich lässt sich feststellen, dass Radikalisierung vor allem im Heranwachsendenalter stattfindet und unabhängig von einer religiösen Kindheit erfolgt.

Der Verfassungsschutz Nordrhein-Westfalen hat in einer Publikation postuliert, dass deutsche Dschihadisten und hier vor allem dschihadistische Salafisten, eine Nähe zu transnationalen Organisationen wie Al-

---

[88] Claudia Dantschke wurde zitiert in Florian Flade: Ey, was ist mit Allah? Unter: http://goo.gl/d86j6o (18. Juni 2012); Edwin Bakker: Jihadi Terrorists in Europe, zitiert in Christiane Nischler: „Home-grown"-Terrorismus und Radikalisierungspotenziale in Deutschland: Hintergründe und präventive Ansätze aus polizeilicher Sicht. Bedrohungspotenziale und strategische Handlungsfelder, unter: http://goo.gl/8JLrdK (2009).

Qaida (AQ), ihren Splitterorganisationen und ideologischen Nachahmern (IBU, IJU usw.) aufweisen.[89] Diese Aussage konnte in der empirischen Analyse bestätigt werden. Hierbei ist hervorzuheben, dass 78,3% beziehungsweise 81 der muslimischen Terroristen direkt oder indirekt mit dieser Organisation in Verbindung standen. Marc Sageman[90] hat die operative Unterstützung von Al-Qaida für Dschihadisten in einem globalen Rahmen betrachtet. Er hält fest, dass ein Großteil der terroristischen Aktivitäten ohne operative Unterstützung von Al-Qaida oder mit ihr verbundenen Organisationen durchgeführt wurde. Er konstatiert weiterhin, dass der Einfluss der Kernorganisation mit der Zeit schwächer wird. Identische Ergebnisse konnten bei der Betrachtung der deutschen dschihadistischen Szene gemacht werden. Mit dem „Niedergang" von Al-Qaida gewinnen dynamischere, ethnisch heterogene Gruppen an Bedeutung, die zunehmend auch einen stärkeren deutschen Einfluss aufweisen.[91] Diese kleineren Gruppen agieren unabhängig, sind aber ideologisch und/oder organisatorisch weiterhin in unterschiedlich starkem Maße mit Al-Qaida verbunden. Dies wiederum spiegelt die Evolution von einer arabisch zentrierten Bewegung zu einer ethnisch-heterogenen wider, in der „deutsche Charakteristika" wie Sprache (Deutsch, Türkisch), Herkunft (deutsch, türkisch, etc.) und Sozialisation eng mit Deutschland und seiner Immigrationsgeschichte verbunden sind.

Ähnlich verhält es sich mit den von Dschihadisten besuchten Ausbildungscamps. Auch hier macht sich verstärkt der Zuwachs „deutscher Charakteristika" gegenüber einem arabisch geprägten Milieu bemerkbar. Wie Steinberg feststellt, ist die Zahl der militanten Muslime, die in Camps der Islamischen Bewegung Usbekistans (IBU) beziehungsweise ihrer Splitterorganisation der Islamischen Dschihad-Union (IJU) ausgebildet wurden, seit 2006 stark angestiegen, zu Lasten von Al-Qaida-Trainingscamps.[92] Insgesamt haben 41,8%, beziehungsweise 46 der späteren Dschihadisten Trainingscamps besucht, wobei mit dem Anstieg des Online-Dschihad die Rate der militanten Muslime in Trainingscamps im

---

[89] Landesamt für Verfassungsschutz Nordrhein-Westfalen: Salafismus – Entstehung und Ideologie. Düsseldorf, 2009, S. 1-14, hier 1.
[90] Marc Sageman: Confronting Al-Qaeda: Understanding the Threat in Afghanistan, unter: http://goo.gl/dQWLNf (9. Dezember 2009).
[91] Diese Gruppen wurden teilweise von Deutschen gegründet (z.B. Deutsche Taliban Mujaheddin), weisen einen hohen Anteil Deutscher auf oder sind von Deutschen geprägt (bspw. Islamische Dschihad-Union).
[92] Guido Steinberg: Im Visier von al-Qaida, S. 40.

zweiten Teil des Untersuchungszeitraums signifikant geringer ist als im ersten Teil.

Wie bereits angedeutet, sind Verwandschafts- und Freundschaftsbeziehungen von essentieller Wichtigkeit für die Radikalisierung und Rekrutierung von späteren Dschihadisten. In der empirischen Analyse konnte herausgefunden werden, dass 91% der militanten Muslime über solche Beziehungen verfügten und gar 92% beziehungsweise 100 Personen direkt oder indirekt mit dschihadistischen Gruppen verbunden waren. Al-Qaida ist die Organisation mit dem stärksten Rekrutierungspotential. Deutsche Organisationen wie die „Deutschen Taliban Mujaheddin" (DTM), Millatu Ibrahim und der deutsche Arm der Globalen Islamischen Medienfront gewinnen nach 2005 signifikant an Bedeutung. Vor 2005 waren die Dschihadis überwiegend innerhalb arabischer Organisationen (*Groupe Salafiste pour la Prédication et le Combat, Groupe Islamique Armé, Jama'at al-Tawhid wa-l-Dschihad*) organisiert und tendenziell enger mit selbigen verbunden. Dies bedeutete vor allem, dass über den gesamten Zeitraum vor der eigentlichen terroristischen Aktion eine enge Verbindung zwischen Terrorzelle und Organisation vorherrschte; die operative Freiheit war demzufolge begrenzt. Im zweiten Teil des Untersuchungszeitraums (2005 bis 2013) hingegen lässt sich eine Anpassung der Taktik hin zu größeren operativen Freiheiten beobachten, die eine Folge sich verändernder Gegebenheiten – beispielsweise durch Verfolgung – darstellt. Die operative Freiheit zeigte sich darin, dass die Zellen, nachdem sie ihren Auftrag erhalten hatten, frei von den Organisationen agieren konnten. Die derart neuorganisierten Dschihadisten wurden von Steinberg als die Neuen Internationalisten bezeichnet.[93]

Fasst man die Erkenntnisse zusammen, lässt sich folgendes Bild zeichnen: Ein typischer Dschihadist in Deutschland ist ein junger, mit fünfzigprozentiger Wahrscheinlichkeit deutscher Staatsbürger, der mit sehr großer Wahrscheinlichkeit männlich ist und eine gute Ausbildung genossen hat, jedoch in einem schlecht-bezahlten Arbeitsverhältnis steht und sich mit hoher Wahrscheinlichkeit hauptsächlich über das Internet radikalisiert hat. Zudem gehört er der sunnitischen Strömung des Islam an, war bereits vor seinen dschihadistischen Aktivitäten in der islamisti-

---

[93] Guido Steinberg: German Jihad, S. 53 f.

schen Szene aktiv, und ist durch Freundschafts- und/oder Verwandtschaftsbeziehungen mit anderen Dschihadisten und dschihadistischen Organisationen verbunden. Auf der anderen Seite ist es eher unwahrscheinlich, dass er ein Salafi ist sowie dass er verheiratet ist, psychische Probleme aufweist und aus sozio-ökonomisch schlechten Verhältnissen entstammt oder eine religiöse Ausbildung genossen hat.

Damit decken sich die Ergebnisse der empirischen Analyse weitestgehend mit den Studien globaler Dschihadisten-Bewegungen Sagemans[94] sowie denen der Analyse europäischer Dschihadisten Bakkers[95].

5. Fazit

Das Thema dieses Artikels war eine religions- und terrorismuswissenschaftliche Auseinandersetzung mit der deutschen Salafiyya und der deutschen dschihadistischen Szene, wobei diverse Thesen deutscher Experten und der deutschen Regierung hinsichtlich ihrer Gültigkeit geprüft wurden. Die zentrale Frage, ob eine größere Wahrscheinlichkeit für einen Besucher einer salafistischen Moschee besteht, in dschihadistische Aktivitäten involviert zu sein, als für den Besucher einer nicht-salafistisch geprägten Moschee, wurde positiv beantwortet. Anzumerken ist jedoch, dass die höhere Wahrscheinlichkeit sehr marginal ist und vielmehr von einem ungefähr identischem Radikalisierungspotential salafistischer und nicht-salafistischer Moscheen gesprochen werden kann. Festzustellen ist, dass die salafistische Ideologie eine Grundlage für Radikalisierung darstellen kann, wobei vor allem die konservative Interpretation des islamischen Rechts sowie die dualistische Weltsicht, die auf dem Konzept von Loyalität und Abgrenzung beruht, von einer gewaltablehnenden Interpretation zu einer gewaltbefürwortenden Art umgedeutet werden können. Dies bedeutet jedoch nicht, dass eine kontinuierliche Überwachung der salafistischen Szene sowie salafistischer Moscheen das einzige Mittel ist, mit der dieser Gefahr der Radikalisierung begegnet werden kann. Vielmehr sollte versucht werden, ihre Frömmigkeit in die richtigen Bahnen zu lenken. Dazu empfiehlt es sich, Schranken abzubauen und einen Dialog mit der salafistischen Gemeinde anzustreben. In Gesprächen mit Imamen und Moscheegemeinden stellte sich heraus,

---

[94] Marc Sageman: Global Salafi Jihad & Global Islam, unter: http://goo.gl/Ly2EX4 (Februar 2005).
[95] Edwin Bakker: Jihadi Terrorists in Europe.

dass diese sich einer Stigmatisierung ausgesetzt sehen. Überwachung durch deutsche Sicherheitsorgane, Razzien und mediale Vorurteile begünstigen die Segregation der Muslime, obwohl der Wille zum Dialog auf Seiten der Moscheevereine vorhanden ist. Der Terminus „Salafist" wird als derart negativ konnotiert wahrgenommen, dass er als Selbstbezeichnung zurückgewiesen wird. Während der Feldstudien äußerte ein Mitglied des Vorstandes der *al-Muhsinin*-Moschee in Bonn, einer der Salafiyya zugeneigten Moscheegemeinde, dass eine solche Selbstbezeichnung nur Nachteile für die Gemeinde hätte, da der Begriff „Salafi" in Deutschland negativ konnotiert sei. Eine salafistische Moschee, so führte er weiter aus, würde als extremistische Moschee angesehen und hätte mit Repression zu rechnen, obwohl die Gemeinde, in seinen Worten, *per definitionem* anti-extremistisch sei. Dementsprechend, so wurde in anderen besuchten Moscheen ebenfalls bestätigt, wird der Begriff Muslim als Selbstbezeichnung gewählt. Die steigende Bedeutung der Ideologie der Salafiyya innerhalb der deutschen muslimischen Gemeinde macht ein Umdenken notwendig, um einer Stigmatisierung der Salafiyya-Gemeinde entgegenzuwirken und ihr Radikalisierungspotential so zu entkräften. Es muss weiterhin festgehalten werden, dass es schwierig ist, ideologisch trennscharf zwischen Salafiyya und dschihadistischen Salafiyya zu unterscheiden, da sich die Unterschiede erst in der Methodik zeigen.

Das Profiling hat gezeigt, dass ein nicht zu unterschätzender Anteil der terroristischen Aktivitäten in Deutschland auf dschihadistische Salafisten zurückzuführen ist. Jedoch ist festzuhalten, dass nicht-salafistische Dschihadisten den Großteil der militanten Muslime in Deutschland stellen. Weitere interessante Ergebnisse des Profilings waren die strategische Anpassung der hier beschriebenen Szene an die sich verändernden Rahmenbedingungen sowie ihre zunehmende „Verdeutschung". Mit der Einführung deutschsprachiger dschihadistischer Literatur, z.B. der Übersetzung militanter arabischer Gelehrter wie Al-Maqdisi und Qutb ins Deutsche, hat eine ethnische Pluralisierung sowie die Entwicklung einer eigenständigen deutschen militanten Szene eingesetzt. Damit verbunden ist die Entwicklung dschihadistischer Gruppen wie der DTM oder der IJU, die sich in unterschiedlich starkem Maß aus deutschen Freiwilligen rekrutieren und das Deutsche, oder auch das Türkische – aufgrund der stetig steigenden Anzahl türkischer Dschihadisten und dem großen Anteil Türkischstämmiger an der deutschen muslimischen Gesamtbevölkerung – als Verkehrssprache nutzen. Interessant ist zudem, dass die Entwicklung einer deutschsprachigen dschihadistischen Szene gleichzeitig mit der Entwicklung einer deutschsprachigen Salafiyya stattgefunden hat.

Zusammenfassend ist festzustellen, dass auch die deutschen Dschihadisten schlecht in ein Profil zu pressen sind. Sie zeichnen sich vielmehr durch unterschiedlichste Biographien aus. Dennoch lassen sich Tendenzen herausstellen, die deutsche Exekutivorgane bei ihren Profilerstellungen unterstützen können. Nichtsdestotrotz muss ein zukünftiges Profiling mit einem noch umfassenderen Datensatz arbeiten, um eine weitere Professionalisierung und Validität der Ergebnisse zu gewährleisten.

Das Konzept der „Co-Radikalisierung" am Beispiel des Salafismus in Deutschland

Daniela Pisoiu & Klaus Hummel

1. Einleitung

Der erst vor wenigen Jahren „entdeckte" Salafismus wurde in Deutschland sowie in anderen europäischen Ländern schnell als Nährboden für Radikalisierung und Terrorismus identifiziert und ist seither Gegenstand diverser repressiver und präventiver Maßnahmen. Dieser politische Schritt ist Symptom einer kürzlichen Veränderung der Anti-Terrorpolitik, weg von der Terrorismus*bekämpfung* und hin zur *-prävention,* und hat erhebliche Auswirkungen nicht nur auf den innergesellschaftlichen Zusammenhalt, sondern auch auf die Effektivität der Terrorismusabwehr. Im Kontext der anhaltenden Post-9/11-Bemühungen zur Abwehr des islamistischen Terrorismus hat es einen ersten Politikwechsel hin zur Bekämpfung der „Radikalisierung" gegeben. Diese wird als ein Prozess oder eine Phase verstanden, die dem Terrorismus vorausgeht und ihn bedingt. Im weiteren Verlauf dieser angenommenen Kausalkette wurde eine Verbindung zwischen der Radikalisierung und dem Salafismus behauptet, wobei angenommen wird, dass dieser zum Radikalisierungsprozess beiträgt. Dieser Kausalmechanismus ist allerdings wissenschaftlich noch nicht belegt und äußerst fraglich. Es besteht die Gefahr, politische Bemühungen zu unternehmen und Steuergelder in den Kampf gegen Prozesse und Ideologien zu investieren, die möglicherweise kaum Einfluss auf den Terrorismus haben. Darüber hinaus gibt es zwei weitere beunruhigende Konsequenzen solcher Annahmen und der dazugehörenden politischen Maßnahmen (z. B. Bekämpfung von Radikalisierung und Salafismus). „Terrorismus" ist bekannterweise ein sehr umstrittenes Konzept und zweifelsohne eines mit negativer Konnotation. Die Verbindung von Radikalisierung und Salafismus mit Terrorismus und die Zuschreibung einer gewissen Terrorneigung bestimmter Bevölkerungsgruppen führen unweigerlich zu deren Stigmatisierung. Eine weitere kontraproduktive Konsequenz ist, was der Soziologe Heitmeyer „gesellschaftliche Selbstentlastung" nennt. Demnach ersetzt ein „Kontrolparadigma", also die Vorstellung, dass abgrenzbare Gruppierungen unterschiedlichster Couleur durch ein „Mehr" an Überwachung einzudämmen seien, die notwendige gesellschaftliche Selbstreflexion.[1]

Dieser Sachverhalt ist nicht nur auf den Wunsch der Regierungen zurückzuführen, mit schnellen und einfachen Lösungen an die neue dschihadistische Gefahr in Europa heranzugehen, sondern auch auf die Natur der in der Radikalisierungs-Literatur vorherrschenden makro- und mikro-deterministischen Paradigmen. Mit wenigen Ausnahmen[2] haben Radikalisierungs-Theoretiker sich auf Individuen als Analyseeinheit fokussiert. Aus der Perspektive der Analyseebene, auf dem Mikro-Level, haben eine Reihe von Autoren auf psychologische und kriminologische Ansätze Bezug genommen, um individuelle Beteiligung und Entscheidungsfindung zu erklären und hierbei unter anderem deren quasi Rational-choice-Natur skizziert[3]. Wiederum andere, auf der Meso-Analyseebene, griffen auf kriminologische Subkultur-Theorien und Framing-Theorien der sozialen Bewegungen zurück und umrissen hierbei den Einfluss von subkulturellen Normen und Werten und von Deutungsmustern[4] auf individuelle Perzeptionen und Handlungen.

Abseits hiervon hat sich ein Literaturstrang mit Makro- und Mikro-Level-Faktoren beschäftigt, welche Radikalisierung *verursachen* oder zu ihr beitragen: angefangen bei Ursachen [Engl. root causes][5], bis hin zu Faktoren wie Marginalisierung, Deprivation, Entfremdung, Diskriminierung, Identitätskrisen, etc.[6] Solche Faktoren wurden auch in linearen Ra-

---

[1] Wilhelm Heitmeyer: Rechtsextremismus und gesellschaftliche Selbstentlastung, in: Aus Politik und Zeitgeschichte 18-19, 2012, S. 22-27.
[2] Quintan Wiktorowicz: Radical Islam Rising: Muslim Extremism in the West, Lanham, Md. 2005.
[3] John Horgan: The Psychology of Terrorism, London, New York: Routledge, 2005; Daniela Pisoiu, Islamist Radicalisation in Europe: An Occupational Change Process, New York/London 2011.
[4] Wiktorowicz: siehe FN 2; Simon Cottee, Jihadism as a Subcultural Response to Social Strain: Extending Marc Sageman's "Bunch of Guys" Thesis, Terrorism and Political Violence, 25, 2011, S. 730-751.
[5] Tøre Bjørgo: Root Causes of Terrorism: Myths, Reality and Ways Forward, London, New York 2005.
[6] Farhad Khosrokhavar: Suicide Bombers. Allah's New Martyrs. London: Pluto Press, 2005; Rem Korteweg et al., Background contributing factors to terrorism, in Magnus Ranstorp (Hg.): Understanding Violent Radicalisation: Terrorist and jihadist movements in Europe. London/New York 2010.

dikalisierungsprozesse mit unterschiedlichen Inhalten und Phasen modelliert[7]. Zwei Eigenschaften dieses Ansatzes sind relevant für unsere Diskussion, insofern als sie den Verlauf zum Paradigma der Bekämpfung oder Kontrolle von Salafismus aufzeigen. Ein Merkmal ist die Beurteilung religiöser Ideologie oder religiöser Organisationen als Faktoren der Radikalisierung. Das zweite Merkmal ist die allgemeine analytische Beurteilung von Faktoren als *Eigenschaften bestimmter Individuen oder Gruppen*. Das heißt, während Mikro- und rationale Ansätze selektive Reize und Gewinne untersuchen, die als solche von Individuen wahrgenommen werden, Meso-Ansätze diskursive und subkulturelle Handlungsschemata, die wohl solche Entscheidungen beeinflussen können, versuchen deterministische Mikro- und Makro-Ansätze Eigenschaften zu identifizieren, die spezifisch für bestimmte Gruppen und Individuen sind, und damit Radikalisierung erklären sollten.

Natürlich haben solche Erklärungsversuche wenig Aussicht auf Erfolg, da individuelle Verläufe, deren Hintergründe von denselben Ausgangsfaktoren gekennzeichnet sind, sich unterschiedlich entwickeln, manche in Richtung Radikalisierung und manche nicht, während Terrorgruppenmitglieder heterogene soziodemografische Profile aufzeigen[8]. Ein weiteres Problem, das mit diesen Ansätzen verbunden ist, besteht in der Tatsache, dass sie die Meso-Ebene der politischen Prozesse a priori ausschließen, nämlich die Dynamiken zwischen einer gegebenen Protestbewegung, dem Staat und anderen politisch aktiven Akteuren. Der rationale Ansatz hingegen schließt solche Dynamiken nicht aus, obwohl auch er an Einzelfällen interessiert ist, da die Art der Entscheidungsfindungsprozesse nicht spezifisch für bestimmte Individuen, sondern allgemein anwendbar ist, unabhängig von soziodemografischen Charakteristika.

In ihrer Arbeit über den Linksterrorismus der 1970er Jahre in Italien und Deutschland kombinierte Della Porta[9] drei Analyseebenen und

---

[7] Für eine Übersicht siehe Michael King and Donald M. Taylor: The Radicalization of Homegrown Jihadists: A Review of Theoretical Models and Social Psychological Evidence. Terrorism and Political Violence, 23, 2011, 602-622.
[8] Edwin Bakker: Jihadi terrorists in Europe, their characteristics and the circumstances in which they joined the jihad: an exploratory study. The Hague: Clingendael Institute 2006.
[9] Donatella della Porta: Social Movements, Political Violence, and the State: A Comparative Analysis of Italy and Germany. Cambridge 1995.

zeigte unter anderem, dass individuelle Beteiligung und weitere Radikalisierung nicht deterministisch, sondern intendiert waren, sowie die Eskalationsdynamik zwischen den Bewegungen und dem Staat. Während sich der breitere Kontext und die Art der staatlichen Reaktionen in der Zwischenzeit verändert haben, kann die prozesshafte Natur des Protests nicht ignoriert werden, genauso wenig wie die Konsequenzen der staatlichen Aktionen und des Diskurses über die Entstehung solcher Protestbewegungen. In diesem Kapitel versuchen wir nicht, eine gleichermaßen komplexe Analyse oder eine Meso-Ebenen-Analyse für die dschihadistische Bewegung anzustellen, sondern konzentrieren uns auf einzelne Aspekte, und zwar auf die nicht intendierten, negativen Effekte der staatlichen Politik, der assoziierten Medien und der wissenschaftlichen Diskurse, die sich mit Radikalisierung befassen oder sie bekämpfen. Mit negativen Effekten meinen wir die Effekte, die zu mehr statt weniger Radikalisierung beitragen. Genauer gesagt untersuchen wir mit einer verstärkt interaktionistischen Konzeptualisierung, welche kontraproduktiven Konsequenzen sich möglicherweise daraus ergeben, wenn vorschnell stigmatisierende Aussagen über die Rolle religiöser Gemeinschaften im Radikalisierungsprozess getroffen und von Politik und Medien aufgegriffen und verstärkt werden. Hierdurch stellen wir das deterministische Paradigma in Frage, einschließlich seiner Konzentration auf eine bestimmte „Problemgruppe", sowie das verwandte Kontrollparadigma: die Vorstellung, dass ein bestimmtes sicherheitsbehördliches Verhalten auch wirklich beabsichtige Effekte der Kontrolle, Eindämmung oder Prävention zeitigt und nicht das genaue Gegenteil: unbeabsichtigte Effekte mit phänomenverstärkender Wirkung.

Um diese nicht intendierten Nebenwirkungen von staatlichen, politisch-medialen und wissenschaftlichen Maßnahmen und Diskursen in Reaktion auf und zur Bekämpfung oder Verhinderung einer wahrgenommenen Radikalisierung zu erfassen, schlagen wir das Konzept der Co-Radikalisierung vor. Indem der Konzeptualisierung von *Radikalisierung* die einer *Co-Radikalisierung* hinzugefügt wird, soll ein Beitrag zu einem umfassenderen Verständnis des Radikalisierungsprozesses geleistet werden. Das Konzept der Co-Radikalisierung fungiert hierbei als Wegweiser hin zu einer Meso-Ebenen-Perspektive bei der Untersuchung von Radikalisierungsprozessen, die die politische Interaktionsdynamik, hier schwerpunktmäßig jene zwischen radikalen Bewegungen und dem Staat, reflexiv einbezieht. Zur Einführung des Co-Radikalisierungskonzepts werden in einem ersten Schritt die konzeptionellen Stützpfeiler des Konzepts skizziert, der Begriff der Co-Radikalisierung gerade im Verhältnis zur De-Radikalisierung präzisiert und abschließend in einen breiteren theoretischen Kontext gestellt.

2. Co-Radikalisierung: konzeptionelle Stützpfeiler

Der Begriff der „Co-Radikalisierung" schließt in zweierlei Hinsicht an vorherige soziologische Überlegungen an. Das gilt vor allem für die zentrale Denkfigur der „nicht beabsichtigen Nebenwirkung", die sich in Anlehnung an Robert K. Merton als Diskrepanz zwischen ursprünglicher Handlungsintention und ihren – im Resultat sehr unterschiedlichen positiven, negativen oder neutralen – Konsequenzen definieren lässt.[10] Konstruiert ist der Begriff der Co-Radikalisierung in Analogie zu dem aus der Suchtforschung kommenden Terminus der Co-Abhängigkeit, mit dem insbesondere therapeutische Praktiker die Bedeutung der Angehörigen, genereller aber des Umfelds von Suchterkrankten bei der „Entstehung, Verstärkung und Aufrechterhaltung der Suchtkrankheit" herausstellen.[11] Diesen systemischen Aspekt betont auch der Terrorismusforscher Uwe Kemmesies in seiner Definition von *Co-Terrorismus* als „alle Handlungs- oder Verhaltensweisen mit Bezug zum gegenständlichen Phänomenbereich, die unbewusst phänomenunterstützend wirken."[12] Demgegenüber zielt das hier vorgestellte Konzept vor allem auf ein komplexeres Verständnis von Radikalisierung ab, dem dritten konzeptionellen Stützpfeiler. Denn in den Worten von Alex P. Schmid handelt es sich bei Radikalisierung nicht notwendigerweise um ein einseitiges Phänomen, weshalb es ebenso wichtig sei, „die Rolle staatlicher Akteure und ihr Potential für Radikalisierung zu untersuchen."[13]

---

[10] Robert K. Merton: The Unanticipated Consequences of Purposive Social Action by, American Sociological Review, 1/6, Dezember 1936, S.894-904.
[11] Von daher rührt auch die Kritik an dem Konzept. Vgl. etwa Jens Flassbeck: Co-Abhängigkeit, Diagnose, Ursachen und Therapie für Angehörige von Suchtkranken, Stuttgart 2010.
[12] Uwe E. Kemmesies: Co-Terrorismus: Neue Perspektiven für die Terrorismusprävention? in Rudolf Egg (Hg.): Extremistische Kriminalität: Kriminologie und Prävention. Wiesbaden 2006, S. 229-244.
[13] Alex P. Schmid, Radicalisation, De-Radicalisation, Counter-Radicalisation: A Conceptual Discussion and Literature Review, März 2003 (http://www.icct.nl/download/file/ICCT-Schmid-Radicalisation-De-Radicalisation-Counter-Radicalisation-March-2013.pdf; 7.8.2013), S.IV.

Obwohl es keinen wissenschaftlichen Konsens bezüglich des Radikalisierungsbegriffs gibt, lassen sich an der Definition von Dalgaard-Nielsen einige im Hinblick auf Co-Radikalisierung wichtige Aspekte verdeutlichen. Sie versteht Radikalisierung „als die wachsende Bereitschaft, weitreichende Veränderungen innerhalb der Gesellschaft zu verfolgen und zu unterstützen, welche in Konflikt mit der existierenden Ordnung stehen oder eine unmittelbare Bedrohung für diese darstellen."[14] Positiv ist an dem von ihr entwickelten Begriffsverständnis hervorzuheben, dass es auf ideologische Spezifität verzichtet. Da sich aber auch bei Daalgard-Nielsen wiederum ein Fokus ausschließlich auf den radikalisierten individuellen Akteur zeigt, wird deutlich, welche Leerstelle mit dem Konzept der Co-Radikalisierung geschlossen werden soll: Radikalisierung aus der Perspektive eines dynamischen Prozesses politisch-gesellschaftlicher Interaktion zu beschreiben, und dabei gleichzeitig die diversen Vorannahmen über potenzielle „sich radikalisierende" Akteure kritisch zu betrachten. Obwohl Radikalisierung in starker Abhängigkeit von politischen Interessen steht und wegen seiner potenziell stigmatisierenden Wirkung den Gegenstand intensiver Debatten bildet, spiegeln sich diese und andere prozessbezogene Aspekte bislang in der aktuellen Literatur zur Radikalisierung nicht wider. Mit dem Konzept der *Co-Radikalisierung* ist also das Ziel verbunden, auf ein bislang nicht systematisch erforschtes Feld von Prozessen hinzuweisen, die zum besseren Verständnis gesellschaftlichen Konfliktgeschehens unabdingbar sind.

3. Co-Radikalisierung: Definition, Ebenen und Differenzierung

Unter *Co-Radikalisierung* verstehen wir all jene unbeabsichtigt phänomenunterstützenden Dynamiken (Mechanismen oder Interaktionsmuster), die sich aus der Reaktion verschiedener gesellschaftlicher Akteure – besonders aber des Staates – auf die (selektiv) wahrgenommene, vorgestellte oder faktisch sich vollziehende *Radikalisierung* eines Bevölkerungssegments ergeben. Co-Radikalisierung speist sich aus diversen Maßnahmen und Interventionen, die den Radikalisierungsprozess im Sinne unbewusster Phänomenunterstützung stärker befördern als eindämmen. Obwohl wir mit dieser Differenzierung die von Staat, Medien

---

[14] Anja Dalgaard-Nielsen: Violent Radicalization in Europe: What We Know and What We Do Not Know. Studies in Conflict & Terrorism, 33, 2010, S. 797-814, hier 798.

und akademischem Diskurs ausgehenden Prozesse analytisch abtrennen, stellen die Prozesse von Radikalisierung und Co-Radikalisierung zwei Seiten einer Medaille dar. Sie bilden die beiden eng verflochtenen analytischen Einheiten, die zum besseren Verständnis eines gesellschaftlichen Konfliktgeschehens unabdingbar sind. Unter *Co-Radikalisierung* wird zu diesem Zweck ein von *Radikalisierung* (ebenso wie von *De-Radikalisierung*) nicht zu trennender Prozess verstanden. Es ist an diesem Punkt wichtig zu erwähnen, dass unsere Herangehensweise an dieses Konzept analytisch und nicht normativ ist, da wir darauf abzielen, die sozialen und politischen Dynamiken, die die Radikalisierung untermauern, besser zu verstehen und nicht Ziele für die Prävention, Repression oder Reaktionen hierauf aufzuzeigen. Da sich aber beide Prozesse nicht in einem sozialen oder politischen Vakuum vollziehen, geht es hier darum, Radikalisierung und Co-Radikalisierung als gesellschaftliches Konfliktgeschehen zu verstehen, das durch Schwarz-Weiß-Denken verschärft, durch eine aufgeklärte Konfliktkultur aber reguliert werden kann.[15] Eine gesamtgesellschaftliche Perspektive ermöglicht es, die wahrgenommene Radikalisierung eines Bevölkerungssegments nicht a priori negativ zu konnotieren, sondern zunächst wertfrei als Ausdruck von sozialem Wandel zu verstehen oder statt einer pathologisierenden Sicht sogar Lernchancen zu sehen.[16]

Wie aber lassen sich die hier vorgestellten und abstrakt formulierten Überlegungen in Bezug auf Co-Radikalisierung operationalisieren? Zu diesem Zweck werden hier idealtypisch drei Ebenen der Co-Radikalisierung unterschieden. Sie betreffen zum einen konkrete *Maßnahmen* oder allgemeiner, diverse Formen des Tätigwerdens als Reaktion auf einen sich real oder vermeintlich radikalisierenden Akteur, zweitens die sich daraus ergebenden *Mechanismen* oder Dynamiken und drittens deren *Auswirkungen* im Hinblick auf den Prozess der Radikalisierung. Übereinstimmend mit der Literatur zu sozialen Bewegungen argumentieren wir, dass sich die Interaktionsdynamiken ganz unterschiedlich auswirken können. Sie können etwa dann, wenn staatliche Überreaktionen pro-

---

15 Roland Eckert: Die Dynamik der Radikalisierung, Weinheim und Basel 2012, S. 121.
16 Vgl. dazu die Position von Andreas Hasenclever und Jan Sändig, die Radikalisierung per se als „nichts Schlechtes" erachten. (Religion und Radikalisierung? Zu den säkularen Mechanismen der Rekrutierung transnationaler Terroristen im Westen, Der Bürger im Staat, Radikalisierung und Terrorismus im Westen, Landeszentrale für Politische Bildung Baden-Württemberg, 4, 2011, S. 208).

voziert werden, dem strategischen Kalkül der Gewaltstrategen entsprechen, aber auch den Ideologisierungsprozess verstärken oder die Qualität der Gewaltanwendung intensivieren. Darüber hinaus und indem wir den Betrachtungsrahmen erweitern und Auswirkungen auf breitere Segmente der Bewegungen berücksichtigen, binden wir auch die zunehmende Akzeptanz der Bewegung in breiteren Bevölkerungssegmenten sowie verstärkte Rekrutierung als Kernindikatoren in die Analyse ein. Insofern stellt auch das jüngst in die Diskussion eingebrachte Konzept des Radikalen Milieus[17] einen geeigneten Ansatzpunkt dar, weil es sich dabei um einen der Schauplätze eines komplexen, mit Radikalisierung und analog dazu Co-Radikalisierung verknüpften Geschehens handelt. Gleichwohl ist festzuhalten, dass die Bezeichnung des Milieus als „radikal" problematisch ist (übrigens auch im Sinne der Co-Radikalisierung), wenn mit „radikal" nicht nur die Abweichung von Mainstream-Ideen, sondern auch Sicherheitsrelevanz oder Demokratiegefährdung konnotiert wird.

Das Verständnis von Radikalisierung – und damit auch von „Co-Radikalisierung" – lässt sich weiter schärfen, indem es zum Konzept der De-Radikalisierung in Beziehung gesetzt wird. Zu einem differenzierten Verständnis tragen Autoren bei, die Deradikalisierung und Disengagement anhand der Differenz von kognitivem Wandel und Verhaltensänderung (behaviouristischem Wandel) unterscheiden: „Ideologische Deradikalisierung resultiert aus einem Wandel der Ansichten, während behavioristische Deradikalisierung einen Wandel der Taten betont."[18] Da sich kognitiver und behavioristischer Wandel nicht leicht voneinander trennen lassen, erscheint es aus empirischer Sicht eindeutiger, von einer graduellen Distanz von radikaler Idee und entsprechendem Verhalten zu sprechen, wobei einer der beiden Aspekte hervorstechen mag. Dieser Ansatz ist auf der Individualebene zu verorten, stützt sich das junge Forschungsfeld doch in starkem Maße auf psychologische Analysen. Mit dem Ziel auch bei der Betrachtung von De-Radikalisierung die Meso-

---

[17] Stefan Malthaner/Peter Waldmann: Einleitung: Radikale Milieus: Das soziale Umfeld terroristischer Gruppen, in: Stefan Malthaner/Peter Waldmann (Hg.): Radikale Milieus. Das soziale Umfeld terroristischer Gruppen Frankfurt a. M., New York: Campus Verlag, 2012, S. 11-44, hier 19.

[18] Darcy Noricks: Disengagement and Deradicalization: Processes and Programs, in: Paul K. Davis/Kim Cragin, (Hg.): Social Science for Counterterrorism. Putting the Pieces Together. Santa Monic 2009, S. 299-321.

Perspektive zu stärken, zeichnet sich der Mehrwert des Co-Radikalisierungskonzepts ab. Schließlich sind auch die Prozesse von Deradikalisierung und Disengagement aus der Perspektive diverser, verschiedene Akteure einbeziehender und dynamisch verlaufender Interaktionen zu betrachten. Im Kontext nicht beabsichtigter Intensivierung von Radikalisierungsprozessen ist deshalb auch an den umgekehrten Prozess nicht beabsichtigter De-Radikalisierung zu denken („Co-Deradikalisierung").

4. Co-Radikalisierung im breiteren theoretischen Kontext

Die im Kontext von Co-Radikalisierung relevante Forschungsliteratur ist geradezu ausufernd und unterstreicht die Bedeutung einer systematisierenden Bezugnahme auf das Phänomen. Für diesen Artikel und durch unseren Fokus auf Interaktionen, werden wir die Forschung auf der Meso-Ebene, mit Bezug auf die Einheit (Gruppen) und die Analyseebene (Prozess) genauer betrachten. Solche Ansätze verstehen Radikalisierung als ein politisches und gesellschaftliches Phänomen, das aus der *Interaktion* zwischen *mehreren politischen Akteuren* hervorgeht und *nicht spezifisch* ideologischer Natur ist. Diese Herangehensweise hebt bei Radikalisierung weniger auf die Handlungsmacht einzelner Akteure oder ihr „intrinsisches Gewaltpotenzial" als auf ein interaktives gesellschaftliches und politisches Konfliktgeschehen ab.[19] Die Entstehung von Feindbildern, ihre Generalisierung und die zunehmende Kontrastverschärfung markieren diesen schleichenden gesellschaftlichen Prozess, der nicht zwangsweise zu Gewalthandeln führt, in dem aber das Auftreten von Gewaltereignissen wiederum konfliktverstärkend wirken kann.[20] Deshalb ist im Hinblick auf Co-Radikalisierung das Denkmodell der „Eskalation gesellschaftlicher Konflikte" zentral, mit dem Neidhard eine konfliktverstärkende Abfolge von „Reizreaktionssequenzen" zwischen

---

[19] Donatella Della Porta/Gary LaFree: Process of Radicalization and De-Radicalization, International Journal of Conflict and Violence, 6, 2012, S. 7.
[20] Roland Eckert:Stufen der Radikalisierung und Exit-Optionen, in: FES (Hg.): Policy Politische Akademie, 34, Determinanten von Radikalisierung in muslimischen Milieus aus deutsch-britischer Perspektive, Berlin, 2009, S.6 und derselbe: Die Dynamik der Radikalisierung. Über Konfliktregulierung, Demokratie und die Logik der Gewalt Weinheim/Basel 2013.

staatlichen und nichtstaatlichen Akteuren fasst, an deren Ende es schwer wird, „den eigentlichen Schuldigen zu eruieren".[21]

Die Konzeption von Co-Radikalisierung stützt sich wesentlich auf die umfassende Literatur zu sozialen Bewegungen, die sich aus der Perspektive der politischen Prozesstheorie mit Radikalisierung oder Terrorismus befasst. Darauf basierende Ansätze erklären Mobilisierung als Resultat eines Prozesses, der aus politischen Gelegenheiten, Mobilisierungsstrukturen, Framing, Protestzyklen sowie Aktionsrepertoires entsteht. Della Porta benennt in diesem Zusammenhang Mechanismen, beispielsweise die Kriminalisierung von Protest, unverhältnismäßig repressive Maßnahmen oder brutale Haftbedingungen, die diverse, nicht intendierte Nebeneffekte von Anti-Terror-Politik in den 1970er Jahren beförderten:[22] die Delegitimierung des Staates durch die Schaffung von „Ungerechtigkeitsrahmen", den verstärkten Zulauf zu Untergrund- und Terrorgruppen, die Verfestigung der revolutionären Identität sowie das Lostreten einer Gewaltspirale aus Repression und Racheaktion.[23] Staatliche Repression kann natürlich, wie Tilly ausführt, auch zur De-Mobilisierung führen;[24] eine Sichtweise, die sich auch bei O'Connell zeigt, der staatliche Repression als zweidimensionale Variable operationalisiert, die sowohl zur Intensivierung als auch zum Rückgang von Gewalt beizutragen vermag.[25]

Obwohl eine systematische Prüfung noch aussteht, lassen sich in diversen Arbeiten zu Terrorismus, Rechtsextremismus und Radikalisierung einige empirisch fundierte Anhaltspunkte für das Phänomen der

---

[21] Friedhelm Neidhard: Über Zufall, Eigendynamik und Institutionalisierbarkeit absurder Prozesse. Soziologie in weltbürgerlicher Absicht, Festschrift für Ree König, Opladen 1981, S. 244 f.

[22] Donatella Della Porta: On individual motivations in underground political organizations, in: John Horgan/Kurt Braddock (Hg.): Terrorism Studies. A Reader, London/New York 2012, 231-249.

[23] Als weitere Effekte benennt Paul Y. Chang, neue Organisationsformen, veränderte Taktik oder Steigerung der Protesthäufigkeit. Vgl. Chang: Unintended Consequences of Repression: Alliance Formation in South Korea's Democracy Movement (1970-1979), Social Forces, 87, S. 651-677, hier 652-653.

[24] Charles Tilly: Repression, Mobilization, and Explanation, New York, unveröffentlichtes Manuskript, zitiert nach Michael Minkenberg: Repression und Repressionswirkungen auf rechtsradikale Akteure, in: Wilhelm Heitmeyer/Peter Imbusch (Hg.): Integrationspotenziale einer modernen Gesellschaft, Wiesbaden 2005, S. 303-324, hier 311.

[25] Zudem sei „das Element des Timings, der Zielbestimmung und des Zugangs" nützlich, um „gewalttätige Reaktionen auf Repressionen in spezifischen Situationen akkurat vorhersagen zu können." T. J. O'Connell: Repression and Protest: The Limitations of Aggregation, Strategic Insights, VII(2), 2008.

Co-Radikalisierung identifizieren. Mitunter ohne expliziten Bezug zur Theorie sozialer Bewegungen werden dabei kontraproduktive, iatrogene oder anderweitig nicht beabsichtigte Effekte staatlicher Aktionen oder Politiken herausgearbeitet. Das gilt beispielsweise für die Studie von Werner Schiffauer über „Nicht-intendierte Folgen der Sicherheitspolitik nach dem 11. September"[26] oder eine empirische Untersuchung von Lasse Lindekilde zu den „iatrogenen" Effekten dänischen Behördenhandelns, welche die Effektivität eines dänischen Aktionsplans gegen Radikalisierung in Frage stellt.[27] Vor diesem Hintergrund sind auch Studien zu sehen, die sich kritisch mit muslimischen „Verdachtsgemeinschaften" auseinandersetzen,[28] wobei das Beispiel auch zeigt, dass selbst Präventionsprojekte zu einer zunehmenden Kontrastverschärfung zwischen einer zu de-radikalisierenden muslimischen Bevölkerung und der Mehrheitsgesellschaft führen können.[29] Zum Tragen kommt dabei verschiedentlich die Denkfigur der sich selbst erfüllenden Prophezeiung,[30] etwa dann, wenn der Ethnologe Werner Schiffauer den Verfassungsschutzbehörden bzw. den von ihnen verfassten Berichten eine „performative" Wirkung attestiert, „die erst produzieren, was sie vermeintlich nur abbilden".[31] Nicht beabsichtigte Nebenwirkungen staatlichen Handelns werden auch im Kontext von Links- und Rechtsextremismus beschrieben.[32] Sie können den Charakter einer nicht weiter spezifizierten

---

[26] Werner Schiffauer: Nicht-intendierte Folgen der Sicherheitspolitik nach dem 11. September, in: Kurt Graulich und Dieter Simon (Hg.): Terrorismus und Rechtsstaatlichkeit: Analysen, Handlungsoptionen, Berlin 2007, S. 361-375.

[27] Lasse Lindekilde: Neo-liberal Governing of "Radicals" International Journal of Conflict and Violence, 6, 2012, S. 109-125, hier 110.

[28] Henri C. Nickels/Lyn Thomas/Mary J. Hickman/Sara Silvestri: Deconstructing "Suspect" Communities, Journalism Studies, 13, 2012, S. 1-16.

[29] William Hammonds: Das Prevent-Programm zur Verhinderung gewaltsamer Radikalisierung in Großbritannien, Der Bürger im Staat, Radikalisierung und Terrorismus im Westen, Landeszentrale für Politische Bildung Baden-Württemberg, 4, 2011, S. 241-245, hier 244.

[30] Denn gemäß dem Thomas-Theorem gilt: „Wenn Menschen Situationen als real definieren, dann sind sie auch real in ihren Konsequenzen." Vgl. Uwe E. Kemmesies: Extremismus umfassend verstehen und präventiv begegnen, Schriftliche Stellungnahme anlässlich der mündlichen Anhörung im Innenausschuss zu dem Thema Gewalt und Extremismus (10.11.2010 – Hessischer Landtag), Wiesbaden, November 2010, S. 5/285.

[31] Werner Schiffauer: Verfassungsschutz und islamische Gemeinden, in: Uwe E. Kemmesies (Hg.): Terrorismus und Extremismus – der Zukunft auf der Spur. München 2006, S. 237-255.

[32] Für einen allgemeinen Überblick siehe Bernhard Rabert: Links- und Rechtsterrorismus in der Bundesrepublik Deutschland von 1970 bis heute, Bonn 1995, S. 34f.

Warnung bekommen, wenn etwa in Bezug auf ein NPD-Verbotsverfahren vor „Schnellschüssen" gewarnt wird, aus denen „zuweilen eine Eigendynamik mit fatalen Folgen" erwächst[33], oder aber expliziter auf die diversen Wirkungen von staatlicher Repression eingehen und Effekte der Verdrängung oder der innovativen Restrukturierung beschreiben.[34]

Über das enge Feld der Terrorismus- und Extremismusabwehrpolitik und des -diskurses hinaus, haben mehrere Autoren die negativen Effekte des breiteren politischen und gesellschaftlichen Diskurses über Migration im Allgemeinen und muslimische Gemeinschaften im Besonderen aufgezeigt, die zu Stigmatisierung, Abstempelung oder sogar Diskriminierung geführt haben. Dies alles sind Symptome des *Othering*, wobei das Selbst durch die im Normalfall negative Abgrenzung von einem Anderen definiert wird. Diese Art des Effekts ist relevant für unsere Diskussion, wenngleich dieser auf die muslimische Minderheit und nicht spezifisch auf die salafistische Gemeinschaft bezogen wird, da sie einen vergleichbaren Typus künstlicher Konstruktion und Versicherheitlichung des Anderen illustriert. Malik spricht von einer „Kulturtechnik zur Selbstaffirmation und Abgrenzung", die zu einer sicherheitspolitisch motivierten Homogenisierung von Muslimen durch die deutsche Mehrheitsgesellschaft führe.[35] Bade führt dies fort und prangert vor dem Hintergrund der Sarrazin-Debatte eine „negative Integration" an, die der „Selbstvergewisserung der Mehrheit durch die denunziative Auskreisung von Minderheiten" diene.[36] Paradoxerweise führt das Ganze dann zur

---

[33] Eckhard Jesse, Rechtsterroristische Strukturen in Deutschland, Politische Studien,443, 63. Jahrgang, Mai/Juni 2012, Neue Dimensionen des Rechtsextremismus, S. 24-35, S. 29 (http://www.hss.de/uploads/tx_ddceventsbrowser/PS_443_Internet_PDF.pdf; 20.11.2012).

[34] Vgl. Michael Minkenberg: Repression und Repressionswirkungen auf rechtsradikale Akteure, in: Wilhelm Heitmeyer/Peter Imbusch (Hg.): Integrationspotenziale einer modernen Gesellschaft, Wiesbaden 2005, S. 303-324. Britta Schellenberg: Die radikale Rechte in Deutschland: Sie wird verboten und erfindet sich neu, in: Nora Langenbacher, Britta Schellenberg (Hg.): Europa auf dem „rechten" Weg? Rechtsextremismus und Rechtspopulismus in Europa, FES, 2011, S. 59-84, http://www.cap.lmu.de/download/2011/FES_2011_Deutschland.pdf, 03.06.2012).

[35] Vgl. Interview von Sabine am Orde mit dem Erfurter Islamwissenschaftler Jamal Malik: „Man klebt das Label Islam drauf und fertig", TAZ, (http://www.taz.de/1/archiv/print-archiv/printressorts/digi-artikel/?ressort=tz&dig=2009%2F03%2F02%2Fa0070&cHash=7d6e3c2068).

[36] Klaus J. Bade: Kritik und Gewalt: Sarrazin-Debatte, „Islamkritik" und Terror in der Einwanderungsgesellschaft, Schwalbach i. Ts. 2013, S.105 bzw. 109.

Entstehung einer „islamischen Neo-Identität", ein „ostentatives Bekenntnis zum Islam" in teilweiser Abgrenzung zum „Deutschsein".[37] Am eigenen Beispiel veranschaulicht Foroutan an anderer Stelle einen Mechanismus, der ausgehend von einer Gegenüberstellung von „Deutschsein" und defizitär geprägten „Muslimischsein" selbst pluralistisch argumentierende Muslime in eine „Verteidigungsfalle" und damit zur reaktiven Argumentation im Sinne einer muslimischen Wir-Gemeinschaft zwingt.[38] Darauf, dass in diesem polarisierenden Lagerdenken wechselseitig stereotypen Vorstellungen eine zentrale Rolle zukommt, verweist wiederum der von Frindte geprägte Begriff der „Inszenierungsfalle".[39] Die spezifische „rollenverstärkende" Mediennutzung und die skandalisierenden politischen Interventionen bestätigen die Wirkung des von Scheerer schon vor vielen Jahren beschriebenen politisch-medialen *Verstärkerkreislaufes*.[40]

So naheliegend es mitunter ist, das Handeln staatlicher Stellen auf den Prüfstand zu stellen, so wichtig ist es vor diesem Hintergrund auch, das Nicht-Tätigwerden im Sinne bestimmter Konzepte und Überlegungen zu hinterfragen. Illustrieren lässt sich das am Beispiel der Studentenrevolte der 1960er Jahre, bei der die Polizei noch mit Mitteln der paramilitärischen Aufstandsbekämpfung reagierte, bevor eine Strategie der professionalisierten Protestkontrolle entwickelt wurde.[41] In gewisser Weise ähnlich verhält es sich im Falle islamistischer Radikalisierung, wo das Konzept der „De-Radikalisierung" und seine politische Umsetzung den Überlegungen zur Radikalisierung deutlich nachhinkt.[42] Verwiesen

---

[37] Naika Foroutan/Isabel Schäfer: "Hybride Identitäten – muslimische Migrantinnen und Migranten in Deutschland und Europa", Aus Politik und Zeitgeschichte, 5, 2009, (http://www.bpb.de/apuz/32223/hybride-identitaeten-muslimische-migrantinnen-und-migranten-in-deutschland-und-europa?p=all).

[38] Naika Foroutan: Sarrazin-Debatte: Wer ist wir? Wie mich die Sarrazin-Debatte zur Verteidigung der Muslime zwang, Zeit-Online (http://www.zeit.de/2010/39/Muslime-Integration-Debatte, 23.11.2010) sowie Naika Foroutan und Isabel Schäfer siehe FN 37.

[39] Wolfgang Frindte: Der Islam und der Westen. Sozialpsychologische Aspekte einer Inszenierung, Wiesbaden 2013.

[40] Sebastian Scheerer: Der politisch-publizistische Verstärkerkreislauf. Zur Beeinflussung der Massenmedien im Prozess strafrechtlicher Normgenese, Kriminologisches Journal, 10, 1978, S. 223-227.

[41] Martin Winter: Protest policing und das Problem der Gewalt, Forschungsbericht des Instituts für Soziologie, Martin-Luther-Universität Halle-Wittenberg, in der Reihe „Der Hallesche Graureiher", Nr. 98-5, 1998.

[42] Vgl. Guido Steinberg: Im Visier von al-Qaida: Deutschland braucht eine Anti-Terror-Strategie, Hamburg 2009.

ist damit auf die Existenz erkenntnistheoretisch „blinder Flecken", die etwa durch einseitige Fokussierungen auf den *Radikalisierungs*prozess (unter Ausblendung nicht stattfindender oder umkehrbarer Radikalisierung) zustande kommen oder in den Worten des Bewegungsforschers Koopman gesagt, unberücksichtigt lassen „was zuvor kam und was anderswo passiert".[43] Mit dem Begriff der Co-Radikalisierung soll deshalb auch die Existenz diverser Dunkelfelder ins Bewusstsein gerückt werden. Dazu gehört es auch, Konflikte um Moscheebauten oder Muhammad-Karikaturen in einem zeitlich und räumlich größeren Kontext zu sehen und eine transnationale Perspektive einzubeziehen.[44]

5. Schlussbetrachtung

Die zu einer bestimmten Zeit verfügbaren sozialwissenschaftlichen Konzepte prägen auch das Bild von den Gefahren, mit denen sich eine Gesellschaft konfrontiert sieht. Das gilt auch für das hier beschriebene Konzept der Co-Radikalisierung, worunter wir nicht intendierte Dynamiken in Reaktion auf wahrgenommene Radikalisierung fassen. Es liegt auf der Hand, dass das Verständnis davon, was Radikalisierung ist, wie es verstanden und umgesetzt wird, Teil dieser Dynamik ist – besonders dann, wenn es selektiv auf nur ein bestimmtes Bevölkerungssegment bezogen wird oder im Diskurs wie hier am Beispiel des Salafismus gezeigt auf eine religiöse Gemeinschaft ausgeweitet wird.

Das Konzept der Radikalisierung wurde stark kritisiert, unter anderem aufgrund seiner Abhängigkeit von politischen Sicherheitsinteressen und des daraus resultierenden stigmatisierenden Potenzials. Durch die negative Konnotation des Terrorismus und aktuell auch der Radikalisierung ist es in der Tat schwierig für den wertfreien Gebrauch dieses Konzepts, für ein eher analytisches als normatives Verständnis hiervon zu argumentieren. Dennoch sollten eine hinreichende konzeptuelle Analyse und ein Blick zurück in der Geschichte deutlich machen, dass das Wort radikal einfach eine fundamentale Abweichung von etablierten Normen zu einem bestimmten Punkt in Zeit und Raum ist und dass es keinen

---

[43] Vgl. Ruud Koopmans: Protest in Time and Space. The Evolution of Waves of Contention in David A. Snow, Sarah A. Soule, and Hans-Peter Kriesi (Hg.): The Blackwell Companion to Social Movements. Oxford 2004, S. 19-46.
[44] Thomas Olesen: The Muhammad cartoons conflict and transnational activism, Ethnicities, 9, 2009, S. 409-426.

intrinsischen moralischen Wert besitzt. Zweifelsohne ist die Tatsache, dass es den Begriff Radikalisierung gibt, nicht das hauptsächliche Problem. Dieses liegt in den Annahmen mit Bezug auf die Ursachen und der Radikalisierung als solcher, insbesondere wenn angenommen wird, dass es zwischen Radikalisierung und Terrorismus einen Zusammenhang gibt. Wenn solche Ursachen, aus Gründen der Simplifizierung oder schnellen politischen Lösungen, in den Merkmalen bestimmter religiöser Gemeinschaften identifiziert werden und diese hierdurch abgestempelt und stigmatisiert werden, muss man von schlechter Wissenschaft sprechen. Empirisch können solche Annahmen und die entsprechenden Maßnahmen in gesellschaftlicher Polarisierung münden und vielleicht auch in die Entscheidung einzelner Akteure, die Regierungen beim Wort zu nehmen und die „Prophezeiung zu erfüllen". Radikalisierung wird nicht durch Religion, die Lektüre bestimmter fundamentalistischer religiöser Texte oder durch die Zugehörigkeit zu bestimmten ethnischen und/oder religiösen Gemeinschaften verursacht. Bei Radikalisierung handelt sich zuallererst um eine politische Frage: Personen nehmen gewisse politische und soziale Sachverhalte als Ungerechtigkeiten wahr und ihre persönlichen Wege, Erfahrungen und Lernprozesse ermöglichen dann solche „politischen Karrieren". Stigmatisierende Aussagen und Handlungen können allerdings dazu beitragen, indem sie entstehende Frames der Ungerechtigkeit bestätigen.

Unwahre Begriffe vom „Wahren Weg":
Von akteursbezogener zu attitüdenbasierter Untersuchung salafistischer Netzwerke

Frank Horst

1. Einleitung

Die vermehrte Beschäftigung der Sozialwissenschaften mit dem Phänomen des Salafismus hat in den letzten Jahren zu einer Fülle neuer Begriffe geführt („Salafismus" selbst ist einer davon), die nicht zuletzt Eingang in die alltägliche Arbeit der Sicherheitsbehörden gefunden haben, wo sie als Definitionen das Verständnis dessen prägen, was ein Salafist sei. Da Definitionen aber *per definitionem* vom Inkommensurablen ihres Gegenstandes absehen, mögen sie über diesen relevante Aussagen treffen, dürfen jedoch nicht mit ihm verwechselt werden. Seliktar nannte dieses Problem *deception by default*, standardmäßige Täuschung, und wies darauf hin, dass sich die Arbeit der US-amerikanischen Sicherheitsbehörden in der Vergangenheit immer wieder durch Fehleinschätzungen islamistischer Akteure selbst behinderte. So hätte das Paradigma innerhalb der CIA, Sunniten und Schiiten würden nicht zusammenarbeiten, verunmöglicht, den iranischen Einfluss im Sudan als auch Irans Beziehung zu Osama bin Laden während seines Aufenthalts im Sudan richtig einzuschätzen. Zentral, so Seliktar, war hier die Konstruktion der Analyseeinheit als einheitlicher Akteur,[1] d.h. die Konstruktion eines Begriffes, hinter den in der Analyse nicht mehr zurückgegangen wird und dessen Unzulänglichkeiten darum automatisch als Fehler in die Grundauffassung des betrachteten Gegenstandes eingehen.

Ein prominentes Beispiel für solch fehlerhafte Konstruktion einer Analyseeinheit als einheitlicher Akteur ist bei der Untersuchung salafistischer Strömungen etwa der Begriff des Takfirismus. Das ihm zugrundeliegende arabische Wort *Takfir* bezeichnet die Erklärung einer Person

---

[1] Vortrag von Ofira Seliktar am 10. Januar 2010 im IDC Herzliya, Israel.

oder einer Gruppe von Personen, die sich selbst der muslimischen Glaubensgemeinschaft zurechnen, zu Ungläubigen.[2] In innerislamischen Debatten ist der Begriff *Takfīr* negativ konnotiert und daher fast ausschließlich, wenn nicht vollständig, Fremdzuschreibung und politischer Kampfbegriff. Gleichzeitig lässt sich die Gruppe derer, welche andere Muslime *de facto* zu Ungläubigen erklären, nicht auf eine kleine Zahl militanter *Al-Qaida*-Ideologen eingrenzen, sondern ist ein in den muslimischen Gesellschaften zwar umstrittenes, doch gleichfalls verbreitetes Phänomen.[3] Umso fragwürdiger ist darum die Hartnäckigkeit, mit der sich der Begriff des *Takfirismus* hält, in dem das Konzept des Takfir zur eigenständigen Ideologie verabsolutiert wird und dessen vermeintliche Anhänger entsprechend als *Takfiris(ten)* bezeichnet werden. Allein der Begriff suggeriert eine im Wesentlichen gleiche Gruppe von Salafisten, die sich von anderen salafistischen Akteuren so grundlegend unterscheidet, dass sie als separater, einheitlicher Akteur konzipiert werden kann. Dementsprechend findet sie auch immer wieder als Analyseeinheit bei Untersuchungen islamistischer Netzwerke Verwendung.[4] Wahrhaft absurd aber wird es, wenn etwa Investigativjournalisten von der Existenz des Begriffs *Takfirismus* ausgehend, sich in „Takfiri-Moscheen" begeben, um die Vereinsmitglieder zu befragen, wer denn zu den Takfiris gehöre. Dies ist zugegebenermaßen ein Extrembeispiel für eine fehlerhafte Konstruktion des Analysegegenstandes, die ein Verständnis der realen Zusammenhänge im Grunde unmöglich macht. Ganz ohne Verallgemeinerung, Abstraktion und Begriffsbildung kann die wissenschaftliche Analyse allerdings auch nicht auskommen. Die Frage ist darum, wie und worauf ihre Begriffe gegründet werden.

In einem Beitrag zum Salafismus als globaler Bewegung kritisiert Hegghammer viele der existierenden wissenschaftlichen Untersuchun-

---

[2] Hans Kruse: Takfīr und ǧihād bei den Zaiditen des Jemen, in: Die Welt des Islams, New Series, Vol. 23/24, 1984, S. 424-457.
[3] Vgl. Thomas Hegghammer: Jihadi-Salafis or Revolutionaries? in: Roel Meijer (Hg.): Global Salafism. Islam's new religious movement, London 2009, S. 244-266, hier 247 und F. W. Horst: Towards a Dynamic Analysis of Salafi Activism, in: ICT Working Paper Series, Nr. 6, 2013.
[4] Vgl. Syed Saleem Shahzad: Takfirism – a messianic ideology, in: Le Monde diplomatique, unter: http://mondediplo.com/2007/07/03takfirism (03. Juli 2007); Omar Ashour: The de-radicalization of Jihadists: transforming armed Islamic movements, New York 2009, S. 9 f.; Verfassungsschutzbericht Bremen 2010, Hg. vom Senator für Inneres und Sport der freien und Hanse-Stadt Bremen, 2011.

gen zum Islamismus im Allgemeinen als auf präferenzbasierten Begriffen beruhend – *preference based terms* – und fasst einige der prominentesten dieser Ansichten zusammen:[5] Keppel etwa unterscheidet zwischen a) einem gradatimen Ansatz der Muslimbruderschaft, b) einer quasi-bolschewistischen Organisation wie der ägyptischen Gruppe *Al-Dschihad* und c) isolationistischen Gruppen, wie der *Jamma Al-Muslimin*, die unter dem Namen „Takfir wa-l-Hidschra" bekannt sind.[6] Ähnlich unterscheidet auch Dekmeijan die drei Organisationstypen a) gradatim-pragmatisch, b) revolutionär und c) messianisch-puristisch.[7] Rubin, der den Handlungsgrund "nationale Befreiung" in seine Typologie aufnimmt, unterscheidet zwischen a) revolutionären, b) befreiungsnationalistischen und c) reformistischen Gruppen,[8] während unter anderem Gerges' Typologie a) lokale Unabhängigkeit fordernde Gruppen wie die *Hamas*, b) Revolutionäre vom Schlage des ägyptischen *Al-Dschihad*, welche gegen ein inländisches Regime kämpfen sowie c) globale Dschihadisten wie etwa *Al-Qaida* kennt.[9] Die wohl am weitesten verbreitete Kategorisierung des spezifisch salafistischen Islam jedoch stammt von Wiktorowicz und umfasst den puristischen, politischen und dschihadistischen Salafismus.[10] All diesen Typologien hält Hegghammer entgegen, sie seien entweder inkonsistent, da sie Mittel (z.B. Gewalt, Annäherung, Separation) und Zielsetzung (z.B. nationale Befreiung, Regimewechsel, sozialer Konservatismus) vermengen oder unvollständig, wenn sie wichtige Formen islamistischer Militanz, wie etwa sektiererische Gewalt, übersehen.[11] Diesen präferenzbasierten Ansätzen stellt er darum seine eigene Klassifikation des Islamismus gegenüber, die auf den Handlungsgründen islamistischer Akteure basiert, also *rationale-based* ist. Er nennt fünf Gründe, welche das mittelfristige Handeln islamistischer Akteure bestimmten: a) staatsorientierte Islamisten versuchten die soziale und politische Ordnung eines Staates zu ändern, b) nationsorientierte Islamisten versuchten ihre Herrschaft über einem von Nicht-Muslimen

---

[5] Hegghammer: Jihadi-Salafis or Revolutionaries, S. 257.
[6] Gilles Kepel: Muslim Extremism in Egypt, Berkley 1985.
[7] Richard Hrair Dekmijan: Islam in Revolution – Fundamentalism in the Arab World, Syracuse 1995.
[8] Barry Rubin: Islamic Radicalism in the Middle East: A Survey and Balance Sheet, in: Middle East Review of International Affairs, Vol. 2/1, 1998, S.17–24.
[9] Fawaz Gerges: The Far Enemy: Why Jihad Went Global, New York 2005.
[10] Quintan Wiktorowicz: Anatomy of the Salafi Movement, in: Studies in Conflict & Terrorism, Nr. 29, 2006, S. 207-239.
[11] Thomas Hegghammer: Jihadi-Salafis or Revolutionaries?, S. 257.

dominierten Territorium zu etablieren, c) Umma-orientierte Islamisten versuchten die gesamte islamische Nation vor äußeren Gefahren zu schützen, d) moralorientierte Islamisten strebten nach einer Änderung des sozialen Verhaltens einer muslimischen Bevölkerung und e) Islamisten mit einer sektiererischen Agenda bemühten sich den Einfluss einer konkurrierenden Sekte zu mindern. Sodann unterscheidet Hegghammer innerhalb dieser Gruppen zwischen einer gewalttätigen und einer nichtgewalttätigen Verlaufsform.[12] Wenngleich Hegghammers Klassifikation islamistischer Gruppen und Bewegungen einen Beitrag leistet, die Zielsetzungen und Mittel islamistischer Akteure genauer zu unterscheiden, so führt sein Ansatz jedoch lediglich zu einer Präzisierung und damit unweigerlichen Multiplizierung der Kategorien. Zwar gesteht Hegghammer zu, dass die meisten Gruppen mehrere Handlungsgründe aufweisen, jedoch reduziert er die Ideologie einer jeden Gruppe letztlich doch auf jene Bedrohung, die von der Gruppe als am dringendsten herausgestellt werde.[13]

So ist es allerdings weder möglich, die Vielzahl der verschiedenen und zum Teil konkurrierenden salafistischen Strömungen zu erfassen, noch strömungsinterne ideologische Verschiebungen genauer nachzuvollziehen. Ein weiteres Problem erwächst Hegghammers Fokussierung auf eine einzelne, wichtigste Handlungsmaxime dort, wo Gruppen mit verschiedenen dominanten Handlungsgründen (Staat, Nation, Umma, Moral, Sektierertum) bezüglich eines bestimmten Problems in einer vergleichenden Perspektive betrachtet werden. Da sämtliche Gruppen in seinem Modell gemäß ihres dominanten Handlungsgrundes wahrgenommen werden, stehen alle anderen Handlungsgründe der Gruppe in Gefahr, ungenügend berücksichtigt zu werden, was dem Realitätsbezug der Untersuchung abträglich ist und insbesondere dann ein ernsthaftes Problem darstellt, wenn eine Gruppe mehrere nahezu gleichwertige Handlungsgründe aufweist.

Das grundlegende Problem ist dabei weniger die Verwendung von Typologien und Kategorien – bei entsprechender Reflexion auf die ihren Begriffen immanenten Unzulänglichkeiten und auf die Veränderungen des unter ihnen Befassten können sowohl präferenzbasierte als auch handlungsgrundbasierte Kategorien der wissenschaftlichen Analyse

---

[12] Ebd., S. 258 f.
[13] Ebd., S. 260.

dienlich sein – als ihre unsachgemäße Verabsolutierung zur Analyseeinheit und damit ihrer Verkehrung zum a priori des Analyseprozesses. Da allen bislang angesprochenen Kategorien gemein ist, dass sie sich auf Akteure der islamistischen bzw. salafistischen Szene beziehen und gleichzeitig auf eine Kategorisierung nicht gänzlich verzichtet werden kann, so liegt die Frage nahe, welche Art nicht akteursbezogener Kategorisierung denkbar und einem Verständnis der salafistischen Bewegung angemessener wäre.

2. Von akteursbezogener zu attitüdenbasierter Kategorisierung

Eine umfassende Analyse salafistischen Aktivismus hätte zu erklären, wie soziopolitische Realität in den Begriffen des Salafismus interpretiert und dann von salafistischen Akteuren in eine bewegungspolitische Praxis übersetzt wird. Eine ganze Reihe wertvoller Arbeiten konnte in den zurückliegenden Jahren die *Social Movement Theory* für die Islamismusforschung fruchtbar machen.[14] Ausgehend von der Prämisse, dass die tatsächlichen oder vermeintlichen Ursachen des Islamismus wie gesellschaftliche Probleme und individuelle Lebenskrisen allgegenwärtig sind, islamistische Mobilisierung jedoch bei weitem nicht überall erfolgreich war, untersuchten diese Arbeiten die Entstehung und das Verhalten islamistischer Bewegungen unter den Gesichtspunkten politischer Opportunität, Verfügbarkeit von Ressourcen, Mobilisierungsstrukturen und dem sogenannten *Framing*, also der Einbettung eines bestimmten, politischen Problems in einen (subjektiven) Deutungsrahmen, welcher es mehr oder minder erfolgreich vermag, existierende Meinungs- und Stimmungscluster in der Bevölkerung für eine erfolgreiche Mobilisierung zu nutzen. Zwar konnten so die letzten Ursachen des Islamismus nicht ergründet, wohl aber Antworten auf die Frage gefunden werden,

---

[14] Stellvertretend seien genannt: Cihan Tuğal: Transforming Everyday Life: Islamism and Social Movement Theory, in: Theory and Society, Vol. 38/5, 2009, S. 423-458; Asef Bayat: Islamism and Social Movement Theory, in: Third World Quarterly, Nr. 6 Vol. 26, 2005, S. 891-908; Mohammed M. Hafez: Suicide Bombers in Iraq – The Strategy and Ideology of Martyrdom, Washington 2007; Ziad Munson: Islamic Mobilization – Social Movement Theory and the Egyptian Muslim Brotherhood, in: Sociological Quarterly, Herbst 2001, S. 487-510; Mohammed M. Hafez: Why Muslims Rebel – Repression and Resistance in the Islamic World, Boulder 2003; Quintan Wiktorowicz: Radical Islam Rising – Muslim Extremism in the West, Lanham 2005.

weshalb eine bestimmte Bewegung zu einer bestimmten Zeit an einem bestimmten Ort Erfolg hat.[15]

Wenn der Salafismus aber nicht lediglich ein Exemplar des Aktivismus einer sozialen Bewegung darstellt, sondern seine eigenen Merkmale aufweist, dann muss eine Untersuchung des Salafismus bei diesen Eigenheiten anheben und folglich analysieren, wie die salafistische Ideologie die Wahrnehmung gesellschaftlicher Realität in politischen Aktivismus übersetzt. In den Begriffen der Social Movement Theory gelte es also, den spezifisch salafistischen Prozess des Framing genauer zu beleuchten.

Im Diskurs der gegenwärtigen salafistischen Bewegung finden sich zwei zentrale Motive. Entsprechend des ersten Motivs hätte sich die muslimische Gemeinschaft vom *Tauhid* ihrer Vorväter entfernt und müsse nun zum reinen Glauben und der wahren Praxis zurückgerufen werden, die Allah für die Menschen bestimmt habe.[16] Das zweite Motiv beschwört eine Gefahr für die Umma als solche, welche nicht nur in Form von vermeintlichen oder tatsächlichen Vorurteilen gegen Muslime angesprochen wird, sondern ebenso als Gefahr inner-islamischer Zwietracht, kultureller Unterwanderung durch den Westen oder als die berüchtigte Vorstellung einer „Allianz der Kreuzfahrer und Juden" beschworen wird, welche danach trachteten, die muslimischen Länder und ihre Einwohner physisch zu vernichten.[17] Es ist andernorts dargestellt worden, dass sich alle wesentlichen Argumente des Salafismus auf eines der beiden Motive zurückführen lassen[18] und dass seine ideologische Flexibilität aus der Verdrängung des grundsätzlichen Widerspruchs beider Motive resultiert: Mittels des Tauhid-Motivs hebt sich die salafistische Bewegung von anderen muslimischen Strömungen ab. In der Unterscheidung von der

---

[15] Vgl. Roel Meijer: Taking the Islamist Movement Seriously, in: International Review of Social History, Nr. 2, Vol. 50, 2005, S. 279-291.
[16] Zur Zentralität des *Tauhid* im salafistischen Denken vgl. Brynjar Lia: Jihadi Strategists and Doctrinarians, in: Assaf Moghadam und Brian Fishman (Hg.): Self-Inflicted Wounds – Debates and Divisions within Al-Qa'ida and its Periphery, Westpoint 2010, S. 102; Bernard Haykel: On the Nature of Salafi Thought and Action, Roel Meijer (Hg.): Global Salafism – Islam's new religious movement, London 2009, S. 244-266, hier 33-57; Quintan Wiktorowicz: Anatomy of the Salafi Movement, in: Studies in Conflict & Terrorism, Nr. 29, 2006, S. 207-239, hier 209.
[17] Nicht nur Al-Qaida-Ideologen vertraten diese These, sondern auch angesehen salafistische Gelehrte, wie der ehemalige Großmufti und Minister für religiöse Studien Saudi Arabiens, Bin Baz. Vgl. 'Abdul 'Aziz bin 'Abdullah Bin Baz: The Ideological Attack, Middlesex 1999 (zweites Interview, zweite Frage).
[18] Frank W. Horst: Towards a Dynamic Analysis of Salafi Activism, in: ICT Working Paper Series, No. 6, 2013, S. 39-66.

Mehrheit der Muslime schafft sie die Kollektividentität der *firqa najiyya*, der Gruppe, welche jene Muslime einschließe, die wahrlich dem Tauhid verpflichtet und damit vor dem Höllenfeuer gerettet seien. Das Umma-Motiv aber richtet sich an die Identität der Muslime als solche. Das Tauhid-Motiv proklamiert die Gruppe als verschworene Gemeinschaft in einem Meer aus Unglaube, Heuchelei und Kompromiss. Im Umma-Motiv hingegen werden alle Muslime als zugehörig betrachtet, die im Tauhid-Motiv für fremd oder gar feindlich gelten, so dass sich die Gemeinschaft virtuell um ein Vielfaches erweitert. Im einen Fall wird also der Anspruch auf Gottgefälligkeit proklamiert, im anderen auf politische Macht. Solcherart doppelte Quelle symbolischer Ermächtigung stellen beide Motive die salafistische *Dawa* als heilstiftend für Umma und Menschheit dar und verleihen ihr damit eine imaginierte Größe, welche die reale, politische Bedeutungslosigkeit des Salafismus zumindest im Geist seiner Anhänger zu überdecken vermag.

Im Namen des Islam verurteilt der Salafismus alle Muslime als irregeleitet, die seinen Ideen nicht folgen und ebenfalls im Namen des Islam macht er sich zum Fürsprecher aller Muslime, seien diese nun Salafisten oder nicht. Da das Tauhid-Motiv die islamische Identität als Prärogativ der salafistischen Gemeinschaft beansprucht, richtet es sich gegen all jene, welche sich der gleichen Identität zugehörig fühlen – alle anderen Muslime – und wirft ihnen folgerichtig vor, keine echten Muslime oder gar ungläubig zu sein. Innerislamische Konkurrenz wird so zur Gegner- oder gar Feindschaft gesteigert. Das Umma-Motiv andererseits blendet innerislamische Konkurrenz in der Imagination eines gemeinsamen äußeren Feindes aus, welcher in der Gestalt von Ungläubigen, Teufeln und Dschinnen vorgestellt wird.[19]

Dem Tauhid-Motiv inhärent ist also eine exkludierende Funktion, die sich gegen muslimische Konkurrenten richtet, während das Umma-Motiv in seiner Wendung gegen tatsächliche oder imaginierte, nicht-muslimische Feinde des Kollektivs, inkludierend wirkt.[20] Beide Motive bezie-

---

[19] Diese Vorstellung ist in salafistischen, aber auch anderen islamistischen Predigten und Texten weit verbreitet. Ein Beispiel ist: 'Abdul 'Aziz bin 'Abdullah Bin Baz: The Ideological Attack, Middlesex 1999 (erstes Interview, erste Frage).
[20] Zur „operativen Bedeutung" des Umma-Konzepts vgl. C.A.O. van Nieuwenhuijze: The Ummah: An Analytic Approach, in: Studia Islamica, No. 10, 1959, S. 5-22.

hen sich hierbei auf dieselbe islamische Identität. Dies erzeugt einen Widerspruch innerhalb der islamischen Identität selbst, der sich in den oft gegensätzlichen Zielen der salafistischen Akteure Ausdruck verschafft.

Wie aber werden nun beide Motive in den Aktivitäten der salafistischen Bewegung praktisch? Um dies zu klären, muss zunächst einmal die doktrinäre Basis des Salafismus in Erinnerung gerufen werden: Koran und Sunna, also das von Gott offenbarte Wort und die Aussagen und Traditionen des Propheten Mohammed. Beide Überlieferungen können im Wesentlichen in eine mekkanische und eine medinensische Periode unterteilt werden, deren Charakteristika auf die unterschiedlichen Lebensrealitäten zurückgeführt werden können, mit denen sich die mohammedanische Gemeinschaft in der Zeit vor und nach ihrer Emigration von Mekka nach Medina konfrontiert sah. In Mekka waren Mohammed und seine Anhänger eine kleine, zeitweilig verfolgte Minderheit, die darum bemüht war, die eigene, polytheistische Stammesgesellschaft zum Monotheismus zu rufen. Im Angesicht der eigenen Schwäche und der Gefahr, die einflussreichen Familienclans gegen sich aufzubringen, predigte Mohammed Geduld und Standhaftigkeit im Namen Gottes und sah von Gewaltdrohungen gegen Nicht-Muslime weitestgehend ab. Juden und Christen, zu denen er nur sporadisch Kontakt hatte, betrachtete er lange Zeit als im Grunde Gleichgesinnte Monotheisten.[21]

Nach seiner Emigration nach Medina jedoch änderte sich Mohammeds Einstellung zu anderen Religionen als auch zur Gewalt im Namen des Islam grundlegend.[22] Zunächst wurde Gewalt als Vergeltung gegen das heidnische Mekka religiös sanktioniert, später als vollständig offensive Strategie im Namen des Islam. Gleichzeitig wurde seine Einstellung zu Polytheisten, Juden und Christen zunehmend feindselig und erreichte einen Punkt, an dem Heiden lediglich die Wahl zwischen Konvertierung und Tod zugestanden wurde und Christen und Juden sich als minderwertige *Dhimmi* islamischer Herrschaft beugen oder ebenso bekämpft und getötet werden mussten.[23]

---

[21] Montgomery W. Watt: Muhammad At Medina, London 1956, S. 309, 314; Gustav Weil: An Introduction to the Quran. IV, in: The Biblical World, Nr. 1, Vol. 6, 1895, S. 438.
[22] Montgomery W. Watt: Muhammad At Medina, S. 204-206, 217, 316 f., 319 f.
[23] Zur Diskriminierung von Christen und Juden unter muslimischer Herrschaft vgl. Bat Ye'or: The Decline of Eastern Christianity under Islam: From Jihad to Dhimmitude, New Jersey 2010, S. 71-106.

Da sich der Salafismus stets mit dem Verweis auf die Überlieferungen des Islam zu Zeiten Mohammeds legitimiert, kann salafistisches Verhalten entsprechend der Zweiteilung dieser Überlieferungen in eine mekkanische und eine medinensische Periode ebenfalls in mekkanisches und medinensischses Verhalten unterschieden werden. Verweise auf Textstellen aus der mekkanischen Periode begründen in der Regel Gewaltfreiheit und Zurückhaltung, während der medinensischen Periode entstammende Vorschriften überwiegend gewalttätiges, aggressives und offensives Verhalten gegenüber Kontrahenten fordern. Diese Unterscheidung stellt eine gewisse Vereinfachung dar – in beiden Perioden finden sich auch für die Zeit untypische Offenbarungen –, sie ist jedoch triftig genug, um einer typischerweise mekkanischen Moderation frühislamischer Politik eine medinensische Konfrontation gegenüberzustellen und dementsprechend das politische Verhalten salafistischer Akteure in einen mekkanischen und einen medinensischen Modus zu unterscheiden.

Religiöse Reinheit im Namen des Tauhid, politischer Nutzen im Namen der Umma, mekkanische Konfliktvermeidung und medinensische Konfrontation sind demnach die Eckpunkte salafistischer Ideologie. Sie artikulieren die dem Salafismus eigene ideologische Vermittlung zwischen soziopolitischer Realität und Bewegungspolitik. Seine Master-Frames, Tauhid und Umma, bilden die Grundprinzipien des salafistischen Aktivismus, welche zu einem Verhalten im mekkanischen oder medinensischen Modus führen können. Unter Berücksichtigung der funktionalen Bedeutung des Tauhid-Motivs (Exklusion) und des Umma-Motivs (Inklusion) auf der einen Seite und der praktischen Bedeutung von mekkanischem Modus (Moderation) und medinensischem Modus (Konfrontation) auf der anderen, lässt sich eine Matrix erstellen, deren Vertikalen, Tauhid und Umma, die Grundprinzipien jeglichen Aktivismus darstellen und deren Horizontalen den mekkanischen bzw. medinensischen Modus dieses Aktivismus beschreiben. Diese Darstellung lässt sich als Matrix salafistischen Urteilens (MSU) bezeichnen. Sie umschreibt vier Typen salafistischen Verhaltens, welche wir Mekkanische Exklusion, Mekkanische Inklusion, Medinensische Exklusion und Medinensische Inklusion nennen können. Um den tatsächlichen Gehalt dieser Typologie zu ermessen, muss in Erinnerung gerufen werden, dass die Matrix lediglich zu beschreiben versucht, wie durch die salafistische Ideologie hindurch eine bestimmte Realität aufgefasst, diese Auffassung artikuliert und schließlich ein dieser angemessenes Verhalten bestimmt wird.

Abbildung 1: Matrix salafistischen Urteilens

		Grundprinzipien der Aktion	
		Tauhid	**Umma**
Modus der Aktion	Moderation	Mekkanische Exklusion	Mekkanische Inklusion
	Konfrontation	Medinensische Exklusion	Medinensische Inklusion

Die MSU beschäftigt sich nicht mit den tatsächlichen Gründen salafistischen Aktivismus', welche nicht zuvorderst im Bereich der Ideologie zu suchen wären, sondern in den materiellen Bedingungen der salafistischen Bewegung und der sozialen Konstellation deren Teil sie ist und welche gemäß der Social Movement Theory (SMT) in den Kategorien politischer Opportunität, Ressourcenverfügbarkeit und Mobilisierungsstrukturen untersucht werden können. Die erste Abbildung zeigt, wie die MSU die der salafistischen Ideologie immanenten Grenzen des Framing absteckt und damit das Feld aufspannt, innerhalb dessen die Anhänger des Salafismus gesellschaftliche Realität in den ihnen eigenen Begriffen wahrzunehmen vermögen.

Abbildung 2: Triade des salafistischen Bewegungsaktivismus mit MSU

REALITÄT	INTERPRETATION	AKTION
Materielle Bedingungen analysiert durch SMT: • Politische Möglichkeitsstruktur • Verfügbarkeit von Ressourcen • Mobilisierungsstrukturen	Salafistische Reflexion sozio-politischer Realität in der MSU: | Mek. Exk. | Mek. Ink. | | Med. Exk. | Med. Ink. |	Salafistischer Aktivismus wirkt auf sozio-politische Realität

Da die gesamte salafistische Bewegung auf der gleichen Ideologie basiert, ist der Matrix-Ansatz über das gesamte analytische Spektrum hinweg, also vom Mikrolevel des individuellen Predigers über die Zwischenebene der einzelnen Gruppe bis hin zum Makrolevel der gesamten Bewegung, triftig. Somit eröffnet er der wissenschaftlichen Untersuchung Möglichkeiten, die über bisherige Ansätze deutlich hinausweisen. Statt einer Klassifizierung salafistischer Fraktionen klassifiziert der Matrix-Ansatz die im Rahmen salafistischer Ideologie vertretbaren Handlungsgründe und Verhaltensweisen und reduziert dergestalt diese Handlungsgründe wie Verhaltensweisen auf jeweils zwei Extreme, welche den gesamten Kosmos salafistischen Aktivismus enthalten. Kategorisiert werden also nicht länger die Gruppen und Individuen selbst, sondern deren Einstellungen zu konkreten Sachverhalten, wie etwa den gewaltsamen Kämpfen in einem muslimischen Land, Anschlägen gegen zivile Einrichtungen in Deutschland oder dem Verhältnis zu einer anderen muslimischen Organisation in der Nachbarschaft. Der Matrix-Ansatz unterscheidet sich also von allen vorhergehenden Versuchen einer Klassifizierung darin, dass er nicht akteursbezogen sondern attitüdenbasiert kategorisiert. Dementsprechend sind salafistische Akteure wie Einzelpersonen, Gruppen und Netzwerke zwar Gegenstand der Untersuchung, die Analyseeinheiten aber sind die jeweiligen Einstellungen des Akteurs, die bei jeder Betrachtung in Form eines Fragenkatalogs neu bestimmt werden müssen.

Dieser Ansatz liefert eine Erklärung für die widersprüchliche Praxis, die aus der einheitlichen Ideologie des Salafismus herrührt. Er bietet Interpretationsrahmen, in dem salafistische Akteure aktuelle Begebenheiten als Analogien der islamischen Vergangenheit auffassen und vom Handlungsbeispiel des Propheten Mohammed in einer historischen Situation verbindliche Handlungsanweisungen für das Hier und Jetzt ziehen. Hierbei lassen sich zwei Trends feststellen, welche für die innere Dynamik der salafistischen Szene eine wesentliche Rolle spielen. Der zentrifugale Trend innerhalb der salafistischen Bewegung, Artikulation interner Spannungen und Spaltungen, drückt sich im exkludierenden Charakter des Tauhid-Motivs aus. Der zentripetale Trend, maßgeblich für den inneren Zusammenhalt der Bewegung, erscheint im Umma-Motiv. Die Vielfalt zueinander in Konkurrenz stehender Strömungen, welche unter dem Namen Salafismus zusammengefasst sind, können durch die Matrix salafistischen Urteilens geordnet aufgefasst werden, woraus keine neue Typologie der Strömungen, sondern ein adäquates Bild der ideologischen Übersetzung von materiellen Bedingungen der salafistischen Bewegung in politische Leitprinzipien, den sogenannten *Manhaj*, resultiert.

Der Matrix-Ansatz ermöglicht eine detaillierte Untersuchung, indem er ein analytisches Raster schafft, welches die politische Präferenz eines salafistischen Akteurs nicht als Gesamtattitüde einordnet, sondern als Einstellung hinsichtlich eines konkreten Sachverhaltes: Wie positioniert sich der Akteur zur nicht-muslimischen Mehrheitsgesellschaft? Wie beurteilt er eine bestimmte, nicht-salafistische Organisation? Welche Einstellung hat er zu verschiedenen Arten von Gewalt in unterschiedlichen Kontexten, wie zum Beispiel dem Aufstand der Taliban in Afghanistan, der Hamas in Israel, Angriffen auf militärische Ziele und Angriffen auf Zivilisten sowie Gewalt im eigenen Land und Gewalt in den Konfliktherden anderer Länder? Es wird so möglich, die Einstellungsstruktur von salafistischen Individuen, Gruppen und Netzwerken nachzuzeichnen und zudem zwischen verschiedenen Akteuren bezüglich eines Sachverhalts Vergleiche anzustellen. Innerhalb einer Bewegung, Gruppe und selbst einer Einzelperson können Entwicklungen nachverfolgt werden, indem die Erörterungen eines Sachverhalts für einen Akteur über eine

Zeitspanne aufgezeichnet und entsprechend der vier Arten salafistischer Argumentation in der MSU zugeordnet werden.

3. Implikationen für Fragen der Inneren Sicherheit

Bei genauerer Betrachtung der MSU hebt sich eines der vier Felder von den anderen ab. Mekkanische Inklusion ist eine pragmatische Haltung, welche abweichenden Ideen zugunsten politischer Zweckmäßigkeit mit einem gewissen Grad an Toleranz begegnet. Medinensische Exklusion ist eine auf ideologische Reinheit verpflichtete, aggressiv ausgrenzende Haltung und Medinensische Inklusion schließlich eine aggressive, gegen einen äußeren Feind gerichtete Haltung, aus der ein Maß an Toleranz für ideologische Unterschiede innerhalb des eigenen Netzwerks erwächst. Allen drei Typen ist ein offensives Element eigen. Medinensische Exklusion richtet sich gegen Konkurrenz innerhalb der Bewegung. Mekkanische Inklusion führt durch Kooperation tendenziell zu einer Erweiterung des Aktionsspielraums und damit der Machtbasis eines Akteurs. Medinensische Inklusion stärkt den Zusammenhalt durch Aggression gegen einen äußeren Feind. Im Vergleich hierzu erscheint die Mekkanische Exklusion vollständig passiv. Weder zieht ein Akteur mit dieser Haltung Stärke aus der Kooperation mit seiner Umwelt, noch fordert er diese offen heraus, indem er sie als „Ungläubige" verbal oder tatsächlich angreift. Mekkanische Exklusion gleicht Mekkanischer Inklusion in ihrer Ablehnung von Gewalt. Letztere aber ermächtigt eine Gruppe durch Kooperation im Namen der Umma. Erstere hingegen stimmt mit Medinensischer Exklusion in einem gewissen Isolationismus überein, ohne jedoch deren sektiererische Aggressivität zu sanktionieren, die andere muslimische Akteure einschüchtern und auf deren Kosten Mitglieder gewinnen könnte. Insofern ist die Mekkanische Exklusion der Medinensischen Inklusion strikt entgegengesetzt, welche gleichzeitig aggressiv gegen den äußeren Feind der Umma auftritt und aus dieser Aggression intern Zusammenhalt stiftet.

Aus einer Gefahrenperspektive heraus ist die Medinensische Inklusion demnach die der inneren Sicherheit generell abträglichste Haltung salafistischer Akteure: ideologische Toleranz nach innen, Gewaltbereitschaft nach außen. Im Gegensatz hierzu ist die Mekkanische Exklusion die am wenigsten problematische Haltung, welche im Rahmen der salafistischen Ideologie artikuliert werden kann. Sie lehnt Gewalt und Kooperation gleichermaßen ab, marginalisiert den Akteur also tendenziell, ohne eine Gefahr für die Allgemeinheit darzustellen. Die beiden übrigen Haltungen haben, wiederum aus dem Blickwinkel innerer Sicherheit, eine positive und eine negative Seite. Medinensische Exklusion äußerst sich aggressiv gegen andere Akteure, seien dies andere muslimische Gruppen oder eine nicht-muslimische Mehrheitsgesellschaft, wobei ihr sektiererischer Charakter der Kooperation mit anderen gewaltbereiten Akteuren entgegensteht und sich negativ auf die Entwicklung von Netzwerken und Ressourcenverfügbarkeit auswirkt. Mekkanische Inklusion hingegen delegitimiert Gewalt, eignet sich durch die pragmatische Haltung aber zur Erweiterung der Machtmittel eines Akteurs und hilft, organisatorische Fähigkeiten herauszubilden, über welche neue Mitglieder gewonnen werden können. Da nicht ausgeschlossen werden kann, dass dem Akteur zugehörige Einzelne oder ganze Gruppen später ihre Einstellung zur Gewaltfrage ändern, so stellt die organisatorische Entwicklung des Akteurs ein Risiko dar. Mekkanische Inklusion ist die dominante Haltung für Gruppen, die als Gateway-Organisationen bezeichnet werden können, welche „Individuen ideologisch vorbereiten und in ein extremistisches ‚Milieu' hineinsozialisieren."[24] Medinensische Exklusion hingegen ist die dominante Haltung von Akteuren, welche den Großteil der Muslime, aber auch eine große Zahl anderer Salafisten, als ungläubig betrachten und daher, wie bereits erwähnt, häufig als *Takfiris* bezeichnet werden.

Die MSU hilft dabei, vier Trends zu identifizieren, welche sich in Realität innerhalb der salafistischen Ideologie überkreuzen. Das Tauhid-Motiv bildet die zentrifugale Kraft innerhalb der salafistischen Bewegung, welche Grabenkämpfe auslöst und Kooperation verhindert. Sein Gegenstück ist das Umma-Motiv, die zentripetale Kraft innerhalb der Bewegung. Mekkanischer und medinensischer Modus beschreiben die konfliktvermeidende bzw. die gewalttätige Tendenz im Salafismus. Je mehr sich die salafistische Bewegung mit dem Tauhid-Thema befasst, desto wahrscheinlicher sind interne Konflikte und je mehr sich die salafistische Bewegung zeitgleich auf eine mekkanische Haltung verwiesen sieht, desto geringere Möglichkeiten hat sie, neue Anhänger zu Lasten

---

[24] Peter Neumann/Brooke Rogers: Recruitment and Mobilisation for the Islamist Militant Movement in Europe, ICSR Research Paper of the King's College London, 2007, S. 4.

anderer muslimischer Gruppen zu gewinnen. Dieser defensive und zentrifugale Trend innerhalb der salafistischen Bewegung liegt folglich im Interesse der Sicherheitsbehörden um einerseits unmittelbare Gewalt abzuwenden und andererseits dem Ausbau salafistischer Infrastruktur – und dem damit einhergehenden Risiko der Entstehung von Gewaltgruppen zu einem späteren Zeitpunkt – entgegenzuwirken.

Wie wir bereits herausgestellt haben, so ermöglicht die MSU eine differenziertere systematische Betrachtung salafistischer Akteure, jedoch bedarf ein Verständnis von Wirkungszusammenhängen in der salafistischen Szene, also etwa die Frage nach den Faktoren, welche die Entstehung von Unterstützermilieus terroristischer Gruppen begünstigen, einer Untersuchung der sozialen Strukturen der salafistischen Bewegung und ihres Umfelds. Einen vielversprechenden Ansatz hierfür haben Malthaner und Waldmann mit ihrem Konzept des „Radikalen Milieus" vorgestellt, welches sie als spezifisches soziales Umfeld terroristischer Verbände fassen, „innerhalb dessen die Gewaltgruppen angesiedelt sind, dessen Erfahrungen und Orientierungsmuster sie teilen und in dessen Netzwerke und Lebenswelten sie zumindest partiell eingebunden sind."[25] Zentrales Moment dieser radikalen Milieus sind demnach „Akzeptanz und Anwendung von Gewalt", was zugleich die „Scheidelinie zwischen dem Milieu und seinem Umfeld" darstellt.[26] Da Gewalt in Form des Dschihad im Salafismus prinzipiell für legitim gilt, ihr, mehr noch, ein hoher moralischer Wert beigemessen wird, so kann von einer Scheidelinie zwischen Milieu und Umfeld allerdings nur dort die Rede sein, wo es um die Akzeptanz von Gewalt in konkreten Konflikten geht und damit um die Frage, ob die Qualität einer bestimmten Auseinandersetzung im Verständnis eines salafistischen Akteurs Gewalt legitimiert und in welcher Form und gegen welche Ziele diese Gewalt ausgeübt werden darf. In den Begriffen der MSU lässt sich das radikale Milieu des Salafismus also zunächst einmal als der Teil der salafistischen Bewegung fassen, welcher eine medinensisch-inklusive Haltung gegenüber jenen Islamisten einnimmt, die an gegenwärtigen Konflikten aktiv gewaltausübend Anteil haben. In Anbetracht der Tatsache jedoch, dass es innerhalb des so gefassten radikalen Milieus in der salafistischen Bewegung erhebliche Unterschiede in der Sanktionierung von Gewalt in verschie-

---

[25] Stefan Malthaner/Peter Waldmann: Radikale Milieus – Das soziale Umfeld terroristischer Gruppen, Frankfurt a.M. 2012, S. 19.
[26] Ebd., S. 20.

denen Konfliktherden einerseits und der Rechtfertigung legitimer Angriffsziele andererseits gibt, scheint eine weiterführende Differenzierung unumgänglich.

So haben bereits Malthaner und Hummel darauf hingewiesen, dass sich die Mitglieder der deutschen *Sauerlandzelle* zwar in ihren radikalen Milieus der Rechtmäßigkeit der dschihadistischen Kämpfe in Tschetschenien, Irak und Afghanistan versichern konnten, zugleich aber die Tatsache gewärtigen mussten, dass ihre Anschläge innerhalb Deutschlands nur von einer Minderheit dieses Milieus gutgeheißen worden wären.[27] Hier wäre zu klären, wen genau der Begriff des radikalen Milieus des Salafismus also umfasst? Sind ihm auch jene Salafisten zuzurechnen, welche den bewaffneten Jihad im Ausland gutheißen, Anschläge in Europa aber ablehnen oder sollte er auf das Milieu beschränkt werden, welches terroristische Angriffe im Inland befürwortet? Ein weiteres Problem eröffnet sich, wenn man ein Konfliktfeld wie die Auseinandersetzungen zwischen dem israelischen Staat und gewalttätigen palästinensischen Gruppen betrachtet. Hier findet sich Unterstützung für Guerillakampf und Terrorangriffe weit über die salafistische Bewegung hinaus auch in großen Teilen anderer islamistischer Gruppen, viele von denen die Glorifizierung des Dschihad gegen den Staat der Juden zum Thema haben.[28] Diese Unterstützung ist zwar überwiegend nominell und abstrakt – weder deutsche Salafisten noch andere Islamisten haben sich in nennenswerter Zahl an gewalttätigen Angriffen gegen den israelischen Staat beteiligt[29] – jedoch ließe sich das gleiche für die salafistische Unterstützung islamistischer Kämpfer in anderen Regionen wie Syrien, Somalia und Afghanistan vorbringen. Zwar verzeichnen deutsche Sicherheitsbehörden

---

[27] Stefan Malthaner/Klaus Hummel: Die „Sauerland-Gruppe" und ihr soziales Umfeld, in: Stefan Malthaner/Peter Waldmann (Hg.): Radikale Milieus – Das soziale Umfeld terroristischer Gruppen, Frankfurt a.M. 2012, S. 245-278, hier 264.

[28] Dazu zählen in Deutschland unter anderem die Anhänger und das Unterstützerumfeld der libanesischen Hizbullah, der HAMAS, der Hizb ut-Tahrir sowie die Mitglieder der zahlreichen Frontorganisationen der Muslimbruderschaft. Vgl. Verfassungsschutzbericht 2011, Hg. vom Bundesministerium des Innern, Berlin 2012, S. 273-288.

[29] Zu den Ausnahmen gehören Stefan Smyrek, der 1997 im Auftrag der Hizbullah einen Selbstmordanschlag in Israel auszuführen beabsichtigte sowie Bekkay Harrach, der 2003 in Auseinandersetzungen mit den israelischen Verteidigungsstreitkräften verwundet wurde, bevor er sich der Al-Qaida in Pakistan und Afghanistan anschloss und dort 2010 bei Gefechten ums Leben kam. Vgl. Benjamin Weinthal: Germany: A hotbed of Hizbullah activity, in: Jerusalem Post, unter: http://www.jpost.com/International/Article.aspx?id=110275 (7 August 2008); Matthias Gebauer et al.: Sehnsucht nach dem Tod, unter: http://www.spiegel.de/spiegel/print/d-63806902.html (26. Januar 2009); Bill Roggio: Senior German al Qaeda leader killed in Afghanistan, in: unter: http://www.longwarjournal.org/archives/2011/01/senior_german_al_qae.php (19. Januar 2011).

seit Jahren Ausreisebewegungen meist junger Salafisten in diese Länder, jedoch folgt aus keinem dieser Konflikte eine unmittelbare Gewalterfahrung in größeren Teilen der salafistischen Szene in Deutschland.

Wenn Malthaner und Waldmann schreiben, der Begriff des radikalen Milieus dürfe nicht „auf die abstrakte Akzeptanz von Gewalt reduziert werden", sondern er begreife die „direkte oder indirekte Beteiligung an konfrontativen und in unterschiedlicher Form gewaltsamen politischen Aktivitäten" mit ein,[30] dann steht zur Debatte, wie indirekt solche Beteiligung sein kann, um ein salafistisches Milieu noch triftig als „radikal" klassifizieren zu können. Den im gleichen Band erschienenen Überlegungen Maura Conways zum Internet als Konstitutionsmedium des radikalen Milieus, kommt darum eine zentrale Bedeutung zu.[31] Wenn ein Bezug zu global agierenden Gewaltgruppen für das radikale Milieu des Salafismus nicht nur charakteristisch, sondern gerade Konstitutionsmoment ist,[32] dann erstreckt sich die Akzeptanz und Anwendung von Gewalt, welche das radikale Milieu vom weiteren Umfeld unterscheiden soll, auch ausdrücklich auf Gewalt, die nicht unmittelbar erlebt, sondern durch Medien der Massenkommunikation einerseits und andererseits durch Erzählungen von erfahrenen Jihadisten, die dem jeweiligen radikalen Milieu zugehören, vermittelt wird.

Ein Charakteristikum des radikalen salafistischen Milieus in der Diaspora wäre folglich zu ergänzen: Die Konsumption der Gewalterfahrung Anderer, der eigenen Gruppe als Umma zugehörig Vorgestellter, ersetzt vollständig oder ergänzt persönlich erlebte Gewalt. Diese konsumierte Gewalt unterscheidet sich aber nicht nur in ihrer Virtualität von persönlich erlebter Gewalt, sondern auch darin, dass ihr Erleben maßgeblich eine Frage der persönlichen Entscheidung ist. Denn anders als die Kampfgeschehen in Afghanistan, Syrien oder Somalia, in dem Unbeteiligte zwangsläufig zu Schaden kommen und Gewalt hautnah erleben, steht es den hiesigen Anhängern des Salafismus frei, ob sie sich vorrangig mit Gewaltthemen auseinandersetzen oder nicht.

---

30   Malthaner/Waldmann: Radikale Milieus, S. 20.
31   Maura Conway: Von al-Zarqawi bis al-Awlaki: Das Internet als neue Form des radikalen Milieus, in: Malthaner/Waldmann: Radikale Milieus, S. 279-303.
32   Vgl. Madawi Al-Rasheed: The Local and the Global in Saudi Salafi-Jihadi Discourse, in: Roel Meijer (Hg.), Global Salafism, – Islam's new religious movement, London, 2009, S. 301-320, hier: S. 308; Malthaner/Hummel: Die „Sauerland-Gruppe", S. 275 f.

Damit kommt den verschiedenen Diskursen, welche innerhalb der salafistischen Szene geführt werden und verschiedene Gruppen und Netzwerke in unterschiedlichem Maße beschäftigen, besondere Bedeutung zu. Um die unterschiedlichen Grade der Bejahung von Gewalt in den radikalen Milieus verstehen zu können, müssen deren ideologische Kongruenz und Inkongruenz mit den relevanten Gewaltakteuren sowie dem salafistischen Umfeld untersucht werden, welches zumindest auf Einzelpersonen auch gewalthemmend wirken kann.[33] Der MSU-Ansatz bietet durch die Kategorisierung der Einstellungen einer beliebig großen Anzahl salafistischer Akteure die Möglichkeit, Meinungsschnittmengen verschiedener Prediger, Gruppen und Strömungen zu bestimmen und damit ein umfassendes Bild über die ideologische Gemengelage nicht nur des radikalen Milieus, sondern der gesamten salafistischen Bewegung zu erhalten. Die so gewonnenen Daten können überdies in Clusteranalysen eingesetzt werden, um ideologische Gemeinsamkeiten und Unterschiede räumlich getrennter Gruppen und Individuen zu erkennen und so noch vor der tatsächlichen Kontaktaufnahme auf mögliche, zukünftige Kooperation oder Gegnerschaft der jeweiligen Personenzusammenhänge vorbereitet zu sein.

Des Weiteren kann eine Analyse mithilfe der MSU jene Themenkomplexe identifizieren, zu denen ein Konsens zwischen Gewaltgruppe und radikalem Milieu bzw. zwischen radikalem Milieu und Umfeld besteht als auch zwischen diesen Akteuren strittige Themen. Dergestalt kann auch das Konzept des radikalen Milieus präzisiert und gleichzeitig vermieden werden, dass es im Fortgang der Analyse zur Vorstellung eines einheitlichen Akteur gerinnt und seinerseits das Verständnis der salafistischen Netzwerke erschwert.

4. Zusammenfassung

Ähnlich der sozialwissenschaftlichen Erforschung des Islamismus haben die jüngeren Untersuchungen des Salafismus eine Reihe von Begriffen hervorgebracht, welche die Vielzahl salafistischer Strömungen nach Ähnlichkeiten ihrer Akteure ordnen und damit akteursbezogene Kategorien hervorbringen, welche stets in Gefahr stehen, politisch dynamische Personenzusammenhänge in der Untersuchung oder dem Erstellen von

---

[33] Ebd., S. 257 f.

Lagebildern auf einheitliche Akteure zu reduzieren und diese als Analyseeinheiten dergestalt zu verabsolutieren, dass Entwicklungen und Abweichungen des unter ihnen Begriffenen nicht oder verspätet zur Kenntnis genommen werden. Um dieses Problem in der Erforschung der salafistischen Bewegung zu vermeiden, wurde hier ein Modell attitüdenbasierter Kategorisierung vorgeschlagen. Es geht von den ideologischen Rahmenbedingungen des Salafismus aus, dessen Argumentationen sich auf zwei wesentliche Grundmotive zurückführen lassen.

Im Motiv des Tauhid, der Einzigkeit Gottes, fokussiert sich die salafistische Klage gegen die vermeintliche Verunreinigung des Glaubens, unerlaubte Neuerungen in der islamischen Religion, fehlgeleitete Anbetung und eine Entfernung vom rechten Weg Mohammeds und seiner Gefährten. Die operative Bedeutung dieses Motivs ist die Exklusion islamisch-ideologischer Konkurrenten, denen die Gottgefälligkeit ihres Tuns abgesprochen wird. Das zweite Motiv, in dem die Einheit der muslimischen Gemeinschaft als Umma beschworen wird, ist dem Tauhid-Motiv insofern strikt entgegengesetzt, als seine operative Bedeutung in der Inklusion islamisch-ideologischer Konkurrenten besteht. Je nach politischer Gemengelage dienen beide Motive zur Abgrenzung und Delegitimierung von anderen Muslimen und damit der Stärkung der Kohärenz der eigenen Gruppe[34] bzw. der Legitimierung von Kontakt zu und Kooperation mit gruppenfremden Akteuren.

Entsprechend der spezifisch salafistischen Urteilsfindung durch Analogiebildung zu einer idealisierten islamischen Frühzeit können sich beide Motive entweder in ein konfliktvermeidendes Verhalten übersetzen, welches sich insbesondere aus dem prophetischen Beispiel und der göttlichen Offenbarung der mekkanischen Periode begründet, oder aber in ein konfrontatives Verhalten, welches sich vornehmlich auf die medinensische Periode bezieht. Anhand dieser ideologischen Rahmenbedingungen des Salafismus lässt sich eine Matrix salafistischen Urteilens abstecken, mit der sich sämtliche, durch eine salafistische Ideologie begründete Einstellungen einem von vier Feldern zuordnen lassen.

---

34 Das Tauhid-Motiv im Salafismus erfüllt damit, was in der Theorie der Enklaven-Kultur dem *wall of virtue* zukommt. Vgl. Emmanuel Sivan: The Enclave Culture in: Martin E. Marty/R. Scott Appleby (Hg.): Fundamentalisms Comprehended, Chicago 1991, S. 11-68, hier 16-20.

Diese Matrix erlaubt die Aufzeichnung der politischen Gemengelage der salafistischen Bewegung als Attitüdencluster ihrer Akteure und bietet damit eine realitätsgerechtere und flexiblere Möglichkeit, salafistische Strömungen innerhalb der Bewegung zu registrieren. Auch für das Konzept des radikalen Milieus, wie es Malthaner und Waldmann zur Diskussion gestellt haben, kann die attitüdenbasierte Kategorisierung der Matrix Salafistischen Urteilens nutzbar gemacht werden. Da der Begriff des radikalen Milieus wesentlich vom Problem der Gewalterfahrung und -Akzeptanz der unter ihm befassten Einzelpersonen geprägt ist, die Praxis hier jedoch eine Unterscheidung nach der (In-)Direktheit solcher Erfahrung und den legitimen Zielen von Gewalt notwendig erscheinen lässt, kann der Matrix-Ansatz helfen, die zuweilen fließenden ideologischen Übergänge von salafistischem Umfeld, radikalem Milieu und Gewaltgruppe zu veranschaulichen und die politischen Ansichten relevanter Bewegungsakteure so zu kartographieren, dass die Untersuchung konkreter radikaler Milieus, also tatsächlicher Personenzusammenhänge, ideologische Schnittmengen und Gegensätze mit dem Rest der salafistischen Bewegung ausmachen und damit Akteure identifizieren kann, welche für bestimmte Gewalthandlungen verstärkend oder aber hemmend wirken können.

Das informelle islamische Milieu:
Blackbox der Radikalisierungsforschung

Klaus Hummel

> „Also für die Sufis gehöre ich zur Wahhabi-Sekte. Für integrierte Muslime bin ich zu hart. Für Ghulaat al-Takfir (Übertreiber im Takfir) bin ich wahrscheinlich nicht einmal ein Muslim. Für die Murjia (diejenigen, die leugnen, dass die Taten zum Imaan gehören) bin ich wiederum ein Ghulaat al-Takfir. Für den Verfassungsschutz bin ich ein Jihadist. Für viele Jihadisten jedoch bin ich zu weich. Es ist schon nicht leicht, sich in diesem Wust zu verorten. Ich selber sehe mich eigentlich keiner diese [sic] Gruppen verpflichtet. Vielleicht bin ich ein Salafi-Sufi, ein Takfiri mit Irja oder ein friedensbewegter Jihadist. Allah – erhaben ist Er – weiß es am besten."
> *(Ibn Rainer)*

1. Einleitung

Aus der Perspektive derer, die sich mit der Entstehung klandestiner Gewaltgruppen oder Prozessen der Radikalisierung beschäftigen, ist ein komplexes und differenziertes Verständnis breiter Protestbewegungen oder einheimischer Milieus unerlässlich. Deshalb haben sich auch bei der Erklärung des linksextremen Terrorismus in Deutschland statt vereinfachender Aussagen zum Verhältnis der *Roten Armee Fraktion* und der Achtundsechzigerbewegung solche Erklärungsansätze durchgesetzt, die die Rolle von Staat und Medien einbeziehen und der Heterogenität studentisch geprägter Vergemeinschaftung Rechnung tragen.[1] Während in Studien zum linksextremen Terrorismus „zahllose Gruppierungen und Organisationsformen", vom *Zentralrat der umherschweifenden*

---

[1] Vgl. Klaus Weinhauer/Jörg Requate/Heinz-Gerhard Haupt (Hg.): Terrorismus in der Bundesrepublik. Medien, Staat und Subkulturen in den 1970er Jahren, Frankfurt am Main 2006.

Haschrebellen oder den *Tupamaros München* bis hin zu *Redaktionskollektiven alternativer Medien* und *Mietergruppen im märkischen Viertel* gelistet werden,² fehlt es bei Auseinandersetzungen mit dem deutschen Dschihad an entsprechenden Differenzierungen. Was bislang vorherrscht, ist eine weitgehend homogenisierte Vorstellung von einer als extremistisch bzw. als totalitär konzipierten salafistischen Bewegung, bei der die Unterschiede zwischen einer religiösen Gemeinschaft und den Netzwerken des globalen Dschihad verschwimmen.³

Die Virulenz salafistischer Ideologiefragmente und das als rapide eingeschätzte Wachstum einer auf mindestens 5.500 Anhänger taxierten Bewegung verleiten dazu, von *dem* Salafismus als einem singulären Kollektivakteur auszugehen.⁴ Dies wird hier deshalb betont, weil damit der Blick auf eine Unterscheidung verstellt wird, auf die der deutsche Bewegungsforscher Dieter Rucht in seiner Darstellung des *alternativen Milieus* in Deutschland wert legt, indem er Milieus in deutlicher Abgrenzung zu sozialen Bewegungen konzipiert: „Erstere können einen fruchtbaren Boden und auch einen Resonanzraum für Letztere darstellen. Aber Milieus manifestieren sich bereits durch ihre bloße Existenz, soziale Bewegungen hingegen erst durch ihre nach außen gerichteten kollektiven Handlungen."⁵ Dass mit der Verwendung des Milieubegriffs zur Untersuchung solcher Personenzusammenhänge, die vom Salafismus (*salafiyya*) inspiriert sind, kein akademisches Neuland betreten wird, zeigt eine Studie zum „Arabisch-Somalischen-Milieu" im dänischen Aarhus.⁶

---

² Diewald Kerkmann: Die RAF und die Bewegung 2. Juni: Die Beziehung von Gewaltgruppen und radikalem Milieu im Vergleich, in: Stefan Malthaner/Peter Waldmann (Hg.): Radikale Milieus. Das soziale Umfeld terroristischer Gruppen, Frankfurt/Main 2012, S. 121-142, hier 121.
³ Vgl. dazu insbesondere das Unterkapitel „Die Salafiyya und der globale Jihad", in: Marwan Abou-Taam: Die Salafiyya – eine kritische Betrachtung, unter: http://www.bpb.de/politik/extremismus/islamismus/138468/die-salafiyya-eine-kritische-betrachtung (14. Juni 2012).
⁴ Der Präsident des Bundesamtes für Verfassungsschutz (BfV) spricht verallgemeinernd von „Salafisten", deren Zahl innerhalb von zwei Jahren von 3800 auf 5500 gestiegen sei. Vgl. „Zahl der Salafisten auf 5500 gestiegen", unter: http://www.welt.de/newsticker/dpa_nt/infoline_nt/brennpunkte_nt/article122406672/Zahl-der-Salafisten-auf-5500-gestiegen.html (29. November 2013).
⁵ Dieter Rucht: Das alternative Milieu in der Bundesrepublik. Ursprünge, Infrastruktur und Nachwirkungen, S. 67, in: Sven Reichardt/Detlef Siegfried (Hg.): Das Alternative Milieu. Antibürgerlicher Lebensstil und linke Politik in der Bundesrepublik Deutschland und Europa 1968–1983. Hamburger Beiträge zur Sozial- und Zeitgeschichte, Bd. 47. Göttingen 2010, S. 61-86.
⁶ Vgl. zum aus fünf Moscheen bestehenden Milieu: Lene Kühle/Lasse Lindekilde: Radicalization Among Young Muslims in Aarhus, Center for Studies in Islamism and Radicalisation, Aarhus 2010.

Die hier vorzustellende Konzeption eines *informellen islamischen Milieus* greift ein zentrales Ergebnis dieser Untersuchung auf: den „unorganisierten Charakter" eines von individuellen Initiativen beeinflussten Graswurzel-Milieus, das weder über stabile Organisationsstrukturen noch über anerkannte Hierarchien verfügt.[7] Aufgrund dieser, für Muslime in Europa nicht untypischen informellen Organisationsform, wird nachfolgend die Milieu-Perspektive vorgeschlagen, die dazu beitragen soll, eine einseitige Fokussierung und negativ konnotierte Imagination einer *extremistischen* oder *totalitären* Bewegung zu unterbinden.

Der Milieubegriff soll bewusst machen und im Bewusstsein halten, dass hier die Rede ist von einem ideologisch und organisatorisch facettenreichen Feld. Darin erscheinen zwar salafistische Netzwerke als treibende Kräfte, aber auch andere Strömungen und Akteure verbreiten vor Ort oder via Internet und Satellitenfernsehen die Überzeugung, dass es einen *wahren Islam* gibt und dass es Aufgabe eines jeden Muslims sei, diesen zu suchen und für ihn einzustehen.[8] Und so haben wir es (nicht nur, aber auch) in Deutschland mit einem „islamischen Netzwerk" als einem „interpersonalen Beziehungsgeflecht von Muslimen" zu tun,[9] das nicht durch eine konsistente salafistische Ideologie geeint ist, sondern in dem die Vorstellung von einem vermeintlich authentischen wahren Islam vorherrscht, den es zu *praktizieren* gilt. Anstelle stabiler Mitgliedschaften und hierarchischer Strukturen sind für dieses informelle Milieu niedrigschwellige und verpflichtungsarme Konsum- und Mitmachangebote ebenso charakteristisch wie passagere Vergemeinschaftungsformen. Sie erlauben es einer neuen Generation von in Deutschland lebenden Muslimen, selbst gewählte, nach eigener Einschätzung authentischere Wege der Religionsausübung zu beschreiten als die Eltern oder Großeltern.[10] Obwohl migrantisch, juvenil und panislamisch besondert, spiegelt sich damit im informellen islamischen Milieu wider, was auch

---

7   Ebd., S. 82.
8   Zum Verständnis des *wahren Islam* im Rahmen komplexer Identitätskonstruktionen vgl. Matjin de Koning: Ambivalent Purity, ISIM Review, 2008, Vol. 22, S. 40.
9   Vgl. zur Definition *Islamischer Netzwerke*: Thomas Eich: Islamische Netzwerke, in: Europäische Geschichte Online (EGO), unter http://www.ieg-ego.eu/eicht-2010-de (3. Dezember 2010).
10 Das zugrunde liegende Phänomen des Neo-Fundamentalismus, die Loslösung westlicher Muslime von den lokalen Traditionen ihrer Herkunftsländer, beschreibt Olivier Roy: Der islamische Weg nach Westen: Globalisierung, Entwurzelung und Radikalisierung, München 2006.

für die Anhänger szeneartiger Vergemeinschaftungen typisch ist: Sie verfügen über Handlungsmacht und treffen eigene Entscheidungen für bestimmte Identitätsangebote, Events oder Aktionsformen.

Den folgenden Ausführungen wird die These zugrunde gelegt, dass sich die zumeist unter Salafismus subsumierten und damit pathologisierten Entwicklungen, die sich seit Beginn des neuen Jahrtausends vollziehen, nicht auf eine einzelne Strömung reduzieren lassen. Zu analysieren ist vielmehr das Zusammenspiel islamistischer, salafistischer und dschihadistischer Akteure in einem islamisch fundamentalistischen Milieu,[11] das im Gegensatz zur sozialen Bewegung nicht auf strategisches oder koordiniertes Handeln ausgerichtet ist. Es formiert sich unter den Bedingungen eines politischen Klimas und sozialen Wandels, in dem der *Kampf gegen den Terrorismus* ebenso eine Rolle spielt wie die zunehmende Durchdringung des Alltags mit modernen Kommunikationsmitteln. Deshalb bedarf es soziologisch und ethnologisch qualifizierter Studien, für die die vorliegende Konzeptionierung eines informellen islamischen Milieus eine erste, durchaus problematische Vorarbeit darstellen soll. Problematisch ist diese deshalb, weil hier eine Perspektive der Radikalisierungs- oder Terrorismusforschung eingenommen wird und dadurch die nicht von der Hand zu weisende Gefahr einer „Versicherheitlichung" migrantisch geprägter Zusammenhänge besteht. Dem Anliegen, das informelle islamische Milieu zu beforschen, liegt jedoch die Feststellung zugrunde, dass eine gesellschaftliche Negativ-Etikettierung als extremistisches salafistisches Milieu längst Realität ist.[12]

Die vorliegende Arbeit kann im Rahmen zukünftiger Forschung einen Beitrag zur Analyse von Radikalisierungsprozessen leisten. Zumindest dann, wenn Radikalisierung und politische Gewalt nicht aus einer Ideologie heraus, sondern im *sozialen Kontext* analysiert werden.[13] Dafür bedarf es jedoch eines komplexeren Modells von Gruppen, Eigenlogiken

---

[11] Vgl. zum hier zugrunde gelegten Verständnis von islamischem Fundamentalismus: Sadiq al-Azm: Unbehagen in der Moderne, Frankfurt am Main 1993, S. 85-94.

[12] Folgt man dem Bundesamtes für Verfassungsschutz (BfV), dann „sind fast alle in Deutschland bisher identifizierten terroristischen Netzwerkstrukturen [sic] und Einzelpersonen salafistisch geprägt bzw. haben sich im salafistischen Milieu entwickelt". Vgl. Lagebild zur Verfassungsfeindlichkeit salafistischer Bestrebungen, Innenministerkonferenz, Juni 2011, S. 14, unter: http://www.innenministerkonferenz.de/IMK/DE/termine/to-beschluesse/11-06-22/anlage14.pdf?__blob=publicationFile&v=2 (5. Juli 2011).

[13] Vgl. zu diesem Ansatz Lorenzo Bosi/Chares Demetriou/Stefan Malthaner (Hg.): Dynamics of Political Violence. A Process-Oriented Perspective on Radicalization and the Escalation of Political Conflict, Ashgate 2014.

und vor allem Wechselwirkungen mit rivalisierenden Akteuren, staatlichen Behörden oder politischen Gegenbewegungen. Da das informelle islamische Milieu bislang von einer vereinfachenden und skandalisierenden Vorstellung als salafistisch und gefährlich geprägt ist, geht es hier besonders um ein differenziertes Verständnis solcher Akteure (und Dynamiken), die von diesem „Stigma" zu profitieren verstehen: transnational organisierte islamische Populisten, deren Sich-in-den-Vordergrund-Stellen nicht nur die öffentliche Wahrnehmung, sondern auch das Milieu selbst prägt. Sei es im Hinblick auf Meinungsführerschaft, ihre auch in anderen Ländern zu beobachtenden Aktionsformen oder ihren provokant-herausfordernden Mobilisierungsstil, bei dem Emotionen eine wichtige Rolle spielen. Ziel ist es also, hinter die Bedrohungskulisse zu blicken, das Zerrbild zu entzerren und einige Verzerrungsmechanismen zu veranschaulichen. Dabei wird klar, dass gerade die Strategien islamisch-populistischer und dschihad-salafistischer Akteure nur aufgrund eines strukturell-organisationellen Moments des Milieus fruchten können: der Informalität.

Um das Konzept des informellen islamischen Milieus einzuführen, wird zunächst die Milieuentstehung als Prozess translokaler Vernetzung, der Wechselwirkung verschiedener Strömungen und der einheimischen Verankerung skizziert. Anschließend wird verdeutlicht, warum trotz der ideologischen und organisatorischen Komplexität des Milieus bislang der Eindruck von Geschlossenheit besteht. Ausschlaggebend ist dabei die Ambition unterschiedlicher Prediger, Spaltung (*fitna*) zu vermeiden, wovon besonders die unter Punkt 3 beschriebene Fraktion *islamischer Populisten* zu profitieren versteht. In ihrer ideologischen und vor allem strategischen Ausrichtung sind diese zwar nicht repräsentativ für das Milieu, erscheinen in dessen Fremd- und Selbstwahrnehmung aber überrepräsentiert. Dass man auch innerhalb des Milieus nicht recht gegen ihre Dominanz ankommt, verweist auf Informalität als zentrales strukturell-organisationelles Moment, das abschließend beleuchtet wird. Ein geringer Institutionalisierungsgrad, ein loses, netzwerkartiges Miteinander-in-Beziehung-Stehen und nur schwach ausgebildete Hierarchien sorgen für eine szeneartige Ausdifferenzierung des Milieus. Damit ist die Annahme verbunden, dass sich die Milieuangehörigen, die nicht auf einen harten Kern von Aktivisten zu begrenzen sind entlang der Parameter Bildung, Protest, doktrinäre Reinheit und nicht zuletzt militanten Dschihad gruppieren. Im Mittelpunkt steht dabei, dass sich eine wachsende Zahl von Menschen für den gewaltsamen Glaubenskampf begeistert oder diesen zumindest für akzeptabel hält. In den Schlussfolgerungen wird bilanziert, dass das informelle islamische Milieu in erster Linie ein soziales Phänomen darstellt, das eng verknüpft ist mit der expandierenden Szene von Dschihadbegeisterten. Es deshalb als Sicherheitsproblem zu beforschen, wäre ebenso falsch, wie es als Blackbox der Radikalisierungsforschung auszublenden.

2. Expansionsgeschichte

In verschiedenen europäischen Ländern haben sich innerhalb der zurückliegenden Dekade "Milieus" salafistischer Prägung etabliert.[14] Ähnlich wie in Großbritannien, Frankreich, den Niederlande oder in Norwegen ist auch hierzulande ein islamisches Netzwerk entstanden, das sich durch ein spezifisches Repertoire von Praktiken und Gesten, von Konsumverhalten, Geschlechterrollen und nicht zuletzt einer Reihe "selbststigmatisierender" Sprach- und Kleidungsregeln auszeichnet.[15] Was im Fall des *alternativen Milieus* der 1960er bis 1980er Jahre die Jeans, der linke Sprech und der grüne Parka waren, ist in diesem Fall die knöchelfreie Hose, ein gestutzter Oberlippenbart und ein eigentümliches Idiom, das zwar auf der deutschen Sprache basiert, aber eine Reihe arabischer Wörter und Floskeln integriert. Gerade der „Salafi-Slang" diverser Propagandisten und ihrer Anhänger ist aufschlussreich, verdeutlicht er doch eine Strategie salafistisch geprägter Akteure, die darin besteht, auf Bestehendes aufzulagern und dieses für die eigenen Zwecke zu nutzen. Die

---

[14] Milieu wird hier im Sinne von Rucht (Das alternative Milieu in der Bundesrepublik, S. 65) verstanden als ein „Konglomerat von Menschen, Gruppen, Orten, Institutionen und Infrastrukturen, die durch physische und symbolische Präsenz einen bestimmten sozialen Raum markieren, der sich durch eine stark binnenzentrierte Kommunikation und insbesondere durch direkte Interaktion reproduziert." Diese netzwerkartige Konzeption eines von ähnlichen Wertorientierungen, Einstellungen und Verhaltensweisen geprägten Interaktionszusammenhanges, in dem die Binnenkommunikation eine zentrale Rolle spielt, findet sich auch in der "pluralen Sozialstrukturanalyse", die zudem auf die Möglichkeit multipler Einbindungen verweist. Vgl. Jörg Rössel: Plurale Sozialstrukturanalyse, Wiesbaden 2005, S. 251, 258.

[15] Folgt man der Soziologin Nilufer Göle, die das „beunruhigende Anderssein" von Islamisten als eine Bewältigungsstrategie im Umgang mit der „unerwünschten Andersartigkeit" von Muslimen beschreibt, dann lassen sich viele Milieuangehörige als "Stigma-Aktivisten" *par excellence* verstehen. Göle Nilufer: Die sichtbare Präsenz des Islam und die Grenzen der Öffentlichkeit, in: Ludwing Ammann/Nilüfer Göle (Hg.): Islam in Sicht – Der Auftritt von Muslimen im öffentlichen Raum, Bielefeld 2004; S. 11-44, hier 22.

salafistische Reformidee, die man als global zirkulierendes Importgut arabischer Herkunft bezeichnen kann und welche lokalspezifisch angeeignet und ausgeprägt wird, ist einfach und bestechend zugleich. Sie basiert auf der im Vergleich zu anderen Muslimen übersteigerten Betonung des muslimischen Eingottglaubens (*tauhid*), die in der szenetypischen Geste des ermahnenden Zeigefingers (*tashahhud*) zur Symbolisierung der Einheit und Einzigkeit Allahs zum Ausdruck kommt. Verbal und nonverbal wird auf diese Weise die Verwurzelung im Glauben suggeriert, andere Muslime werden zu einem ähnlichen Verhalten animiert und so wird umgesetzt, was das Hauptziel der auf 50 bis 100 geschätzten bekannteren Prediger in Deutschland ist: Zum Islam aufzurufen, sprich, *Da'wa* zu praktizieren.[16] Schon wegen dieser „Salafisierung von innen" lassen sich salafistisch geprägte Akteure als treibende Kräfte in einem Prozess *translokaler Vernetzung* verstehen.

2.1. Das Milieu als translokales Phänomen

Seit Mitte der 1990er Jahre treten in Deutschland transnational vernetzte, hierzulande aber zumeist unabhängig voneinander agierende Verkünder in Erscheinung. Das betrifft offizielle Funktionsträger, die sich als Imame oder im Vorstand von bestehenden Moscheegemeinden engagieren.[17] Daneben sind auch klandestin agierende Prediger anzuführen, die in informellen Kreisen spätere dschihadistische Entwicklungen maßgeblich beeinflussten. Dazu zählt mit dem Marokkaner Ould Slahi ein prominenter Mittelsmann des globalen Dschihad, der in den späten 1990er Jahren im Ruhrgebiet als Verkünder aktiv war.[18] Weithin unbekannt ist hingegen das Treiben eines *Dr. Hassan al-Urduni*, der in Homburg an der Saar die Fundamente für einen späteren „Hort islamistischer

---

[16] Vgl. die Gesamtdarstellung zum Salafismus in Deutschland bei Nina Wiedl: The Making of a German Salafiyya, Aarhus 2012.

[17] Zu erwähnen ist hier insbesondere der seit 1995 als Imam in Leipzig tätige Hassan Dabbagh, dem aber weitere deutschsprachige Verkünder wie Abu Omar folgten. Vgl. zum Leipziger "Verdachtsfall" http://www.verfassungsschutz.sachsen.de/download/2011_AEX-Verdachtsfall_IGS-AM.pdf (13. März 2012).

[18] Dort gewann Slahi angeblich u.a. Christian Gancarski für den gewaltsamen Dschihad und wurde von den späteren Attentätern der Hamburger Zelle kontaktiert. Vgl. auch John Goetz/Marcel Rosenbach/Britta Sandberg/Holger Stark: Der Gefangene Nr. 760, unter: http://www.spiegel.de/spiegel/print/d-60883170.html (6. Oktober 2008).

Gefährder" gelegt haben soll.[19] Diese zeitlich parallel verlaufenden (salafistisch bzw. dschihadistisch geprägten) Entwicklungsstränge sind ein erster Hinweis auf die ideologischen und organisatorischen Facetten eines Milieus, für dessen Ausdifferenzierung ein Prozess *translokaler Vernetzung* maßgeblich ist.[20] Gemeint ist damit die zu Beginn des neuen Jahrtausends einsetzende Interaktion von Gleichgesinnten über lokale und nationale Grenzen hinweg, die untrennbar mit der Ausbreitung moderner Kommunikationsmittel verknüpft ist.

Die Ausbreitung der Internettechnologie stellt einen zentralen Faktor der Milieuentstehung dar. Nichts verdeutlicht das eindrücklicher als der zum Jahrtausendwechsel erfolgte Übergang von den zunächst noch in unterschiedlichen Landessprachen kursierenden Audiokassetten, hin zum Internet. Insbesondere salafistische Akteure erkannten früh das Potential des Internets und nutzten es fortan intensiv, um auf Deutsch Übersetzungsprojekte zu bewerben, Bücher oder Tonträger über Online-Verlage zu vertreiben oder auf Plattformen für Internettelefonie in sogenannten *Islamräumen* Unterricht zu geben. Innerhalb einer Dekade haben sich diese Online-Aktivitäten multipliziert, diversifiziert und sind längst so allgegenwärtig, dass mit großer Wahrscheinlichkeit jeder, der sich im Internet über den Islam informieren will, auf Werbeprodukte und Mitmachoptionen salafistischer Machart stößt. Das gilt besonders für die zahllosen selbstgemachten Videos, die auf der im Jahr 2005 gegründeten Plattform Youtube eingestellt werden. Sie haben nicht nur zur Popularität einschlägiger Prediger in Deutschland beigetragen, sondern auch die Bedeutung eines bestimmten Akteurtyps im Milieu erhöht. Gemeint ist der „Medienaktivist", idealtypisch repräsentiert durch den Kameramann des bosnischen Dschihad, Reda Seyam,[21] dem die neuen Technologien eine „Da'wa-Arbeit" ermöglichen, bei der Aufnahmen per gezücktem Mobiltelefon zum Dienst am Islam verklärt werden. Die unzähligen Videos verzerren dabei leicht die Wahrnehmung des Milieus.

---

[19] Vgl. zur Rolle des *Dr. Hasan al-Urduni* in Homburg an der Saar "Eric Breininger: Der Dschihadist aus Deutschland", unter: http://www.tagesspiegel.de/politik/deutschland/eric-breininger-der-dschihadist-aus-deutschland/1351462.html (20. Oktober 2008).

[20] Translokale Vernetzung wird hier in Anlehnung an das Verständnis von Translokalität und Netzwerk bei Dietrich Reetz als eine nicht notwendigerweise nationalstaatliche Grenzen überschreitende, stabile, sich wiederholende Interaktion sozialer Einheiten verstanden. Vgl. Dietrich Reetz: 'Alternate Globalities?' On the Cultures and Formats of Transnational Muslim Networks from South Asia, in: Ulrike Freitag/Achim von Oppen (Hg.): Translocality: The Study of Globalising Processes from a Southern Perspective, Leiden 2010, S. 293-334, hier 295 f.

[21] Zum Hintergrund von Reda Seyam in den 1990er Jahren vgl. Doris Glück: Mundtot. Ich war die Frau eines Gotteskriegers; Berlin 2004.

Nur allzu leicht lässt der Fokus auf das Internet nämlich andere Formen der Mediennutzung innerhalb des Milieus übersehen, allen voran das Satellitenfernsehen. Zudem erweckt die salafistische Überrepräsentation im Internet den Eindruck einer etablierten Schar von Predigern und blendet dabei all jene Milieusegmente aus, für die das exzessive Videographieren weniger opportun ist. Sei es, weil es ihrer klandestinen Natur oder ihrer Da'wa-Methode widerspricht.

Die zweite Säule translokaler Vernetzung besteht in den, zunächst im Ausland, und seit 2002 auch hierzulande durchgeführten sogenannten „Lerne-den-Islam-Seminaren". Mit ihnen konnten bis dato isolierte Anhängerschaften aus Ulm, Bonn, Berlin oder Leipzig zueinander in Beziehung gebracht, überregionale Kennverhältnisse angebahnt sowie gemeinsame Umgangsformen, bis hin zum spezifischen Salafi-Slang eingeübt werden. Dass Islamseminare mittlerweile in verschiedenen Städten Deutschlands von unterschiedlichen Akteursgruppen salafistischer Prägung – darunter seit 2010 selbst solche dschihad-salafistischer Provenienz – angeboten werden, zeigt wie Angebot und Nachfrage gestiegen sind. All das war vor mehr als einer Dekade noch nicht absehbar, als ein marokkanisch-syrisches Prediger-Duo aus Bonn bzw. Leipzig mit dem salafistischen Ruf zum Islam begann. Als bekannterer der beiden kann der Leipziger Imam Hassan Dabbagh gelten, der aufgrund seiner Fernsehauftritte in Talk-Runden einer größeren Öffentlichkeit bekannt ist.[22] Er lässt sich einem in verschiedenen europäischen Ländern aktiven „Arour-Netzwerk" zuordnen, in dem der in Saudi-Arabien ansässige Fernsehprediger Adnan al-Arour eine zentrale Rolle einnimmt, wobei die Struktur und Relevanz dieses transnationalen Zusammenhangs noch weitgehend unerforscht ist.[23]

Innerhalb des informellen islamischen Milieus existieren unterschiedliche transnationale ideologische Netzwerke. Ihr Bedeutung zeigt sich, wenn man die Fernwirkung von Al-Arours Rolle in Zeiten des syri-

---

[22] Auch in seiner autobiografischen Selbstdarstellung verweist der Prediger auf sein Auftreten im Fernsehen, in: „Hassan Dabbagh aka Sheikh Abu al Hussain Audiobiographie", unter: http://www.youtube.com/watch?v=UjHbwZfl9qg (21. Februar 2014).
[23] Nach de Koning fungiert Adnan al-Arour als Präsident einer Organisation namens *Ahlu Sunnah Europa* mit Mitgliedern in Spanien, Frankreich, Belgien und Deutschland. Vgl. Martijn de Koning: The "Other" Political Islam: Understanding Salafi Politics, S. 159, in: Olivier Roy/Amen Boubekeur (Hg.): Whatever Happened to the Islamists: Salafis Heavy Metal Muslims and the Lure of Consumerist Islam, Columbia/Hurst 2012, S. 153-178.

schen Bürgerkriegs in Betracht zieht. Im Jahr 2012 als „Scheich des Aufstandes" auf Seiten der nicht dschihadistisch motivierten *freien syrischen Armee* (FSA) gehandelt, ergriff im gleichen Jahr auch sein Leipziger Schüler Partei für die FSA und ihre „ehrlichen" Offiziere.²⁴ Diese Solidarisierung macht wiederum einen Zwist verständlich, bei dem sich der deutsche FSA-Befürworter von einem deutlich dschihadistisch argumentierenden und ebenfalls transnational vernetzten Wortführer herausgefordert sah. Gemeint ist der zwischenzeitlich in Deutschland aufhältige Österreicher Abu Usama al-Gharib, der sogar eine von mehreren Ideologen des Dschihad verfasste (und scheinbar von ihm übersetzte) Fatwa ins Feld führte, um der Position Al-Qaeda nahestehender Oppositionsgruppen Nachdruck zu verleihen.²⁵ Ein etwas anderer weltpolitischer Rückkopplungseffekt deutet sich im Falle eines marokkanischstämmigen Prediger-Duos aus dem Bonn-Kölner Raum an. In der Öffentlichkeit von Facebook posieren Sheikh al-Araby und sein Sohn Abu Dujana bei einer Marokko-Reise zusammen mit Gelehrten, die nach ihrer mutmaßlichen Beteiligung an den Bombenanschlägen in Casablanca im Jahr 2003 von den Sicherheitsbehörden einer *Salafiyya Dschihadiyya* zugerechnet, inhaftiert, aber mit dem 2011 einsetzenden *arabischen Frühling* wieder auf freien Fuß gesetzt wurden.²⁶ Auf diese Weise wirkt das "Comeback" radikaler Prediger in Nordafrika über ein marokkanisch geprägtes Netzwerk wiederum auf das hiesige Milieu zurück und erklärt die seit 2011 deutlich gestiegene Selbstverständlichkeit, mit der einheimische Verkünder auch hierzulande dschihadistische Positionen vertreten.²⁷ Mit den hier skizzierten Beispielen soll deutlich werden, warum

---

[24] Vgl. das Youtube-Video „Sheikh Abul Hussain Einige Worte zur aktuellen Lage in Syrien", unter: http://www.youtube.com/watch?v=q_3Ai76-OAM (4. Juli 2012).

[25] Vgl. dazu „Eine Stellungnahme von einigen Gelehrten der arabischen Halbinsel", unter: http://alghurabamedia.jimdo.com/stellungnahmen/ (28.10.2013) sowie die Kritik an der „Salafiyya, welche sich vom Jihad entzogen" hat, in: Die Haltung des Shaykh Abū Muhammad Al-Maqdisī über Adnān Al-Arour, unter: http://ghurabamed.jimdo.com/texte-b%C3%BCcher/shaykh-abu-muhammad-al-maqdisi/ (4. Januar 2014).

[26] Bei den Predigern in Marokko handelt es sich Umar al-Hadushi und Hassan al-Kittany, unter: https://www.facebook.com/AbuDujanaOffizielleSeite?hc_location=timeline#!/photo.php?fbid=752437931440200&set=a.734131526604174.1073741827.264050646945600&type=1&theater (12. September 2012).

[27] Vgl. zur Rezeption der „Freilassung des Gelehrten Abu Al Fadl Umar Al Haddushi deutsch", unter: https://www.youtube.com/watch?v=UwAyX5XbUk0#t=11 (12. März 2013) und zum "Comeback" marokkanischer Dschihad-Salafisten: Polémique. Faut-il avoir peur des salafistes?, unter: http://www.telquel-online.com/Actualite/Maroc/Polemique-Faut-il-avoir-peur-des-salafistes/548%20 (10. November 2012).

eine um transnationale ideologische wie ethnische Zusammenhänge bemühte "Feinanatomie" des Milieus unerlässlich ist. Erstens, um nicht den Gefahren eines „methodologischen Nationalismus" anheim zu fallen und die Analyse grenzüberschreitender Strukturen, Aktionsformen oder Mobilisierungsstrategien zu vernachlässigen. Zweitens, um die Dynamiken eines Milieus besser zu verstehen, in dem gerade die Konkurrenz der Prediger eine zentrale Rolle spielt.

2.2. Das Milieu als interdependentes System

Im internationalen Wissenschaftsdiskurs wird Salafismus oftmals holzschnittartig in politisierte, puristische und dschihadistische Salafisten unterteilt.[28] Der Gebrauch dieser Subkategorien – einschließlich des bislang nicht etablierten „Takfir-Salafismus"[29] – ist besonders problematisch, wenn ihm die Annahme streng abgrenzbarer Akteursgruppen zugrunde liegt. Gleichwohl zeigte sich schon in einem frühen Stadium der Milieuentstehung, dass die Unterscheidung unterschiedlicher ideologischer Lager eine Erklärungskraft aufweist, die vor allem in einem Synergie-Effekt begründet liegt: dem Zusammenspiel von sich wechselseitig herausfordernden und zurechtweisenden Predigern. Obwohl hierzulande nur marginal vertreten, taten sich in ihrer Kritik an der Konkurrenz von Anfang an die Vertreter des sogenannten *puristischen Salafismus* hervor, die die Entwicklung von Großbritannien oder dem Jemen aus kommentierten. Während die Puristen für sich einen „reinen" Salafismus (*al-salafiyya al-mahda*) in Anspruch nehmen und keine Scheu haben, sich selbst als Salafisten zu bezeichnen, kritisieren sie die Ausbreitung der vermeintlichen Pseudo-Salafisten des Arour-Netzwerkes um Hassan Dabbagh in scharfen Tönen. Mit abwertender Intention bezeichnen sie ihn als Vertreter eines „Arourismus", der sich nicht deutlich genug von der Methodik umstürzlerischer Ideologen absetze. Ein entgegengesetzter Vorwurf kommt von den Vertretern des sogenannten Dschihad-Salafismus, der von Österreich aus Mitte der Nullerjahre in

---

28 Die bis heute diskursbestimmende Publikation zum Salafismus stammt von Quintan Wiktorowicz: Anatomy of the Salafi Movement, in: Studies in Conflict & Terrorism, Nr. 29, 2006, S. 207-239. Während die Terminologie von Wiktorowicz hier beibehalten wird, ist die begrifflich sperrige Dreiteilung in *jihadi*, *haraki* (Bewegungs-) und *ilmi* (wissenschaftlichen) *Salafismus* bei Haykel wirklichkeitsnäher. Vgl. Bernhard Haykel: On the Nature of Salafi Thought and Action, in Roel Meijer: Global Salafism, Hurst & Company 2009, S. 33-57.

29 Ihre Relevanz im deutschen Kontext zeigt sich bei Guido Steinberg: German Jihad: On the Internationalisation of Islamist Terrorism, New York 2013, S. 131.

Deutschland salonfähig gemacht wurde. Dabei handelt es sich um eine Form des Da'wa-Aktivismus, bei dem mit theologischen Argumenten der Exkommunikation von Glaubensbrüdern (*takfir*) und dem militant verstandenen Glaubenseifer (*dschihad*) gegen den Unglauben (*kufr*) das Wort geredet wird. Ins Visier dieser Dschihad-Salafisten geriet Dabbagh, nachdem er sich abschätzig über dschihadistische Granden wie Abu Qutada oder Abu Muhammad al-Maqdisi sowie sympathisierende „Milchzahnbubis" äußerte. Zur Neuauflage dieser milieuinternen Konkurrenz kam es gut fünf Jahre später, als der Leipziger Imam (mit deutlichem Bezug auf das frühe österreichische Milieu) vor jenen warnte, deren Neigung zum Takfir zu „Tafdschir" (Explosion) führen könne.[30] Ohne ihn namentlich zu erwähnen, hatte Dabbagh dabei den Austro-Ägypter Al-Gharib im Visier, der sich aufgrund steigenden Verfolgungsdrucks zur Jahresmitte 2012 genötigt sah, Deutschland zu verlassen. Seine daraufhin über Youtube-Videos ausgetragene Gegnerschaft zu Dabbagh ist vor allem deshalb so bemerkenswert, weil sie dem bereits im österreichischen Milieu des Dschihad-Salafismus erprobten Muster *auflagernder Mobilisierung* entspricht – einer Strategie, bei der mittels Diskreditierung der Konkurrenz Anhänger für die eigene Sache mobilisiert werden sollen.

Wie weit die Entwicklung eines Milieus wechselseitig aufeinander Bezug nehmender ideologischer Lager gediehen war, verdeutlichten die Ereignisse vom Mai 2012 in Bonn und Solingen, bei denen es in Reaktion auf provozierende Kundgebungen der rechtspopulistischen Pro-NRW-Gruppe zu Ausschreitungen und verletzten Polizisten kam. Für unterschiedlichste Fraktionen des Milieus bildete das Geschehen einen Anknüpfpunkt, um ihre jeweiligen Standpunkte zu verdeutlichen. Das gilt für eine Gruppe von salafistischen Puristen in Köln, die sich in ihrer Annahme über die gefährlichen, weil politisch aktiven „Pseudo-Salafisten" bestätigt fühlen konnte und ihren arabischen Gelehrten im Ausland um einen Bannspruch bittet.[31] Das gilt aber auch für dschihadistisch-terroristische Propagandisten im Ausland, die die Ereignisse zum Anlass nah-

---

[30] Siehe hierzu das Video „Im Rausch des Takfir – Ermahnende Worte von Sheikh Hassan Dabbagh", unter https://www.youtube.com/watch?v=yf32WE535ion (21. November 2011), in dem zu Beginn die Stimme von Abulkhattab, dem ersten deutschsprachigen Internet-Prediger des Dschihad-Salafismus eingespielt wird.
[31] Vgl. „Eine Stellungnahme zu den Krawallen von Bonn", unter http://basseerade.blogspot.de/2012/05/eine-stellungnahme-zu-den-krawallen-von.html (27. Mai 2012).

men, zur Ermordung von NRW-Funktionären aufzurufen oder die vermeintlich gebotene Beteiligung am Dschihad in Syrien oder anderswo einzuklagen. Und selbst solche Vertreter des wahren Islam fühlten sich im Nachgang auf den Plan gerufen, die sich vom Salafismus gänzlich lossagen und sich zugleich bestens positioniert sehen, Dschihadbegeisterte zu deradikalisieren.[32] So unterschiedlich und kontrovers die diversen Gruppen des Milieus auch argumentieren mögen, so bilden die Ereignisse dennoch einen gemeinsamen *diskursiven und emotionalen Bezugspunkt*, finden Eingang in einen Fundus von szenetypischen Erzählungen und tragen so zur Entstehung einer einheimischen Milieukultur bei.

2.3. Das Milieu als einheimisches Phänomen

Rekapituliert man die Entstehung eines informellen islamischen Milieus in Deutschland, dann spielt das Aufkommen der „echt professionellen Populisten" eine entscheidende Rolle.[33] Seit Mitte der Nullerjahre zeigen sich vermehrt hierzulande sozialisierte und mit entsprechendem Kulturwissen ausgestattete Verkünder und Aktivisten, die zur Entstehung eines fest verankerten *einheimischen* Milieus beigetragen haben. Schon die Vermittlung ausländischer Studienaufenthalte zu Beginn der 1990er Jahre verdeutlicht, dass dieser Entwicklung auch eine strategische Dimension der Konvertitenförderung mit Petro-Dollars zugrunde liegt.[34] In diesem Kontext ist auch das Angebot eines saudiarabischen Da'wa-Zentrums im Jahr 2002 zu sehen, das eine kostenfreie Beteiligung von bis zu 300 Neu-Muslimen mit deutscher Staatsangehörigkeit an der jährlichen Pilgerfahrt nach Mekka vorsah.[35] Mittlerweile hat sich das Phänomen insofern verselbstständigt, als es längst einheimische Konvertiten

---

[32] Dieses Selbstverständnis zeigt sich bei dem im Salafi-Erscheinungsbild und -Jargon auftretenden Imam Abu Adam Hesham Shashaa, artikuliert in einem Interview mit Claudia Dantschke: „Ich bin das Gegenteil von Osama bin Laden", in: Journal Exit-Deutschland: Bd. 1, 2014.

[33] Vgl. dazu das Unterkapitel „Now Come The Real Professional Populists": Salafism in Germany, in: Guido Steinberg: German Jihad, S. 126-132.

[34] Dafür spricht die Funktion eines muslimischen Funktionärs in Deutschland bei der Vermittlung von Studienaufenthalten in Saudi-Arabien. Vgl. Emerson Vermaat: Homegrown terrorism in Germany: The case of Christian Ganczarski, unter: http://www.e-pris m.org/images/Homegrown_terrorism_in_Germany_-_8-10-7.pdf (8. Oktober 2007).

[35] Im Folgejahr beschränkte sich das Angebot hingegen auf 20 „Brüder", unter: www.al-islaam.de/hp/Neues/Pilgerfahrt/pilgerfahrt.html (8. April 2003).

sind, die eine zentrale Rolle dabei spielen, Neu-Muslime zu werben. Wesentlichen Anteil daran hat der Shootingstar der Szene, Pierre Vogel, dessen Popularität und Einfluss vor allem auf dem intelligenten Einsatz moderner Kommunikationsmittel basiert. Mit einer Da'wa-Strategie nach dem Schneeballsystem gelang es dem smarten Verkünder in Zusammenarbeit mit seinem langjährigen Wegbegleiter Abu Nagie und anderen Predigern, den arabischen Frontmännern der ersten Stunde – insbesondere Hassan Dabbagh – in Sachen Mobilisierung den Rang abzulaufen.

In professionellen, im Jahr 2007 einsetzenden Kampagnen und in unzähligen Videos machen es Vogel und seine Mitstreiter seither den wiedererweckten Muslimen und Konvertiten zur Pflicht, ihr soziales Nahfeld über den *wahren Islam* aufzuklären, private Wohnungen zu Da'wa-Zentren zu machen, gegen „Islamhasser" Gesicht zu zeigen oder der Schmähung des Propheten Einhalt zu gebieten. Auf diese Weise sind deutschlandweit größere und kleinere Salafi-Gruppen entstanden, lokale Da'wa-Initiativen wurden gegründet, die Handzetteleinwürfe und Koranverteilungen durchführen, und es formieren sich (mitunter konkurrierende) „Teams", die sich Internetplattformen wie *Die wahre Religion* (DWR) oder *Einladung zum Paradies* (EZP) zuordnen lassen oder, mit EZP-T-Shirts ausgestattet, Demonstrationen absichern. Vor diesem Hintergrund scheint es berechtigt, von einer sich selbst tragenden Milieuentwicklung zu sprechen, die kaum aufzuhalten ist. Auch dann nicht, wenn Lehrstätten mit Multiplikatorenwirkung wie eine von dem türkischstämmigen Abu Anas im Jahr 2007 initiierte „Islamschule" in Braunschweig verboten werden. Schließlich ermöglicht das Internet längst Bildungskarrieren via Internet, auf die auch Pierre Vogel verweist, wenn er vom jamaikanischen Online-Schulen-Betreiber Bilal Philips (www.islam-studieren.de) als „einem seiner Scheichs" spricht.[36]

Bei der Analyse des in Entwicklung begriffenen Milieus besteht die Gefahr, den Salafismus-Begriff überzustrapazieren und ideologische Trennlinien oder Motivlagen zu verabsolutieren. Ausgeblendet werden dabei sozialstrukturelle Überlegungen, etwa die Frage, welche mobilisierende Wirkung ethnisch geprägte Loyalitätsbeziehungen innerhalb des Milieus aufweisen. Denn ähnlich wie im europäischen Ausland, wo von

---

[36] Vgl. das Video „Bücherempfehlung von Pierre Vogel", unter: http://www.youtube.com/watch?feature=player_embedded&v=Gu0PMI1K_7Q (8. Dezember 2013).

einem "arabisch-somalischen-Milieu" oder von einem südasiatisch geprägten "Islamischen Netzwerk" mit jeweils salafistischer Prägung die Rede ist,[37] liegt es auch mit Blick auf das informelle islamische Milieu auf der Hand, von ethnisch besonderen Strukturformen auszugehen.[38] Eine überideologisierende Perspektive auf das Milieu lässt aber auch die Bedürfnisstruktur von Milieuangehörigen unberücksichtigt. Dabei zeigt sich ihre Bedeutung schon bei der Entstehung zahlreicher Hilfsorganisationen, die seit den Umstürzen in verschiedenen arabischen Ländern hierzulande Konjunktur haben. Zum einen befriedigen sie bestehende Bedürfnisse, sich mit Familienmitgliedern oder Glaubensbrüdern in betroffenen Regionen zu solidarisieren. Zum anderen aber werden darüber Menschen mobilisiert, für die das Aktiv-Werden in einer bestimmten Sache mehr im Vordergrund steht als religiöser Wissenserwerb oder ideologische Linientreue. Das gilt in ähnlicher Weise für das Eintreten gegen Rechtspopulismus oder sogar für die Beteiligung am militanten Dschihad, weshalb für das Milieu eine Vielzahl von Mitmachoptionen und -motivationen charakteristisch erscheint. Diese aus einem vermeintlich salafistischen „Steinzeit-Islam" heraus zu erklären, verstellt den Blick auf eine keineswegs gänzlich neue und komplexe Bedürfnisstruktur der Milieuangehörigen, bei der Migrations-, Ausschluss- oder Ungerechtigkeitserfahrungen genauso eine Rolle spielen können wie das Streben nach einem werteorientierten oder sinnerfüllten Leben.[39] Die diversen Kampagnen und Aktionsformen innerhalb des Milieus, insbesondere die gegen Rechtspopulismus gerichteten Gegendemonstrationen der Jahresmitte 2012, sind deshalb auch Ausdruck eines gestiegenen Selbstbewusstseins junger Muslime, sich im öffentlichen Raum kontrovers zu

---

37 Vgl. zum *Arabisch-Somalischen Milieu* im dänischen Aarhus Lene Kühle/Lasse Lindekilde: Radicalization Among Young Muslims in Aarhus, sowie die Entstehung eines „Islamischen Netzwerkes" salafistischer Prägung, beschrieben bei Marius Linge: The Islamic Network: A Case Study of How Salafi da'wa Emerges, Mobilizes and Transforms in a Norwegian Context, unveröffentlichte Master-Arbeit, Université de Saint-Joseph, Faculté des Lettres et des Sciences Humaines, Beirut 2013.
38 Beispielhaft zu nennen ist eine bosnisch geprägte Infrastruktur, an der Aktivitäten der *Aktiven Islamischen Jugend* (AIJ), bosnischsprachige Verkünder in Österreich und Deutschland, Besuche deutscher Prediger in Bosnien, Webseiten wie www.put-ka-allahu.com oder www.dienerallahs.de mit Bezügen zu Safet Kudzovic, Senaid Zaimovic und Muhammad Porca sowie Seminare in der Stuttgarter *Sahaba-Moschee* beitragen.
39 Vgl. zu dem keineswegs neuen Motivbündel den Beitrag von Werner Schiffauer zur sogenannten Kalifatstaats-Bewegung, in: „Ich bin etwas Besonderes". Wie ein junger Türke vom angepassten Gymnasiasten zum provozierenden Anhänger des fanatischen Islamisten Metin Kaplan wird, unter: http://www.zeit.de/2001/41/Ich_bin_ewas_Besonderes/komplettansicht (4. Oktober 2001).

Wort zu melden. Gleichzeitig wird die zugrunde liegende Bedürfnislage von populistischen Mobilisierungsstrategen bewusst adressiert. Sie haben insbesondere die identitätsstiftende Wirkung konfliktiver Events längst erkannt und sehen darin die Möglichkeit, lagerübergreifend Emotionen zu schüren oder dem Glauben einen „Kick" zu geben.[40] Schon vor diesem Hintergrund zeichnet sich ab, warum eine Globalkategorie Salafismus Milieuentstehung und Milieudynamiken kaum erklären kann. Auch dann nicht, wenn es für viele Akteure trotz unterschiedlicher Eigenlogiken und Konkurrenzverhältnisse geboten erscheint, auf einer gemeinsamen Plattform zusammenzufinden.

2.4. Salafistisches Mainstreaming

Die Infrastruktur des informellen islamischen Milieus lässt sich nicht auf die Moscheen, Bildungseinrichtungen oder Aktionsformen einer einzelnen Strömung beschränken. Das gilt insbesondere für die auf Expansion bedachten, weniger doktrinär als vernetzungswilligen politischen Salafisten, die sich als neue Akteure in einem Umfeld zu behaupten hatten, das bereits von älter eingesessenen Gruppen besetzt war. Verständlich wird auf diese Weise, warum sie sich individuell oder in Kleingruppen auch in nicht salafistischen Moscheegemeinden engagieren, dort Führungspositionen und eine "Salafisierung von innen" anstreben oder aber in Ermangelung anderer Bildungsangebote auf die Infrastruktur nicht salafistischer Gruppierungen zurückgreifen – ein Phänomen, das gerade in der Frühzeit der salafistischen Expansion deutlich wurde, als die *Islamologischen Seminare* des Amir Zaydan oder die saudi-arabische *König-Fahd-Akademie* in Bonn-Bad Godesberg genutzt wurden. Die pragmatische Grundhaltung, die hierbei zum Ausdruck kommt, ist symptomatisch für unterschiedlichste Vertreter eines Mainstreams, den vor allem eines eint: das Bestreben, Spaltung (*fitna*) zu vermeiden. Diese Logik greift auch bei solchen Akteuren, die sich wie der langjährige Imam des Neu-Ulmer Multikulturhaus Abu Omar, durch eine Nähe zur *Gama'a al-Islamiyya* auszeichnen. Gleichzeitig war es für ihn aber kein Widerspruch, sich in seinem Unterricht an dem Werk "Methodik des Muslim" (*minhaj al-muslim*) des salafistischen Gelehrten Abu Bakr al-Jaza'iri zu

---

[40] Vgl. „Pierre Vogel - Einladung & Ablauf der Kundgebung in Mannheim am 23.03.2014", unter http://www.youtube.com/watch?v=gaRiI8SWoTY (18. März 2014).

orientieren – einem Algerier, der sich wiederum selbst durch seine Offenheit für die südindische *Tablighi Jamaat* (TJ) auszeichnete. Und auch für den „salafistischen" Imam Abdul Adhim in Berlin scheint es geboten, sich mit seinen geistigen Mentoren von der TJ am Rednerpult zu zeigen, spricht er damit doch auch ein Publikum an, das eigentlich dieser konkurrierenden Strömung zugeneigt ist.[41] Versteht man vor diesem Hintergrund unter *salafistischem Mainstreaming* die Tendenz, verschiedenste Akteure und Infrastrukturen in eine Hauptströmung zu bringen, dann ist mit dieser „Salafisierung von innen" nur eine Seite des Prozesses beschrieben.

Es ist verlockend, die Attraktivität und Dynamik des facettenreichen Mainstreams auf die Schlichtheit einer fundamentalistischen Glaubensüberzeugung zu reduzieren, die im Extremfall sogar in dreißig Sekunden zu vermitteln ist.[42] Als kleinster gemeinsamer Nenner scheint sie auch wirklich im Stande, bestehende organisatorische Unterschiede zu überblenden und interne Divergenzen und Spaltungen unterschiedlichster Fraktionen in eine Hauptströmung zu integrieren.[43] Das galt selbst für den Austro-Ägypter Abu Usama al-Gharib, der das geistige Oberhaupt der Gama'a al-Islamiyya als "Symbol des Jihaad" und "Vorbild für die Jugend" preiste,[44] nach eigenen Aussagen bei einem Imam der Gama'a in Italien den Islam studiert hat und dessen Kontakt zu einem Gama'a-Vertreter in Bonn ihm möglicherweise sogar als Türöffner für seinen Aufenthalt in Deutschland diente.[45] Dass aber der von ihm ins Leben gerufene, dschihad-salafistische *Millatu Ibrahim-Verband* nicht als radikale

---

[41] Vgl. das Video „AbdulAdhim 2010-05-31 Stellungnahme bezüglich tablighi jamat", unter: http://www.youtube.com/watch?v=rxbF0diiOCg (21. November 2011), in dem der Prediger in Anwesenheit zwei TJ-Gelehrter die Wurzeln seiner Da'wa-Methode betont.

[42] Wie der „Islam in 30 Sekunden" zu vermitteln ist, illustriert Pierre Vogel eindrücklich, unter: http://www.youtube.com/watch?v=EFAvJmeJuFA (21. September 2008).

[43] Vor diesem Hintergrund wurde bei Hummel (Salafismus in Deutschland – Eine Gefahrenperspektive, in diesem Band) der Begriff eingeführt, weil er die Nähe zum Konzept des mittleren Weges (*wasatiyya*), die zentrale Stellung innerhalb des salafistischen Spektrums in Deutschland und die Anschlussfähigkeit zu anderen Gruppen erfasst.

[44] Zu Omar Abdurahman als „Vorbild für die Jugend, den man mit einem Mujaahi-Gelehrten suchen [sic]" vgl.: "Scheikh Omar Abdur-Rahmaan – Dem Herrscher gegenübertretend", unter: http://abuusamaalgharib.wordpress.com/category/islamische-bucher-und-texte/ (25. November 2008).

[45] Vgl. dazu die noch in Österreich getätigte Aussage, nach der der Kontakt zu Abu Ubayda über (den damals noch in Bonn als Imam tätigen) Abdelakher Hammad al-Ghunaymi zustande kam. Vgl. "Abu Usama al-Gharib – Takfeer auf Abu Ubayda? Abou Nagi? Abu Dujana?", unter: http://www.youtube.com/watch?v=mcfDt5brBio (11. November 2011).

Splittergruppe kritisiert und vom Mainstream isoliert wurde, ist dennoch erklärungsbedürftig. Schließlich war vor dem Hintergrund früherer Kontroversen damit zu rechnen, dass die Ambitionen Al-Gharibs mit seiner flammenden Dschihad-Rhetorik auf größeren milieuinternen Widerstand stoßen. Das Ausbleiben derartiger Reaktionen wird verständlich, wenn man einen von der Sicherheitsperspektive geprägten Prozess der „Salafisierung von außen" in Betracht zieht, der sich im zeitlichen Kontext der Sarrazin-Debatte, des Islamschulen-Streits, des Anschlags von Arid Uka auf US-amerikanische Soldaten am Frankfurter Flughafen und einer gerade anspringenden Salafismus-Bekämpfung vollzog.

Der Salafisierung von außen liegt zunächst ein Kategorienproblem zugrunde. Es besteht in der "Verabsolutierung" einer Analyseeinheit bzw. der "fehlerhaften Konstruktion" eines einheitlichen Akteurs.[46] Im Falle des Salafismus zeigt sie sich darin, dass unter den Oberbegriff auch solche Traditionen, Formationen und Räume subsumiert werden, die wie die TJ von salafistischer Seite wegen ihrer mystischen Tendenzen und „unerlaubten Neuerungen" (*bid'a*) eigentlich kritisiert und abgelehnt werden.[47] Zu erwähnen ist auch, dass Unterschiede zu eigenständigen Gruppen wie der ägyptischen *Gama'a al-Islamiyya* oder dem *Dschihad al-Islami* leicht verschwimmen. Bei diesen handelt es sich um "semi-salafistische" Vereinigungen mit spezifischen Loyalitäten und Zielen,[48] die in Person von Abdelakher Hammad oder Usama Ayyub auch eine wichtige Rolle bei der Milieuentwicklung spiel(t)en. Sei es, weil sie als international bekannte Autoritäten Anerkennung finden und (im Falle Hammads) sogar im arabischen Satellitenprogramm von *al-Jazeera* um Stellungnahmen gebeten werden oder aber weil sie mit hierzulande sozialisierten Adepten in ihrem Umfeld über loyale Vertreter ihrer Linie verfügen. Noch deutlicher wird die begriffliche "Homogenisierung"

---

[46] Vgl. dazu Frank Horst: Unwahre Begriffe vom „Wahren Weg". Von akteursbezogener zu attitüdenbasierter Untersuchung salafistischer Netzwerke, in diesem Band.

[47] Vgl. exemplarisch Guido Steinberg, der *Tablighi Jama'at* dem puristischen Salafismus zurechnet, in: Wer sind die Salafisten? Zum Umgang mit einer schnell wachsenden und sich politisierenden Bewegung, SWP Aktuell, S. 3, unter: http://www.swp-berlin.org/fileadmin/contents/products/aktuell/2012A28_sbg.pdf (28. Mai 2012).

[48] Der Begriff verweist auf die Nähe zum salafistischen Mainstream bei gleichzeitiger Aufrechterhaltung einer eigenen Agenda. Vgl. Roel Meijer: Commanding Right and Forbidding Wrong as a Principle of Social Action, in Global Salafism, in: Roel Meijer (Hg.): New York, 2009, S. 191; Jonathan Brown: Salafis and Sufis in Egypt, S. 4, unter: http://carnegieendowment.org/files/salafis_sufis.pdf (28. Dezember 2011).

eines heterogenen Feldes aber im Fall Al-Gharibs, der seine "Zugehörigkeit zu As-Salafiyyah-Al-Jihadiyyah" offen bekennt, „auch wenn wir uns nicht so bezeichnen, sondern so genannt werden."[49] Mit der "versicherheitlichten" Perspektive auf den Salafismus kommt es zu einem zweiten zentralen Schritt der Salafisierung von außen, der sich mit dem von der Salafismus-Expertin Nina Wiedl beschriebenen „negativen radikalen Flanken-Effekt" illustrieren lässt.[50] Er besteht darin, dass die extreme Position einer dschihad-salafistischen Minderheit im Rahmen des politisch-medialen Diskurses zum Beleg für die Gefährlichkeit des Salafismus insgesamt wird.

Die im Zuge translokaler Vernetzung relevante Infrastruktur im informellen islamischen Milieu lässt sich nicht auf den Salafismus und ihm zugerechnete Moscheen oder Bildungsinstitutionen reduzieren. Unter der Oberfläche des Mainstreams ist vielmehr eine breite Palette von Akteuren auszumachen, die einer eigenen Agenda folgen, spezifische Kooperationen pflegen oder in diversen anderen und multiplen Zusammenhängen zu verorten sind. Den Gepflogenheiten untereinander entspricht es, sich im Fall von Diskrepanzen einen kritischen Ratschlag (*nasiha*) zu geben. Eine grundsätzliche Kritik an namentlich genannten Glaubensbrüdern läuft indes – besonders unter den Bedingungen einer generalisierten Salafismus-Bekämpfung – Gefahr, den Kritiker selbst zu diskreditieren. Das macht verständlich, warum die (auch erst nach seinem Weggang erfolgte) Positionierung gegen Abu Usama al-Gharib eher auf dessen vermeintliche mentale Schwächen und geheimdienstliche Verwicklungen abzielte[51] als auf das weitaus grundlegendere Problem: seine Zusammenarbeit mit einer breiteren Fraktion von Dschihad-Salafisten in Deutschland, die sich, weitgehend unkritisiert, im Mainstream bewegen können wie die sprichwörtlichen Fische im Wasser. Wesentlichen Anteil daran, dass die Dschihad-Salafisten nicht isoliert sind, hat eine kleine, aber außerordentlich effiziente Gruppe provokant agierender Mobilisierungsstrategen um Pierre Vogel. Diese *islamischen Populisten*

---

49 Vgl. Abu Usama al-Gharib: Enthüllung der Lügen, die auf Wikipedia verbreitet wurden, unter: http://www.millatu-ibrahim.com/index.php?option=com_phocadownload&view=file&id=7:enthuelling-der-luegen-die-auf-wikipedia-verbreitet-wurden&Itemid=436 (26. August 2012).
50 Nina Wiedl: The Making of a German Salafiyya, S. 43.
51 Vgl. Hassan Dabbagh (Abulhussain): „Eine Warnung vor dem irreführenden Unheilstifter: Abu Usama der ‚Merkwürdige' (al Gharib)", unter: http://www.youtube.com/watch?v=Jwgxh7a-ZQg (10. Mai 2012).

bilden keine vierte oder fünfte salafistische Strömung. Sie liegen vielmehr quer zu den diversen islamistischen, salafistischen oder dschihadistischen Formationen des Milieus und betreiben eine Doppelstrategie: mit ihrem provokanten Aktivismus fordern sie Gegenstimmen geradezu heraus, gleichzeitig geben sie sich aber als bedingungslose Einheitswahrer und bilden damit die treibende Kraft des salafistischen Mainstreamings. Der Aufruf zu einer Solidaritätskundgebung für den zwischenzeitlich inhaftierten Verkünder Sven Lau macht das besonders deutlich. Ausdrücklich weist Pierre Vogel darauf hin, dass nicht teilnehmende Prediger vielleicht gute Gründe hätten nicht zu kommen und keineswegs "Verräter" oder "feige" seien.[52]

3. Die Dominanz des islamischen Populismus

Soziale Bewegungen zeichnen sich zumeist dadurch aus, dass sie ein bestimmtes Thema auf die Tagesordnung bringen, fähig sind, anhaltend und öffentlichkeitswirksam zum Protest zu mobilisieren, und damit gesellschaftlichen Wandel anregen oder forcieren.[53] Das sind hohe Anforderungen und es fällt schwer, *den* Salafismus in Deutschland als einen solchen Kollektivakteur zu konzipieren. Dennoch lässt sich eine hier als *islamischer Populismus* bezeichnete Formation beschreiben, die innerhalb des Milieus mit den effektivsten Mobilisierungskampagnen aufwartet, vom salafistischen Mainstreaming sowie der Virulenz dschihadistischer Tendenzen weltweit zu profitieren versteht und imstande ist, in Abgrenzung zum Rechtspopulismus Protestpotenzial zu bündeln und auf die Straße zu bringen. Es handelt sich dabei um eine transnationale Strömung, die im Hinblick auf Selbstinszenierung, Argumentation und Mobilisierung ein eigenständiges Format aufweist und stark von der Nutzung des Satellitenfernsehens zu Zwecken der Da'wa geprägt ist. Damit steht die „Tele-Da'wa" des islamischen Populismus in der Tradition eines

---

[52] Vgl. dazu „Pierre Vogel – Einladung & Ablauf der Kundgebung in Mannheim am 23.03.2014", unter http://www.youtube.com/watch?v=gaRiI8SWoTY (18. März 2014). Angesprochen können sich Prediger wie Hassan Dabbagh oder Abdel Adhim fühlen, die die emotionalisierenden Kampagnen Vogels kritisieren. Vgl. etwa das Video „BESSER als BESTES STATEMENT – Karikaturen gegen Propheten (s.) BONN SOLINGEN | Abul Hussain", unter: http://www.youtube.com/watch?v=5fDzJfIQueA (7. Mai 2012).
[53] Vgl. Jens Aderhold: Soziale Bewegungen und die Bedeutung sozialer Netzwerke, in: Christian Stegbauer/Roger Häußling (Hg.): Handbuch Netzwerkforschung, Wiesbaden 2010, S. 739-745.

provokant-konfliktiven Missionierungsstils, der mit den Mitteln des Religionsvergleichs (*comparative religion*) besonders auf die Werbung von Konvertiten abzielt.[54] Geformt wurde er in Auseinandersetzung mit evangelikalen Strömungen und lässt sich auf den in Südafrika aktiven indischen Prediger Ahmed Deedat (1917-2005) zurückführen, in dessen Tradition heute eine ganze Reihe von Predigern steht.[55] Der Einfluss dieser neuen Generation von Telepredigern zeigt sich auch in anderen europäischen Ländern und wurde am norwegischen Beispiel des salafistisch geprägten *islamischen Netzwerkes* beschrieben.[56] Deshalb ist es unverzichtbar, auch die spezifisch deutsche Form islamisch-populistischer Netzwerkbildung zu veranschaulichen.

3.1. Die Anfänge des Islamischen Populismus

Zu einer Zeit, als von Salafismus noch nicht die Rede war, befand sich eine Bewegung auf dem Vormarsch, die von der szenekundigen Journalistin Julia Gerlach wegen ihrer Nutzung popkultureller Elemente auf den Begriff *Pop-Islam* getauft wurde.[57] Als *Muslimische Jugend Deutschlands* und in den informellen Initiativen der *Lifemakers* organisiert, stand sie der Muslimbruderschaft nahe und profitierte in ihrer Hochphase Mitte der Nullerjahre wesentlich von der Popularität zweier Ägypter: dem Fernsehprediger Amr Khaled und dem Sänger Sami Yussuf, dessen (aus salafistischer Perspektive inakzeptable) Art, islamische Inhalte im Gewand westlicher Popmusik mit Instrumenten zu präsentieren, höchst erfolgreich war. Umso erstaunlicher ist deshalb, dass mit Abu Nagie und Pierre Vogel heute zwei Akteure als Frontmänner des Salafismus gelten, die im Jahr 2005 noch kaum bekannt, eine deutliche

---

[54] Vgl. dazu insgesamt den Beitrag von Klaus Hummel: „Die Tele-Da'wa von Zakir Naik – Erfolgsmodell des islamischen Populismus" (in diesem Band).
[55] Dazu zählen neben dem im südasiatischen Raum populären Zakir Naik, der im Jahr 2011 auf Betreiben eines damaligen Kooperationspartners von Vogel nach Deutschland kommen sollte, auch Prediger wie der chinesisch-malaysische Verkünder Hussain Yee oder der Jamaikaner Bilal Philips.
[56] Vgl. Marius Linge, The Islamic Network.
[57] Vgl. Julia Gerlach: Zwischen Pop und Dschihad. Muslimische Jugendliche in Deutschland, Berlin 2006. Die gleiche Autorin konstatiert im Jahr 2010 die Stagnation der Bewegung, in: Pop-Islam revisited: Wohin entwickelt sich die transnationale Jugendbewegung der „neuen Prediger" in Europa und in der arabischen Welt?, in: Christine Hunner-Kreisel/Sabine Andresen (Hg.): Kindheit und Jugend in muslimischen Lebenswelten, Wiesbaden 2010.

Nähe zu den Lifemakern aufwiesen.⁵⁸ Das mag als Indiz für ideologischen Opportunismus oder als Hinweis auf ein salafistisches Kategorienproblem dienen – schließlich erfreute sich Vogel (ähnlich wie der Berliner Prediger Abdel Adhim) gerade unter den Anhängern des Pop-Islam einiger Beliebtheit. Nimmt man jedoch den Anspruch Vogels ernst, mit seinen Vorträgen ab 2006 „eine neue Form der Dawa" eingeführt zu haben,⁵⁹ dann lassen sich auch tatsächlich Anhaltspunkte für ein eigenständiges Missionierungsformat ausmachen, das hier als *islamischer Populismus* bezeichnet wird.

Die zentrale und zugleich schillerndste Figur des islamischen Populismus ist Pierre Vogel. Das liegt neben seiner ebenso effizienten wie professionellen Kampagnen- und Netzwerkarbeit besonders an seinem Mobilisierungsstil, der sich durch eine Mischung aus Provokation und betonter Friedfertigkeit auszeichnet. Sein Repertoire oszilliert deshalb zwischen der Absicht, ein Totengedenken für Usama Bin Ladin abzuhalten und sogenannten „Friedenskongressen" wie man sie auch von anderen internationalen Vertretern des islamischen Populismus kennt – allen voran Zakir Naik in Indien oder dessen Gefolgsmann Fahad Qureshi in Norwegen. Auch seine Aufforderung an Frau Merkel, die Scharia einzuführen, ist charakteristisch für den kontroversen Stil von Vogel, Naik oder dem jamaikanischen Prediger Bilal Philips.⁶⁰ Denn das Provozieren prominenter Persönlichkeiten aus den Bereichen Politik, Unterhaltung und Religion oder das Herausfordern von Religionsvertretern zu Redeuellen, verspricht ganz unabhängig von der jeweiligen Reaktion der Herausgeforderten Erfolg. Sei es, weil damit das Bild des mutigen und authentischen „Super-Da'is" (Super-Verkünder) gestärkt wird, weil die empörte Berichterstattung der Selbstinszenierung als Opfer entgegenkommt oder aber, weil das (unwahrscheinliche) Aufeinandertreffen eine Status-Aufwertung zur Folge hätte.⁶¹

---

58 Auf der Anfang 2005 entstandenen Webseite www.lifemakers.de fanden sich Videos und Audios von Abdel Adhim, Pierre Vogel und Abu-Nagie.
59 Die beanspruchte Zentralstellung wird deutlich in dem Artikel „Eine erfolgreiche Dawa wird immer bekämpft – Wie alles begann! Teil1/2 und 2/2" unter: http://dawa-news.net/ (21. Mai 2012).
60 Das gilt etwa für Bilal Philips, der mit ihm am Frankfurter Römer auftrat und einen vergleichbaren Stil aufweist. Vgl. „A Conversation About Jihad With Controversial Preacher Bilal Philips", unter: http://news.intelwire.com/2011/04/interview-with-bilal-philips-about.html (19. April 2011).
61 Beispielhaft sei die Kampagne gegen den Professor für islamische Religionspädagogik in Münster, Mouhanad Khorchide, genannt, unter: http://pierrevogelde.blogspot.de/2013/11/pierre-vogel-fordert-profmouhanad.html (10. November 2013).

Die Virulenz des islamischen Populismus in Deutschland basiert personell-organisatorisch auf der Fähigkeit Vogels zum Aufbau tragfähiger Partnerschaften. Das gilt allen voran für die seit dem Jahr 2005 bestehende, arbeitsteilig wirkende Zusammenarbeit Vogels mit dem Prediger Ibrahim Abu Nagie. Dabei vermochten es beide, sich jeweils mit *Einladung zum Paradies* (EZP) bzw. mit der gemeinsam gegründeten, jetzt aber von Abu Nagie betriebenen Internetpräsenz *Die wahre Religion* (DWR), webbasierte Plattformen mit größerer Breitenwirkung zu schaffen. Dieser Effekt ergibt sich nicht nur aus deren ähnlich provokanten Da'wa-Stil, sondern auch aus der zwischenzeitlichen Gegnerschaft der beiden Verbände. Sie ermöglicht eine unterhaltsame Beschäftigung mit dem Islam, die in dieser Mischung wie „Edutainment" wirkt. Denn die ideologischen Differenzen entfalten ihre Wirkung nicht notwendigerweise auf einer kognitiven, sondern auf einer für den islamischen Populismus charakteristischen erlebnis- oder erfahrungsorientierten Ebene, bei der Informationen über den vermeintlich wahren Islam durch die Gegnerschaft zu einem Prediger oder durch solidarisches Mitfiebern vermittelt werden, nicht aber durch islamischen Grundlagenunterricht. Nichts anderes anderes belegt das Beispiel des deutschen Konvertiten Sven Lau, der sich trotz seines weniger charismatischen Auftretens anschickt, in die Fußstapfen seines Mentors Pierre Vogel zu treten. Denn trotz mangelnder religiöser Ausbildung erwirbt er sich mit seinen Aktionen den Nimbus des aufrechten Predigers. Besonders deutlich wird das mit seiner Bereitschaft, sich zum Zwecke ideeller und materieller Hilfe in das syrische Bürgerkriegsgebiet zu begeben.[62] Umso mehr, weil seine Verhaftung und spätere Entlassung aufgrund der mutmaßlichen „Vorbereitung einer schweren staatsgefährdenden Straftat" zum Anlass für eine deutschlandweite Soldarisierungs- und Mobilisierungskampagne wurde.[63]

Inhaltlich ist es der von Pierre Vogel maßgeblich inspirierte Gegen-Rechts-Aktivismus, der dem islamischen Populismus hierzulande seinen Stempel aufdrückt. In Protestform erstmals auf die Straße getragen

---

[62] Vgl. „Abu Adam (Sven Lau) unter Beschuss in Syrien", unter: http://www.youtube.com/watch?v=sBT_bbH206w (1. Oktober 2013).
[63] Vgl. Axel Spilcker: Polizei schlug am Morgen zu. Hassprediger Sven Lau unter Terrorverdacht verhaftet, unter: http://www.focus.de/politik/deutschland/polizei-schlug-am-morgen-zu-hassprediger-sven-lau-unter-terrorverdacht-verhaftet_id_3638975.html (24. Februar 2014).

wurde er im März 2009, als es in Winterlingen zu einer Kundgebung gegen die von ihm so genannten „Islamhasser" kam.⁶⁴ Die neue Stoßrichtung deutete sich bereits im Jahr davor an, als mit *Islamically Incorrect* eine Webseite aufkam, die sich mit ihrer Namensgebung an der rechtspopulistischen Webseite *Politically Incorrect* (PI-News) orientierte und in Anbetracht einer „anti-islamischen Hetze" vor einem islamischen Holocaust warnte. Dass zu diesem Zweck mit klassischen Antifa-Symbolen geworben und das Gegen-Rechts-Schema linker Aktivisten kopiert wird, zeigt wie wenig handlungsleitend für die Macher der salafistische Grundsatz von der „Loyalität" unter Muslimen und der „Lossagung" von Nicht-Muslimen (*al-wala' wa-l bara'*) ist. Besonders dann, wenn in Reaktion auf einen rechtspopulistischen „Anti-Islamisierungskongress" im Jahr 2009 sogar zusammen mit einer Antifa-Gruppe mobilisiert wird.⁶⁵ Der gegen Rechtspopulismus gerichtete Vorlauf macht verständlich, mit welcher Intention und mit welchem Selbstverständnis es dann im gleichen Jahr zu einer der zentralen politischen Kampagnen kam. Anlass war die Ermordung von Marwa el-Sherbiny und ihrem ungeborenen Kind vor einem Dresdner Gericht am 1. Juli, mit der eine offensive und selbstbewusste Phase des islamischen Populismus eingeläutet wurde. Innerhalb kurzer Zeit gelang es den Aktivisten aus dem Umfeld von EZP die Tat eines Russlanddeutschen in den Kontext rechtspopulistischer Tendenzen zu stellen, mit einer öffentlichen Kundgebung in der Sache zu mobilisieren und die etablierten Islam-Verbände unter Druck zu setzen, sich in ähnlicher Weise zu äußern.

Die entscheidende Etappe bei der Etablierung eines salafistisch-rechtspopulisitischen Antagonismus wurde ein Jahr später eingeläutet. Nach dem im August 2010 angekündigten Umzug einer salafistischen Islamschule von Braunschweig nach Mönchengladbach kam es auf dem Marktplatz von Eicken über mehrere Wochen zu einem medial intensiv begleiteten Gegenüber von Salafisten (aus dem Umfeld von EZP) und einer sich rechter Vereinnahmungsversuche erwehrenden Fraktion besorgter Bürger, zu deren Gunsten dann der damalige Innenminister Partei ergriff und ebenso indirekt wie unverhohlen eine Verbotsverfügung

---

[64] Vgl. das Youtube-Video „Islam-Vortrag/Bürgermeister unter Druck gesetzt", unter: http://www.youtube.com/watch?v=CNtgGm00RUY (21. März 2009).

[65] Zur Veranstaltung gegen einen „Rassistischen Anti-Islamisierungskongress", gegen den zusammen mit der Kölner Antifa mobilisiert wurde, siehe unter: http://www.no-racism.de/texte/denationalize (8. Mai 2009).

in Aussicht stellte.⁶⁶ Der zentrale Effekt dieses Ereignisses bestand in der bundesweiten Aufmerksamkeit auf ein Phänomen, das nicht auf die EZP-Gruppe oder eine populistische Fraktion, sondern verallgemeinernd auf den Salafismus bezogen wurde. Das Ereignis, das sich im geistigen Klima der im August 2010 einsetzenden Sarrazin-Debatte in der Interaktion von Salafisten, Rechtspopulisten, Medienvertretern und Politkern hochschaukelte, wurde so zum „Warm-up" für die eskalierenden Kundgebungen gegen Rechtspopulisten im Mai 2012. Seither scheint der Weg geebnet für die fast schon idealtypische Gegnerschaft zweier strukturell und ideologisch ähnlicher Formationen. Denn islamische wie rechtsorientierte Populisten zeichnen sich durch eine Reihe jeweils sich „volksnah" gebender Anführer aus, die ihren Anspruch auf größere Repräsentanz (das Volk bzw. der Islam) mit einer polarisierenden Weltsicht unterlegen, sich als avantgardistische Tabubrecher inszenieren und sich mit ihrem gegen die Mainstream-Medien gerichteten internetbasierten Aktivismus stark als „Anti-ismus" ausrichten.⁶⁷

Es gibt guten Grund zu der Annahme, dass der zu Mobilisierungszwecken inszenierte Gegensatz zum Rechtspopulismus auch weiter Gehör findet, zumindest wenn man die von Pierre Vogel 2014 angekündigte Tour durch 33 Städte Deutschlands bedenkt, die ihn und seine Entourage auch nach Mönchengladbach-Eicken führt, von wo man sich, nach eigener Aussage, nicht vertreiben lasse.⁶⁸ Wenn Politiker und Medien das Ereignis umfassend kommentieren und Vogels Predigten sogar mittels Kirchengeläut stören, dann ist das zentrale Ziel erreicht: mit Provokation Aufmerksamkeit zu erzeugen. Betrachtet man den islamischen Populismus im Lichte dieser Entwicklungen, dann erscheint eine Video-Ankündigung Abu Nagies aus dem Jahr 2008, mit der er sich von Pierre Vogel distanziert, um sich im Lichte einer langsam anspringenden „Salafismus-Bekämpfung" drei Jahre später wieder öffentlichkeitswirksam zu versöhnen, wie die arbeitsteilige Inszenierung eines unterhaltsamen

---

66 Vgl. dazu die Aussage „Über Vereinsverbote redet man nicht vorher, man wägt sie ab und macht sie", in: „De Maizière schließt Salafisten-Verbot nicht aus", unter: http://www.sueddeutsche.de/politik/politik-kompakt-nur-teilnehmer-bei-neonazi-demo-1.10 12768-3 (16. Oktober 2010).
67 Eine mehrdimensionale (technische, inhaltliche, personelle und mediale Aspekte beleuchtende) und vergleichende Definition findet sich bei Florian Hartleb: Internationaler Populismus als Konzept. Zwischen Kommunikationsstil und fester Ideologie, Baden-Baden 2014, S. 220.
68 Ibrahim al-Almani: Mönchengladbach. Der Muslim muss den Triumph der Kuffar über die Muslime hassen!, unter: http://www.pierrevogel.de/ (2. Februar 2014).

Dramas: Weil es nicht seiner Methode entspräche, Hallen zu füllen, würden sich ihre Wege fortan trennen, „nur für Allah", das Ziel aber bleibe das gleiche.[69]

3.2. Die radikale Phase des islamischen Populismus

Zwei Ereignisse des Jahres 2011 markieren den Beginn einer neuen Phase islamisch populistischer Netzwerkarbeit. Es ist zum einen die öffentlich in Szene gesetzte, versöhnende Umarmung von Pierre Vogel und Ibrahim Abu Nagie auf dem Frankfurter Römer.[70] Seine besondere Färbung erhält diese Episode durch die damit verbundene Annäherung zweier Fraktionen (DWR und EZP), die zuvor noch in der dschihadistischen Grundsatzfrage entzweit waren, ob das Aufbegehren gegen die Herrscher in islamischen Ländern legitim sei. Die jetzt zur Schau getragene Einigkeit der Prediger symbolisierte nichts anderes als das stillschweigende "D'accord" Vogels mit einer Schar um Abu Nagie, die erst wenige Monate zuvor in der rheinland-pfälzischen Eifelstadt Mayen für Furore sorgte. Im Rahmen eines Islamseminars wurden dort erstmals in Deutschland offen dschihadistische Töne angeschlagen, wobei sich der kaum ein Jahr zuvor von Pierre Vogel wiederbekehrte Rap-Sänger Deso Dogg alias Abu Talha besonders hervortat, indem er zu diesem Anlass dschihadistische Hymnen auf Deutsch anstimmte. Der Musiker sollte in den nächsten Monaten zum zentralen Bündnisgenossen von Abu Usama al-Gharib werden, eines Mannes also, dessen Ankunft in Deutschland das zweite, im Hinblick auf die radikale Phase des islamischen Populismus zentrale Ereignis markiert. Nicht ohne Grund stieg der wegen dschihadistischer Aktivitäten verurteilte "Lautsprecher der al-Qaida" nach verbüßter Haftstrafe mit einer bis dato beispiellosen emotionalisierend-militanten Propagandaarbeit innerhalb kürzester Zeit zum Frontmann einer Szene dschihad-salafistischer Prediger auf. Das bereits Jahre zuvor erprobte Muster, mit der Übersetzung und Verbreitung eines dschihad-salafistischen Standardwerkes Anhänger in eigener Sache zu

---

[69] Vgl. „Abu Hamza – Ibrahim Abu Nagie Stellungnahme", unter: http://www.youtube.com/watch?v=RWctuMoZ344&feature=related (10. Februar 2008).
[70] Vgl. „Pierre Vogel und Ibrahim Abou Nagie umarmen sich! Kundgebung", unter: http://www.youtube.com/watch?v=26Hh7iaZ4Vg (10. April 2011).

mobilisieren,[71] bewährte sich jetzt mit einem anderen Buchprojekt. Gemeint ist das Traktat *Millatu Ibrahim* (Gemeinde Abrahams) des Dschihad-Gelehrten Abu Muhammad al-Maqdisi, das im Jahr 2011 zum Namensgeber einer Webseite und einer webbasierten Plattform Gleichgesinnter wurde, die mit einer Moschee gleichen Namens in Solingen zwischenzeitlich sogar über eine eigene Dependance verfügte. Die Bedeutung Al-Gharibs für den islamischen Populismus hierzulande resultiert nicht aus einer direkten Zusammenarbeit mit der Gallionsfigur Pierre Vogel. Sie ergibt sich vielmehr aus einer – personellen und mobilisierungsstrategischen – "gefährlichen Nähe", mit welcher der smarte Verkünder aus Köln in einem Internetkommentar auch kokettiert. Dabei klingt es nach mehr als klammheimlicher Freude, wenn er in einer Zeit politisch angekündigter Salafismus-Bekämpfung „viel Spass" mit den „Sportsfreunden" in Solingen wünscht und damit diejenige Gruppe meint, die zu einem Nukleus einer Szene von Dschihadbegeisterten werden sollte.[72]

Die Jahre 2011 und 2012 sind insofern von zentraler Bedeutung für die Milieuentwicklung, weil mit der pragmatischen und arbeitsteilig wirkenden Vernetzungsarbeit des islamischen Populismus eine Brücke zum gewaltbereiten Aktivismus geschlagen wurde. Für diese These sprechen nicht zuletzt Einlassungen von Pierre Vogel selbst, der sich im englischsprachigen Satellitenfernsehen zu den Gewalteskalationen in Bonn und Solingen äußert. Mit der Beleidigung des Propheten in Form der Muhammad-Karikaturen sei eine "rote Linie" überschritten worden, weshalb er persönlich es für den besten Weg halte, nach prophetischem Vorbild mit Kraft (*power*) zu antworten, da ja der Islam keine pazifistische Religion sei.[73] Kaum anders rechtfertigt Abu Ibrahim, der von Al-Gharib nach seinem Abtauchen eingesetzte Führer (*amir*) des hierarchisch strukturierten Millatu Ibrahim-Verbundes, das Gewaltgeschehen

---

[71] Gemeint ist das Werk *Dies ist unsere Aqida* von Abu Muhammad al-Maqdisi, für das www.alhamdulillah.net und die von al-Gharib gegründete Islamische Jugend Österreich (IJÖ) verantwortlich zeichnete.
[72] Der Kommentar findet sich im Anhang eines Artikels von Carsten Stoffel: Salafisten. Das Maß ist voll, unter: http://www.solinger-bote.de/nachrichten/2012/02/05/salafisten-das-mass-ist-voll/ (5. Februar 2012).
[73] Vgl. Islamophobia – Pierre Vogel [Abu Hamza] at „Let's Talk", unter: http://www.pierrevogel.de/home/viewvideo/688/english-language/lets-talk-live-with-malik-islamophobiaflv.html (28. August 2013) und eine ähnliche Stellungnahme unter: http://www.youtube.com/watch?v=ZQ8EgH8T-NM (6. Mai 2012), die dem Statement des Millatu Ibrahim-Mannes „Abu Ibrahim – Die Wahrheit von Solingen" ähnelt, unter: www.youtube.com/watch?v=LI-bHnpC_lc (7. Mai 2012).

in Solingen. Als Anführer einer Gruppe von 80 bis 90 "Brüdern", die die gegen Rechtspopulisten gerichtete Kundgebung in Solingen angemeldet habe, sieht er die Schuld bei der Polizei, die nicht, wie von ihm gefordert, gegen das Zeigen von Muhammad-Karikaturen vorging.[74] Um zu verstehen, inwiefern sich die professionell-populistischen Kampagnen von Pierre Vogel, Abu Nagie und Abu Usama al-Gharib ähneln und ineinandergreifen, empfiehlt sich ein kurzer Rückblick in das österreichische Milieu des Dschihad-Salafismus Mitte der Nullerjahre. Denn bereits damals war es der Austro-Ägypter, der mit der *Islamischen Jugend Österreich* (IJÖ) eine islamverbandsähnliche Kleinstgruppe initiierte, deren politischer Aktivismus sich unter anderem gegen den österreichischen Rechtspopulisten Strache richtete und selbst vor Bündnissen mit linken Gruppen nicht zurückschreckte.[75] Eine zweite Kontinuität betrifft die bereits erwähnte Methode der *auflagernden Mobilisierung*, bei der es darum geht, von bereits bestehenden (moderateren) Strukturen zu profitieren und mit provokanter Manier selbst ideologisch nahestehende Personen zu überflügeln und herauszufordern. Für Abu Usama implizierte das bereits während seiner Aktivitäten in Deutschland auch jene Populisten anzugreifen, die seinem radikalen Verständnis nicht folgten. Dazu zählte selbst der aggressive Medienaktivist Sabri Ben Abda, den er aufgrund seiner Kritik am islamistischen Attentäter von Toulouse, Muhammad Merah, tadelte.[76] Auch nach seinem Weggang aus Deutschland setzte Al-Gharib diese Linie fort, indem er eine der erfolgreichsten Mobilisierungskampagnen hierzulande kritisierte, welche ihm, trotz vormaliger Unterstützung, in Zeiten des syrischen Dschihad aber nicht mehr weit genug ging.[77] Dabei handelt es sich um die von Ibrahim Abu Nagie initiierte Koranverteilungsaktion „Lies – Ein Koran für jeden

---

[74] Der damals zweite Verantwortliche der Gruppe, Abu Ibrahim, beschreibt sich als Amir einer Gruppe von 80 bis 90 Brüdern, die die Demonstration in Solingen angemeldet haben. Vgl. „Die wahrheit [sic] von Solingen", unter: http://www.youtube.com/watch?v=YfWoEcy5ShA (5. Mai 2012).

[75] Vgl. etwa IJÖ-Stellungnahme „Die Islamische Jugend Österreich lehnt die anti-islamische Wahlkampfkampagne des Bundesparteiobmanns der FPÖ ab", unter http://www.precaution.ch/pdf/ijoe-strache_030906.pdf (3. September 2006). Zur Kooperation der IJÖ mit der Antiimperialistischen Koordination (AIK) vgl.: „Ja zum Widerstand! Nein zum Terror! Mohamed Mahmoud bezieht Stellung", unter: http://www.antiimperialista.org/es/node/5546 (29. Februar 2008).

[76] Vgl. „Abu Usama Al-Gharib – Fürchte Allah Bruder Sabri", unter: http://www.youtube.com/watch?v=-ETlPUUyvd8&feature=relatedbrudermuhammadmerah (12. Mai 2012).

[77] Vgl. die „Antwort auf das Lies Projekt von Shaykh Abu Sufyan As Sulami", unter: http://www.youtube.com/watch?v=O1rJTvYkYGA (4. November 2013).

Haushalt", mit der der Kompagnon von Pierre Vogel einen für die Geschichte des radikalen Islam in Deutschland zentralen Coup landete.

Mit den in zahlreichen Städten entstandenen Koranverteilungsteams entstanden Gruppen, denen die dschihadistische Färbung der Initiatoren kaum unbekannt sein konnte. In den Jahren 2011 und 2012 wurde so im Rahmen einer islamisch-populistischen Vernetzung mit dschihadsalafistischen Akteuren das Fundament für eine größere dschihadaffine Infrastruktur gelegt. Sie wirkt bis heute nach, weil die dschihadbejahende Positionierung jener Jahre einschlägigen Predigern die Möglichkeit bietet, sich zurückhaltend zu geben und darauf zu verweisen, dass man ja gar nicht zum Dschihad aufrufe.[78] Dem islamischen Populismus mit seiner Brückenfunktion zum Dschihad-Salafismus kommt deshalb, trotz der geringen Zahl seiner Protagonisten, eine zentrale Bedeutung zu. Er schickt sich an, den Mainstream, wenn nicht sogar das weitere Milieu nach seinen Vorstellungen zu prägen. Dass er imstande scheint, interne (ideologische und organisatorische) Uneinigkeit zu kaschieren und das Bild einer geschlossenen, einem gemeinsamen Ziel folgenden Bewegung zu modellieren, wird erst nachvollziehbar, wenn man mit der Informalität das zentrale organisatorische Charakteristikum des Milieus in den Blick nimmt.

4. Informalität im Milieu des wahren Islam

Noch vor gut einem Jahrzehnt erschien die Landschaft des islamischen Aktivismus übersichtlich. Wissenschaftler widmeten sich einzelnen, vornehmlich türkischen Gemeinschaften und im Verfassungsschutzbericht wurden ausländische Gruppierungen und ihre Dependancen in Deutschland gelistet. Demgegenüber gilt es heute, ein einheimisches Milieu zu erfassen, in dem diverse transnationale Strömungen vertreten sind, die sich nicht oder nur begrenzt durch dauerhafte Mitgliedschaften, transparente Finanzierung, anerkannte Hierarchien oder klar abgrenzbare Ideologien und Organisationsstrukturen auszeichnen. Auszugehen ist vielmehr von multiplen Einbindungen, die von einer Moscheegemeinde bis hin zu diversen Aktionsplattformen oder transnationalen Netzwer-

---

[78] Vgl. exemplarisch das Video von Abu Dujana "Eine Botschaft An Die Prediger Des Islam In Deutschland", unter: http://www.youtube.com/watch?v=jjaxt_iDBTY (2. Januar 2013).

ken reichen können. Selbst in Bezug auf die milieutypischen Versammlungsorte lässt sich eine Entgrenzung feststellen. Entweder weil gänzlich „unislamische" Versammlungsorte frequentiert werden oder weil in Zeiten der Durchdringung des Alltags mit modernen Kommunikationsmitteln soziale Netzwerke oder Internetplattformen neue Orte und Formen des Miteinanders möglich machen. Diese Entwicklungen der zurückliegenden Dekade lassen es notwendig erscheinen, gerade der Informalität muslimischer Vergemeinschaftung größere Aufmerksamkeit zu widmen. Obwohl zumeist ökonomisch konnotiert und mit Schattenwirtschaft assoziiert, wird Informalität hier in allgemeiner Form als eine gerade unter den repressiven Bedingungen nahöstlicher Regime verbreitete Tendenz verstanden, sich staatlicher "Lizenzierung, Regulation und Kenntnisnahme" zu entziehen.[79] Diese Erfahrungen – so die Annahme – wurden erfolgreich in das hiesige Milieu tradiert und bleiben in Anbetracht restriktiver Maßnahmen nicht nur präsent, sondern werden auch bewusst angesteuert.

4.1. Informalisierungstendenzen im Milieu

Innerhalb des expandierenden informellen islamischen Milieus entstehen Gruppen oftmals *ad hoc* und nur für begrenzte Zeit, Zugehörigkeiten und Bündnisse sind deshalb fluide, ideologische Hintergründe uneindeutig, Hierarchien kaum zu erkennen und auch Orte der Vergemeinschaftung variabel. Diese Informalisierungstendenzen dürfen nicht über die Existenz eingetragener Vereine, von Institutionen mit überregionalem Anspruch und selbst hierarchisch organisierten Gruppen hinwegtäuschen, die die Milieulandschaft durchziehen. Exemplarisch sei die in den Anfangsjahren der Milieuentwicklung bedeutsame, 1995 gegründete *König-Fahd-Akademie* in Bonn bzw. eine Tochterfiliale in Berlin genannt, die noch bis Mitte der Nullerjahre auch für Aktivisten hierzulande attraktiv war.[80] Als saudi-arabische Institution ist sie von der im Jahr

---

[79] In diesem Sinne findet der Begriff auch Verwendung bei Diane Singerman: The Networked World of Islamist Social Movements, in: Quintan Wiktorowicz (Hg.): Islamic Activism. A Social Movement Theory Approach, Bloomington 2004, S. 143–163, hier 155.

[80] Etwa für den im bosnischen Dschihad als Kameramann tätigen Reda Seyam, dessen Kinder die Berliner Schule besuchen sollten, vgl. Michael Behrendt: Mutmaßlicher Al-Qaida-Führer zieht nach Berlin, unter: http://www.welt.de/print-welt/article340187/Mutmasslicher-Al-Qaida-Fuehrer-zieht-nach-Berlin.html (13. September 2004).

2007 als salafistische Graswurzelinitiative in Deutschland entstandenen (und 2011 geschlossenen) Islamschule des Abu Anas zu unterscheiden, die – nach Aussage des türkischstämmigen Begründers – in Kooperation mit der saudi-arabischen Universität von Medina entstand und das Ziel hatte, eine neue Generation von Predigern hervorzubringen.[81] Ähnliches beabsichtigt auch der 2010 in Heilbronn gegründete *Hohe Rat der Gelehrten und Imame* (HRGID), der islamrechtliche Gutachten veröffentlicht und es sich zum Ziel gesetzt hat, Imame und Prediger auszubilden.[82] Im informellen islamischen Milieu existieren also durchaus formalisierte Strukturen, langjährig bestehende Verlage, Webseiten und vor allem eine Vielzahl von eingetragenen Vereinen, weshalb auch Verbands- oder Parteibildungen keinesfalls auszuschließen sind.[83] Gleichwohl lassen sich verstärkt gegenläufige Tendenzen zunehmender Informalisierung verzeichnen.

Was die Milieustruktur entscheidend prägt, ist das Nebeneinander einiger Dutzend, mit ganz unterschiedlichen Bildungsbiographien und transnationalen Verbindungen ausgestatteten Predigern. Mitsamt ihren engeren Umfeldern bilden sie die zentrale Organisationseinheit des Milieus. Ihr individuelles Profil macht verständlich, warum sich auf nationaler Ebene kaum einer einem erkennbaren, übergeordneten und zentral gesteuerten Kommando unterstellt, sich aber gleichwohl zwischen ihnen (unterschiedlich stabile) Allianzen ergeben und in Einzelfällen – das Beispiel der Millatu Ibrahim-Gruppe bestätigt das – sogar stark hierarchisch organisierte Gruppen mit einem „Führer" entstehen können.[84] Nimmt man vor diesem Hintergrund noch die Vielzahl namenloser Nachwuchsverkünder in den Blick, die sich animiert sieht, im Youtube-Format oder in handverlesenen Kleinstkreisen zum Islam zu rufen, dann

---

[81] Vgl. das Interview mit Abu Anas auf *al-Majd*, dem angeblich „größten Fernsehsender der Welt", unter: http://www.youtube.com/watch?v=nRlQsyrh_rs (5. April 2011).

[82] Vgl. dazu insgesamt die Vereinsziele auf der Webseite „http://www.hrgid.de/de/wer-sind-wir/vereinsziele" sowie den Bericht der Heilbronner Stimme: Carsten Friese: Salafisten in Heilbronn. Adresse ohne eigene Klingel, unter: http://www.stimme.de/heilbronn/hn/Salafisten-in-Heilbronn-Adresse-ohne-eigene-Klingel;art31502,2457521 (14. Mai 2012).

[83] Mit der nur für kurze Zeit existierenden sogenannten Alliance-Partei in Berlin gab es im Jahr 2006 eine entsprechende Initiative, die sich dem entstehenden Milieu zurechnen ließ.

[84] Diese hierarchische Organisation zeigt sich auch daran, dass der eigentliche Emir der Gruppe seinem Statthalter in Deutschland eine islamische Lehrgenehmigung erteilt (idschaza), vgl. unter: http://www.youtube.com/watch?v=0EBsyWek1gs (10. November 2013).

lässt sich leicht ein Milieuwachstum erahnen, das durch Heiratsnetzwerke weiter gefördert und durch Kinderbetreuungen oder Koranunterrichte nachhaltig verankert wird. Viele dieser Aktivitäten und Personen sind deshalb einem Dunkelfeld zuzurechnen, in dem die ideologisch-organisatorische Verortung bzw. der Status selbst unter Milieuangehörigen oftmals unklar ist und zu Diskussionen darüber führt, wo es Moscheen oder Kindergärten „nach Koran und Sunnah" gibt oder ob es sich bei einem bestimmten Prediger um einen anerkannten „Scheich" handele. Das Fehlen transparenter Hierarchien und nicht zuletzt die Möglichkeiten des Internets kommentiert auch der Milieu-Insider und Bloggbetreiber *Ibn Rainer der Preuße* kritisch. Er sieht die Gefahr, dass es zu „Emotionalisierung" und „Übertreibung" kommt, sich „die digitalen Grüppchen" verselbstständigen und dem Einfluss von „wissenden und weisen Imamen" entziehen.[85] Wie auch bei den Ausschreitungen in Bonn und Solingen treibt ihn dabei die Gefahr der Spaltung, schließlich dürfe es nicht dazu kommen, „dass bei jeder Meinungsverschiedenheit wieder neue kleine Gruppierungen entstehen".[86] Derartige Einschätzungen sind Indiz für die zentrifugalen Kräfte innerhalb des informellen Milieus, die aber aufgrund des salafistischen Mainstreamings – zumindest bislang – übertüncht werden. Paradoxerweise können sich mit den islamischen Populisten gerade jene Akteure effektiv als Einheitswahrer inszenieren und hierarchische Leerstellen besetzen, die die Informalisierungstendenzen selbst befördern.

Den informellen Organisationsstrukturen und Hierachien entspricht es, dass sich auch im Hinblick auf szenetypische Orte der Vergemeinschaftung eine Entgrenzung vollzieht. Folgt man der netzwerktheoretisch fundierten Vorstellung sozialer Milieus, dann kommt Knotenpunkten sozialer Beziehungen, sogenannten Foci, eine wichtige Bedeutung zu. Während es in Anbetracht des Gegenstandes nahe liegt, dabei primär an Moscheen zu denken, ist es im Kontext der hier beschriebenen Informalisierungstendenzen wichtig, sich bei der Identifizierung sozialer Relais nicht zu beschränken. Das veranschaulichen besonders Islamseminare

---

[85] Vgl. Iden Post „Repression und gesellschaftliche Isolierung: Die gefährliche Taktik von Behörden und Medien", unter: http://www.al-adala.de/index.php?option=com_content&view=article&id=572&Itemid=204 (30. März 2011).

[86] Vgl. „Sowas muss doch eine starke Jamaah aushalten können", unter: http://www.aladala.de/index.php?option=com_content&view=article&id=1719:solingen-bonn-und-seine-folgen-sowas-muss-doch-eine-starke-jamaah-aushalten-koennen&catid=34:artikel-aus-eigener-feder&Itemid=138 (6. Mai 2012).

oder Spendenveranstaltungen mit dschihad-salafistischer Couleur im In- und deutschsprachigen Ausland, bei denen zumeist in der Art eines Katz-und-Maus-Spiels Veranstaltungsorte geändert, erst im letzten Augenblick bekanntgegeben und in Ermangelung von Alternativen auch in einem Nachtlokal abgehalten werden.[87] Ähnliches lässt sich auch am Beispiel einer der vielen, gerade zu Zeiten des arabischen Frühlings aufkommenden "islamischen Hilfsorganisationen" zeigen.[88] Mit ihren, nach eigenen Aussagen, mehr als sechzig Mitgliedern und diversen Ortsgruppen präsentiert sich etwa *Ansaar Düsseldorf e.V./Ansaar International* in einem Werbetrailer in einem privaten Wohnraum, legt aber zugleich Wert auf ausgefüllte Mitgliedsanträge und monatliche Beitragszahlungen.[89] Neben dieser Tendenz zur Nutzung einer Infrastruktur privater Wohnräume bis hin zur Döner-Bude ist auch das Internet als Ort und Medium informeller Vergemeinschaftung zu nennen. Zwar können webbasierte Plattformen wie *DawaFFM* oder *Die wahre Religion* durchaus stabilere Formen der Gruppenbildung mit regionalen Schwerpunkten darstellen. Dafür spricht, dass sie auch von Behördenseite zunehmend als „Vereine" aufgefasst werden und allein im Schwerpunktbundesland Nordrhein-Westfalen etwa zwanzig derartige überregional organisierte Gesellungsgebilde ausgemacht werden, die besonders über das Internet und soziale Netzwerke organisiert seien.[90] Die vorauseilende Auflösung der populären Plattform *Einladung zum Paradies* im Jahr 2011 zeigt aber, wie verzichtbar diese sind. In Anbetracht drohender und umgesetzter Verbotsverfügungen oder erschwerter Zugänge von „Salafisten" zu Moscheegemeinden stellt die Auflösung formalisierter Strukturen und das Ansteuern informeller Treffpunkte deshalb keinen zufälligen Trend dar, sondern wird von populistischen Meinungsführern geradezu gefordert: „Geschwister im Islam, bitte, tut mir einen Gefallen. Wir müssen diese Botschaft nach vorne bringen. Holt diese Sachen runter, das ist

---

[87] Vgl. dazu einen Fall in Wien „Islam Seminar im Nachtlokal", unter: http://ansarulhaq q.wordpress.com/2010/12/30/islam-seminar-im-nachtlokal/ (21. September 2011).
[88] Vgl. IHED – Islamischer Humanitärer Entwicklungsdienst, für den u.a. Pierre Vogel und Hassan Dabbagh werben oder auch der Verein *Helfen-in-Not.info*, unter: http://www.youtube.com/watch?v=Y5zDHpINiEw (28. März 2013).
[89] Vgl. das Video „WER IST ANSAAR DÜSSELDORF e.V. HILFSORGANISATION?", unter http://www.youtube.com/watch?feature=player_embedded&v=jbvqqbBQr80 (4. April 2013).
[90] Vgl. den Verfassungsschutzbericht des Landes Nordrhein-Westfalen über das Jahr 2012 aus dem Jahr 2013, unter: http://www.mik.nrw.de/fileadmin/user_upload/Red akteure/Verfassungsschutz/Dokumente/Verfassungsschutzbericht_2012_Pressefass ung_01.pdf (1. August 2013).

euer, euer Kampf, das ist euer Kampf, zieht diese Sachen runter, trefft euch in euerer [sic] Wohnung. Diese Selbstständigkeit muss da sein. Es geht hier nicht um Unterhaltung. Trefft euch, organisiert euch."[91] Betrachtet man vor diesem Hintergrund die bundesweiten „Lies"-Teams der Koran-Kampagne oder die Ausbreitung „inoffizieller Moscheen",[92] dann spricht vieles dafür, dass dieser Aufruf zur Informalisierung auf fruchtbaren Boden fällt – und gute Voraussetzungen für die Ausweitung einer dschihadistischen Grauzone schafft.

4.2. Die Szene der Dschihadbegeisterten

Der Milieubegriff dient – ähnlich wie der Begriff der Szene – oftmals als Chiffre für das Schattenhafte und Zwielichtige und erfreut sich einer intuitiven Beliebtheit, wenn von dschihadistischen oder extremistischen Milieus die Rede ist.[93] Zumeist ausgeblendet bleiben dabei jedoch Entstehungshintergründe oder Strukturen derartiger Beziehungsgefüge, womit auf ein Forschungsdesiderat verwiesen ist, auf das die beiden Terrorismusforscher Waldmann und Malthaner mit ihrem Konzept vom *radikalen Milieu* Bezug nehmen.[94] Als engeres soziales Umfeld terroristischer Gewaltgruppen konzipiert, verstehen sie darunter kein diffuses, allein durch extremistische Einstellungen oder einseitige Unterstützungsleistungen charakterisiertes Umfeld, sondern ein sehr konkretes Akteursgeflecht, „das sich oft als Resultat von direkten und indirekten Gewalterfahrungen (Polizeigewalt; gewaltsame Auseinandersetzungen mit politischen Gegnern)" formt, von seinem *weiteren Umfeld* separiert und mit der Gewaltgruppe selbst in zum Teil ambivalenter Weise verknüpft ist.[95] Am Beispiel der vierköpfigen, sogenannten Sauerland-Zelle konnte gezeigt werden, dass es sich beim entsprechenden radikalen Milieu um ein aus mehr als 30 Mitgliedern bestehendes Netzwerk handelte, das

---

[91] Vgl. „Abu Dujana – Pierre Vogel – WIR SIND EINE GEMEINSCHAFT", unter: http://www.youtube.com/watch?v=fTCm06TIgmg (21. Juni 2011).
[92] Vgl. „Pierre Vogel - Die Lehren von Darul Arqam", unter http://www.youtube.com/watch?v=bNiobV6iagw (8. Mai 2014).
[93] Selbst in fundierten Werken bleibt das Verständnis von extremistischen, terroristischen oder radikalen Milieus undefiniert. Vgl. exemplarisch Saskia Lützinger: Die Sicht der Anderen. Eine qualitative Studie zu Biographien von Extremisten und Terroristen, München 2010.
[94] Stefan Malthaner/Peter Waldmann (Hg.): Radikale Milieus.
[95] Ebd. S. 20.

"aus Beziehungsstrukturen und geprägt von Deutungsmustern im Kontext lokaler Milieus und der weiteren salafistischen Bewegung" entstand, aber in der Frage des bewaffneten Dschihad eigene Strukturen ausbildete.[96] Über das engere Umfeld der Sauerland-Gruppe hinaus existierte bereits zum damaligen Zeitpunkt eine kaum wahrgenommene, mittlerweile längst expandierte deutschsprachige *Szene von Dschihadbegeisterten*, deren Bedeutung für die Entstehung von Gewaltgruppen bislang nur unzureichend ausgeleuchtet ist. In dieser Szene stellt der bewaffnete Kampf im Ausland einen zentralen thematischen Bezugspunkt auch solcher "Szenegänger" dar, die in nur loser oder virtuell vernetzter Form für den Dschihad schwärmen, argumentieren oder posten, ohne deshalb (notwendigerweise) das engere Umfeld einer Gewaltgruppe zu bilden. Waren es in der Formierungsphase der Sauerlandgruppe nur wenige deutschsprachige Verkünder (aus Österreich), deutsche Webseiten, Publikationen oder Islamräume, in denen die Notwendigkeit eines militanten Glaubenseifers öffentlich ventiliert wurde, dann hat sich das zwischenzeitlich geändert.[97] Wenn auch mit unterschiedlichem Stil und wechselhaften verbal-radikalen Konjunkturen ist eine Riege dschihadaffiner Prediger entstanden, die Dschihad als „Bundeswehr" für Muslime versteht, sich durch bewusste Nicht-Distanzierung von dschihadistischem Aktivismus hervortut oder – juristisch nicht anfechtbar – „Sympathiewerbung" für Terrorgruppen als Mittel der Wahl betrachtet. Gleichzeitig stellen die von ihnen ins Leben gerufenen Koranverteilungsstände, Hilfsorganisationen oder die Initiative *Helfer der Gefangenen* eine Grauzone dar, die mehr zum Mitmachen einlädt als durch militante Rhetorik abschreckt. Das gilt insbesondere für unterschiedlichste kleinere "Events", die neben Seminaren auch Fußballspiele, Grillfeste oder Benefizveranstaltungen umfassen. Dschihad wird auf diese Weise zu einem "Lifestyle", der mit Tarnflecken-Kleidung und diversen Accessoires vom Al-Qaeda-T-Shirt bis zum entsprechenden Basecap genauso zur Schau getragen wird wie durch die Markierung öffentlicher Räume mit

---

[96] Stefan Malthaner/Klaus Hummel: Die „Sauerland-Gruppe" und ihr soziales Umfeld, in: Stefan Malthaner/Peter Waldmann (Hg.): Radikale Milieus, S. 245-278, hier 275.
[97] Dem dschihadistischen Formenkreis waren neben der *Globalen Islamischen Medienfront* (GIMF) und ihren Hintermännern auch weniger bekannte Webseiten wie www.al-iman.net (mit dem Online-Rundbrief al-Fath) oder www.khutba.net zuzurechnen. Letztere stach mit dem ersten dschihad-salafistischen (österreichischen) Prediger Abul Khattab besonders hervorstach.

Aufklebern oder gesprayten Wandparolen, die für eine "grüne" Gefangenenhilfe werben bzw. gegen die "Ungläubigen" Stimmung machen.[98] Vor diesem Hintergrund erscheint eine soziologisch qualifizierte Radikalisierungsforschung unabdingbar, die der Szene der Dschihadbegeisterten verstärkt Rechnung trägt.[99]

Gewaltsame Untergrundgruppen entwickeln sich – folgt man der Bewegungsforscherin della Porta – in Auseinandersetzung mit ihrer Umwelt als Splittergruppen aus größeren, nicht militanten Bewegungen (oder Milieus) heraus.[100] Aus diesem Grund ist es naheliegend, das informelle islamische Milieu aus einer Perspektive des Umbaus, der Ausdifferenzierung und Separierung zu betrachten, die bereits in der Prognose eines Milieuakteurs aus dem Jahr 2004 anklingt. Wegen dschihadverherrlichender Passagen in Schulbüchern unter Druck geraten, sah der damalige Direktor der König-Fahd-Akademie aufgrund der eingeleiteten Restriktionen die Gefahr, dass sich Eltern und Kinder „samstags und sonntags Gruppen mit radikalen Auswüchsen" zuwenden.[101] Um diesem möglichen Zusammenhang, also den einer nicht intendierten Wirkung staatlichen Handelns, größere Beachtung zu schenken, wurde an anderer Stelle das Konzept der Co-Radikalisierung eingeführt. Statt Radikalisierung allein aus einem „sich radikalisierenden" Akteur heraus zu erklären, zielt es darauf ab, den diversen Interaktionen mit konkurrierenden Akteuren, politischen Gegnern und insbesondere dem Staat stärker Rechnung zu tragen.[102] Dass das informelle islamische Milieu einen geeigneten konzeptionellen Rahmen dafür bietet, diese (längerfristigen und interaktiven) Prozesse der Ausdifferenzierung, Separierung oder Radikalisierung zu erfassen, verdeutlichen die Vereinsverbote gegen die *Hizb ut-Tahrir* und die Gruppe *Kalifatsstaat* aus den Jahren 2001 und 2002. Die Maßnahmen sind schon deshalb bemerkenswert, weil damit – sozusagen

---

[98] Vgl. NRW zu lasch gegen Salafisten? unter: http://www1.wdr.de/fernsehen/regional/westpol/sendungen/salafisten356.html (23. Februar 2014).
[99] Szenen werden hier verstanden als "thematisch fokussierte kulturelle Netzwerke von Personen, die bestimmte materiale und/oder mentale Formen der kollektiven Selbststilisierung teilen und die Gemeinsamkeiten an typischen Orten und zu typischen Zeiten interaktiv stabilisieren und weiterentwickeln." Vgl. Ronald Hitzler/Thomas Bucher/Arne Niederbacher: Leben in Szenen.
[100] Vgl. Donatella Della Porta: Clandestine Political Violence, Camebridge 2013, S. 150.
[101] Florian Ludwig: Saudis geben Gegengutachten in Auftrag, unter: http://www.generalanzeiger-bonn.de/lokales/region/Saudis-geben-Gegengutachten-in-Auftrag-article2587.html (17. Mai 2005).
[102] Eingeführt wurde das Konzept von Daniela Pisoiu und Klaus Hummel. Vgl. dazu "Das Konzept der Co-Radikalisierung am Beispiel des Salafismus" in diesem Band.

im Rahmen einer nicht intendierten Schützenhilfe – den zeitgleich expandierenden salafistischen Netzwerken eine einflussreiche Konkurrenz entfiel und zugleich die Frage aufgeworfen ist, inwiefern sich aus diesen und späteren Verbotsverfügungen Verdrängungs-, Restrukturierungs- und Innovationseffekte ergeben. Zu nennen sind in diesem Zusammenhang etwa die behördlich angeordneten Schließungen des Multi-Kulturhauses in Neu-Ulm, der ehemaligen al-Quds-Moschee in Hamburg oder des Millatu Ibrahim-Vereins, in deren Folge es zur Verlagerung der Szenen nach Bonn bzw. Pinneberg oder gleich zum Abtauchen einzelner Aktivisten in diverse Regionen des Dschihad kam.[103]

Die gegenwärtige Konjunktur des deutschen Dschihad mit ihren mehreren Hundert Auslandskämpfern, Dutzenden von Heimkehrern und rapiden (individuellen) Radikalisierungsverläufen hat einen Vorlauf. Das untermauern die Durchgangsstationen dschihadistisch orientierter Verkünder wie Deso Dogg oder Abu Ibrahim, die als Mitglied der syrischen Terrorgruppe *Islamischer Staat im Irak und in Syrien* (ISIS) bzw. als Führer des Millatu-Ibrahim-Netzwerkes in Deutschland in früheren Stadien ihres Entwicklungsweges für die Befreiungspartei oder den Kalifatsstaat aktiv waren.[104] Auch der Werdegang des deutschen Konvertiten Bernhard Falk verweist darauf, dass die Szene der Dschihadbegeisterten eine Geschichte hat.[105] Als Mitglied einer links-islamischen Kleinstgruppe namens *Antiimperialistische Zellen* (AIZ) dem bewaffneten Kampf in der Tradition der RAF verschrieben, orientierte sich Falk – dem zeitlich-sozialen Kontext der 1990er Jahre entsprechend – noch am revolutionären Islam der islamischen Republik Iran und der libyschen Volksdschamahiriyya. Im informellen islamischen Milieu gibt er sich gegenwärtig im Duktus des predigenden Militär- und Geostrategen als Ka-

---

[103] Vgl. dazu den mit Bezug auf Behördenerkenntnisse untermauerten Beitrag von "Ulms Extremisten treffen sich nun an privaten Orten", unter: http://www.badische-zeitung.de/suedwest-1/ulms-extremisten-treffen-sich-nun-an-privaten-orten--45173759.html (12. Mai 2011).

[104] Vgl. zu Deso Dogg das „Interview: Von Deso Dogg zu Abou Maleeq", unter: http://www.al-adala.de/attachments/article/443/Deso-Dogg-Abou-Maleeq-dajjaltv.pdf (16. Januar 2011) sowie zu Abu Ibrahim den Artikel von Florian Flade, Salafisten planen „Abrechnung" mit Deutschland, unter http://www.welt.de/politik/ausland/article109690454/Salafisten-planen-Abrechnung-mit-Deutschland.html (8. Oktober 2012).

[105] Vgl. das Video „Bernhard Falk: Solidarität mit den inhaftierten Brüdern", auf dem sich auch das Logo der Kaplan nahen Webseite *Im Auftrag des Islam* findet, unter: https://www.youtube.com/watch?v=s1mHKVHey_U&list=PLtoS2L5zDvB0TCqzR_7Py MlvIbGCll4ob (5. März 2014).

lifatsideologe und wahrt mit seiner antiimperialistischen Rhetorik ein eigenes ideologisches Profil.[106] Selbst wegen einer langjährigen Anschlagskampagne im Namen der AIZ verurteilt, sah sich Falk schon damals als "jüngsten politischen Gefangenen in der BRD",[107] was auch erklärt, warum er sich besonders der Gefangeneninitiative *Ansaar ul-Aseer* widmet. Gegründet von dem Ex-Häftling Al-Gharib zeigt sie sich solidarisch mit diversen Figuren des deutschen Dschihad von Arid Uka bis zum Messerstecher von Bonn und scheint damit, unabhängig von der ideologischen Ausrichtung – Fürsprecher unter all jenen zu finden, die sich als Opfer von Strafverfolgung oder Inhaftierung wähnen. Dazu zählt auch ein Youtube-Prediger in der Tradition des Kaplanverbandes, der in seinem Mobilisierungsstil, ähnlich wie Falk, deutliche Anleihen im populistischen Spektrum macht und ganz im Duktus von Pierre Vogel einen verfolgten Islam an die Wand malt.[108]

Es entspricht einem verständlichen Bedürfnis nach kategorialer Übersichtlichkeit, ideologische Strömungen wie „den" Salafismus zu einer zentralen Analyseeinheit zu machen. Um Radikalisierungsprozesse wie den einer mehr als zwanzigköpfigen *Lohberger Gruppe* im nordrhein-westfälischen Dinslaken zu fassen, ist sie indes untauglich. Die mutmaßlich vom in die Klandestinität abgedrifteten Millatu Ibrahim-Netzwerk beeinflusste und mit einem Personenkreis im Allgäu verknüpfte Formation, aus der auch spätere Auslandskämpfer der ISIS hervorgegangen sind, zeigt, welche analytischen Herausforderungen bestehen[109]: größere Zeiträume, personelle Kontinuitäten oder den oft auf Online-Radikalisierung verkürzten Einfluss diverser Medien konzeptionell genauso einzubeziehen wie die Vielfalt ideologischer Traditionen und

---

[106] Aus diesem Grund versteht er unter dem arabischen Wort "Kuffar" entgegen der gängigen Übersetzung, nicht „Wahrheitsverdecker" oder „Ungläubige", sondern "Imperialisten". Vgl. dazu insgesamt "Bernhard Falk - In großer Sorge - ein paar notwendige Anmerkungen 22.05.2014/22.07.1435", unter: http://www.youtube.com/watch?v=4mMZml8KpZs (22. Mai 2014).
[107] Vgl. dazu die Mitteilung der Pressestelle des Bundesgerichtshof, Nr. 3/2001, unter http://www.mik.nrw.de/uploads/media/aiz_01.pdf (24. Januar 2001) sowie Uli Dillmann: Khomeinis Kinder vor dem Kadi, Bericht über AIZ, in: Jungle World 47/1999.
[108] Siehe zur Kritik an der Schließung der Islamschule von Abu Anas „Allgemeiner Islam in Deutschland, Schließung und Verbot der Islamschule *Vortrag*", unter: http://www.youtube.com/watch?v=1wT3qOHjPJU (20. Februar 2013).
[109] Vgl. „Reisende kann man nicht aufhalten", unter: http://www.faz.net/aktuell/politik/islamisten-aus-deutschland-reisende-kann-man-nicht-aufhalten-12806581-p3.html?printPagedArticle=true#pageIndex_3 (18. Februar 2014).

komplexer Strukturformen. Mit dem hier vorgelegten Konzept des informellen islamischen Milieus ist das Ziel verbunden, die Szene der Dschihadbegeisterten oder die Radikalisierung ganzer Gruppen in einen sozialen Kontext zu stellen. Das bedeutet auch all jene Dynamiken zu erfassen, die wie die Stigmatisierung von "Salafisten" als Extremisten, auflagernde Mobilisierung erleichtern und die Szene der Dschihadbegeisterten eher wachsen als schrumpfen lassen.

5. Schlussbetrachtung

Innerhalb einer Dekade ist in einem Prozess *translokaler Vernetzung* ein facettenreiches informelles islamisches Milieu entstanden. Dabei handelt es sich um ein *einheimisches Konglomerat* von Moscheen, unzähligen Kleinstgruppen, Aktionsplattformen und neuartigen Formen webbasierter Vergemeinschaftung, in dem unter Propagandisten wie Milieuangehörigen die Vorstellung dominiert, den „wahren" Islam zu praktizieren. Obwohl sich in diesem multiethnischen Milieu diverse salafistische, islamistische und dschihadistische Strömungen identifizieren lassen, entspricht es dem (islamisch gebotenen) Anliegen vieler Akteure, innerislamische Spaltung zu vermeiden. Salafistische Ideologiefragmente bilden dabei einen kleinsten gemeinsamen Nenner eines *Instant-Islam* und erleichtern ein *salafistisches Mainstreaming*, das aber nicht über die bestehenden zentrifugalen Tendenzen, unterschiedlichen organisatorischen Traditionen und zum Teil erheblichen Divergenzen in der Gewaltfrage hinwegtäuschen darf. Diese treten auch deswegen nicht in den Vordergrund, weil in einem Prozess der *Salafisierung von außen* unterschiedlichste Formationen unter den Begriff Salafismus subsumiert und als extremistisch etikettiert werden. Von dieser *fehlerhaften Konstruktion einer Analyseeinheit* vermag besonders eine zahlenmäßig kleine Gruppe *islamischer Populisten* zu profitieren, die sich durch einen provokant-konfliktiven Mobilisierungsstil und ihre *Brückenfunktion zum Dschihad-Salafismus* auszeichnet. Die Wortführer dieser Gruppe verstehen es, Konflikte zu befeuern, Reaktionen politischer Gegner, staatlicher sowie medialer Akteure zu provozieren und von der Skandalisierung zu profitieren. Durch das Thematisieren, Antizipieren oder Provozieren rechtsextremer Propaganda oder polizeilicher Verfolgung gelingt es, die Botschaft vom „verfolgten Islam" zur sich selbst erfüllenden Prophezeiung zu machen. Sobald sie eintritt, bestätigt sie alle Grundannahmen über den westlichen Kampf gegen *den* Islam oder die Verfolgung wahrer Muslime. Der Erfolg von Pierre Vogel & Co unter einer steigenden Zahl von Muslimen und potentiellen Konvertiten ist deshalb eng verknüpft mit der Beliebtheit „salafistischer Hassprediger" unter ihren zahlreichen Kritikern.[110]

Innerhalb des informellen islamischen Milieus existieren formalisierte Institutionen, stabile Kooperationen und Infrastrukturen. Unter dem Einfluss einer populistischen Da'wa um jeden Preis, dschihadistisch ambitionierter Akteure und repressiver Maßnahmen zeichnen sich jedoch verstärkt auch gegenläufige Tendenzen ab, die „sich staatlicher Lizenzierung und Kenntnisnahme" entziehen. Um der Vielzahl individualisierter „Sinn-Anbieter" ohne Organisationsbezug, instabilen oder mehrfach eingebundenen Anhängerschaften, temporären (webbasierten) Gruppen und Aktionsplattformen, intransparenten Finanzierungsformen und Infrastrukturen gerecht zu werden, wird hier vorgeschlagen, die strukturell-organisatorischen Besonderheiten des Milieus konzeptionell stärker einzubeziehen. Statt das Phänomen aus einer (salafistischen) Ideologie heraus, im Lichte einer exotisierenden und pathologisierenden Sicherheitsperspektive zu analysieren wird hier dafür plädiert, die Entstehung und Ausdifferenzierung des Milieus im Kontext einer Pluralisierung von Lebensstilen oder einer *Verszenung der Gesellschaft* zu sehen, also im Lichte von Mitmachangeboten, die im Gegensatz zum organisierten Islam etablierter Institutionen *verführen statt verpflichten*.[111] Mit welchen Gefahren diese Entwicklungen einhergehen, „wie und wann" es etwa zur Entstehung ultradoktrinärer Subkulturen, verstetigter Protestformen oder gar klandestiner Gewaltgruppen kommt, sollte zum Gegenstand einer soziologischen Gewalt- und Konfliktforschung werden,[112] die sich besonders der Szene von Dschihadbegeisterten annimmt.

---

[110] Vgl. zu negativer Aufmerksamkeit und Popularität Manuel Braun: "Wir sehens, das Luther by aller Welt berympt ist". Popularisierung und Popularität im Kontext von Buchdruck und Religionsstreit, in: Gereon Blaseio/Hedwig Pompe/Jens Ruchatz (Hg.): Popularisierung und Popularität, Köln 2005, Seite 21-42, hier 21.

[111] Ronald Hitzler/Anne Honer/Michaela Pfadenhauer (Hg.): Zur Einleitung: „Ärgerliche" Gesellungsgebilde? in: dieselben (Hg.): Posttraditionale Gemeinschaften. Theoretische und ethnografische Bestimmungen, Wiesbaden 2008, S. 9-34, hier 18.

[112] Die Vorrangstellung des „wie und wann" vor dem „warum" bei der Erforschung von Radikalisierungsprozessen betonen Eitan Alimi/Lorenzo Bosi/Chares Demetriou: Relational Dynamics and Processes of Radicalization: A Comparative Framework, in: Mobilization 17, Nr. 1 (2012), S. 7-26.

Ähnlich wie in anderen jugendkulturellen „Sonderwelten" auch, markiert sie Differenz durch Tabubruch und stellt mit dem Gebot der Gewaltfreiheit das für westliche Gesellschaften vielleicht zentralste Tabu infrage.[113] Statt aber vorschnell von der Begeisterung für den Dschihad auf die Zugehörigkeit zu einem radikalen Milieu zu schließen, soll das hier vorgeschlagene Konzept des informellen islamischen Milieus zweierlei ermöglichen: posttraditionelle muslimische Vergemeinschaftungen als soziales Phänomen einer entdramatisierten Sicht zuzuführen und im Kontext der Radikalisierungsforschung Voraussetzungen für ein konziseres Verständnis des deutschen Dschihad schaffen. Vorerst aber ist es als das zu betrachten, was es ist: eine Blackbox der Radikalisierungsforschung.

---

[113] Winfried Gebhardt: Die Verszenung der Gesellschaft und die Eventisierung der Kultur. Kulturanalyse jenseits traditioneller Kulturwissenschaften und Cultural Studies, in: Udo Göttlich/Albrecht Clemens/ Winfried Gebhardt(Hrsg.): Populäre Kultur als repräsentative Kultur. Die Herausforderung der Cultural Studies, Köln 2002, S. 287–305, hier 289.

Allahs fehlgeleitete Söhne – Untersuchung radikalisierungsfördernder Argumentationsstrukturen auf salafistischen Internetseiten

Matthias Garbert

1. Einleitung

Seit den Ereignissen des 11. September 2001 ist der Begriff des „islamistischen Terrorismus„ zu einem Schlagwort in der öffentlichen Debatte geworden. Diese religiös konnotierte Form des politischen Extremismus beruht auf der Vorstellung, dass islamische Normen nicht nur eine partikular-religiöse, sondern vielmehr eine universell-politische Geltung besitzen, zu deren Durchsetzung auch Gewalt ein legitimes Mittel sei.[1] Ein Beispiel für einen von derartigen Überzeugungen geleiteten Täter ist der Fall Arid Uka. Anfang März 2011 tötete der in Deutschland aufgewachsene, damals 21-jährige Kosovo-Albaner am Frankfurter Flughafen zwei US-Soldaten und verletzte weitere Personen schwer. Ukas Tat weist dabei zwei wichtige Merkmale auf: Zum einen stellt sie den ersten erfolgreich ausgeführten islamistischen Terroranschlag in Deutschland dar, zum anderen wirft sie ein Schlaglicht auf die Rolle des Internets im Kontext islamistischer Radikalisierungsprozesse. So ergaben die Ermittlungen, dass Uka über Facebook-Freundschaften mit bekannten Salafisten verbunden war und regelmäßig einschlägige salafistische und dschihadistische Internetseiten aufsuchte. Als finales tatauslösendes Motiv für die Morde verwies Uka auf ein Internet-Video, auf dem er die Vergewaltigung eines afghanischen Mädchens durch US-Soldaten zu erkennen glaubte.[2]

---

[1] Zur Debatte um den Terrorismusbegriff vgl. Alex P. Schmid: The Definition of Terrorism, in: Alex P. Schmid (Hrsg.): The Routledge Handbook of Terrorism Research, London u.a., 2011, S. 39-98. Zum Begriff Islamismus vgl. Guido Steinberg, Jan-Peter Hartung: Islamistische Gruppen und Bewegungen, in: Werner Ende, Udo Steinbach (Hrsg.): Der Islam in der Gegenwart, Bonn, 2005, S. 681-695 sowie Bundesamt für Verfassungsschutz und Landesbehörden für Verfassungsschutz: Salafistische Bestrebungen in Deutschland, Köln, 2012, S. 5.

[2] Vgl. Asiem El Difraoui: Jihad.de. Jihadistische Online-Propaganda: Empfehlungen für Gegenmaßnahmen in Deutschland, SWP-Studie S. 5, unter: www.swp-berlin.org/fileadmin/contents/products/studien/2012_S05_dfr. pdf (15. März 2014); Bundesministerium des Innern: Verfassungsschutzbericht 2011. Berlin 2012, S. 187.

Zwar illustriert der Fall Uka eindrücklich, wie eng die Verbindung zwischen virtueller Radikalisierung und realer Tatausführung sein kann,[3] wirklich neu ist diese Erkenntnis allerdings nicht, wie bereits die Ermittlungen nach den Terroranschlägen von Madrid 2004 belegen.[4] Es verwundert somit nicht, dass das Web 2.0 mit seinen Videos, Chatrooms, Foren, sozialen Netzwerken und sonstigen Möglichkeiten in den letzten Jahren zunehmend in den Fokus von Sicherheitsbehörden und Extremismusforschung geraten ist. Parallel hierzu entwickelte sich im gleichen Zeitraum ein gesteigertes soziopolitisches Bewusstsein für salafistische Aktivitäten in Deutschland. Dass in diesem Kontext die fundierte Beschäftigung mit dieser radikalen Strömung des Islamismus und ihren spezifischen Artikulationsformen im virtuellen Raum ein lohnenswertes Arbeitsfeld der Extremismusforschung darstellt, belegt ein Diktum von Heinz Fromm. Der ehemalige Präsident des Bundesverfassungsschutzes stellte 2011 fest: „Nicht jeder Salafist ist ein Terrorist; aber jeder uns bekannte Terrorist war irgendwann einmal in salafistischen Zusammenhängen unterwegs."[5] Diese Aussage korrespondiert dabei mit dem, was Malthaner und Waldmann unter den Begriff des „radikalen Milieus" subsumieren: das „Verhältnis und die Interaktionsmuster zwischen terroristischen Gruppen und ihrer sozialen Unterstützungsbasis."[6] Inwieweit Internetseiten hierbei als radikalisierungsfördernde Sozialisationsplattformen Sympathisanten von Terrorgruppen zu deren Mitgliedern transformieren können, ist jedoch nach wie vor umstritten. Dies liegt nicht zuletzt an den wenigen empirischen Studien zum Thema.[7]

Vor diesem Hintergrund liegt dem nachfolgenden Beitrag die Fragestellung zugrunde, inwieweit die Argumentationsstrukturen auf salafistischen Internetseiten eine potenziell radikalisierungsfördernde Wir-

---

[3] Vgl. Verfassungsschutzbericht 2011, S. 193.
[4] Vgl. The files downloaded by the Madrid bombers, unter: www.sofir.org/sarchives/006276.php (15. März 2014).
[5] Zit. nach: Verfassungsschutz – Koran-Verteilung ist Propaganda, unter: www.welt.de/politik/deutschland/article106179527/Verfassungsschutz-Koran-Verteilung-ist-Propaganda.html?config=print (15. März 2014).
[6] Vgl. Stefan Malthaner/Peter Waldmann: Radikale Milieus. Das soziale Umfeld terroristischer Gruppen, in: Stefan Malthaner/Peter Waldmann (Hrsg.): Radikale Milieus. Das soziale Umfeld terroristischer Gruppen, Frankfurt a.M., 2012, S. 11-42, hier 19.
[7] Vgl. Maura Conway: Von al-Zarqawi bis al-Awlaki: Das Internet als neue Form des radikalen Milieus, in: Stefan Malthaner/Peter Waldmann (Hrsg.): Radikale Milieus. Das soziale Umfeld terroristischer Gruppen, Frankfurt a.M., 2012, S. 279-303, hier 299.

kung entfalten können. Hierzu wird die Rubrik des Glaubensbekenntnisses (*aqida*) auf zwei deutschsprachigen Internetseiten analysiert, die jeweils unterschiedlichen Strömungen des Salafismus zugeordnet werden können. Ziel ist es, exemplarisch diejenigen Argumentationsstrukturen zu rekonstruieren, die eine potenziell radikalisierungsfördernde Wirkung entfalten. Hierunter soll Propaganda für eine extremistische Abgrenzung vom Wertekanon der freiheitlichen demokratischen Grundordnung[8] verstanden werden. Im Vergleich dazu vermitteln radikale Rechtfertigungsmuster lediglich die Zurückweisung bestehender Zustände oder Interpretationsmuster,[9] ohne in einen Widerspruch zur freiheitlichen demokratischen Grundordnung zu geraten.[10] Vor diesem Hintergrund dieser Unterscheidung bilden die beiden Internetseiten „www.salaf.de" und „www.salafimedia.de"[11] die Untersuchungsobjekte des nachfolgenden Aufsatzes. Während sich die erste Seite dem pietistischen Spektrum des Salafismus zuordnen lässt, kann letztere dem Takfir-Salafismus zugerechnet werden. Dass die zwei ausgewählten In-

---

[8] „So läßt sich die freiheitliche demokratische Grundordnung als eine Ordnung bestimmen, die unter Ausschluß jeglicher Gewalt- und Willkürherrschaft eine rechtsstaatliche Herrschaftsordnung auf der Grundlage der Selbstbestimmung des Volkes nach dem Willen der jeweiligen Mehrheit und der Freiheit und Gleichheit darstellt. Zu den grundlegenden Prinzipien dieser Ordnung sind mindestens zu rechnen: die Achtung vor den im Grundgesetz konkretisierten Menschenrechten, vor allem vor dem Recht der Persönlichkeit auf Leben und freie Entfaltung, die Volkssouveränität, die Gewaltenteilung, die Verantwortlichkeit der Regierung, die Gesetzmäßigkeit der Verwaltung, die Unabhängigkeit der Gerichte, das Mehrparteienprinzip und die Chancengleichheit für alle politischen Parteien mit dem Recht auf verfassungsmäßige Bildung und Ausübung einer Opposition" (BVerfGE 2, 1, 12-13).

[9] Vgl. Jamie Bartlett/Carl Miller: The Edge of Violence: Towards Telling the Difference. Between Violent and Non-Violent Radicalization, in: Terrorism and Political Violence, Nr. 1, Vol. 24, 2012, S. 1-21, hier 2.

[10] Hierzu heißt es im offiziellen Glossar der Verfassungsschutzbehörden: „Bei ‚Radikalismus' handelt es sich zwar auch um eine überspitzte, zum Extremen neigende Denk- und Handlungsweise, die gesellschaftliche Probleme und Konflikte bereits ‚von der Wurzel (lat. radix) her' anpacken will. Im Unterschied zum ‚Extremismus' sollen jedoch weder der demokratische Verfassungsstaat noch die damit verbundenen Grundprinzipien unserer Verfassungsordnung beseitigt werden" (Verfassungsschutzbericht 2011, S. 12).

[11] „www.salafimedia.de" ist mittlerweile unter dieser Adresse nicht mehr erreichbar. Die gespiegelte Version der Seite „http://haqqmedia.x10.mx/" ist ebenfalls nicht mehr erreichbar. Der Autor stellt die von dort kopierten Texte auf Anfrage gerne zur Verfügung.

ternetseiten innerhalb des salafistischen Spektrums im Untersuchungszeitraum von Anfang bis Mitte 2012 relevante Größen darstellten, wurde durch zahlreiche Expertengespräche sichergestellt.[12]

2. Methodische Vorbemerkung

In den jeweils mit „Aqida" betitelten Rubriken der zwei untersuchten Internetseiten geht es um die dogmatischen Fundamente dessen, was die Betreiber der Seiten als authentischen Islam ansehen.[13] Genau dieses subjektive Verständnis der propagierten Inhalte legt eine methodologische Orientierung des Aufsatzes an den wesentlichen Prämissen der sozialwissenschaftlichen Hermeneutik nahe. Dieses methodologische Konzept, das auch unter dem Namen „hermeneutische Wissenssoziologie" firmiert, dient dazu, Verstehen zu verstehen.[14] Hierbei lassen sich Konstruktionen erster und zweiter Ordnung unterscheiden. Erstere Konstruktionen sind Produkte eines alltäglichen Vorgangs, bei dem ein Subjekt Erfahrungen sinnstiftend deutet und dadurch versteht.[15] Dieses subjektive Verständnis ist Grundlage für Konstruktionen zweiter Ordnung. Eine solche Konstruktion zweiter Ordnung ist der Versuch, subjektives Verstehen intersubjektiv überprüfbar fremd zu verstehen und damit eine „verstehende Rekonstruktion der Konstruktion ‚erster Ordnung'"[16] zu erzielen. Dabei unterscheidet sich diese Art des Verstehens wesentlich vom unwissenschaftlichen Alltagsverstehen durch den Rückgriff auf systematisch gesammeltes Kontextwissen und dessen Selbstreflexivität.[17]

---

[12] Gespräche zu diesem Thema wurden mit Mitarbeitern des Landesamtes für Verfassungsschutz Baden-Württemberg, des Landeskriminalamtes Sachsen und der Universität Bonn geführt.

[13] Vgl. http://salaf.de/ (18. Juli 2012).

[14] Vgl. Reiner Keller: Diskurse und Dispositive analysieren. Die Wissenssoziologische Diskursanalyse als Beitrag zu einer wissensanalytischen Profilierung der Diskursforschung, in: Forum Qualitative Sozialforschung, Nr. 2, Vol. 8, 2007, S. 1-32, hier 6.

[15] Vgl. Hans-Georg Soeffner: Verstehende Soziologie und sozialwissenschaftliche Hermeneutik. Die Rekonstruktion der gesellschaftlichen Konstruktion der Wirklichkeit, in: Ronald Hitzler/Jo Reichert/Norbert Schröer (Hrsg.): Hermeneutische Wissenssoziologie. Standpunkte zur Theorie der Interpretation, Konstanz, 2003, S. 39-49, hier S. 41; vgl. Hans-Georg Soeffner: Sozialwissenschaftliche Hermeneutik, in: Uwe Flick/Ernst von Kardorff/Ines Steinke (Hrsg.): Qualitative Forschung. Ein Handbuch, Hamburg, ³2004, S. 164-175, hier S. 165.

[16] Soeffner: Verstehende Soziologie, S. 167.

[17] Vgl. ebd., S. 167 f.

Die oben beschriebene Methodik ist besonders geeignet, um zur „Rekonstruktion von Deutungsmustern"[18] beizutragen, was sie im Kontext der Ausgangsfragestellung zum Mittel der Wahl macht. Allerdings eignet sich die Sequenzanalyse aufgrund der Vorgehensweise vor allem zur Untersuchung kleinerer Datensätze.[19] Gleichzeitig wurde jedoch umfangreiches Datenrohmaterial[20] aus den jeweiligen Aqida-Rubriken der untersuchten Internetseiten gewonnen. Dies machte es erforderlich, neben der Konzentration auf die Aqida-Rubriken weitere Selektionskriterien einzuführen. Besonders geeignet erschienen hierzu bestimmte theologische Vorstellungen, die zudem eng mit identitätsstiftenden Radikalisierungsprozessen verbunden sind. Vor dem Hintergrund dieser Setzungen erfolgt das sequenzanalytische Vorgehen schließlich in zwei Schritten: Zunächst soll die Entstehungsgeschichte der jeweiligen Internetseiten in den Blick genommen werden. Die gewonnenen Informationen ermöglichen es, bei der anschließenden Rekonstruktion der Argumentationsstrukturen implizite Intentionen der Seitenbetreiber besser nachvollziehen zu können. Implizite und explizite Inhalte werden dabei jeweils auf ihre potenziell radikalisierungsfördernde Wirkung hin untersucht.

3. „www.salafimedia.de"

3.1. Hintergründe

Am 14. Juni 2012 kam es zu bundesweiten Durchsuchungen der salafistischen Vereine *DawaFFM*, *Die wahre Religion* und *Millatu Ibrahim*. Letzterer Verein wurde mit der Begründung seiner Verfassungsfeindlichkeit unmittelbar verboten.[21] Zudem wurden auch die von Millatu Ibra-

---

[18] Christian Lüders/Michael Meuser: Deutungsmusteranalyse, in: Ronald Hitzler/Anne Honer (Hrsg.): Sozialwissenschaftliche Hermeneutik. Eine Einführung, Opladen, 1997, S. 57-79, hier S. 69.
[19] Vgl. ebd., S. 68.
[20] Insgesamt über 500 Seiten Material.
[21] Mittlerweile wurden die Vereine Dawa FFM und An-Nussrah (als Nachfolgeorganisation von Millatu Ibrahim) verboten. Vgl. „Ermittler verhindern islamistischen Mordanschlag", unter: http://www.sueddeutsche.de/politik/nach-razzien-und-verbot en-ermittler-verhindern-islamistischen-mord anschlag-1.1623432 (15. März 2014).

him betriebenen Internetseiten „www.salafimedia.de" und „www.millatu-ibrahim.com" mit zweiwöchiger Verzögerung gelöscht.[22] Hierbei ist anzumerken, dass nicht die Inhalte im eigentlichen Sinne, sondern lediglich die Adresse „www.salafimedia.de" gelöscht wurde. Dies belegen zahlreiche gespiegelte Versionen der Ursprungsseite, wie beispielsweise „http://haqqmedia.x10.mx/".[23] Bei der Analyse dieser gespiegelten Version erwies sich ein Vergleich mit der englischsprachigen Seite „www.salafimedia.com"[24] als analytischer Glücksfall. Mit ihr lag eine englischsprachige Bruderseite, vor die fast identisch mit ihrem gelöschten, deutschsprachigen Pendant war. So fand sich auf der britischen Domain ein Haftungsausschluss, der so ähnlich auch auf „www.salafimedia.de" vor deren Löschung zu finden war. Hierin hieß es, dass das konsumierbare Material auf der Internetseite keinesfalls als Anstiftung zu terroristischen Akten oder deren Glorifizierung dienen solle. Bedenkt man jedoch, dass nur wenige Zentimeter darüber unter Links mit Titeln wie „The word of Jihad" oder „The sword of truth" dschihadistische Inhalte propagiert wurden, erscheint der vermeintliche Haftungsausschluss als legalistische Scheindistanzierung. Ein solcher Text fand sich auf „http://haqqmedia.x10.mx/" nicht mehr. Vielmehr wurde die Rubrik des Haftungsausschlusses sinnentfremdet. Unter Verwendung einer Mischung aus Deutsch mit arabischen Einschüben[25] stilisierten sich die Akteure als verfolgte Opfer und hielten unter zahlreichen Beleidigungen gegenüber deutschen Sicherheitsbehörden fest: „Wir sagen uns los von euch, und von allem, dem ihr statt Allah dient. Wir machen Kufr an euch und zwischen uns und euch herrscht offensichtlich FEINDSCHAFT UND HASS für IMMER bis ihr an Allah alleine glaubt". Diese Anlehnung an

---

[22] Vgl. „Friedrich lässt Salafisten-Webseiten löschen", unter: http://m.welt.de/article.do?id=politik/deutschland/article107616055/Friedrich-laesst-Salafisten-Webseitenloeschen&cid= Startseite&li=1&emvcc=-3 (15. März 2014). Zu Dank ist der Verfasser Dirk Baehr verpflichtet, der den Administrator der Seite als Ismael Salim aus Husum identifizierte. Laut Baehr ist anzunehmen, dass der 25-jährige neben „www.salafimedia.de" noch weitere einschlägige Seiten betrieb, hierbei gut vernetzt war und aufgrund eines Spendenaufrufs für die Opfer des Konflikts in Syrien über massive finanzielle Mittel verfügte.
[23] Die Seite ist unter dieser Adresse mittlerweile nicht mehr erreichbar.
[24] Vgl. http://salafimedia.com/ (18. Juli 2012). Die Seite ist unter dieser Adresse mittlerweile nicht mehr erreichbar.
[25] Dies ist charakteristisch für salafistische Internetseiten und wird von Hummel als „Salafi-Deutsch" bezeichnet. Vgl. Klaus Hummel: Salafismus in Deutschland – eine Gefahrenperspektive, unveröffentlichtes Manuskript 2009, S. 8.

Sure 60:4 des Korans[26] kann als klares Bekenntnis der Seitenbetreiber zum Takfir-Salafismus gewertet werden. Ferner erklärten diese, dass es ihre Aufgabe sei, das wahre Verständnis des Islam zu vermitteln und diesen rein zu halten. Umgesetzt wurde dieses Ziel auf der seit März 2010 im Internet befindlichen Seite[27] bzw. ihrer gespiegelten Version in Form von dschihadistisch-takfiristischer Propaganda. So finden sich unter der Rubrik "Downloads" zahlreiche Audio- und Videodateien von einschlägigen Dschihadisten, wie beispielsweise Abu Muhammad al-Maqdisi, dem deutschen Abu Ibrahim (Yassin Chouka),[28] oder aber dem Österreicher Abu Usama al-Gharib (Mohammed Mahmoud).[29] Letzterer war dabei auch auf Werbebannern der britischen Bruderseite zu sehen, was darauf hindeutet, dass zwischen den Betreibern beider Seiten nicht nur enge inhaltliche, sondern auch personelle Verbindungen bestanden.

Ein weiteres Indiz für die enge Vernetzung der Szene waren Predigten von Ibrahim Abou Nagie, die vor dem Verbot der Seite abrufbar waren.[30] Zusammenfassend kann mit Ufuq.de bilanziert werden: „Mit Videos, Audiovorträgen und Fatwas mobilisieren die Betreiber für eine islamische Ordnung, die ausdrücklich mit der westlichen Gesellschaft bricht: Hier geht es um die vermeintliche Verwerflichkeit von Wahlen, mit denen sich die Menschen über göttliche Entscheidungen stellten, um das Leiden in der Hölle und um die Propaganda für den Dschihad als militärischem Kampf."[31]

---

[26] Vgl. Der Koran: Übersetzung von Rudi Paret, Stuttgart, 2010, S. 391.
[27] Vgl. Newsblog „Salafimedia.de: ‚Islam in seiner reinen Form'", unter: http://www.ufuq.de/newsblog/1071-salafimediade-qislam-in-seiner-reinen-formq (15. März 2014).
[28] Vgl. „Salafist ruft zu Mord an Pro-NRW-Anhängern auf" unter: www.stern.de/panorama/sicherheitsbehoerden-besorgt-salafist-ruft-zu-mord-an-pro-nrw-anhaengern-auf-1830697.html (15. März 2014).
[29] Vgl. „Hessen schiebt Salafistenprediger ab", unter: www.spiegel.de/politik/deutschland/hessen-schiebt-salafist-mohamed-mahmoud-nach-oesterreich-ab-a-829998.html (15. März 2014).
[30] Vgl. Newsblog „Salafimedia.de: ‚Islam in seiner reinen Form'", unter: http://www.ufuq.de/newsblog/1071-salafimediade-qislam-in-seiner-reinen-formq (24. April 2010).
[31] Ebd.

3.2. Untersuchung der Argumentationsstrukturen auf www.salafimedia.de

Bei der Mehrzahl der Texte auf der gespiegelten Version von „www.salafimedia.de" handelt es sich um Übersetzungen von „www.salafimedia.com". Verweise auf die Bundeskanzlerin oder die deutsche Sozialgesetzgebung des 19. Jahrhunderts deuten jedoch darauf hin, dass die Texte nicht nur übersetzt, sondern auch für den deutschen Kontext angepasst wurden.[32] Grundlegendes Kennzeichen des knapp 250 Seiten umfassenden Textkorpus ist dabei die Konstruktion eines geschlossenen, dichotomen Weltbildes. Dieses folgt einem binären Code mit Schlüsselbegriffen wie beispielsweise Glaube – Unglaube, Paradies – Hölle, Scharia – Götzendienst.

In Bezug auf ein vermeintlich konzeptionell richtiges Verständnis der Einheit und Einzigartigkeit Gottes wird beispielsweise betont, dass Allah bei einem solchen dem Gläubigen Hass auf die Ungläubigen gewähre. Dies wird zudem mit dem Zustand des „Rechtgeleitetseins" gleichgesetzt. Dieser Zustand impliziere außerdem, dass einem das ewige Höllenfeuer erspart bleibe.[33] Solche Strafandrohungen finden sich dabei in großer Anzahl über den gesamten Textkorpus verteilt. In diesem Kontext wird mehrmals wiederholt, dass die einzige Chance eines gläubigen Muslims, der ewigen Verdammnis zu entgehen, darin bestehe, authentisches Wissen über den Islam entsprechend der richtigen Methode zu erwerben. Nur dieses Wissen versetze ihn in die Lage, den Islam in seiner reinen Form, das heißt ohne polytheistische Verunreinigungen zu praktizieren.[34] Unter Hinweis auf die Sure 4:48 des Koran wird zudem betont, dass der Erwerb authentischen Wissens umso wichtiger sei, da Allah Polytheisten nicht vergebe und das Höllenfeuer die Strafe hierfür darstelle.[35] Wenn der Gläubige jedoch das authentische Wissen über den Islam besitze, gelte es auch entsprechend zu handeln. Neben aktiver Missionsarbeit bedeute dies für den Gläubigen auch „die islamische Gesetzgebung in allen Gebieten der Erde zu etablieren".[36] Dies alleine reiche

---

[32] Vgl. „Die Aqidah: Bewegungsgrund unserer Taten"; vgl. „Die Wünsche der Kuffar" (aus den weiter oben genannten Gründen werden an dieser Stelle und im Folgenden in Bezug auf „www.salafimedia.de" lediglich die Titel der Texte angegeben).
[33] Vgl. „Vorzüge des Tauhid".
[34] Vgl. „Bedingungen für die Akzeptanz unserer Taten".
[35] Vgl. „Die Aqidah".
[36] Vgl. „La ilāha illa Allah: Eine Lebensweise".

jedoch noch nicht, da sich der wahre Gläubige zudem auch von den Ungläubigen und deren vermeintlichen Götzen in Form von Hass abgrenzen müsse. Die Texte lassen dabei keinen Zweifel daran, was dies in Bezug auf die freiheitliche demokratische Grundordnung bedeutet: „Und heute müssen diejenigen, die den Gesandten und Propheten folgen möchten, ebenso diese Bedingungen erfüllen, und Lügen wie Säkularismus, Demokratie, ‚Freiheit', sowie all die Tawaghit-Herrscher[37], die nach ihren eigenen Gelüsten regieren wollen, ablehnen."[38]

Die Akzeptanz dieser Aussage ist dabei konstitutives Element für den wahren Gläubigen. Zweifel an dieser oder ähnlichen Prämissen sind demgegenüber gleichbedeutend mit Unglauben,[39] wodurch das salafistische Subjekt selbst zum Objekt des Hasses wird. Dasselbe Argumentationsmuster findet sich auch in einem Text von Al-Maqdisi. Dort wird Demokratie dezidiert zum Polytheismus und alles mit ihr zusammenhängende zum Götzendienst erklärt. Insbesondere seien die Abgeordneten, die in einer Demokratie Gesetze beschließen, Ungläubige, die einer falschen Religion anhingen.[40] Unglauben konstituiert sich nicht nur an dieser Stelle, sondern auch in den anderen intertextuellen Argumentationsmustern stets als Abweichung von verbindlich postulierten Normvorstellungen und Handlungsanweisungen. Hinter dem Schlüsselbegriff des Ungläubigen verbirgt sich dabei im gesamten Textkorpus ein kohärent konstruiertes Feindbild, das komplementär für eine Viktimisierungsrethorik in Bezug auf die wahren Gläubigen eingesetzt wird. Beispielsweise sei es erklärtes Ziel der Ungläubigen, die Gläubigen vom Streben nach authentischem Wissen über dem Islam abzubringen. Dies impliziere auch die Verfolgung, Folterung und Ermordung derjenigen Personen, die dieses Wissen verbreiten wollten.[41] Aber nicht nur die Gelehrten und Aufklärer des wahren Islam würden verfolgt. Auch ganz gewöhnliche Gläubige seien von Verfolgung durch Ungläubige betroffen und würden beispielsweise von diesen in Afghanistan und dem Irak umgebracht. Dieses Unrecht geschehe unter dem Vorwand des Westens, den Terrorismus zu bekämpfen, was in Wahrheit aber ein Kampf gegen den Islam sei. Es wird behauptet, dass sich die Ungläubigen an diesen Angriffen

---

37   Tawaghit = Götzen, M. G.
38   „Vorzüge des Tauhid".
39   Vgl. „Die Bedingungen für die Gültigkeit der Shahada".
40   Vgl. „Der Kufr (Ablehnung, Ableugnung, Undank)".
41   Vgl. „Die Aqidah: Bewegungsgrund unserer Taten".

und an der Ermordung von Muslimen sogar massiv erfreuten. Grund für all die Repressionen sei die Religion der Muslime. Mit Verweis auf Sure 2:217 des Korans wird ein ewiger Kampf der Ungläubigen gegen die Gläubigen behauptet. Über den genuinen Hass der Ungläubigen würde Allah die Gläubigen zudem an vielen Stellen des Korans informieren, sodass es ausreiche, „die Wünsche der Kuffar mit den göttlichen Quellen [zu] verstehen und [zu] verinnerlichen"[42]. So wollten die Ungläubigen die Gläubigen leiden sehen („Selbst Tiere haben mehr Rechte als Muslime"[43]) oder aber es gehe ihnen darum, die islamische Identität der Muslime zu zerstören.[44]

Mit einer derartigen Viktimisierungsrethorik geht gleichzeitig eine systematische Dehumanisierung von Nicht-Muslimen einher. Es wird betont, dass diese „den Muslimen nie ebenbürtig sein können".[45] Ferner werden sie unter Rekurs auf Sure 25:44 des Koran mit Vieh gleichgesetzt, das Menschen wie Angela Merkel, Tony Blair oder Barack Obama anbete und lediglich seinen Trieben folgen würde.[46] Wenige Zeilen später gipfelt die Argumentation in der Aussage: „So wisse, Allah hat den Muslim erhöht, ihm Ehre und Würde verliehen und erniedrigt sind die Kuffar, die Mushrikun[47] und Munafiqun[48], sie sind niedriger als das Vieh, sie sind entblößt, so erkennt ihre niedrige Stellung an."[49] Diesem Negativbild wird der Islam in salafistischer Auslegung als positives und einzig legitimes Lebensmodell entgegengesetzt: Ein salafistisches Islamverständnis, das die Einheit und Einzigartigkeit Gottes hochhalte, sei die Quelle alles Guten im Diesseits sowie im Jenseits und gewähre dem Muslim auch „komplette Rechtleitung".[50] Beispielsweise habe es viele „Vorteile, die Namen und Eigenschaften von Allah [...] zu studieren".[51] Dies würde nicht nur den Charakter eines Muslims positiv formen, sondern ihm auch Hoffnung schenken. Konkret fühle sich der Muslim dann nicht mehr schwach und erniedrigt, sondern stark und stolz.[52] Schließlich

---

[42] Ebd.
[43] Ebd.
[44] Vgl. „Die Wünsche der Kuffar".
[45] „Al-Walaa wal-Baraa. Der Charakter des Gläubigen".
[46] Vgl. „Ehre & Würde nur durch Al-Islam".
[47] Polytheisten, M.G.
[48] Heuchler, M.G.
[49] „Ehre & Würde nur durch Al-Islam".
[50] Vgl. „Vorzüge des Tauhid".
[51] „Die Früchte von Al-Asma wal Sifaat".
[52] Ebd.

träumt ein Autor sogar von der Errichtung eines Kalifats, in dem alle Muslime unter der Scharia vereint wären.⁵³

Gleichwohl sind diese irdischen, aber auch die paradiesischen Verheißungen für die wahren Gläubigen nicht ohne Gewalt zu haben. Mehrmals wird betont, dass der Dschihad für den wahren Muslim eine individuelle Pflicht darstelle.⁵⁴ Dass hiermit nicht der große, das heißt friedliche Dschihad gemeint ist, wird explizit in den Texten herausgestellt.⁵⁵ Beispielsweise lassen Zitate wie das folgende keinen Zweifel am Verhältnis der Betreiber von „www.salafimedia.de" zu Gewalt aufkommen: „Allah (swt) [fordert] die Muslime auf so viel wie möglich und so gut wie möglich an Kampfmittel [sic!] vorzubereiten, um den Feind zu terrorisieren und ihn zu bekämpfen, wenn sie dich bekämpfen."⁵⁶ Diese Aussage sowie die anderen rekonstruierten Werthaltungen und Normstrukturen sind mit der freiheitlich demokratischen Grundordnung der Bundesrepublik Deutschland nicht vereinbar. Sie können somit als potenziell radikalisierungsfördernd gewertet werden. Der Grund hierfür liegt jedoch nicht primär in ihrem extremistischen Inhalt als solchem, sondern vielmehr in dem spezifisch-individuellen Transformationsangebot, das sie beinhalten. Dieses basiert dabei auf soziopolitischen Narrativen⁵⁷, die einem identitär verunsicherten Individuum einen positiven Alternativvorschlag zur Deutung seiner Situation anbieten.

Die Argumentationsstrukturen auf „www.salafimedia.de" implizieren hierbei, dass der Islam die Ursache und die Lösung für subjektives Krisenempfinden sei. Diskriminierungs- und Marginalisierungserfahrungen seien Ergebnis des Muslim-Seins. Ebenso seien Fragen nach der eigenen Identität unlösbar mit dem Status als Muslim verknüpft. Es wird suggeriert, dass dieses Muslim-Sein bislang nicht zur Bewältigungsstrategie individueller Krisenerfahrungen werden konnte, weil ihm ein falsches Islamverständnis zugrunde gelegen habe. Die geforderte Reini-

---

53 Vgl. „Die Wünsche der Kuffar".
54 Vgl. „Die Aqidah: Bewegungsgrund unserer Taten"; vgl. „La ilāha illa Allah: Eine Lebensweise"; vgl. „Al-Wala' wal-Bara' (Loyalität und Lossagung): Vom Wesen der Bedeutungen von Lā ilāha illa Allah".
55 Vgl. „Al-Walā' und al-Barā' im Bewusstsein des Dā'iah".
56 „Die Wünsche der Kuffar".
57 Unter einem Narrativ wird in diesem Aufsatz eine intersubjektiv sinnstiftende und identitätsgenerierende gemeinsame Wirklichkeitsauffassung verstanden (vgl. Gabriele Rosenthal/Wolfram Fischer-Rosenthal: Analyse narrativ-biographischer Interviews, in: Uwe Flick/Ernst von Kardorff/Ines Steinke (Hrsg.): Qualitative Forschung. Ein Handbuch, Hamburg 2004, 456-468, hier 457.

gung der Aqida wird somit zur Chiffre einer selbstgewählten Identitätstransformation, die das Individuum vollständig und ganzheitlich auf den Status eines wahren, das heißt salafistischen Muslims fixiert. Potenziell radikalisierungsfördernd wirkt im Kontext dieser häufigen Argumentationsstruktur die Forderung, dass eine Identitätsrekonstruktion und damit positive Inklusion in die Schimäre der Neo-Umma nicht ohne negative Exklusion von anders denkenden und handelnden Personen erfolgen kann. Nur wenn sich das Subjekt radikal von den ungläubigen Wertesystemen und den in diesem Spektrum handelnden Menschen abgrenzt sowie diese Abgrenzung öffentlich-performativ durch Kleidung, Aussagen und Aktionen dokumentiert, kann es seine neue Identität aufrechterhalten. Die untersuchten Texte enthielten dabei an zahlreichen Stellen die implizite Argumentation, dass ein Angriff auf das salafistische Islamverständnis immer auch ein Angriff auf die Identität des wahren Gläubigen sei. Wird hierbei die freiheitlich demokratische Grundordnung Deutschlands berücksichtigt, gerade wenn sie sich als wehrhaft erweist, stellt diese einen kontinuierlichen und zum Teil existenziellen Angriff auf die Identität des sich transformierenden Subjekts dar. Verbale, aber auch physische Gewalt sind in einer so gedeuteten Realität nicht nur legitim, sondern geradezu eine verpflichtende *ultima ratio* zur Verteidigung der Umma und damit des neugewonnen Identitätsbildes. Der Aufruf zu derartiger Gewalt erfolgt implizit fast in allen Texten auf „www.salafimedia.de". Obwohl Radikalisierungsprozesse maßgeblich durch interpersonelle Interaktionsprozesse voranschreiten, sollte die potenziell radikalisierungsfördernde Wirkung der untersuchten Texte auf „www.salafimedia.de" nicht unterschätzt werden. Schließlich ist allen Formen des Salafismus gemeinsam, dass sie die Suche nach authentischem Wissen über den Islam zur Schicksalsfrage des Individuums erklären. Dabei können die Texte ein sich radikalisierendes Individuum in seinem selbstgewählten Transformations- und Radikalisierungsprozess bestärken.

4. „www.salaf.de"

4.1. Hintergründe

Die Anfänge der Internetseite „www.salaf.de"[58] lassen sich in den Oktober 2001 zurückverfolgen, wobei sie als virtuelles Sprachrohr von Hasan Debbagh angesehen werden kann.[59] Aufgrund ihrer Inhalte und den angegebenen Verlinkungen ist die Seite dem puristischen Spektrum des deutschsprachigen Salafismus zuzurechnen. So führen beispielsweise die angegebenen Links auf weitere puristische bzw. puristisch-politisch orientierte Seiten oder aber zu islamischen online-Versandhäusern.[60] In der Rubrik „Über uns„ finden sich Aussagen, die diesen Eindruck stützen. Zwischen zahlreichen Koran-Zitaten heißt es dort, dass die Seitenbetreiber sich von politischen Parteien, Gewalt und Terrorismus abgrenzen wollten und daher auch um Transparenz bemüht seien.[61] Allerdings finden sich in demselben Text neben zahlreichen exklusivistischen Aussagen[62] auch unverhohlen radikale Zielangaben. Die Betreiber plädieren beispielsweise für die Einführung der Scharia und äußern die Hoffnung, dass der Unglaube durch den Islam besiegt werde. Ersteres solle dabei aber nur für muslimische Länder gelten[63] und Letzteres sei „mit Geduld, Rechtschaffenheit und Eifer"[64] abzuwarten. Diese legalistisch orientierte Rhetorik findet sich dabei auch am Anfang der meisten auf der Internetseite abrufbaren PDF-Dokumente. Dort heißt es unter dem Stichwort „Haftungsausschluss„ stets: „Salaf.de hat sich selbst verpflichtet, authen-

---

[58] http://salaf.de ist auch unter der Adresse http://al-islaam.de/ zu erreichen (15. März 2014).
[59] Vgl. Bundesrat: Lagebild zur Verfassungsfeindlichkeit salafistischer Bestrebungen. Sammlung der zur Veröffentlichung freigegebenen Beschlüsse der Sitzung 192 der Innenministerkonferenz, unter: www.bundesrat.de/DE/gremien-konf/fachministerk onf/imk/Sitzungen/11-0622/anlage14,templateId=raw, property=publicationFile.pdf /anlage14.pdf (18. Juli 2012), S. 41 (Die Inhalte sind unter dieser Adresse mittlerweile nicht mehr abrufbar); vgl. Salaf.de: Deutsche Übersetzungen von Schriften und Predigten saudischer Gelehrter (II), in: Jugendkultur, Religion und Demokratie. Politische Bildung mit jungen Muslimen. Newsletter des Modellprojekts in Berlin-Neukölln und Essen-Katernberg/-Altendorf 4 (2008), unter: http://www.bpb.de/syst em/files/pdf/Q9Q27G.pdf (15. März 2014).
[60] Vgl. http://al-islaam.de/service/service_links.html (18. Juli 2012).
[61] Vgl. http://al-islaam.de/service/service_ueber_uns.html (18. Juli 2012).
[62] Funktional sehen die Betreiber von „http://salaf.de/" ihre Aufgabe gegenüber anderen Muslimen in deren „Belehrung", „Warnung", „Ermahnung" sowie „Erziehung und Unterweisung" (vgl. ebd.).
[63] Vgl. http://al-islaam.de/service/service_ueber_uns.html (18. Juli 2012).
[64] Ebd.

tisches Wissen über den Islam zu publizieren. Hierbei ist es unumgänglich, über gewisse Praktiken eines islamischen Staates mit islamischer Gesetzgebung zu sprechen, die im Widerspruch zur hiesigen Ordnung stehen. Die Darstellung solcher Inhalte ist keinesfalls als Aufruf zur Umsetzung, sondern nur als Aufklärung über die islamische Sichtweise zu verstehen."[65]

Die so gekennzeichneten Texte in den insgesamt zwölf Hauptrubriken[66] auf „www.salaf.de" stammen dabei in der Regel von wahhabitischen Gelehrten und wurden professionell ins Deutsche übersetzt. Dies legt den Verdacht nahe, dass die Seite aus Saudi-Arabien Unterstützung bei der Verbreitung puristisch-salafistischen Gedankenguts erhält.[67] Wie bereits im Fall von „www.salafimedia.de" geschehen, sollen im Folgenden auch die Argumentationsstrukturen auf „www.salaf.de" rekonstruiert und ihre potenziell radikalisierungsfördernde Wirkung bewertet werden.

4.2. Untersuchung der Argumentationsstrukturen auf www.salaf.de

Zunächst kann festgehalten werden, dass sich die Texte in der Aqida-Rubrik auf „www.salaf.de" strukturell stark von denen auf „www.salafimedia.de" unterscheiden. Sowohl die Formatierung als auch die Orthographie sowie der Stil der Texte zeugen von einem hohen Professionalisierungsgrad der jeweiligen Übersetzer. Neben diesen formalen Aspekten sind auch deutliche Unterschiede in der Sprachstruktur feststellbar: Die Aussagen zur Einheit und Einzigartigkeit Gottes als auch zum Polytheismus, der diese bedrohe, sowie ganz allgemein zu den Ungläubigen bleiben relativ abstrakt und theoretisch. Beispielhaft hierfür sind unter anderem etymologische Untersuchungen zum Aqida-Begriff[68] oder aber Erörterungen zum Unterschied zwischen menschlichem und göttlichem Zorn.[69] In einem anderen Text wird der Niedergang der islamischen Welt auf eine Verunreinigung der Aqida zurückgeführt. Exemplarisch erfahre

---

[65] Schaich Salih al-Munadschid: Was ist Aqida?, unter: www.salaf.de/aqida/pdf/aqd00 01_Was%20ist%20Aqida.pdf (22. Juli 2013).
[66] Erscheinungsbild im Juli 2012.
[67] Vgl. Ufuq.de: Newsblog „www.salaf.de: Übersetzungen von Schriften und Predigten saudischer Gelehrter", 22.11.2007, unter: http://ufuq.de/newsblog/77-wwwsalafde-ersetzungen-von-schriften-und-predigten-saudisch er-gelehrter (15. März 2013).
[68] Schaich Salih al-Munadschid: Was ist Aqida?, S. 3.
[69] Vgl. Abu Imran: Was jeder Muslim wissen sollte, unter: www.salaf.de/aqida/pdf/aqd 0003_ Was%20jeder%20Muslim%20wissen%20sollte.pdf (22. Juli 2012).

die Aqida eine Verschmutzung durch das Umrunden von Gräbern, durch Hilferufe an die Toten, dem Feiern des Prophetengeburtstags oder aber durch die Anwesenheit bei christlichen Festen.[70] Alle Beispiele entsprechen dabei dem unpolitisch-puristischen Charakter von „www.salaf.de". Diese Grundhaltung spiegelt sich auch an den Stellen wider, an denen ein Rekurs auf die politische Umwelt nicht zu vermeiden ist, wie in der Frage nach dem Geltungsanspruch der Scharia. So heißt es auf der Seite, dass „die Ausführung eines säkularen Rechtssystems, welches nicht auf göttlichem Gesetz (Scharia) basiert, ein Akt des Unglaubens bezüglich des göttlichen Gesetzes und ein Akt des Glaubens der Richtigkeit solcher Systeme [ist]."[71] In Bezug auf die hieraus resultierenden politischen Konsequenzen bleibt der Text im Folgenden allerdings recht vage. Zwar fordert er die Einführung der Scharia in muslimischen Ländern, weil alles andere Polytheismus und somit Unglaube sei, schweigt aber dazu, welche irdischen Konsequenzen eine Weigerung beinhalten würde.[72] In diesem Kontext lässt sich eine deutliche Differenz der beiden Untersuchungsobjekte feststellen, da auf „www.salafimedia.de", anders als auf „www.salaf.de", zur Einführung der Scharia auch Gewalt befürwortet wird.[73]

Deutliche Gemeinsamkeiten innerhalb der Textkorpora von beiden Seiten bestehen hingegen im Bereich jenseitiger Strafandrohungen. So wird auch auf letzterer Internetseite allenthalben gedroht, dass religiöse Devianz bzw. Unglaube überall lauere, was unweigerlich zu ewigen Qualen im Höllenfeuer führe.[74] Auch in der ablehnenden und feindlichen Haltung gegenüber Nicht-Muslimen bzw. vermeintlichen Apostaten existieren Gemeinsamkeiten zwischen beiden Internetseiten. So findet sich in einem Text die Aussage, dass es zwei Arten von Menschen gebe, die Gläubigen und die Ungläubigen. Diese Einteilung ergebe sich dabei automatisch gemäß ihrer Haltung zur Aqida, was auch eine jenseitige Belohnung oder Bestrafung impliziere.[75] Gleichwohl reiche es nicht aus, dass Allah die Ungläubigen im Jenseits bestrafen werde. Der Gläubige

---

70 Vgl. Schaich Salih ibn Fawzan al-Fawzan: Aqida kommt zuerst!, unter: www.salaf.de/aqida/ pdf/aqd0002_Aqida%20kommt%20zuerst.pdf (22. Juli 2012).
71 Abu Imran: Was jeder Muslim wissen sollte, S. 18.
72 Vgl. ebd.
73 Vgl. „Die Wünsche der Kuffar".
74 Vgl. S. ibn Fawzan al-Fawzan (Anm. 73), S. 3; vgl. Abu Imran: Was jeder Muslim wissen sollte, S. 4; vgl. „50 Fragen zur Aqida", unter: http://salaf.de/aqida/pdf/50%20Fragen%20zur%20Aqida.pdf (22. Juli 2012).
75 Vgl. Abu Imran: Was jeder Muslim wissen sollte, S. 7.

müsse den Ungläubigen zudem aktiv ablehnen und ihm gegenüber Feindschaft zeigen. Komplementär im Sinne dieses Konzepts der „Loyalität und Abgrenzung" (al-wala' wa 'l-bara) ist den wahren Gläubigen hingegen mit Freundschaft und Liebe zu begegnen. Auffällig bei den diesbezüglichen Äußerungen ist, dass sie stilistisch mehr wie eine nüchterne Feststellung und nicht wie ein Aufruf zu Gewalt klingen.[76]

Trotz dieser wichtigen Differenzen gibt es eine aufschlussreiche Gemeinsamkeit zwischen beiden Internetseiten, die sich in Form eines Textes von Mohammad Ibn Adb al-Wahhab manifestiert. Der Text trägt den Titel „Die Erläuterung der jemandes Islam vernichtenden Faktoren"[77] und findet sich auch auf der gespiegelten Version von „www.salafi media.de".[78] Neben der Aussage, dass sich jeder Mensch nach der Scharia richten müsse, wenn er nicht zu einem Ungläubigen werden wolle, findet sich in beiden Textversionen auch eine Aussage Wahhabs zur Praxis des Takfir. In beiden Texten heißt es – fast identisch –, dass jeder, der einen Ungläubigen (=Polytheisten) nicht zum Ungläubigen erkläre, selbst dem Unglauben anheimfalle.[79] Allerdings ist der puristischen Textversion eine entscheidende Erläuterung beigefügt worden, die auf der gespiegelten Version von „www.salafimedia.de" fehlt: Hierin heißt es, dass ausschließlich Gelehrte nach einem langen Studium darüber befinden dürften, wer als ungläubig zu betrachten sei. Studenten oder theologisch ungebildeten Menschen wird hierfür explizit die Kompetenz abgesprochen, um die Gläubigen vor gegenseitiger Willkür zu schützen.[80]

Bei der Rekonstruktion dieser Konstruktionen fällt auf, dass die Betreiber von „www.salaf.de" mittels diverser Erläuterungen genau darauf geachtet haben, dass die radikalen Inhalte ihrer Seite nicht die Schwelle zum Extremismus überschreiten. Zwar unterscheiden sich „www.salafimedia.de" und „www.salaf.de" nicht in ihrer abwertenden Haltung gegenüber Nicht-Salafisten und der Androhung von Höllen-

---

[76] Vgl. Imam Muhammad Ibn Abdilwahhab: Die Bedeutung von Taghut, unter: www.salaf.de/aqida/pdf/aqd0017_Erlaeuterung%20von%20Taghut.pdf (22. Juli 2012).
[77] Vgl. Mohammad Ibn 'Abdil-Wahhab u.a.: Die Erläuterung der jemandes Islam vernichtenden Faktoren, unter: www.salaf.de/swf/aqd0016.swf (22. Juli 2012).
[78] Vgl. Nawaqid Al Islam: Auslöscher des Islam.
[79] Vgl. ebd. S. 10; vgl. M. Ibn ´Abdil-Wahhab: Die Erläuterung der jemandes Islam vernichtenden Faktoren, S. 10.
[80] Vgl. ebd., S. 26.

qualen, gleichwohl sind deutliche Unterschiede in den Argumentationsmustern der Texte auf beiden Internetseiten zu erkennen. Diese Unterschiede manifestieren sich sowohl in der Sprache als auch im Konkretionsgrad der Handlungsanweisungen, die aus dem dargebotenen „authentischen Wissen" abgeleitet werden. Während auf „www.salaf.de" nicht klar ersichtlich wird, wie sich die Ablehnung gegenüber den vermeintlichen Götzen und ihren Dienern äußern sollte, wird dies auf „www.salafimedia.de" recht deutlich. Derartig vage und abstrakte Argumentationsstrukturen auf ersterer Seite erscheinen wenig geeignet, in ihrer Identität krisenhaft verunsicherten Individuen adäquates Orientierungswissen zu einer konfliktlösenden Rekonstruktion ihrer Persönlichkeit an die Hand zu geben. Somit kann festgehalten werden, dass das Potenzial einer radikalisierungsfördernden Wirkung der Argumentationsstrukturen auf „www.salaf.de" begrenzt sein dürfte. Mit einer solchen Feststellung soll aber nicht einer Verharmlosung der Seiteninhalte das Wort geredet werden. Wie im Vergleich der zwei Internetseiten deutlich wurde, teilen beide ein dichotomes Weltbild, das auf derselben theologischen Basis beruht. Dies bildet bei seiner subjektiven Internalisierung und Akzeptanz bestenfalls die Grundlage für eine individuelle Desintegration aus der deutschen Gesellschaft. Im schlimmsten Fall wird es allerdings zum legitimatorischen Ausganspunkt islamistischen Terrors. Wenn vor diesem Hintergrund bedacht wird, wie fließend die Übergänge und die damit einhergehenden Kooperations- sowie Interaktionsbeziehungen zwischen den einzelnen Strömungen des Salafismus sind, wirkt eine öffentliche Aussage Hassan Dabbaghs, man wolle nur friedlich seine Religion praktizieren und grenze sich von Gewalt ab, wenig überzeugend.[81]

5. Fazit

Der Aufsatz beschäftigte sich mit der Frage, inwieweit die Argumentationsstrukturen der Aqida-Rubriken auf zwei salafistischen Internetseiten eine potenziell radikalisierungsfördernde Wirkung entfalten können. Das Ziel bestand darin, exemplarisch diejenigen Argumentationsstrukturen zu rekonstruieren, die hierzu in der Lage sind.

---

[81] Vgl. http://mediathek.daserste.de/sendungen_a-z/311210_menschen-bei-maischberger/10542266die-salafisten-kommen (12. Juli 2012). Die Inhalte sind unter dieser Adresse mittlerweile nicht mehr abrufbar.

Zentrales Ergebnis hierbei und in Bezug auf das eingangs genannte Konzept des „radikalen Milieus„ ist der Befund einer salafismenübergreifenden Rezeption verschiedener theologischer Ideologeme. Zwar herrscht intrasalafistisch eine starke Heterogenität in Bezug auf die daraus abgeleiteten innerweltlichen Handlungsstrategien, gleichwohl propagieren sowohl die Betreiber der puristischen als auch die der takfiristischen Internetseite ein geschlossenes dichotomes Weltbild. Dieses basiert auf verabsolutierten Normvorstellungen und Handlungsanweisungen, die Gläubige und Ungläubige strikt voneinander trennen und jede Form religiös-weltanschaulicher Devianz mit jenseitigen Strafandrohungen belegen. Dennoch weisen beide Seiten trotz inhaltlicher Gemeinsamkeiten in Bezug auf die vorfindbaren Argumentationsstrukturen deutliche Unterschiede auf. So fand sich im untersuchten Abschnitt der takfiristischen Internetseite eine ausgeprägt aggressive Rhetorik, die stark emotionalisierend auf die extremistische Konstruktion von Feind- und Opferbildern setzte, um hiermit Gewalt zu legitimieren. Demgegenüber dominierten in den untersuchten puristischen Texten unpolitisch-theoretische Inhalte, die in einer eher nüchternen Sprache abgefasst sind. Dieser Unterschied hat einen wesentlichen Einfluss auf eine potenziell radikalisierungsfördernde Wirkung der untersuchten Argumentationsstrukturen. Enthält die Aqida-Rubrik auf „www.salaf.de" primär radikale theologische Inhalte, finden sich auf der gespiegelten Version von „www.salafimedia.de" in derselben Rubrik psychologisch-extremistische Deutungs- und Handlungsmuster. Es sind diese Muster und nicht die diversen Bestandteile theologischen Orientierungswissens, die zur Transformation der Persönlichkeit und damit zur Radikalisierung beitragen können. Somit ist an dieser Stelle eine Brücke von radikalem Milieu hinein in den Terrorismus gegeben, dessen weitere Erforschung ein lohnendes Unterfangen für zukünftige Studien darstellt.

Die Tele-Da'wa von Zakir Naik – Erfolgsmodell des islamischen Populismus

Klaus Hummel

1. Einleitung

Über Zakir Abdul Karim Naik war lange wenig bekannt. Das ist paradox, bedenkt man die Verbreitung seines 2006 initiierten Satellitensenders „Peace TV" und die Allgegenwärtigkeit seiner Vorträge im Internet. Immerhin als nationaler Akteur, als indischer „Grassroot Leader" fand Naik Beachtung.[1] Doch wie auch in anderen Beiträgen von Indienkennern entstand lange der Eindruck, es handele es sich bei Naik um ein Ein-Mann-Unternehmen, dessen Erfolg sich allein aus individuellen Fähigkeiten unter Nutzung moderner Medien speist. Dem Prediger wurde dabei eine Handlungsmacht zugeschrieben, in der weder sein Islammodell noch die Anhänger und Sympathisanten eine Rolle spielen. Erst seit jüngster Zeit liegen Studien vor, die sich eingehender mit Zakir Naik beschäftigen, seine Rolle als muslimischer Televangelist beleuchten oder seine Funktion bei der weltweiten Ausbreitung salafistischer Netzwerkstrukturen beschreiben.[2] Eine ähnliche (doppelte) Zielsetzung verfolgt der vorliegende Artikel. Zum einen wird mit der *Tele-Da'wa* eine Arena innerislamischer Konkurrenz (und Kooperation) identifiziert, in der Naik mit seinem Satellitenfernsehsender *Peace TV* erfolgreich ist wie kaum ein anderer muslimischer Teleprediger. Zum anderen soll zu einem differenzierteren Verständnis der salafistischen Bewegung beigetragen werden, indem auf die Funktion Naiks und ähnlich agierender *islamischer Populisten* eingegangen wird, deren Popularität mehr in professioneller Inszenierung und Kampagnenarbeit begründet liegt als in der Autorität

---

[1] Dietrich Reetz: Muslim Grassroots Leaders in India: National Issues and Local Leadership, in National Bureau of Asian Research (Hg.): Who speaks for Islam. Muslim Grassroots leaders and Popular Preachers in South Asia, in: NBR Special Report, Februar 2010, S. 29-40.

[2] Vgl. Shehnaz Haqqani: Muslim Televangelists and the Construction of Religious Authority in the Modern World: The Case of Zakir Naik, Emory University, Department of Middle Eastern and South Asian Studies, 2011, unter: https://etd.library.emory.edu/view/record/pid/emory:938p3 (5. Februar 2014) sowie Marius Linge: The Islamic Network: A Case Study of How Salafi da'wa Emerges, Mobilizes and Transforms in a Norwegian Context, unveröffentlichte Master-Arbeit, Université de Saint-Joseph, Faculté des Lettres et des Sciences Humaines, Beirut 2013.

klassisch islamischer Gelehrsamkeit. Indem sie auf das derzeit populärste Glaubensmodell zurückgreifen und moderne Kommunikationsmittel in besonders effizienter Weise nutzen, bilden sie, so die zentrale These, den mobilisierenden Flügel einer weltweiten Bewegung, die sich vor allem durch eines auszeichnet: durch die Fähigkeit überparteilich zu wirken und in einem wachsenden Teil der islamischen Öffentlichkeit auch in Europa die Vorstellung eines wahren Islam zu verbreiten, den es zu praktizieren gilt. Wenn von einem, auf den westlichen Kontext besonders gut zugeschnittenen Islam die Rede ist, dann darf die Rolle islamischer Populisten als Teil einer größeren Sammlungsbewegung nicht unberücksichtigt bleiben.[3] Sie sind die Spezialisten für nicht muslimische Umfelder und potentielle Konvertiten.

2. Das Konzept der Tele-Da'wa

Schon in den 1950er-Jahren begannen evangelikale Prediger damit, das Fernsehen zur Verbreitung ihrer Lehren zu nutzen. Es dauerte bis zum Jahr 1981, bis auf wissenschaftlicher Seite diese neue Form des Aktivismus in eine Überschrift gegossen wurde: *The rising power of Televangelism*.[4] Mehr als dreißig Jahre später ist Televangelismus kein Privileg evangelikaler Christen mehr und auch längst nicht mehr auf das Fernsehen als weltweit zentrale Freizeitaktivität beschränkt. In Zeiten der Durchdringung des Alltags mit modernen Kommunikationsmitteln hält der Televangelismus im Bewusstsein, wie sehr globale religiöse Identitäten und die Konkurrenz zwischen verschiedenen Konfessionen von neuen Medien geprägt sind.[5] Auch unter muslimischen Aktivisten gibt es solche, die sich im Stil an ihren christlichen Vorläufern orientieren und deshalb einem islamischen Televangelismus zugerechnet werden.[6] Besonders von dem Ägypter Amr Khaled heißt es, er habe als erster den Stil

---

[3] Vgl. dazu Ulrika Mårtensson: Harakî Salafism in Norway: 'The Saved Sect' Hugs the Infidels, in: Tidsskrift for islamforskning, Ausgabe 8/1, 2014, S. 190-222, hier 196.
[4] Jeffrey K. Hadden/Charles E. Swann: Prime time preachers: The rising power of televangelism, Addison-Wesley 1981.
[5] Vgl. Pradip Thomas/Philip Lee (Hg.): Global and Local Televangelism, Palgrave Macmillan 2012.
[6] Yasmin Moll: Islamic Televangelism: Religion, Media and Visuality in Contemporary Egypt, in: Arab Media & Society, Vol. 10, Spring 2010.

christlicher TV-Prediger vom Schlage eines Billy Graham kopiert.[7] Bekannt wurde der ägyptische Betriebswirt ohne formale theologische Ausbildung durch die erstmals 2001 auf *Iqraa TV* ausgestrahlte Sendung „Wörter vom Herzen" *(kalam min al-qalb)*. Der anekdotenhafte Stil des Alleinunterhalters unterscheidet ihn von der Aura des Gelehrten, die sein Landsmann Yussuf al-Qaradawi verbreitet. Dieser ging als Fernsehprediger schon fünf Jahre zuvor auf Sendung und erklärt seither in der Al-Jazeera-Sendung „Die Scharia und das Leben" einer translokalen Öffentlichkeit im Frage-Antwort-Format den Islam.[8] Anhand der beiden ägyptischen Prediger lassen sich zwei Schieflagen veranschaulichen. Die eine betrifft die Aufmerksamkeit, die vorrangig Predigern aus arabischen Kernländern, kaum aber Verkündern aus der Peripherie der islamischen Welt zuteil wird. Am Beispiel von Zakir Naik und dessen Mentor Ahmad Deedat (1917–2005) wird aber auch deutlich, dass die Nutzung des Fernsehens zu Da'wa-Zwecken keine neue, auf den arabischen Raum beschränkte Entwicklung darstellt und wie stark die Nutzung moderner Medien zur Popularität eines Predigers beitragen kann.[9] Die zweite und im vorliegenden Text bedeutsamere Schieflage betrifft den Begriff „islamischer Televangelismus". Er kann als analytische Kategorie von dem der Tele-Da'wa abgegrenzt werden, zumindest wenn man die US-amerikanischen evangelikalen Vorläufer als Maßstab nimmt, denn gemessen an deren Habitus erscheint der im Stile des reservierten Gelehrten auftretende Yussuf al-Qaradawi nicht als islamische Ausprägung des Televangelismus. Ähnliches gilt auch für eine Reihe salafistischer Prediger.[10] Während sie sich mit ihrem klassisch islamischen Wissen präsentieren, obliegt es einer neu- und wiederbekehrten Schicht von Verkündern *(du'at)* mit unorthodoxem Stil, ein breiteres und neues Zielpublikum anzusteuern. Obwohl sich beide Typen in Stil und Profil unterscheiden lassen, ist ihr Bekanntheitsgrad untrennbar mit der Nutzung des Fernsehens und audiovisueller Umgebungen verknüpft. Es gibt also guten

---

7   Carmen Becker: Identitäten in translokalen Räumen: Islam in der arabischen Öffentlichkeit, in: Harders (Hg.): Der Nahe Osten im Umbruch: zwischen Transformation und Autoritarismus, Wiesbaden 2009, S. 285.
8   Bettina Graef: Global Mufti. The Phenomenon of Yusuf al-Qaradawi, London 2009.
9   Nabil Echchaibi: From Audio Tapes to Video Blogs: the Delocalisation of Authority in Islam, in: Nations and Nationalism, 17(1), 2011, S. 25–44.
10 Einer dieser Scheichs ist der Syrer Adnan al-Ar'our, dessen Aktivismus mitunter unter Telesalafismus gefasst wird. Vgl. The charm of telesalafism, unter: http://www.economist.com/news/middle-east-and-africa/21564913-influential-rebel-preacher-who-needs-tone-things-down (20. Oktober 2012).

Grund, von einem eigenständigen Phänomen in der islamischen Welt zu sprechen: *The rising power of Tele-Da'wa*.[11] Das hier einzuführende Konzept der Tele-Da'wa beruht auf der Annahme, dass unabhängig von der religiösen Ausbildung, vom Stil oder der Präsentationsform eine stetig steigende Zahl islamischer Verkünder die Möglichkeiten des Fernsehens und audiovisueller Umgebungen dazu nutzt, zu einem jeweils spezifischen Islamverständnis aufzurufen. Gleichzeitig aber sind die Prediger oder Fernsehkanäle Teil einer Arena, in der beim Werben um den Zuspruch von Anhängern bzw. Konsumenten die Autorität des Gelehrten zunehmend von der Popularität des medienkompatiblen Verkünders herausgefordert wird.[12]

3. Eine Kurzgeschichte der Tele-Da'wa indischer Prägung

Es war eine öffentliche Debatte im Jahr 1986 mit dem US-amerikanischen Televangelisten Jimmy Swaggart zum Thema „Ist die Bibel das Wort Gottes?", die Ahmed Deedat in weiten Teilen der islamischen Welt bekannt machte. Unzählige von Videobändern von der Debatte zirkulierten fortan in der arabisch-islamischen Welt und machten den Laienprediger zum Profiteur einer audiovisuellen Revolution, die die Anfänge der Tele-Da'wa markiert und ohne die sein Erfolg kaum denkbar scheint. Selbst Diktatoren (von Zia ul-Haq bis Idi Amin) suchten die Nähe zu diesem Mann, der mit seinem markigen Stil dem Selbstwertgefühl vieler Muslime Auftrieb verlieh und der zum einflussreichsten muslimischen Prediger Afrikas werden sollte.[13] Das war eine erstaunliche Entwicklung für Deedat, der 1927 vom indischen Gujarat kommend seinem Vater nach Südafrika gefolgt war, dort aber nie eine islamische Ausbildung genossen hatte. Als Schule des Lebens erwies sich vielmehr das von offensiver christlicher Missionstätigkeit geprägte Umfeld, das Deedat schon früh dazu brachte, sich kritisch mit der Bibel auseinanderzusetzen und sich dem Religionsvergleich (comparative religion) zu widmen. Für die

---

[11] Titel eines Manuskripts („Zakir Naik: The rising power of Tele-Dawa") zu einem Vortrag, der vom Verfasser am 5. Mai 2010 in der Vortragsreihe „Islam in Südasien" des Leipziger Vereins Eurient gehalten wurde.
[12] Yasmin Moll: Storytelling, Sincerity, and Islamic Televangelism in Egypt, in: Pradip/Lee: Global and Local Televangelism, 2012, S. 30.
[13] Siehe hierzu David Westerlund: Ahmed Deedat's Theology of Religion: Apologetics through Polemics, in: Journal of Religion in Africa, 33 (3) 2003.

inhaltliche Auseinandersetzung mit anderen Religionen und insbesondere mit dem Christentum hatte Deedat ein historisches Vorbild: den indischen Gelehrten Rahmatullah Kairanawi (1818–1891). Dieser war nicht nur als Autor von *Izhar ul-Haqq* („Die Enthüllung der Wahrheit") bekannt – ein Werk, das mit wissenschaftlichen Argumenten die Ansprüche des Christentums zu widerlegen suchte und auf das Deedat im Lager eines südafrikanischen Dorfladens gestoßen sein soll. Kairanawi war bzw. ist auch bekannt für eine mehrtägige öffentliche Debatte mit dem deutschen Missionar Karl Gottlieb Pfander im nordindischen Agra im Jahr 1854. Unschwer lässt sich sowohl im Gegenstand des Religionsvergleichs als auch in der Form der öffentlichen Debatte *(munazara)* eine Tradition erkennen, die von Deedat und später von seinem Vorzeigeschüler Zakir Naik fortgeführt werden sollte. Deedats Funktion erschöpft sich aber nicht darin, ein Ideengeber für eine ganze Generation religionsvergleichender Verkünder zu sein. Sein Name steht für eine intensive Da'wa-Arbeit, die auf die Verbreitung kostenloser Schriften und insbesondere auf audiovisuelle Medien setzte. Das belegen unzählige Videobänder genauso wie Public-Viewing-Veranstaltungen, bei denen Interessierte 1987 erstmals den Live-Übertragungen von Deedats Vorträgen im Kino bzw. in dessen *Islamic Propagation Center* in Durban folgen konnten.[14] Das waren die Anfänge einer Tele-Da'wa, die mit Naik und finanzkräftigen Sponsoren aus der Golfregion einen globalen Markt erschließen sollte.

Das Jahr 1996 stellt für die Tele-Da'wa eine Zäsur dar. Es ist das Jahr, in dem das Satellitenfernsehen im arabischen ebenso wie im südasiatischen Raum Zugang zu nationalen Märkten bekam und innerhalb einer Dekade Erfolgsgeschichten wie die von Yussuf al-Qaradawi, Amr Khaled oder Zakir Naik ermöglichte. Schenkt man den entsprechenden Erhebungen Glauben, so galt Naik schon in den letzten Jahren als einer der wichtigsten spirituellen Führer und populärsten Personen Indiens, bevor er im Jahr 2013 auch noch als „Persönlichkeit des Jahres" internationale, gesamtislamische Anerkennung erfuhr.[15] Diese Entwicklung ist erstaun-

---

[14] Ghulam Vahed: Obituary: Ahmed Hoosen Deedat (1918–2005), unter: http://web.uct.ac.za/depts/religion/documents/ARISA/2005_deedat.pdf (ohne Datum).
[15] Vgl. Zakir Naik named Islamic Personality of the Year, Gulfnews.com, unter: http://gulfnews.com/news/gulf/uae/zakir-naik-named-islamic-personality-of-the-year-1.1214199 (28. Juli 2013).

lich für einen Verkünder, der erst Ende der 1980er Jahre wieder zum Islam fand und sich bereits 1991 mit der Gründung der „Islamic Research Foundation" (IRF) eine institutionelle Basis für seine Da'wa-Arbeit schuf. Sie steht beispielhaft für einen Wandel, mit dem die islamische Welt bereits seit Jahrzehnten konfrontiert ist: weg von den klassischen Gelehrten des Islam mit ihren speziellen Fähigkeiten in der Koranexegese, der arabischen Sprache oder der Jurisprudenz, hin zu Aktivisten, die sich eher durch Sekundärtugenden auszeichnen – im Falle Naiks ein medizinisches Studium und vor allem die Fähigkeit zur medialen Inszenierung. Naiks großformatige Veranstaltungen eignen sich hierzu besonders. Auf öffentlichen Plätzen, mit Tausenden von Besuchern kann Naik mit der ihm zugeschriebenen Kernkompetenz brillieren: einer als enzyklopädisch bezeichneten Kenntnis von Textpassagen und Quellenverweisen aus einer Vielzahl religiöser Schriften, von der hinduistischen Bhagwat Gita bis zur Bibel. Was aber Naiks Vortragstätigkeit darüber hinaus auszeichnet, ist neben seiner hohen Vortragsdichte besonders deren Verbreitung und Vervielfältigung über einen eigenen Satellitensender. Es ist deshalb auch kein Zufall, dass zur Einweihung von Peace TV im Jahr 2006 Naiks Debatte mit dem bekannten Hindu-Guru *Sri Sri Ravi Shankar* übertragen wurde, die bis heute auf Youtube abrufbar ist.[16] Seither hat die Tele-Da'wa – insbesondere wegen der Ausbreitung des Web 2.0 – schon wieder einen Entwicklungssprung gemacht. Jetzt ist auch die endlose und preiswerte Multiplikation, die Zerstückelung von Aufnahmen, ihre Mehrfachverwertung in Videos auf Youtube und Peace TV, auf CD oder als MP3-Download möglich. Die Tele-Da'wa ist somit nicht mehr auf das Fernsehen begrenzt, ihre Wirkung entfaltet sie auch und gerade im Internet, in computergestützten Umgebungen oder virtuellen Fangruppen.

4. Islamischer Populismus und der Wandel der Da'wa

Die technischen Innovationen der letzten dreißig Jahre bewirken einen Aufmerksamkeitssog, der den Blick mehr auf die Nutzung neuer Medien zu Da'wa-Zwecken richtet als auf den Wandel der Da'wa selbst. Insbesondere die Gefahr kultureller Entfremdung in der Diaspora ließ die

---

[16] Vgl. Zakir Naik: Concept of God in Hinduism and Islam in the light of Sacred Scriptures, unter: http://www.youtube.com/watch?v=LXp69nVgsxs (25. Oktober 2013).

Überlegungen von Da'wa-Aktivisten unterschiedlicher Couleur reifen, wie religiöse Wurzeln in Zeiten der Globalisierung zu bewahren oder wiederzuwecken sind. Aktivisten wie Naik oder Deedat legen großen Wert auf die Schulung von Verkündern und damit auf einen Multiplikatoreneffekt, wobei auch vor fragwürdigen Methoden nicht zurückgeschreckt wird. Das veranschaulicht exemplarisch ein Youtube-Video, in dem Naik am Krankenbett des von einem Schlaganfall gezeichneten Deedat sitzt. Beide Verkünder sehen sich darin eine Aufzeichnung Naiks im Fernsehen an und spiegeln damit wider, welche Rolle neue Medien für eine Da'wa-Arbeit spielen, die neue Grenzen auslotet, indem selbst privateste Lebenssituationen in den öffentlichen Raum des Internets gestellt werden.

Mit ungewöhnlichen Mitteln und provokantem Stil Aufmerksamkeit und kleinere Eklats zu erzeugen, vermochte schon Deedat. In seinem Buch „Combat Kit against Bible Thumpers" fragt er herausfordernd, von woher Magazine wie Penthouse und Playboy ihre Inspiration beziehen, wenn nicht aus dem Buch der Bücher, der Bibel. Westerlund interpretiert diese Form der interreligiösen Polemik als Angriff zum Zwecke der Verteidigung, als Reaktion auf einen von aggressiver christlicher Missionierungsarbeit geprägten südafrikanischen Kontext. Wie aber ist dann Deedats „kontroversistische" Position zum hinduistischen Polytheismus einzuordnen, die in ähnlicher Form auch von Zakir Naik geteilt wird?[17] Sorgte Deedat mit dem Video „From Hinduism to Islam" von 1986 für Aufruhr in der indischen Community Südafrikas, so ist es zwanzig Jahre später Naik, der mit der Konversion von Hindus auf einer Großveranstaltung und mit der Behauptung, Mohammads Sendung sei bereits in den alten Schriften der Inder angekündigt, das hinduistische Umfeld herausfordert. Zweifelsohne ist es richtig, das gesellschaftliche Klima, im einen Fall geprägt von christlichem Missionierungsstreben und Apartheidregime, im anderen vom Hindutva-Nationalismus, zu berücksichtigen.[18] Wichtig ist aber auch, die strategische Dimension der Da'wa-Arbeit stärker zu beforschen. Das betrifft besonders eine Fraktion der islamischen Populisten nach dem Vorbild Deedats, der es vor allem darum geht, nicht-muslimische Mehrheitsgesellschaften oder Bevölkerungssegmente

---

[17] Samadia Sadouni: Ahmed Deedat et l'islam indien en Afrique du Sud, in: Archives de sciences sociales des religions, Ausgabe 3/2007 S. 101-118.
[18] Julia Eckert, The Social Dynamics of Communal Violence in India, in: International Journal of Conflict and Violence (IJCV), Vol. 3 (2) 2009, S. 172-187.

mit einem provokant-konfliktiven Da'wa-Stil herauszufordern, Aufmerksamkeit zu erzeugen und zum Zwecke einer pragmatischen Netzwerkausbreitung zu nutzen.

Zakir Naiks Großveranstaltungen in öffentlichen Hallen und auf freien Plätzen haben nichts mit dem traditionellen Islam islamischer Viertel und ihrer Moscheen oder dem Sufi-Islam gemein. Das zeigt sich auch am Design der 2001 entstandenen „Internationalen Islamischen Schule" unter dem Dach der „Islamic Research Foundation" in Mumbai.[19] Mit ihren klimatisierten, modern eingerichteten Räumen, mit computergestütztem Lernen und einem Lehrplan, der traditionelles Wissen über islamische Jurisprudenz *(fiqh)* und Koranexegese *(tafsir)* genauso umfasst wie Mathematik und Taekwondo, unterscheidet sie sich diametral vom Modell der traditionellen Schulen *(madras)*. In anschaulicher Weise beschreibt Brian Larkin dieses Phänomen in seiner Studie zu Ahmed Deedat.[20] Er interpretiert dessen Form der Da'wa zwar ähnlich wie Westerlund als Reaktion auf christliche Expansionsbestrebungen, arbeitet aber einen anderen Punkt heraus: Indem sich Deedat aus dem Repertoire der Evangelisten bedient, wird er nicht nur zu einem Grenzgänger zwischen verschiedenen religiösen Traditionen, sondern vermengt auch die Sphäre des Religiösen und des Säkularen. Und tatsächlich richten sich Deedats und analog auch Naiks Vorträge nicht mehr ausschließlich an die Gemeinschaft der Muslime, sondern an eine größere, säkulare Öffentlichkeit. Ihr Stil, die Verwendung des Englischen, die westliche Kleidung, die Aufforderung, in Vorträgen Fragen zu stellen und am Ende selbst über Falsch und Richtig zu befinden, all das kann als Tribut an eine rationale und säkulare Öffentlichkeit interpretiert werden, die die „mediale Umgebung" neuer religiöser Bewegungen bildet. Naiks Sender Peace TV fungiert dabei als ideale Bühne: Diskussionen im Frage-Antwort-Stil von CNN und al-Jazeera, islamische Dokumentationen, die islamische Inhalte in westlichen Programmformaten offerieren, und Werbepausen, in denen keine kommerzielle Werbung, sondern eine Prophetenüberlieferung eingeblendet wird. All das ist Teil einer „hybriden" Da'wa, eines Rufs zum Islam im säkularen Gewand. Im Zeitalter audiovisueller Medien wird Da'wa zum Edutainment – ein Begriff, den Naik

---

[19] Yoginder Sikand: Bastions of the Believers: Madrasas and Islamic Education in India, Neu Delhi 2005, S. 204.
[20] Brian Larkin: Ahmed Deedat and the Form of Islamic Evangelism, in: Social Text 26 (3) 2008, S. 101–121.

selbst verwendet für seine Form unterhaltsamer Wissensvermittlung. Folgt man Larkin, so hat der protestantische Evangelismus einen säkularisierten „islamischen Evangelismus" heraufbeschworen. Für das Verständnis religiöser Praxis bedarf es deshalb nicht einer Beschäftigung mit der inneren Dynamik einer religiösen Bewegung. Entscheidend sei vielmehr das Verhältnis zwischen den Religionen. Diese Einschätzung mag in Bezug auf Deedat noch zutreffen, am Beispiel Naiks kann jedoch gezeigt werden, dass die Ausweitung der Da'wa-Zone auch eine intrareligiöse Dimension aufweist.

Will man im Aktivismus Naiks Muster erkennen, so besteht eines in der Umrissvergrößerung, zu der das Herausfordern bekannter religiöser Führer beiträgt. Schon Deedat wurde mit der Aufforderung an Papst Johannes Paul II bekannt, sich einer öffentlichen Debatte über das Christentum zu stellen. Naik sollte dieses Vorgehen Jahre später wiederholen, indem er nach der als islamfeindlich empfundenen Regensburger Rede Papst Benedikt zur Debatte herausforderte. Der Anlass wiederum ist kein Zufall, sondern berührt einen zentralen Topos in der Da'wa-Arbeit Naiks. Es gilt, den vermeintlichen Missverständnissen über den Islam, der westlichen Islamfeindlichkeit offensiv gegenüberzutreten. Und die zeige sich auch bei der verleumderischen Gleichsetzung von Islam und Terror. Vor diesem Hintergrund werden die Äußerungen Naiks zu Usama Bin Laden verständlich, mit denen er dessen Gewaltaktivismus relativiert. Sie sichern Naik die Aufmerksamkeit der Medien auch jenseits der Landesgrenzen und interpretieren terroristische Gewalt und Gegengewalt im Rahmen eines vermeintlichen Feindbildes Islam. Dieser Deutungsrahmen verweist auf eine strategische und ambivalent konzipierte Da'wa, bei der Friedensfernsehen, Friedenskonferenzen, gezielte Provokationen und eigene Umrissvergrößerung im Rahmen der Tele Da'wa ineinandergreifen. Sie helfen Naik, sich als Anwalt und Verteidiger eines authentischen Islam zu inszenieren und damit eine Repräsentanz zu beanspruchen, für die es kein Mandat gibt. Naiks Anspruch auf einen authentischeren und höherwertigeren Islam geht über den Deedats hinaus. Naik beschränkt sich nicht mehr darauf, verschiedene Religionen miteinander zu vergleichen, sondern beansprucht auch innerislamische Deutungshoheit. Dass auch hier Polemik ein probates Stilmittel darstellt, zeigt das Verhältnis zum schiitischen Islam. Während Deedat die Revolution in Iran und Ayatollah Khomeini noch würdigte,[21] schürt Naik die antischiitischen Ressentiments zu einer Zeit, in der der Krieg im Irak die sunnitisch-schiitische Rivalität im weltpolitischen Maßstab befördert hat. Auf einer von ihm organisierten Friedenskonferenz im Jahr 2007 würdigt er Yazid, den Mörder des von Schiiten als Imam verehrten Hussain mit der Eulogie „Gott möge mit ihm zufrieden sein" und weitet damit die Da'wa-Zone auf den islamischen Binnenraum aus.

5. Salafistische Subunternehmerschaft

Naiks Popularität basiert auf der scheinbaren Authentizität seines Islammodells. Um es noch genauer zu formulieren: Eigentlich erweckt er den Eindruck, gar kein partikulares Islammodell zu vertreten. Um diese Illusion scheinbarer innerislamischer Überparteilichkeit zu erzeugen, ist Naiks Vorgehen naheliegend, auf Selbstzuschreibungen zu verzichten und die übermäßige Nähe zu einer abgrenzbaren Gruppierung oder Bewegung zu vermeiden.[22] Will man dennoch eine ideologische Verortung vornehmen, so ist die Perspektive konkurrierender islamischer Traditionen aufschlussreich. Aus der Sicht der Barelwis, die einen reformierten Sufismus vertreten, ist Naik ein Anhänger des Wahhabismus, ein „Wahhabi" – ein Vorwurf, den in ähnlicher Weise auch Vertreter des schiitischen Islam oder Grasswurzel-Führer wie Wahhidudin Khan, Ali Asghar Engineer oder der Soziologe Ahmad Imtiaz gegenüber Naik erheben. Die Gelehrten von Deoband wiederum bezeichnen Naik als Nicht-Nachahmer *(ghair muqallid)*,[23] eine Kategorie, die zumeist für Anhänger der *Ahl-i-Hadith*-Gruppe Anwendung findet. In umgekehrter Perspektive kritisiert wiederum Naik die Bindung der Deobandis an die hanafitische Rechtsschule, lehnt den Gräberkult der Sufis und die schiitische Islamauslegung ab. Einzig gegenüber der Ahl-i Hadith und ihren Ablegern im südlichen Bundesstaat Kerala, der *Kerala Nadwatul Islam* (KNM),

---

[21] In einem Vortrag aus dem Jahr 1982 bezeichnet Deedat die iranische Revolution als Islamische Revolution und scheut auch nicht davor zurück, Ayatollah Khomeini als Imam zu betiteln. Vgl. die Transkription eines Vortrages über Sunni-Shia Unity, unter: http://www.oneummah.net/unity/deedat.html (11. Februar 2010).

[22] Vgl. das Video "Are there sects in Islam? Sunni, Shia, Shafi, Wahaabi, Hanafi??" unter: http://www.youtube.com/watch?v=y49WCyWOYng (14. Februar 2009).

[23] Vgl. dazu eine Vielzahl von Rechtsgutachten unter auf http://darulifta-deoband.com (23. Februar 2010), in denen abtrünnige Sekten, unislamische Kleidung, Naiks mangelndes Wissen usw. zum Thema gemacht werden.

pflegt Naik weniger konfliktive Beziehungen. Verlässt man dieses Feld wechselseitiger Fremdbezeichnungen und Beschuldigungen, so liefert die Methodologie Naiks ein noch verlässlicheres Kriterium zur Unterscheidung seiner Weltanschauung von der anderer Akteure oder Bewegungen.[24]

Den zentralen Hinweis auf seinen Ansatz der Islamauslegung gibt Naik in der mehrfach öffentlich geäußerten Wertschätzung und Bezugnahme auf den im Jahr 1999 verstorbenen arabischen Hadith-Gelehrten Nasir ad-Din al-Albani.[25] Und auch ein Blick auf spezifische theologische Konzepte und Positionen Naiks sprechen für eine Orientierung an der Lehre al-Albanis.[26] Folgt man dieser Überlegung, so spricht die für die Denkschule al-Albanis charakteristische Ablehnung einer strikten Rechtsschulenorientierung für die Einschätzung, Naik sei ein „Nicht-Nachahmer". Ein Blick auf einige der Kooperationspartner Naiks unterstreicht dessen Verortung in der Denkschule al-Albanis, entweder, weil Verkünder wie der vom Buddhismus zum Islam konvertierte Malaysier Hussain Yee noch selbst bei al-Albani studiert haben oder weil andere wie Bilal Philips oder Yusuf Estes der gleichen Methodik folgen.

Was heißt es, der Methodik von Nasr ad-Din al-Albani (1914–1999) zu folgen? Was den Hadith-Gelehrten Albani zu einem besonderen Akteur macht, ist nicht sein Anliegen, die frommen Vorfahren *(al-salaf al-salih)* zum Vorbild zu nehmen. Es ist die „revolutionäre Methode" zur Unterscheidung gesunder und schwacher Prophetentraditionen,[27] deren anti-hierarchische Hermeneutik es auch Autodidakten ermöglicht, sich auf einem Feld zu profilieren, das lange als Domäne versierter Hadith-Kenner galt. Auf sie beruft sich eine Vielzahl islamischer Aktivisten, die

---

[24] Adis Duderija: Islamic Groups and their World-views and Identities: Neo-Traditional Salafis and Progressive Muslims, in: Arab Laws Quarterly, Volume 21, Nr. 4, 2007, S. 341-362.

[25] Vgl. die Videosequenz eines Fernsehinterviews, in der Naik die Methode al-Albanis erklärt, unter: http://www.youtube.com/watch?v=VMBseTSdm34 (24. Oktober 2009).

[26] Das gilt besonders für typisch salafistische Konzepte wie Loyalität und Lossagung *(al-Wala' wal-Bara')* aber auch für ein rigoroses Verständnis des Eingottglaubens *al-Tauhid*.

[27] Stéphane Lacroix: Muhammad Nasir al-Din Al-Albani's Revolutionary Approach to Hadith, in: ISIM, Review, Frühling 2008, S. 6 f.

mangels anderer Labels und obwohl sie selbst das oftmals ablehnen, zunehmend als Salafisten fremdbezeichnet werden.[28] Salafistische Subunternehmer – und darunter wird hier auch die Vielzahl derer verstanden, die in Onlinedatenbanken eigenständig Beweise *(dalil)* für die Richtigkeit ihrer Hadith-Auslegung suchen – sind Individualisten, denn jede unhinterfragte Übernahme vorgefertigter Auslegungen würde sie zu blinden oder einfachen Nachahmern *(muqallidun)* machen. Das heißt keineswegs, dass sie nicht die Gemeinschaft der *geretteten Gruppe (firqa najia)* suchen. Doch bereits in den 1970er Jahren zeigen Abspaltungen von al-Albanis Studierzirkeln eine Tendenz zur Fragmentierung der Bewegung.[29] Unübersehbar wurde sie mit der Spaltung in drei Hauptflügel zu Beginn der 1990er Jahre.[30] Es entstand ein als apolitisch apostrophierter Salafismus, der sich eng an den Vorgaben des saudi-arabischen Establishments orientiert sowie eine dschihad-salafistische Strömung auf der anderen Seite des Spektrums, die in unterschiedlichen Schattierungen Gewalt gegen das saudi-arabische Herrscherhaus, gegen die „Palastgelehrten" oder den fernen Feind im Westen islamrechtlich legitimiert. Eine dritte Kategorie wird häufig als politisierter Salafismus bezeichnet, wobei nachfolgend für diese mittlere Position zwischen Extremismus und apolitischer Haltung der Begriff Mainstream-Salafismus Verwendung findet. Im Zentrum dieses heterogenen Flügels stehen weder Dschihad noch Politik, sondern eine pragmatisch-anschlussfähige Da'wa, die ideologisch undogmatisch, auch soziale und politische Einmischung und Teilhabe nicht scheut. Als diesbezüglich effizienteste Gruppe erweist sich die transnational organisierte Strömung islamischer Populisten wie Zakir Naik. Sie richtet sich in erster Linie gegen vermeintliche Fehlwahrnehmungen des Islam, arbeitet oft mit den Mitteln des Religionsvergleichs oder versucht, mit einer polemisch-konfliktiven Mobilisierungsstrategie Aufmerksamkeit zu erzeugen. Obwohl der islamische Populismus in seiner gegenwärtigen Form primär auf salafistische Ideologiefragmente zurückgreift, gilt es, zweierlei zu bedenken. Zum einen

---

[28] Die erst im Jahr 2008 bzw. 2009 erschienenen Bücher zum „Salafismus" verdeutlichen die diesbezügliche Zurückhaltung der akademischen Community. Vgl. Bernard Rougier (Hg.): Qu'est-ce que le salafisme, PUF 2008 und Roel Meijer (Hg.): Global Salafism: Islam's New Religious Movement, Hurst 2009.
[29] Thomas Hegghammer/Stéphane Lacroix: Rejectionist Islamism in Saudi Arabia: The Story of Juhayman al-'Utaybi Revisited, International Journal of Middle East Studies 39/1, 2007; S.103–122.
[30] Wiktorowicz, Quintan: Anatomy of the Salafi Movement, in: Studies in Conflict & Terrorism, 29/3, 2006.

existieren auch solche Verkünder in der Tradition von Ahmed Deedat, die sich nicht notwendigerweise einem salafistischen Netzwerk zurechnen lassen.[31] Zum anderen – und diesem Kontext noch bedeutsamer – haben salafistische Subunternehmer wie Naik kein gesteigertes Interesse daran, sich als salafistisch zu outen. Das erscheint konsequent, steht doch gerade Naik in einer nicht salafistischen Traditionslinie. Gleichzeitig aber stellt sich die Frage, welche Rolle gerade sein TV-Aktivismus dabei spielt, sich als überparteilicher Vertreter eines wahren Islam zu inszenieren.

6. Konkurrenz und Kooperation im Satellitenformat

Wie fügt sich Naiks Da'wa, seine Ansprüche auf einen authentischen Islam in die Landschaft der Satellitensender ein? Dutzende von Kanälen verdeutlichen eine innerislamische Konkurrenzsituation. Manche folgen einer schiitischen Lesart des Islam, stehen den Barelwis, der Ahmadiyya, der Muslimbruderschaft oder aber dem salafistischen Mainstream nahe und befördern in ihrer Vielfalt die Eigendynamik des Tele-Da'wa-Marktes. Um zu verstehen, wie in dieser Arena Peace TV positioniert ist, welche Synergien und Tendenzen sich abzeichnen, müssen Fragen nach Konkurrenz und Kooperation zwischen den Sendern gestellt werden. Bemerkenswerterweise zeigt sich Konkurrenz – zumindest auf den ersten Blick – auch bei solchen Kanälen, deren weltanschauliches Profil sich gleicht. Wenn etwa Peace TV mit dem Slogan „Peace TV, die Lösung für die Menschheit" vermarktet wird, ist nicht vom wahren Islam, von wahrhaft islamischen Sendern oder gar Salafismus die Rede. Die Heilserwartung wird allein an eine bestimmte Frequenz geknüpft. Und der Slogan wird sogar zum Programm: Naik und seine Sprecher erklären die weltweite Finanzkrise, warum 9/11 ein Insider-Job war, Frauen heute unter der Scheidung mehr zu leiden haben als Männer und warum selbst Minister ihre Kinder auf die Internationale Islamische Schule Naiks schicken wollen. Wirtschaft, Terrorismus, Beziehungsfragen und Bildung, all das ist nur ein kleiner Ausschnitt aus dem Antwortkatalog, den Peace TV offeriert und mit dem Zuschauer rundum versorgt werden. Das gilt auch für den im Jahr 2005 gegründeten Sender Huda TV, der mit Stammsitz in Saudi-Arabien, in Ägypten produziert wurde. Als englischsprachiger

---

[31] Gespräch des Verfassers mit einem ägyptischen Prediger in Deutschland, der sich in dieser Tradition verortet.

Sender ähnelt er mit seinem globalen Anspruch dem von Peace TV und verspricht, ein Licht (der Rechtleitung) in jedes Haus zu schicken.[32] Ähnliches versprach auch der arabische Sender „Rahma-TV" (Barmherzigkeit) der salafistischen Prediger Muhammad Hassan, Muhammad Yaqub und Abu Ishaq al-Huweiny. Sie erfreuten sich bis zum Sturz von Präsident Mubarak im Jahr 2011 noch des politischen Wohlwollens des Regimes und warben für ihren „Bildschirm in den Himmel".[33] Während es auf den ersten Blick nach einem Nebeneinander oder sogar nach einer Konkurrenz verschiedener Sender ausschaut, verdeutlicht schon das Beispiel von Huda und Peace TV, wie die verschiedenen Angebote sich personell überschneiden.[34] Noch aufschlussreicher ist jedoch das Ineinandergreifen von Satellitenfernsehen und computergestützten Umgebungen, das sich anhand der Expansion salafistischer Netzwerke in Deutschland veranschaulichen lässt.

In einem Vortrag von Muhammad Hassan auf „Rahma TV" beschrieb der ägyptische Verkünder einst, wie er in Frankfurt den deutschen Konvertiten und ehemaligen Profiboxer Pierre Vogel kennengelernt hat. Wenig später nutzte dieser wiederum Auftritte auf Rahma TV oder Huda TV um via Satellitenfernsehen seine Sicht der Dinge auf Ereignisse in Deutschland zu verbreiten und die entsprechenden Videosequenzen auf eigenen Webseiten wie „www.pierrevogel.de" einzustellen.[35] Ähnlichen Formen der Zweitverwendung begegnete man auch bei Naik-Videos auf der mittlerweile inaktiven Webseite „www.einladungzumparadies.com".[36] Mit deutschen Untertiteln oder sogar mit dem Eingangslogo der Webseite versehen, spiegeln die Videos von Peace TV einen globalen

---

[32] Thomas Maguire: A Light in Every Home: Huda TV's Articulation of Orthodox Sunni Islam in the Global Mediascape, UMI Dissertation Publishing 2009.
[33] Nathan Field/Ahmed Hamam: Salafi satellite TV in Egypt, in: ARAB MEDIA AND SOCIETY Spring, 2009.
[34] So gehören neben Zakir Naik weitere Huda-Prediger wie Jusuf Estes, Hussain Yee oder Bilal Philips zu den Sprechern auf Peace TV. Vgl. http://www.huda.tv/huda-tv-programs/huda-stars (3. Mai 2011).
[35] Vgl. die Auftritte Vogels auf „al-Nas-TV", unter: http://www.pierrevogel.de/home/viewvideo/629/arabisch-language/pierre-vogel-zu-gast-bei-al-nas-tv-teil-23.html (28. Januar 2012) oder auf „Huda-TV", bei dem es in erster Linie um Islamfeindlichkeit ging, unter: http://www.pierrevogel.de/home/viewvideo/688/english-language/lets-talk-live-with-malik-islamophobiaflv.html (6. Juni 2012).
[36] Vgl. dazu das Youtube-Video „Wie steht der Islam zum Terrorismus?" unter: http://einladungzumparadies.de/index.php?option=com_hwdvideoshare&task=viewvideo&Itemid=1&video_id=359&lang=de (13.7.2010).

Anspruch wider. Mit wechselseitigen Bezugnahmen untermauern Aktivisten wie Naik und Vogel ihren globalen Anspruch und verdeutlichen den multiethnischen Hintergrund eines Islammodells, das für unterschiedlichste ethnische Zielgruppen in Deutschland anschlussfähig wird. Etwa dann, wenn deren ‚Konsumentscheidungen' von einem südasiatischen Lokalkolorit abhängen. Es ist diese Verzahnung von Fernsehen, Internet und realem Geschehen vor Ort, die ein bestimmtes Segment von Sendern, Personen oder Webseiten auch dann zusammenhält, wenn ein jeder Kanal einen eigenen Heilsanspruch reklamiert oder Prediger sich als Individualisten, nicht aber als Teil einer Bewegung verstehen. Kooperation und Konkurrenz macht den Markt der Tele-Da'wa zu einer Arena, in der die innerislamischen Kräfteverhältnisse neu vermessen werden. Die Zweitverwendung des Satellitenfernsehens im Internet ist deshalb im Sinne der Da'wa im deutschsprachigen Raum zu sehen. Sie trägt zur internationalen Aufwertung eines Verkünders bei, dessen Mobilisierungsstil nicht nur eine Reihe von Ähnlichkeiten mit dem Stil und den Inhalten Zakir Naiks aufweist. Auch die Besuche von Peace-TV-Rednern wie Yussuf Estes, Hussain Yee oder Bilal Philips in Deutschland verdeutlichen, warum Pierre Vogel einem globalen Da'wa-Zusammenhang zuzurechnen ist, der sich vom Habitus gelehrter salafistischer Scheichs wie dem Al-Albani-Schüler und Rahma-TV-Gelehrten al-Huweiny deutlich unterscheidet. Dennoch verdeutlicht gerade der Auftritt des letztgenannten Ägypters vor mehreren Tausend Besuchern in Köln im Jahr 2010 an der Seite von Pierre Vogel das wechselseitige Nutznießverhältnis zwischen einem gelehrsamen und einem populistischen Flügel der Tele-Da'wa in der Tradition von Zakir Naik.

7. Fazit

Es gehört zum Erfolgsgeheimnis von Naiks Da'wa, überparteilich und im wahren Glauben verwurzelt zu erscheinen. Hilfreich ist dabei das Aufbauen auf einer erfahrungsreichen Da'wa-Tradition mit indischen Wurzeln, einem kontroversen Stil, der sich technischen Neuerungen gegenüber offen erweist, und einem strategisch-arbeitsteiligen Vorgehen, das noch weitgehend unerforscht ist. Es gibt wenig Grund anzunehmen, dass Strategie nicht auch auf dem großen Markt der Tele-Da'wa, bei Fragen der Konkurrenz und der Kooperation zwischen den Sendern eine wichtige Rolle spielt. Nichts anderes gilt mit Blick auf die Organisation einer hochgradig informellen Bewegung von kooperierenden Einzelunternehmern, die ähnlich wie Zakir Naik auf der Basis des Religionsvergleichs einen expansiven Da'wa-Aktivismus betreiben. Vor diesem Hintergrund stellt sich die Frage, inwiefern man es hier mit einer eigenständigen Fraktion islamischer Populisten zu tun hat, die für den salafistischen Mainstream eine ähnliche Funktion haben wie Tablighi Jama'at oder Da'wat-e Islami für die Schule von Deoband bzw. die Barelwis. Eine derartige Arbeitsteilung ermöglicht es jedenfalls den anerkannten Gelehrten des Salafismus, sich gegenüber dem Da'wa-Aktivismus gefüllter Hallen, der unzureichenden Geschlechtertrennung oder Nachlässigkeiten in der Kleiderordnung distanziert zu zeigen, gleichzeitig aber von der Mobilisierung wiedererweckter Gläubiger zu profitieren. Umgekehrt profitieren die selbst ernannten Werber, weil ihre Botschaft durch den Schulterschluss mit den Gelehrten eine islamrechtliche Verwurzelung bekommt – was der Glaubwürdigkeit und scheinbaren Authentizität ihrer Botschaft dienlich ist.

Indem es provokante Äußerungen in die Hauptnachrichten schaffen, Vorträge zu medialen Live-Events auf „Peace TV" und Fernsehsendungen zu immer wieder abrufbaren Youtube-Videos werden, verfließen die Grenzen zwischen Satellitensender, Computerumgebungen, nationalem Fernsehen und Printmedien, zwischen religiöser Nische und nicht religiöser Öffentlichkeit. Die Grenzen verschwimmen auch im geografischen Sinn. „Peace TV" ist kein indischer Kanal, der es allein auf eine indische Mittelschicht abgesehen hat. Er ist auch kein Südasien- oder Diaspora-Phänomen, das weltweit nur für all jene attraktiv wäre, die ihre Heimat in dieser Region sehen, sondern ein Kanal, der auch in anderen Regionen heimisch werden will, sei es durch Untertitelung in jeweiligen Landessprachen, Dependancen wie Peace TV Albanien oder der (wohl illusorischen) Absicht, den chinesischen Markt zu bedienen. Um die Effekte dieses grenzenlosen islamischen Populismus hierzulande zu verstehen, empfiehlt es sich, zwei Seiten in den Blick zu nehmen. Einerseits die Akteurseite, die mit Mitteln der Netzwerkanalyse oder der Theorie sozialer Bewegung zu erfassen ist. Denn tatsächlich sind es gerade die islamischen Populisten, die mit ihrer Fähigkeit, die Vorstellung von einem „missverstandenen" und verfolgten Islam zu rahmen, am ehesten im Stande scheinen, im Sinne eines Bewegungsakteurs zum Protest zu mobilisieren. Andererseits existiert ein weitaus größeres Milieu von Konsumenten- oder Rezipienten hierzulande, in dem die Botschaft vom wahren

Mediennutzung die Vorstellung von einem authentischem Islam etabliert, die anderen Islamauslegungen ablehnend gegenübersteht. Die These islamischer Medienexperten von der Homogenisierung des islamischen Raums, hervorgerufen durch die Dominanz salafistischer Kanäle und die Marginalisierung islamisch-mystischer oder minoritärer Stimmen, mag zu weit gegriffen sein. Dass aber die Tele-Da'wa mit ihren fließenden Übergängen zwischen Fernsehen und computergestützten Umgebungen für die Imagination eines weltweiten authentischen Islam die zentrale Arena der nächsten Jahre darstellt, ist absehbar. Salafistische Sinnunternehmer wie Naik haben das früh erkannt.

Die Autoren

MATTHIAS GARBERT (B.A.) studierte in Münster und Heidelberg Politik-, Sozial-, Rechts- und Geschichtswissenschaft. Seine Studienschwerpunkte betreffen das Verhältnis von Religion, Politik und Gewalt. Derzeit arbeitet er als geprüfte Studentische Hilfskraft am Lehrstuhl für Internationale Beziehungen und Außenpolitik der Ruprecht-Karls-Universität Heidelberg und studiert dort im Masterstudiengang Politische Wissenschaft.

ALEXANDER HEERLEIN (M.A.) studierte in Gießen und Frankfurt Internationale Beziehungen sowie Friedens- und Konfliktforschung. Derzeit studiert er Nahost-Wissenschaften an der Universität Tel Aviv. Seine Forschungsschwerpunkte sind Dschihadismus und religiöser Extremismus sowie extremistische substaatliche Akteure.

FRANK HORST (M.A.) studierte in Leipzig und am Interdisciplinary Center Herzliya (Israel) Politikwissenschaften. Zu seinen Forschungsschwerpunkten gehören Salafismus, politische Gewalt und Sicherheitspolitik. Derzeit arbeitet er als Referent für Presse und Politik an der deutschen Botschaft in Libyen.

KLAUS HUMMEL (M.A.) studierte Politikwissenschaft, Soziologie und Islamwissenschaften. Seine Forschungsschwerpunkte sind Salafismus, transnationale islamistische Netzwerke und Strukturen im Vorderen Orient wie Südasien. Derzeit ist er als wissenschaftlicher Angestellter im Landeskriminalamt Sachsen tätig.

DR. DR. MICHAIL LOGVINOV studierte Slawistik, Germanistik, Pädagogik und Politikwissenschaft; 2004 Promotion in Wolgograd (Philologie) und 2012 in Chemnitz (Politikwissenschaft). Seine Forschungsschwerpunkte sind Extremismus und Terrorismus, Transformationsprozesse sowie Energiesicherheit. Derzeit ist er als wissenschaftlicher Mitarbeiter am Hannah-Arendt-Institut für Totalitarismusforschung e.V. an der TU Dresden tätig.

DR. DANIELA PISOIU hat zum Thema islamistische Radikalisierung an der St Andrews Universität in Großbritannien promoviert. Ihre Forschungsschwerpunkte sind Radikalisierungsprozesse, Terrorismus und politische Gewalt. Derzeit ist sie wissenschaftliche Mitarbeiterin am Institut für Friedensforschung und Sicherheitspolitik an der Universität Hamburg.

***ibidem*-**Verlag

Melchiorstr. 15

D-70439 Stuttgart

info@ibidem-verlag.de

www.ibidem-verlag.de
www.ibidem.eu
www.edition-noema.de
www.autorenbetreuung.de

Printed in Poland
by Amazon Fulfillment
Poland Sp. z o.o., Wrocław